JN250630

WIZARD

市場心理とトレード

ビッグデータによる
センチメント分析

BIG DATA

by Richard L. Peterson

Trading on Sentiment
The Power of Minds Over Markets
Trading on Sentiment
The Power of Minds Over Markets
Trading on Sentiment
The Power of Minds Over Markets
Trading on Sentiment
The Power of Minds Over Markets

リチャード・L・ピーターソン［著］
長尾慎太郎［監修］ 井田京子［訳］

Pan Rolling

Trading on Sentiment : The Power of Minds Over Markets
by Richard L. Peterson

監修者まえがき

本書はリチャード・L・ピーターソンが著した“Trading on Sentiment : The Power of Minds Over Markets”の邦訳である。医者（MD）でもあり学者でもあるピーターソンには３冊の著書があり、本書はニューロファイナンスの名著である**『脳とトレード――儲かる脳の作り方と鍛え方』**（パンローリング）に続く２冊目の邦訳となる。

ところで、金融市場は複雑でランダムな系であることが知られている。このため、それをより良く理解するためには、アシュビーの最小有効多様性原理に従えば、対象となる系と同等の高度な複雑性を持った概念の適用が本来妥当である。しかし、ファイナンスの世界では「合理的経済人」や「情報の完全性」といった大胆な仮定を置いたうえで議論を進め、クロスセクション分析によるファクターを線形結合した極めて単純なモデルに権威が与えられてきた。これらはあまりにナイーブすぎて、実際の投資やトレードではほとんどモノの役には立たなかったが、人々の直観や素朴概念にマッチし説明がしやすいという長所があったために、一般向けの投資戦略の多くはその理論を基に構築されている。こうした「理解しやすいがちっとも儲からない」ものを投資家が真に望んでいるかどうかは私には知る由もないが、一方で、これまで金融の世界では非線形の複雑なモデルを構築するのに必要なデータ数や要素技術が十分でなかったのもまた事実である。

しかし、ここ数年のAI（人工知能）関連技術の興隆は、こうしたパラダイムの前提をすべて覆してしまう可能性を持っている。機械は先入観や認知バイアスを持たずいくら働いても疲れないゆえに、ビッグデータおよび深層学習をはじめとする新しい技術によって、人間の限定合理性の限界を軽々と超えていき、金融の分野においても新種の形態の知識創造をもたらす。著者がCEO（最高経営責任者）を務めるマーケットサイク社でもビッグデータをテキストマイニングによって処理し市場のセンチメント分析を行うことで、これまで簡単には得られなかった社会全体の集合知の獲得を可能にしている。こうしたアプローチ以外にも投資の分野へのAIの適用は、エキスパートが持つ暗黙知の形式知化やまったく新しい知識の創造、およびそれらの実装化を容易に実現する。

それでも、これら最先端技術の成果物は、その複雑さが多くの人の理解できるレベルをはるかに上回っているために、受け入れには心理的な抵抗が発生することだろう。だが、車の自動運転技術がその確立から長い年月を経て結局は社会的に認知されたように、人間の考え方もまた時間と共に変化していく。いま私たちは、資産運用の分野でも、これまでのように低い説明力には目をつぶって人間がすべてを判断する透明性の高いモデルを使い続けるか、それとも一部の意思決定プロセスを機械に委ねてでも優れた結果を追求するのかを選択する岐路に立っている。これが本書が私たちに突き付けた真の問いの一つである。その答えはそう遠くない未来に明らかになることだろう。

最後に、翻訳にあたっては以下の方々に感謝の意を表したい。井田京子氏は正確な翻訳を行っていただいた。そして阿部達郎氏には丁寧な編集・校正を行っていただいた。また、本書が発行される機会を得たのは、パンローリング社の後藤康徳社長のおかげである。

2017年８月

長尾慎太郎

マーケットサイクのチームに捧げる。君たちのインスピレーションと粘り強さが、この世にまったく新しい何かを作り出した。

目　次

CONTENTS

第４部　複雑なパターンと珍しい資産

第５部　心を管理する

序文

私は12歳のとき、ファイナンスの教授だった父から少額の資金で証券口座の運用を任すと言われ、大いに困惑した。当時の私は、株式市場が何かも、どうすればトレードできるのかも分かっていなかった。時は1985年、父は私に新聞の株式欄の読み方と、ブローカーに電話して注文を出す方法を教えてくれた。そして、限られた知識と経験ゼロの状態で、残高を増やすためにマーケットに放り出されたのである。

投資先を選ぶためにまず見たのが地元紙だった。私は株式欄の細かい文字を読んでいったが、これらの数字が何を意味するのかまったく分からなかった。最初の行き詰まりだった。そこで、プランBとして図書館に行くと、職員にエレクトロニクス銘柄とダウ理論を称える1960年代のほこりをかぶった本を勧められ、「ここに探しているものはない」と思った。私が知りたかったのは大昔のことではなく、今、何を買うかだった。

次に、私は本屋に行った。すると、若い店員が案内してくれた雑誌コーナーで最初に手に取った雑誌に、1985年の成長株トップ10が載っていた。「これだ」と思った私は、家に帰るとブローカーに電話をかけて、トップ10銘柄を少しずつ買った。

それから２～３カ月、私は株の動きをあまり見ていなかった。そして１年ほどがたち、そろそろ良いころだと思って証券口座を確認することにした。当然、素晴らしい利益になっているだろうと思っていた私は、ブローカーが私に助言を求めてきたらどうしようなどと空想を膨らませていた。ところが、いそいそと開いた取引明細書の残高は、信じられないことに、20％も減っていた。

混乱した私は、再び本屋に行った。これまでのいきさつを別の店員に話すと、彼は見下したように「それは明らかに買った雑誌が悪かったんだね」と言った。私は「そのとおりだ」と気づいた。前の人よりも賢そうなことを言うこの店員の助けを借りて、私は1986年の最もイノベーティブな株トップ10が載っている雑誌を買った。家に帰るとこのうちのいくつかを買い、少し待つことにした。今回はもう少し株価に注意を払い、最初の３カ月の残高は順調に増えていった。気を良くした私はこれで軌道に乗ったと思い、再び株の天才投資家と呼ばれることを夢見た。

それから１年後、９カ月の空白期間を経て、私は直近の取引明細書を開いた。損失は前回以上だった。残高は、最初の水準から50％近く減っていたのだ。「そんなはずはない」と思った私は、おずおずとブローカーに電話を掛けてみたが、損失額に間違いはなかった。

私は、専門家だけが知っていることを理解したいと思い、ベンジャミン・グレアムやピーター・リンチといった投資の権威が書いた本を読み始めた。これらの本は、ファンダメンタルズだけでなく、心理についても教えてくれた。過去に大成功を収めた投資家の多くは投資家の行動を理解し、その知識を投資活動に利用しているようだった。ロスチャイルド金融王朝の一族のひとりであるネイサン・フォン・ロスチャイルド男爵は、1812年に「大砲の音がしたら買え、トランペットが聞こえたら売れ」と投資家に指示した。ベンジャミン・グレアムは、「悲観主義者から買い、楽観主義者に売れ」と書いていた。ウォーレン・バフェットは、これを現代風に「みんなが強欲になっているときは恐れ、みんなが恐れているときは強欲になりなさい」と言っていた。これは役に立つ指針に見えたが、具体性がなく、簡単に行動に移すことはできなかった。

心理学に基づいた投資の助言は、あまりにあいまいだった。もっと明確な指針が欲しかった私は、大学でエンジニアリングを学ぶことにした。数学と数理モデルを深く理解することは、投資における本当の強みになると考えたのだ。

数学モデルの崩壊

12歳でマーケットに打ちのめされた私は、大学でコツをつかんで損失を回復しようと誓った。大学で電子工学を学ぶなかで、数学の確実性（ソフトウェア開発や機械学習アルゴリズムを含めて）を身につけることは、休眠中の証券口座を復活させるための最善策に思えた。私は、価格と出来高の長いヒストリカルデータを手に入れ、工学部にあった高速処理ができるRISC方式のCPUの使用時間を予約し、価格パターンを探すためのプログラムを作った。

私が作った予測システムは、最初は有望に見えた。基本的な価格パターンを見つけるアルゴリズムは、アウトオブサンプルでの検証においても妥当な精度を示していたからだ。そこで、私はこのシステムを実際のトレードに使ってみることにした。それから３年間、私はこのシステムの方向シグナルを使ってS&P500先物をトレードした。

このシステムは最初はうまくいっていたが、使っているうちに２つの問題が出てきた。まず、計量分析でアルファの減衰と呼ばれる現象（良い数学的トレードシステムの利益率が少しずつ下がっていくこと）が出てきたのである。私のモデルは、1980年代と1990年代の「訓練」データではとてもうまく機能していたが、1990年代後半になると利益率は毎年下がっていった。もしかすると、ほかのトレーダーも同じパターンを見つけてアービトラージを行っていたのかもしれないし、マーケット自体が変わってしまったのかもしれない。

２つ目の問題は、個人的なことだった。特に悪いニュースで価格が下落しているときに買いのシグナルが出たり、マーケットが高騰しているときに売りのシグナルが出たりすると、間違っているように感じてしまうときがあったのだ。これを実行するにはみんなと反対にトレードする必要があったが、それが気持ち的には難しかったのである。頭ではトレードシグナルを選り好みすべきではないと分かっていても、言い訳を見つけて計画どおりにトレードしないことが多すぎた。この行動をあとから分析してみると、良いシグナルほど、感情的には従うのが難しいと分かった。しかし、トレードの成績を上げるためには、自分自身とも戦わなければならなかった。

２つの問題を合わせて考えると、マーケットで最も耐久性が高いエッジ、つまりアルファの減衰が最も起こりにくいエッジのカギは、潜在的な危険を無視して他人と同調してトレードしたくなる情報と感覚（センチメント）の特定にあるのではないかと考えるようになった。センチメントには、トレーダーを引き込み、繰り返し惑わす力がある。私はセンチメントを数値化することで、その犠牲になるのではなく、むしろ利用したいと思った。そこで、センチメントを把握するための研究を始めた。

医学部の４年間と、精神科の研修医としての４年間に、私は意思決定について研究した。また、研修期間中に投資家のコーチングも始め、その過程で成功するトレーダーの非常に人間的で、非常に多様な性格についての理解を深めていった。

研修期間が終わるころ、私はスタンフォード大学のブライアン・ナットソンの下で神経経済学の博士研究を始めた。ナットソンの研究室では、金融リスクをとる被験者について、fMRI（機能的磁気共鳴映像装置）や心理テストなどのツールを使って研究していた。この研究については、**『脳とトレード――「儲かる脳」の作り方と鍛え方』**[1]（パンローリング）に詳しく書いた。ナットソンらの研究によって、リスク期待値が固定されているときでさえ、潜在利益や潜在損失の見せ方や説明の仕方の違いで投資家の行動が変わることを予測できることが分かった。私は、情報の流れにおけるこのような「ソフト」な要素を数値化できないかと考えた。そこで、まずは金融関連のソーシャルメディアとニュースで試してみることにした。

調査の枠組みを決める

センチメントやテーマ、投資関連の言葉のトーンなどを数値化していくテキスト解析が、本書の定量分析の基礎となっている。企業収益などといった情報が株価の変動につながることは言うまでもないが、その影響はときに直観に反することがある。例えば、ある会社の収益がコンセンサス予想を上回ったのに、株価が急落することもあるのだ。ネット上で行き交う株の話（ここでは収益予想やそのほかの話題について意見が述べられ、共有されている）の圧倒的な情報量を考えると、もしこれらの会話のなかの重要なコンテンツを測定し、数値化できれば、マーケットを予測するためのエッジが見つかるのかもしれない。

このような予測のためのエッジを求め、2004年にマーケットサイクチームが金融テキスト解析のためのソフトウェアを開発した。私たちはまず、ニュースとソーシャルメディアの記事を発行後できるだけ速く集めるための検索エンジンの技術を開発した。次に、その文章の影響力を数値化するためのテキスト解析手法を構築した。そして、影響力の大きい要素（例えば、恐怖や興奮）を銘柄別に時系列に並べていった。最後に、そのデータが統計的に将来の価格の動きと相関性があるかどうかを調べた。すると、有望な結果が出たため私たちはこれを使ってトレードを始めることにした。

センチメントトレード法

私たちは、ソーシャルメディアのテキスト解析用に作った初期の検索エンジンを使って、単純な投資戦略を立てた。そして、この戦略を使って自動でトレードを行い、結果をインターネットで公開していった。この戦略は、2007年までの18カ月超のつもり売買で、34％の絶対利益を上げた。この戦略をポピュラー・サイエンス誌2008年２月号[2]で紹介すると、投資家の関心を集めた。そこで、私たちは少額の資金を集め、マーケットニュートラル戦略のヘッジファンドを立ち上げた。私たちの知るかぎりで、初めてのソーシャルメディアに基づいたヘッジファンドである。

2008年９月２日、私たちのファンドは大きな成長を夢見て100万ドルで運用を開始した。ところがその３日後、ファニーメイとフレディマックが破綻した。そして、次の週末にはリーマン・ブラザーズとAIGも経営が行き詰まった。幸い、私たちの戦略は主に「恐怖」に基づいていたため、市場の混乱がさらに増すことを予測していた。そのため、金融危機に突入していたにもかかわらず、私たちのファンドは2009年半ば[3 4]まで高いリターンを維持していた。運用開始から12カ月で、ファンドは40％上昇し、金融危機を通じて全ヘッジファンドのなかで上位１％に入るリターンを維持していたのである。

私たちが作ったトレードモデルは、ボラティリティが高く、感情的なマーケットでも利益を上げていた。しかし、金融危機の混乱が収まると、調整が必要になった。素晴らしいパフォーマンスになっていたが、100万ドルの運用では経費を賄うことができなかったからだ。私たちはできるかぎり効率化を進め、２～３カ月ごとにオフラインにしてソフトウェアを調整し、新たなブル相場に合わせた戦略を立てた。しかし、この程度の節約ではとうてい追いつかなかった。

このファンドは２年４カ月の運用で、手数料後のリターンは28％となり、S&P500（配当を含む）を24％以上も上回った。ただ、このファンドのリターンは、最初の９カ月は急上昇したが、そのあとは下がってしまった（**図P.1**）。

2010年末ごろになると、私たちが構築したセンチメントのデータを買いたいという問い合わせが、いくつかのヘッジファンドから来るようになった。この新たなチャンスを追求するため、私たちはメディア

図P.1　マーケットサイク・ロングショート・ファンドLP（上のグラフ）とS&P500の月別パフォーマンス（2008年9月〜2011年12月）

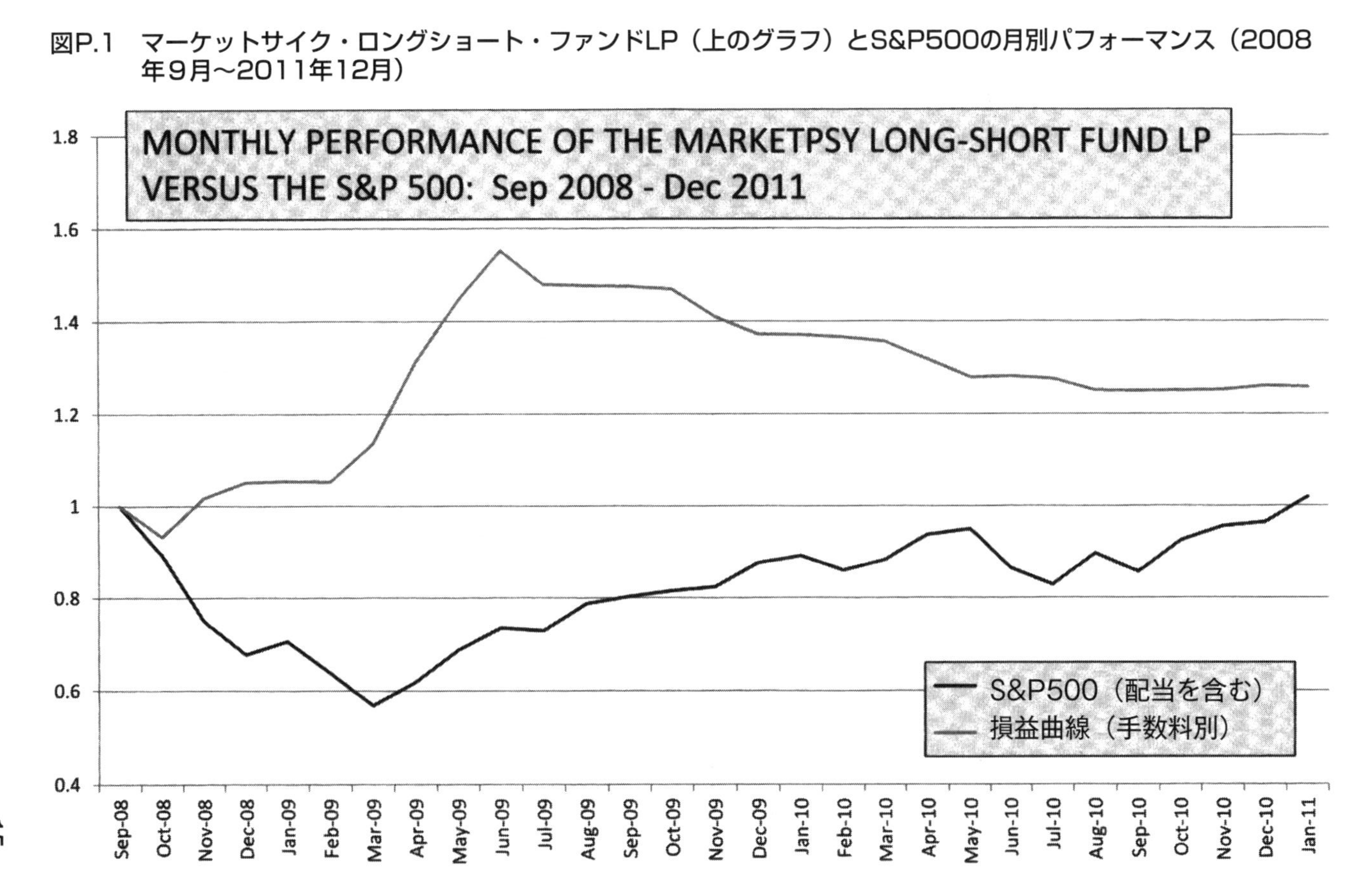

にかかわるセンチメントの世界標準データを構築し、販売するという目標を立てた。そこで、2011年にトムソン・ロイターと組み、彼らの助けを借りて、対象資産を通貨や商品、国、アメリカ以外の株と広げていった。

私たちが提供しているデータは、今ではTRMI（トムソン・ロイター・マーケットサイク指数）という名称でトムソン・ロイターからファンド、銀行、証券会社、政府、研究者に販売され、世界の経済活動や資産価格の予測に使われている。TRMIから得た洞察は、本書の各所に織り込まれている。本書で引用している研究は、マーケットサイクのアレクサンダー・ファフーラとC・J・リュー、トムソン・ロイターのエリヤ・デパルマ、そしてさまざまな大学の研究者によるものである。

アレクサンダー・ファフーラは、コンピューターサイエンスの修士号とファイナンスの博士号を修得後にマーケットサイクのチームにデータサイエンティストとして加わった。彼の博士論文は、株価チャートの誤認を集めて利用したトレードモデルの構築という革新的な内容だった。

C・J・リューは、実際に出会う前に彼のうわさを聞いた。カリフォルニア大学バークレー校のテリー・オディーン教授が、金融工学部にセンチメントを使ったモデルを熱心に開発している学生がいるという話を聞いており、それが修士課程に在籍していたリューだった。彼は子供のころトランプのビッグツーの名人だった。ビッグツーはイギリスのライアーと似たトランプのゲームで、相手に惑わされることなく手持ちの札をなくすことを目指す。トッププレーヤーは、ほかのプレーヤーの動きから持っているカードを見抜くことができる。リューの行動分析への関心は、ポーカーにも生かされていた。彼が、私たちのチームのメンバーとラスベガスに行ったことがあった。彼は、みんなが寝たあとも徹夜でテキサスホールデムをプレーして、大金を稼いだ。あとになって、彼はどのような予想外の賭けでプロの目をくらましていたか話してくれた（これは第15章で紹介するジーザス・ファーガソンの戦略と似ている）。

本書について

本書は、「市場価格にはパターンがある」という単純な主張に基づいている。学者のなかには、この主張に意義を唱える人もいるが、このことを信じることが投資業界で仕事をするうえで必須条件となる。マーケットを打ち負かしたい投資家は、マーケットのどこかで、たいていは体系的に、価格の歪みを探しているのである。

本書では、価格パターンが存在するだけでなく、最も予測可能なパターンは人間の脳の構造と、その情報処理ネットワークの生態に根差しているということを、科学的および実験的に幅広い見地から理論的に説明していく。

情報のなかには、感情的な反応を誘発するものがあり（詳しくはのちの章で説明する）、そのような反応はトレード行動において予測可能な変化をもたらす。本書では、センチメントという言葉を感情、感覚、見通し、姿勢、考えなどの意味で使っている。投資家は、時にセンチメントをニュースやソーシャルメディアでの発言を通じて明かし、その発言が私たちにとっては予測に用いる情報になる。センチメントは集団の行動を変え、それが価格パターンを生み出すのである。

本書は５つの部分に分かれている。第１部は投資家の行動の基本について書いていく。投資家のセンチメントから、人間の脳の情報処理ネットワークと情報の性質に基づいて市場価格の動きを予測できることは以前から分かっている。第２部は、ニュースとソーシャルメディアがもたらす短期的な価格パターンを検証していく。第３部では、センチメントに関係するいくつかの長期的な価格パターンを見ていく。このなかには、センチメントを使ってモメンタム投資やバリュー投資を改善する方法も含まれている。第4部は、複雑な価格パターン（投機バブル、商品相場や通貨相場のパターンなど）を見ていく。第5部は、個人投資家の心理と本書で取り上げる価格パターンを生み出す集団のトレード行動とそれをもたらすバイアスを避けるためのツールを紹介する。

メディアのセンチメントは、すでに起こった出来事に対する反応であることが多い。しかし、なかにはセンチメント自体がプライスアクションを予測しているように見える場合もある。それ以外にも、従来の投資要素を検証していると、センチメントを使ってすでにある予測を改善できる場合もある。本書では、ファンダメンタルズと価格の変数を使ってセンチメントを調整することで、センチメントの力のみを使い、市場価格のパターンを検証していく。

読者のなかには、さまざまな証拠（損益曲線［エクイティカーブ］やチャートなど）を見て混乱する人もいるかもしれない。たくさんの証拠を挙げているのは、センチメント分析という分野に疑問を持つ人もいるため、その本質的価値について説得力のある説明をしたいと思ったからだ。

本書は、すべての投資に使える戦略やトレードシステムを提供するものではないし、特定の製品を売り込むためのものでもない（とはいえ、主にTRMIのデータを使って話を進めていくため、間接的にTRMIを推奨していることにはなる）。本書は、トレード行動と市場価格を牽引するセンチメントの性質と役割に関する10年以上の研究に基づいて書かれている。各章では、関連するさまざまな学術研究を引用するとともに、必要に応じてマーケットサイクの過去のニュースレターや本に掲載した内容も紹介している。今のところ、私たちほど詳細なデータを構築しているところはほかにはないが、この活動の普遍性を考えれば、本書の研究は再現できると思う。マーケットの細かい部分は進化するかもしれないが、人間の行動の原則は、たとえ変わるとしても、それは非常にゆっくりとしたものになる。

本書の手法には、いくつかの大きな弱点になり得る点がある。

１つ目は、この研究は、膨大な量のテキストデータ（1998年以降に発行された文字通り何十億もの金融ニュースやソーシャルメディアの記事）の意味を数値化して使っている。そのため、なかには誤った関連付けが起こっているリスクもある。この落とし穴については、第５章で述べることにする。私たちは長年にわたり、統計誤差や分析プログラムのバグによって、再現ができないたくさんの予備的な結果を得てきた。しかし、本書で紹介している研究結果については、さまざまなデータバージョンで、異なるプロバイダーの価格データを使い、デバッグを重ね、フォワードテストも行っている。そのため、ここで紹介している結果は堅実なものだと思っているが、外部のさらなる検証と、時間の経過を待たなければ確認はできない。

２つ目は、脳のレベルからマーケットのレベルまで現象を説明するためには、どうしても演繹的なギャップができてしまうが、それを裏付ける科学的な研究は行われないかもしれないということである。本書では、このようなつながりについても触れているが、確立している分野ではない。

３つ目に、本書は実証された学術的発見に基づき、実際にトレードする人たちを対象に書いたものである。このため学術的な専門用語やトレードの業界用語・調査結果・例などが随所に使われている。読みやすさと、つながりを明確にすることにはできるかぎり気を配ったつもりだが、十分ではないかもしれない。また、研究結果の多くは非常に複雑で、微妙な差異があることも多く（例えば、ツイッターのセンチメントとフェイスブックのセンチメントには若干の違いがある）、読者は調査結果の幅広さに混乱するかもしれない。

４つ目に、本書ではセンチメントに基づく投資をかなり単純化して紹介している。しかし、この方法は人間の性質と矛盾するため、投資の規律のなかでも最も難しくて危険なものかもしれない。つまり、この戦略は優れたリスク管理ができる経験豊富なプロだけが試すべきものなのかもしれない。ちなみに、本書は教科書の部分と投資ガイドの部分を備えた独特な構成で、いわばモジュール構造になっているため、関心のない項目は飛ばして読んでもかまわない。

また、本書には明らかな利益の相反がある。本書はデータベンダーによって書かれたものであり、紹介した研究のなかには、データを販売したい人たち（私たち自身や競合する業者）が行ったものが多くある。このバイアスを減らすため、本書は既存の学術研究を多数紹介している。また、私たちはTRMIのセンチメントデータを世界中の研究者に提供しており、彼らの研究結果も必要に応じて紹介している。さらに、私たちはできるかぎり統計的に有効になるよう、紹介したすべての損益曲線は、さまざまな条件や制限の元で確認をしている。もちろん、それでも利益の相反を逃れることができないことは分かっている。ちなみに、医学分野の検証においては、このような相反は無意識に蔓延しており、無視されることが多い。私たちは、バイアスを大いに受けやすい立場にあることを理解したうえで、そのことがこの研究の全体的な質や長期的な影響にマイナスにならないことを願っている。

金融市場は人間、つまり恐怖や不確実性に反応し、エゴが傷つき、他人の間違いを罵り、予測し、群衆に従う人たちによって構成されている。市場価格も、人間と似ており、ときに（必ずではない）センチメントに引きずられる。本書は、投資家の集合的かつ体系的なセンチメントを明らかに示す価格パターンについて書いたものである。これを読めば、これらのパターンを利用することだけでなく、自らのセンチメントを管理する方法も学ぶことができる。本書を通じて、金融市場に関する新たな洞察を得て、優れた投資家、および優れた人間になってほしい。

謝辞

2004年、マーケットサイクチームは情報とセンチメントがグローバル市場に与える影響を読み解くための研究に着手した。このチームは、トム・サミュエルズ博士の研究に大いに触発されていた。博士が2013年に亡くなったことは非常に惜しまれる。サミュエルズ博士は、センチメント分析を通じて、無意識のうちに事業やマーケットの活動が牽引されていることの重要性を、ビジネス界が十分理解できるようになることを望んでいた。博士は、私たちの会社の設立当初から、格別な支援と励ましを与えてくれていた。

本書は、数年間に及ぶマーケットサイクチームの取り組みの成果である。この研究には、多くの人たちがかかわっており、各人がどれほどの貢献をしてくれたかはとても書き切れない。チャンジー・リュー、アレクサンダー・ファフーラ、エリヤ・デパルマを始めとするデータサイエンティストの画期的な仕事は、本書をとおして紹介していく。彼らの洞察と統計調査がなければ、本書は完成し得なかった。

また、世界的なセンチメントデータがなければ、統計的証拠を集めることはできなかった。チームのCTO（最高技術責任者）で非凡なシステムアドミニストレータのディエゴ・グティエレスは膨大な時間を投じ、徹夜を重ねて完璧なデータ製品を構築してくれた。トムソン・ロイターでプロダクトマネジャーを務めるエリック・フィッシュキンは、比類の専門知識と鋭い頭脳をつぎ込んでデータアーキテクチャを設計してくれた。ユージン・スモランカの情報収集、アレクセイ・カラクロフのプロジェクト管理と品質保証、タヤブ・ビン・タリクのデータ分析、ズルマ・カオのウェブクローラー、アレキセイ・ベレニキンの断固たる調査力も、本書の基となるデータの構築には不可欠だった。また、現在開発中のプロジェクトに尽力してくれているベスナ・

グウォツデノビック、ドミトロ・イバニッシュ、コスチャンティン・レシェンコ、コンスタンチン・ニコラエフ、ラミロ・レーラ、アント・ケガルにも大いに感謝している。過去にチームに在籍していたトーマス・ハートマン、ユーリ・シャッツ、ジェイコブ・シスク、アリ・アリク、リチャード・ブラウン（トムソン・ロイター）が提供してくれた貴重な洞察と労力も、本書の発行という形で結実した。インターンのロビン・チュー、デイビス・マシューズ、エリック・ベット、アラン・リュー、アラン・モーニングスターも本書に大きく貢献してくれた。ほかにもデータ作成や品質管理において多くのインターンが協力してくれたが、数が多すぎて全員の名前を挙げることはできないが、世界中のトッププレーヤーを集めることができたことは、非常に幸運だった。

私たちは、長年にわたってスティーブ・グドール、ポール・ザック、リチャード・フリーセン、マーク・ハーバー、フランク・ムータ、ジーン・ダンジェー、デニス・トーマス、ダグ・サミュエルズ、トム・サムエルズ・ジュニア、ビクター・レーシー、ジェフ・エールリッヒ、スコット・マーティンの支援と助言の恩恵を受けてきた。また、パノプティック・ファンド・アドミニストレーションの素晴らしいメンバーであるジョージア・グッドマンとマート・プリングルとジェフ・ランバートは、トレード期間を通して私たちを励まし続けてくれた。

トムソン・ロイターでは、ジェームス・カンテレラとデニス・ゴートが私たちとの協力関係を深めてくれた。また、同社のサニー・キュー、クリストファー・クレパレック、スティーブ・ディーン、ネイサン・アトレル、アダム・ギャレット、ラブ・スリバスタバ、松田和久、ジョイ・サラーを始めとするたくさんの社員に大きく広がった熱意にも深く感謝している。ほかにも、アマレオスのジェローム・ファブレス、フィリップ・エルアスマ、ライアン・シア、EOTプロのビル・デニスなど、たくさんの人たちが洞察に富んだ助言と、実世界のフィードバックを与えてくれた。

さらに、幾日も、幾晩も、週末も会うことができなかった私たちの大切な家族にも、感謝したい。まだ父や母が何に没頭しているのか分からない子供たちも、いずれ私たちのように触発され、動かずにはいられなくなる仕事を見つけてくれることを願っている。個人的には、愛する妻サラの衰えることのない楽観主義と、本書執筆中の忍耐に感謝している。

それ以外に、ブライアン・ナットソン、カミラ・クーネン、ジャンチェン・シェン、フェン・リー・ポール・テトロック、ジョセフ・エンゲルバーグをはじめとする何百人もの学者や研究者にも大きな恩義を感じている。彼らの研究は、私たちの発見をあと押しし、前後関係を補足してくれた。彼らの献身と熱意がなければ、人間の知識は向上していかないと思う。

そして、私たちは本書の読者にも感謝している。読者が疑問を持ち、異議を呈し、新たな視点で世界を理解することが、進歩の基となる。私たちが本書を執筆しながら感じたのと同じくらい、みなさんも本書に魅了され、楽しんでくれることを願っている。

第1部

基礎

Foundations

第1章　知覚と脳

Perception and the Brain

「私たちは、実際のリスクよりも認知されたリスクのほうが高いことに賭けている。これは、すべての行動理論の基本である」

――ウィルバー・ロス

2005年にハリケーン・カトリーナがメキシコ湾岸地域を襲い、その数週間後に別のカテゴリー５のハリケーン・リタが再びこの地域を襲った。メディアにはカトリーナによる冠水した住宅地の悲惨な光景があふれていた。大手テレビ局は逃げ遅れた住民が屋根の上で動けないでいる様子を繰り返し放映した。住民がテレビ局のヘリコプターに手を振って助けを求め、その後ろでは死体が茶色く濁った水に浮かんでいた。カトリーナは、アメリカ史上最大の損害をもたらした自然災害で、物的被害は推定1080億ドル（2005年当時、12兆円）、カトリーナとそのあとの洪水の犠牲者は、分かっているだけで1833人に上った。損害請求に応じて何十億ドルもの支払い義務を負った保険会社は、翌年とその翌年に連続で保険料を50％以上引き上げた。

このあと、カテゴリー５のハリケーンが頻繁にメキシコ湾岸地域を襲うことになると感じる人が多くなった。2005年に発表された影響力の大きい科学研究で、大西洋に強力なハリケーンが発生する確率が高くなっていることも確認された。ハリケーン・リタからほどなくして、アル・ゴアが地球温暖化による環境破壊リスクを警告した映画「不都合な真実」も公開された。2005年の大西洋のハリケーンシーズンは、予想よりも早く最悪のシナリオが実現したことを暗示しているように見えた。

このとき、抜け目のない投資家、特に再保険会社は、危険認識が高くなっているなかでチャンスを嗅ぎつけた。ウォーレン・バフェット率いるバークシャー・ハサウェイと、億万長者で投資家のウィルバー・ロスが、メキシコ湾岸地域の再保険会社に大金を投じたのだ。ロスは、ウォール・ストリート・ジャーナル紙のインタビューで、この投資について「私たちは、実際のリスクよりも認知されたリスクのほうが高いことに賭けている。これは、すべての行動理論の基本である[1]」と説明した。

恐怖の定義は、危険を感じたときの感情的な反応である。恐怖は、人が脅威を予測したときに起こり、恐怖に伴う不快な感覚が、その脅威を避けて不快な感覚を消すための行動に駆り立てる（例えば、次の嵐に備えて急いで保険に加入する）。抜け目のない投資家は、このような恐怖がもたらすチャンスを見つけて、それを利用しているのだ。

それならば、投資家が何を恐れているのかを考えてみるべきだろう。彼らは、期待に応えてくれないゾンビファンドを恐れている。彼らは、ファットフィンガー、ハッカー、彼らを瞬時に破産させるウォール街のコンピューターに潜むお化けを恐れている。彼らは、負債や無能な政府やテロも恐れている。ウォール街にも人生にも気をつけるべきリスクはあまりにも多く、それをすべて理解し、予測することなどできない。ただ、みんながリスク査定を誤るタイミングを理解しようとすることはできる。

本書は、投資家の心理が生み出す市場価格のパターンを検証していく。価格の反応は、たいてい単純ではない。ある出来事に瞬時に反応することもあれば、何日かあとに反応することもあるし、まったく反応しないこともある。また、上下動を繰り返すこともあれば、トレンドが始まることもある。

価格パターンは、投資家が新しい情報に反応して集団で買ったり売ったりした結果できる。ただ、そう書くだけでは実際のマーケットで起こる出来事が引き起こすバブルやパニックや価格トレンドの高揚感や苦悩や倦怠感を適切に言い表すことはできない。本書の目的は、メディアを通じた情報の流れが投資家の心理にどのような影響を及ぼすかを示すことにある。これは、例えばハリケーンのあとに危険認識が高まり、それが投資のチャンスを生むようなことである。

長い別離

「金融エコノミストの訓練学校に入ると、『最優先指令』を教わった。資産価格を合理的なモデルを用いて説明せよ。もしすべての試みが失敗した場合のみ、非合理的な投資家の行動に訴えてよい、という教えだ」——マーク・ルービンシュタイン[2]

心理学と経済学の分野は、第二次世界大戦から21世紀初頭までは大きくかけ離れていたが、ずっとそうだったわけではない。ジョセフ・デ・ラ・ベガは『コンフュジオン・ドウ・コンフュジオン（Confusion de Confusiones、混乱のなかの混乱）』のなかで、株式市場（アムステルダム取引所）について初めて詳細に書いているが、これはマーケットの投機家の感情について解説した初めての本でもある。デ・ラ・ベガは、アムステルダム取引所を支配するのは「何も恐れない」リーヘバー（巻き上げる側）と、「恐怖と不安と緊張に完全に支配されている[3]」コントラミン（弱体化する側）の永遠の対立であると書いている。そして、世紀が変わると、デビッド・ヒューム（1780年）などの影響力がある経済学者が、人を経済行動に駆り立てる「意欲を引き出す情熱[4]」の分析に取り組んだ。1939年に、ジョン・メイナード・ケインズが経済成長を牽引する「アニマルスピリット[5]」を提唱したことはよく知られている。

このように、心理的な力が株式トレーダーや経済活動を動かすという初期の論及があったにもかかわらず、第二次世界大戦後の経済学者を触発したのはまったく別の分野――物理学――だった。物理学者は、複雑な数式を使って自然現象をモデル化するということを行ってきた。最も劇的な例が原子爆弾である。経済学者も、物理学者をまねて包括的な理論を組み立て、複雑な数式を使って経済過程のモデル化を試みた。そのなかで、彼らは前提条件を簡素化するため、人間の判断と行動は完全に合理的であるとした。マーク・ルービンシュタインが書いているとおり、かなり多くの経済学者がこの前提に基づいて理論モデルを構築している。

投資家が合理的であるという前提は、モデル化には非常に便利であることが多いが、多くの重要な例外を取りこぼすことにもなる。マネーマネジャーで、ザ・ジャーナル・オブ・ポートフォリオ・マネジメント誌の初代編集者だったピーター・Ｌ・バーンスタインは、「実際、文明は進歩し、自然の気まぐれよりも人の判断のほうが重要になった[6]」と書いている（『リスク』［日本経済新聞社］）。人間の行動の複雑さや非合理性が生む差異を考えると、先の前提は経済学の進歩の大きな妨げになっていると言わざるを得ない。

経済学と同様、心理学も20世紀後半には伝統的な理論の影響を受けていた。多くの心理学者がフロイト理論やそのほかの実験に基づかない独自の説を前提としていたのだ。例外は、行動心理学者と実験心理学者で、Ｂ・Ｆ・スキナーやイワン・パブロフの研究は大衆の関心を引き付けた。彼らは、人間の行動には体系的で予測可能な非合理さがあり、報酬や罰といった動機によって変わることを示した。

心理学者は、行動に関する壮大な統一理論を作るのではなく、人間の性質を段階的に理解していった。彼らは、個々の特異性を説明したり、特定の臨床的な問題を解決したりするために（例えば、どうすれば身がすくむほどの不安を和らげることができるか）、理論をひとつひとつ、たいていは実験結果に基づいて構築していった。同じころ、薬にかかわる医学や研究からは、快楽と治療の両方において、気分や判断や金融リスクの取り方まで変えてしまう独自の効果を持つ化合物が見つかった。現在では、実験心理学者や精神薬理学者の研究に基づいて、気分障害（不安、落ち込み、衝動性など）や認知障害（精神病など）に対して根拠のある治療が行われている。

この30年間に、新たな調査ツールや介入分析が登場し、実験心理学者と経済学者は協力を始めた。行動ファイナンスや行動経済学といった分野は、データドリブンの学際的な取り組みである。研究者たちは現在、人間の判断や意思決定に関するさまざまな予測可能なパターンの目録を作成している。このなかには、リスクに関する判断や行動にかかわる認知バイアスや行動バイアスも体系的に整理されている。このなかのいくつかのバイアスは、本書でも述べているとおり、どの集団においても同時に起こり、経済トレンドや市場価格パターンに影響を与えているように見える。本書では、市場価格動向の壮大な統一理論を探すのではなく、心理的な手法で、明確な価格パターンを誘発して実行可能なチャンスを生み出す特別な情報と群衆の反応を検証していく。

イギリスの経済学者ジョン・メイナード・ケインズは、心理過程と経済行動の関係について初めて研究した経済学者のひとりである。彼は、この問題を認知的な視点で、合理的な投資家として市場動向を理解しようと試みた。彼は美人投票の例えを使い、一流投資家がどのように認知能力（優れた思考）を用いて競争相手を出し抜いているのかを説明したのである。

美人投票

「株に実質的な価値がなくても、その矛盾に目をつむる人たちがいるかぎり、そのことは重要ではない」――ジョセフ・デ・ラ・ベガ（1688年）[7]

ケインズは、ある例えを使って投資家の集団的行動がどのように株価を動かしているかを説明した。1930年代には、ときどき新聞で美人投票が行われていた。この投票は、紙上に掲載された100人の顔写真のなかから最も美しい６人を選ぶというもので、最も名前が挙がった６人を選んだ人が勝つ。つまり、この投票で勝つためには、参加者自身がだれを魅力的だと思うかではなく、みんながだれを選ぶかが重要なのである。勝つためのカギは、ほかの人たちが選ぶ顔を予想することにある。

このゲームにはいくつかのやり方がある。最も単純な戦略は、ほかの人の意見は考えずに、自分が最も美人だと思う６人を選ぶことである。ちなみに、この戦略はゲーム理論のモデルではレベル０とされている。それよりも洗練されたプレーヤーは、ほかの人たちの美人の認識の仕方を理解し、それを考慮して選ぶ。この情報を使えば、最初の戦略よりも成功の可能性は高くなる。ゲーム理論で言えばレベル１の戦略だ。

しかし、それよりもさらに洗練されたレベルがある。レベル２のプレーヤーは、レベル０のプレーヤーの好みと、「レベル１のプレーヤーがほかの人の好みをどう考えるか」を考えるのである。もう予想はつくだろうが、これを発展させれば、レベル３やそれ以上の戦略ができる。それぞれのレベルではその下のレベルの理由付けを基にコンセンサスを予想しようとする。ケインズは次のように書いている。

> これは、自分が最も美しいと思う顔を選ぶのでも、平均的に最も美人だと思われる顔を選ぶのでもない。私たちは、平均的に選ばれる顔がどれになるかの平均的な予想という３次的な思考を巡らさなければならないのである。そして、なかには４次的、５次的、あるいはそれ以上の思考をする人もいるだろう。

ケインズは、投資家が同じような思考についての思考を重ねていると考えていた。投資家は、株の適正価格を予想するときに、ファンダメンタルズ的な価値を考慮することもあれば、株価の方向を考えることも、ほかの投資家がどう考えているかを推測することもあるのだ。

ローズマリー・ナゲルは、ケインズの美人投票の実験版を開発した[8]。彼女は参加者に１～100の数字から、みんなが選ぶ数字の３分の２に当たる数を推測するよう伝えた。レベル０のプレーヤーは、ランダムに数字を選ぶ。レベル１のプレーヤーは、自分以外は全員レベル０として考える。その場合、レベル０のプレーヤーがランダムに選んだ数の平均は50になるため、レベル１のプレーヤーはその３分の２の33と推測することになる。

レベル２のプレーヤーは、自分以外が全員レベル１だと想定する。その場合、レベル１のプレーヤーは33を選ぶため、レベル２のプレーヤーは22を選ぶことになる。レベルが上がるほどこの過程が繰り返され、ナッシュ均衡はレベル∞（無限大）のプレーヤーが選ぶ０になる。

これと似た実験は、さまざまな雑誌や研究所でも行われた。１回きりのゲームで平均的な予想の３分の２の数字を予想させた場合は、平均的な答えは23近辺になったため、理想的な戦略はレベル１とレベル２[9 10]の間にあることになる。また、このゲームのバリエーションも何回も行われ、なかには個人とグループを競わせた実験もあった。面白いことに、グループは最初は負けるが、数回繰り返すうちに個人よりも速く学習した。また、別の実験では経験を重ねたプレーヤーのほうが経験が少ないプレーヤーよりも正解に近い数字を推測した。

美人投票のようなゲームは、状況が不変で学習が可能なので、資産市場のようにうわさや情報で価格が高騰したり、トレーダーや期待や恐怖や先入観で落ち込んだりする動的な状況とはかなり異なる。しかし、重要な類似点もある。美人投票に勝つためには、ほかのプレーヤーが注目している特徴を見つけなければならないことである。みんなが価値を見いだしているのは大きな目なのだろうか、ボブの髪型なのだろうか、それともあごの形なのだろうか。

美人投票の実験結果から、投資家が経験と学習を蓄積できることを考えれば（美人投票のように１回きりのゲームではない場合）、レベル１とレベル２の間のどこかの、おそらくレベル２に近いほうで投資するのが最善策に思える。同様に、金融市場でも最適な考え方ができれば、投資家はレベル０の投資家が引きつけられるうわさや情報を理解することができる。次に、投資家はレベル０のプレーヤーがその情報にどう反応するかについてレベル１のプレーヤーがどう考えるかを考慮しなければならない。このとき、マーケットのレベル０と１のプレーヤーの割合も正しく推測しておいたほうがよい。投機バブルのマーケットには、レベル０のプレーヤーが多くなる。新しい情報が少ないときは、レベル１のトレーダーがプライスアクションを支配しているのかもしれない。

マーケットで最古の行動戦略のひとつに、アルファキャプチャーと呼ばれるシステムがある。典型的なアルファキャプチャーシステムは、リサーチャーやアナリストがトレードアイデアを取りまとめる部署（たいていはポートフォリオマネジャーが責任者）に提出する。提出者たちは、責任者にとってのアイデアの価値に応じて報酬を受け取る。この戦略を2001年に初めて使ったのはマーシャル・ウェイスだった。現在、世界最大のアルファキャプチャーシステムを運営しているTIMグループ[11]をはじめとして、この戦略は金融業界全体で使われている。

アルファキャプチャーは、もともとはレベル０の手法だった。しかし、最近の進歩によって今ではレベル１かそれ以上に上がっている。レベル０の段階では、自動的に最高のパフォーマンスを上げているリサーチャー（よくあるのは、過去のリスク・リワードの実績が高い人）のアイデアを採用する。しかし、レベル１になると、アルゴリズムを使って出来高や、そのリサーチャーの得意の業界かどうか、推奨されている資産の有効期間などを考えるようになる。時には、特に成績の悪いリサーチャーがいると、その逆をトレードする場合もある。実際、常に間違ったアイデアを提出するリサーチャーには、悪い投資助言を続けてもらうために報酬が払われることもある。不正確なアイデアの反対にトレードし続けることは、常に正確にトレードするのと同じくらい有益なことかもしれないからだ。大事なのは継続性なのである。

ケインズは、人の考えを考えることが（美人投票）、投資家の意思決定を促すということを理論化した。ケインズの死後、月日を経て、2012年にリサーチャーたちは試験的なマーケットでトレーダーが価格変化を予測する精度と、ほかの人たちの意図を共感的に理解すること（心の理論）には相関関係があることを発見した。ただ、共感することは大事だが、価格予測の精度と数学の能力に相関関係はなかった[12]。この結果は、レベル１以上の考え方ができることのほうが、数学の天才よりも有利だということを示している。人の考えについて考える能力は、トレードのパフォーマンスを差別化するカギだったのである。

ケインズは、マーケットには投資と投機という２つの見方があるとして、「投資は、資産の耐用期間の利回りを予測する活動で、投機は市場心理を予測する活動」と書いている。しかし、ケインズが言っている二元性は正しくない。本書で説明しているように、市場心理自体が資産価格に影響を及ぼし、その過程で利回りが変わるからである。すべての投資家は、たとえ合理的な市場の優位性を信じている人であっても、投資家を駆り立てる心理的な力を理解し、利用することができる。本書は、高いレベルの投資家と、そうなりたいすべての投資家のために書いている。

何がトレーダーを動かすのか

他人の考えを考察する能力を使えば、投資家は現実の世界のさまざまなツールや洞察を駆使できるようになるかもしれない。私がコーチングを行った経験から言えば、最も成功する投資家は３種類のマーケット分析から得た情報に基づいて、売買の判断を下している。

●ファンダメンタルズ分析
●テクニカル分析
●センチメント分析
●機関投資家の動き

この４種類の情報は、ほとんどのトレーダーの基本的なツールセットに含まれている。トレーダーは、ファンダメンタルズを調べて原資産の価格の現実的な価格を理解する。価格の動きを監視するためには、資産ごとにさまざまなファンダメンタルズ（マクロ経済データ、収益、金利など）を知っておく必要がある。トレーダーは価格トレンドや価格圧力や抵抗線の水準などを検証するために、テクニカル的な理解も試みる。テクニカル分析では価格や出来高のデータを変換することもある（例えば、移動平均、ストキャスティックス、相対力指数、注文の流れや売買スプレッドの変化といったマーケット内部の動きなど）。トレーダーは、マーケットのセンチメントを確認するために、マーケットのコンセンサスやほかのトレーダーのポジションやニュースの反応なども検証する。また、マーケットの動向や機関投資家（中央銀行、大手ファンド、高頻度トレーダーなど）が流動性やボラティリティに与える影響も、市場価格の力学を変化させるため、追跡しておく必要がある。

私は講習会を開くときに、「資産価格を動かすのは何だと思いますか」という質問を投げかけることがある。そして、上の４つのなかで最大の要因だと思うものに手を挙げてもらうと、参加者のコンセンサスは毎回変わる。参加者に会計士やアナリストが多いと、ファンダメンタルズが選ばれる傾向がある。テクニカルアナリストは、予想にたがわずテクニカルな要素やセンチメントを選ぶ。大学で講義すると、ファンダメンタルズ（ファイナンスの教授に気を使っているのかもしれない）か、センチメント（私が成績を付けると思うのかもしれない）を選ぶ。そして、少数意見ながらある程度の参加者は、金融機関が価格に影響を及ぼすと信じている（かつ責めている）。そして、賢い、あるいは混乱した参加者はどれにも手を挙げない。

なぜ、賢い参加者は手を挙げないのだろうか。学術的には、資産価格がさまざまな要因によって動くことが分かっている。収益、価格パターン、センチメント、機関投資家の方針が、さまざまな時間枠や状況において価格に影響を及ぼす証拠が確認されているのである。つまり、「資産価格を動かすのは何か」という質問の答えはひとつではない。実は、トレーダーを売買に駆り立てるのは何なのかが理解できていなければ、この質問は無意味なのである。

結局のところ、価格を動かしているのはトレーダーの行動、つまり売りと買いと注文の流れなのである。そうなると、先の質問よりも「トレーダーが売買する理由は何か」という質問のほうが役に立つ。ただ、答えは、思った以上に複雑だ。トレーダーの行動が、外部のニュース（例えば、予想外の決算結果）に影響されると言っても、それはごく些細なこと（例えば、神経的な変化）から社会的なこと（例えば、みんなはどう考えているか）までさまざまなレベルがある。神経化学も社会的感覚も、周りの世界をめぐる情報を観察することで変わっていく。

観察したことは、トレーダーの脳でフィルターにかけられ、処理されていく。つまり、トレーダーを売買に向かわせる理由として最も単純な答えは、情報に対するトレーダーの反応ということになる。トレーダーは脳のレベルで反応し、時にはその反応と売買行動が同時に起こることもある。

とはいえ、情報自体がトレーダーを行動に駆り立てるわけではない。予想を上回る決算結果が買い注文のボタンを押させるわけではないのだ。トレーダーを買いや売りへと動かす根本的な動機は、決算ニュースを受け取ったあと、その情報が引き起こす「やっぱり」とか「まずいぞ」といった感情なのである。

英語のemotion（感情）という言葉は、ラテン語のex（外へ）とmovere（動く）から来ている[13]。情報は、メンタルモデルや信念や期待に関連していると感情を誘発する。例えば、ある人の期待していた決算結果のメンタルモデルがコンセンサス予想と合致していたときに、そのコンセンサス（基準点）よりも低い結果が発表されたら、その人は失望する。

大事なことは、脳が新しい情報を期待と比較して、良い感覚や悪い感覚を生み出すということである。新しい情報を期待と比較すると、神経に化学変化が起こり、何らかの感覚がわき起こるのだ。もしその情報が期待を上回ると良い気持ちになるし、期待よりも悪いと失望する。このようなことが何回も起こるうちに、それまでの感覚が蓄積し、それがわずかにトレーダーの行動を促す。

短くて激しい感情は、行動しようという意志を喚起する。「何かをする」ことによって、感情を放出し、神経化学のバランスを回復できるからである。もしトレーダーが行動できないと、その感情はたとえ意識していなくてもあとを引き、判断や意思決定に微妙な影響を与える。短期的な感情は、靴に入った小石のようなものだ。いら立たしいし、取り除かなければ、いずれ歩行の邪魔になる。

自分の望んだ（あるいは望まない）展開になると、感情的に反応するのは人間の性質である。さらに言えば、感情反応は何もなくても起こる。例えば、大成功するとか大損失を被るなどといった起こり得る結果を想像するだけでも、感情は刺激される。投資家はみんなマーケットの価格動向に感情的に反応するが、これは経験とともに減っていく。ほとんどの投資家は、ブル相場になると高揚感やプライドを感じたり、利益を逃すことを恐れたりし、急なベア相場に見舞われると激しい不安や怒りを感じたり、パニックを起こしたりする。それらの感情が、投資家の考え方やそのあと彼らの資本をどうするかに、それぞれ異なる影響を及ぼしているのである。

マーケットのパターンを理解するために、本書では最初に情報が感情的な反応と行動的な反応をどのように喚起するのかを見ていく。そのあと、そのほかの価格に影響を及ぼすことが予想される要素（メンタルモデル、期待、考え、時間枠、関心、トレーダーの集団的反応）についても検証していく。

マストに縛り付けろ

「最初、彼女（キルケ）は花畑に座って素晴らしい声で歌うセイレーンの歌を聞いてはならないと言った。しかし、私はだれも聞いたことがないというその声を聞いてみたい。だから、マストの途中の横木に私を縛りつけてくれ。私が絶対に逃げられないよう素早くマストに縛りつけ、縄の端をマストにくくりつけるのだ。もし私が縄を解いてくれと懇願したら、縄をさらにきつくしてほしい」――ホメロス著『オデュッセイア』

ギリシアの英雄でイタカの王のオデュッセウスは、狡猾で機知に富んだ人物として知られている。ホメロスの抒情詩『オデュッセイア』

で、オデュッセウスはトロイア戦争後、さまざまな困難をへて10年間かけて帰国した。この長い帰途に、彼の船はセイレーンのいる海域を通った。セイレーンは上半身は美しい女性の姿をした怪物で、近くを通った船乗りを魅惑的な音楽と歌声で誘惑する。それを聞いた船乗りたちは歌声に引かれて島に近づきすぎて岩の多い海岸で難破し、そのまま魔法で凍らされる。

オデュッセウスは、セイレーンの歌声を聞きたかったが、それをすれば合理的な判断力を失うことも分かっていた。そこで彼は部下にセイレーンの島に近づいたら全員が耳を蝋で覆って歌声が聞こえないようにするよう命じた。そして、島の近くを航行するときに、自分が歌声を聞いて海に飛び込まないように、船のマストに自分を縛りつけ、どのような状況でも船の航路を変えないことや、自分に刃を向けて、もし縄をほどこうとしたら切りつけろとも命じた。セイレーンの歌声が聞こえてくると、オデュッセウスは一時的に正気を失い、全力で縄を振りほどこうとした。**図1.1**はオデュッセウスがセイレーンの下に行こうともがいている様子を描いている。

オデュッセウスは、セイレーンの島を無事通過した。それができたのは、彼が自分の感情の弱さを理解し、自分が弱くなったときの対策を事前に講じていたからである。彼のリーダーシップを信頼して、部下の乗組員は耳を蝋で封じ、縄をほどかないという命令を守った。ホメロスは『オデュッセイア』のなかで、人間の弱さについて書いている。「人はすぐに神を責める。彼らは、私たちが彼らを悲惨な目に遭わせていると言う。しかし、彼らは自ら堕落して、運命が決めた以上の苦悩を招いている」。誘惑を振り切って正しいことをしようともがくというテーマは、ギリシャの古典文学において非常によく見られる。

プラトンは『パイドロス』のなかで、人間の知性は二頭の馬を操る御者と通じるものがあるとしている。馬は、一方は非合理的で見境がつかなくなっているが、もう一方は気高く血統も良い。御者の仕事は、

図1.1　「ユリシーズとセイレーン」（ハーバート・ジェームズ・ドレイパー、1909年）

悟りと真実に向かっていく馬たちを制御することである。プラトンは、心をひとつの重要な流れとして描いている。人は、自分が制御できている御者のつもりでいるが、実際には彼らも馬の一頭にすぎないのである。感情を制御することは、頭で考えるほどたやすいことではない。

脳の構造と機能

「地球上で呼吸し、動くすべての生物のなかで、最も弱いのは人間である」――ホメロス著『オデュッセイア』

人間の脳は何百万年もの進化のたまもので、情報を効率的かつ実用的に処理し、社会的階級を勝ち抜きながら目的を達成し、危険を避けるために、積極的に指示を出している。しかし、人間の脳が進化したのは、危険もチャンスもほぼ目の前にあり、社会的な交流は一族のなかだけに限られていた石器時代だった。この石器時代の脳の一部が、現代の急速に相互接続されていく世界で、複雑な生活のかじ取りに最適でないことは明らかだ。

脳は、概念的に３つの領域に分かれている。それぞれの領域は、玉ねぎの層のような構造になっており、そこで複雑な処理が行われている。例えば、外側の層である大脳皮質では分析的な意思決定がなされ、中間の層である辺縁系では動機や意欲が起こり、一番奥の核となる領域では生命を維持するための生理学的な処理が行われている。

大脳皮質は、脳の司令塔で、実行機能と運動制御を指揮している。大脳皮質のなかの前頭前皮質と呼ばれる領域は、抽象的な思考・計画・計算・学習・戦略的判断などを行っている[14]。脳の辺縁系は、感情を司っており、恐怖や興奮などを含む未発達の動機と感情を生み出している。**図1.2**に大脳皮質と辺縁系を示してある。３つ目の領域は中脳（別名「爬虫類脳」）で、ここでは体の基本的な生命活動（例えば呼吸や心拍など）を司っているが、これは本書の範疇ではない。

この３つの領域を駆け巡るのが神経回路で、これが報酬の追求と損失回避という２種類の目標志向行動を生み出している[15]。報酬を求め、損失を回避しようとするシステムの存在は、アリストテレスの時代から仮説として知られていた（H・スペンサー著『ザ・プリンシプルス・オブ・サイコロジー［The Principles of Psychology］』[16]）。20世紀末まで、報酬系と損失系のシステムはどちらも痛みを避け、楽しみに向かおうとする現象だと思われていた。しかし、現在では、これらのシステムが感情や考えや行動といった脳の複雑な処理を包括的に行っていると考えられている。

図1.2　脳の構造――辺縁系は大脳皮質の下にあり、前頭前皮質は額のすぐうしろにある

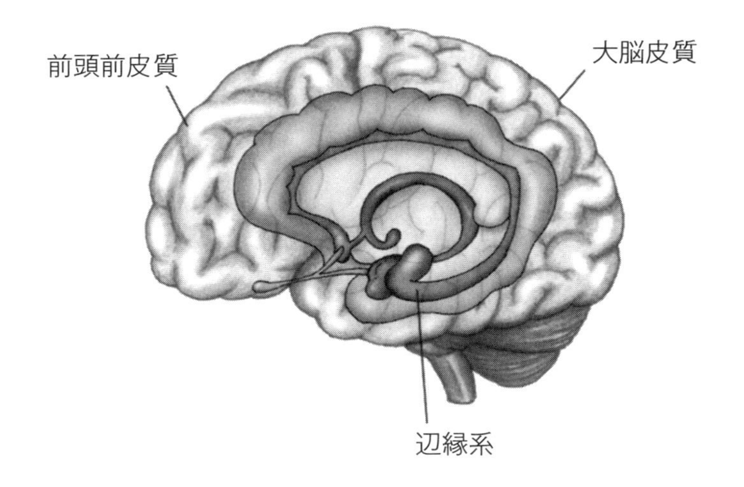

大脳皮質の進化は素晴らしく、これによって人類は将来や過去を考慮し、戦略かつ抽象的に考えることができ、先の計画ができるようになるなど、人間たらしめたと言ってよい。しかし、問題は辺縁系よりもあとにできた前頭前皮質が辺縁系の上に位置していることである。普段は前頭前皮質が衝動を管理し指示しているが、ときどき感情が急に高まると、それが前頭前皮質を圧倒してしまうのである。しかし、正常に戻ると、脳はできるかぎりそのあと処理をしようとする。

脳の前頭前皮質は、人間が感情を制御するのを助けている。子供や高齢者の前頭前皮質は薄くて感情が金融判断に悪影響を及ぼすことが多い（だから子供にはクレジットカードを持たせられないし、高齢者は金融詐欺に遭いやすい）。正常な大人ならば、マーケットが期待どおりに動いていれば感情の自己調整は保たれている。しかし、価格のボラティリティが高くなると、正常な大人でも感覚がまひして感情が投資判断を支配するようになる。

辺縁系のなかにある動機にかかわる回路のひとつが報酬系である。報酬系は、主に神経伝達物質ドーパミンによって伝達されるニューロンから成っている。ドーパミンは、脳の「快楽物質」と呼ばれている。報酬系に電気的な刺激を与えると、人は強い幸福感を覚えることが報告されているからだ。報酬系は、報酬の可能性を探し、評価し、意欲的に追及するといったことをまとめて行っている。

動機にかかわる２つ目の複雑な動きが、損失回避である。脳の損失系は、報酬系ほど詳しく解明されていないが、ここには前島（痛みや嫌悪感)、扁桃体（感情処理)、海馬（記憶中枢)、視床下部（ホルモン分泌中枢）などが含まれていると考えられている。損失系が活性化すると、血中にホルモンや神経伝達物質が放出され、体全体を巡る。脅威を感じると、視床下部－下垂体－副腎系（HPA軸）が活性化し、それがストレスホルモンやエピネフリン（「アドレナリン」）を血中に分泌する。危険を感じると、体の交感神経系（SNS）が「闘争もしくは逃走」反応に備えるよう、体の主な器官すべてに神経信号が伝達されるのである。もし脅威にさらされて恐れを感じ、SNSが活性化すると、震え・発汗・頻脈・浅い呼吸・瞳孔の拡張などの兆しが現れる。SNSは、身体的な兆しやパニックの兆候を引き起こすこともある。

報酬系や損失系は、無意識のレベルで思考に影響を及ぼすため、ささいな感情が判断や思考や行動に影響を与え、それが自動的に行動につながることが多い。脳自体の構造のせいで、人は感情が行動に与える影響について実際よりも軽く考えている。人は感情について考える前頭皮質という７万年前に進化した領域は、構造上は辺縁系の上に重なっている。しかし、感情は通常、無意識、つまり意識的に感じたり考えたりするのではなく、何かに反応して起こるため、人は感情が行動を駆り立てることの重要性を過小評価してしまうのである。

報酬系と損失系はたいていは独立しているが、一方が激しく活性化すると、他方が不活性化することもある。神経画像の研究のなかには、未発表ながら、脳が大きな金銭的報酬を期待すると前島を不活性化することを確認したものもある。ポジティブな興奮によって、損失回避のスイッチがオフになってしまうのである。つまり、勝つかもしれないという興奮が脳の脅威を察知する領域を不活性化してしまうのだ。もしかすると、「豚は食べれば太るが、太りすぎた豚は食われる」というマーケットの警告は、この脳の動きからきているのかもしれない。マーケットで利益を上げたい（豚になる）と思うのはよいが、欲深くなってすべてのリスクを無視すれば（太りすぎた豚になれば）長期的な破滅につながる。ただ、トレーダーの行動は感情の観点から簡潔に説明できるが、まだ分かっていないこともたくさんある。

感情か論理か

「ものの善し悪しは考え方ひとつで決まる」——ウィリアム・シェイクスピア著『ハムレット』

本章では、トレードで成功するために他人についてより深く考えることがカギになるということを述べてきた。また、神経回路や神経構造から入り込んだ感情が、意思決定に影響を与えるということについても見てきた。認知されたリスクと実際のリスクのギャップを見つけてそれをマーケットでチャンスにつなげるためには、ウィルバー・ロスの題句にもあるように、トレーダーは感情が考えを変えることを理解しておかなければならない。しかし、そうなると別の疑問がわいてくる。意思決定について知るためには、もっと認知的な要素や感情的な要素について対処すべきなのだろうか。

トレーダーが受け取る情報は神経画像の実験で使うものよりもはるかに複雑なうえ、それが「認知的」か「感情的」かの見極めも簡単ではない。影響の大きい認知的な情報（例えば、破産のニュース）が感情的な反応を誘発することもある。その一方で、他人の感情にかかわる情報（例えばマーケットでパニックが起こっている）が、過剰反応している人たちから株を買うという合理的な判断を促すこともある。ハリケーン・カトリーナのあと、住宅所有者は恐怖の感情によって、実際の浸水リスクよりもはるかに高いプレミアムを支払って保険を買いたくなった可能性が高い。抜け目のないトレーダーは、投資家がかなり感情的になっているとメディアが報道しても、集団的な感情を認知評価することができる。ウィルバー・ロスは、この価格の歪みを利用するため、認知的な判断を下したのである。

リサーチャーが神経画像を使って美人投票のゲームを行った結果、意思決定をしているときの前頭前皮質の活動量はゲームの成績と相関していたことが分かった。優れた成績は、優れた戦略的IQ（ほかの人の考えや感覚について分析的思考ができる能力[17]）がもたらす。前頭前皮質は、役に立つ情報を感情回路から受け取ったり、時には抑止したりする。オデュッセウスと同様、最高のトレーダーは認知能力を使って自分が感情的に脆弱になる前に計画を立てておく。投資家は、感じるリスクと実際のリスクのギャップを利用するために、感情が市場動向を牽引することの重要性を考慮して認知的な戦略を用いることができるのである。

まとめ

- 抜け目のない投資家は、投資において認知されたリスクが実際のリスクと乖離しているときを探す。
- 行動ファイナンスと行動経済学は、統計分析と実験技術を駆使して経済的な意思決定における人間の心理の役割を調べる学術分野。
- ケインズは美人投票を理論化することで、マーケットにおけるゲーム理論とメタ認知の重要性を説明した。

- トレーダーは、情報とその情報に対する反応によって行動する。このような反応は、事前の期待・考え・気分に影響される。
- オデュッセウスとセイレーンの物語は、知性が感情に取り込まれる様子を描いている。オデュッセウスが示したように、認知能力を使った事前計画によって、感情や行動のわなを避けることができるかもしれない。
- 人が実際よりも反応や行動を制御できると思っている理由は、辺縁系の上に７万年前に進化した前頭前皮質があるという脳の構造にある。
- 脳の主な動機経路（報酬系と損失回避系）は、リスクにかかわるすべての行動において重要な役割を果たしている。その働きは、時に逆にも作用し、弱さを増大させる。
- 感じるリスクと実際のリスクのギャップを利用するためには、感情が市場を動かしていることの重要性を考慮した認知的な戦術を用いる。

第2章　心と感情

Mind and Emotion

「私たちが積極的に何かをしようとするのは……アニマルスピリット、つまり行動しないよりも行動したいという内からわき出る衝動の結果であり、数量化した利益と数量化した確率を掛け合わせて加重平均した結果ではない」——ジョン・メイナード・ケインズ著『雇用、利子および貨幣の一般理論』[1]

当時、若い経済学者で官僚だったケインズは、ベルサイユ条約の制約や懲罰的な条項はドイツをさらに困窮させてさらなる対立を引き起こすとして反対の声を上げた。彼は、経済活動を刺激する賢い財政支出の力を信じていた。その後、2007～2009年の金融危機のあと、先進国が多大な債務を抱えて不況に陥るという悪循環を断ち切るためには、借り入れを行って支出すべきだという議論がわき上がった。借り入れと支出を支持した人たちはケインズ的な見方で、財政刺激策が景気を回復させ、経済の縮小や緊縮財政の下方スパイラルを止められると主張した。

あまり知られていないが、ケインズは株を選ぶのもうまかった。彼は、1924年に母校のケンブリッジ大学（キングスカレッジ）の出納長に就くと、資金をチェストファンドで運用した。1924年から1946年に亡くなるまでに、チェストファンドの資金は３万ポンドから38万ポンドに増えた。バブルや不況や戦争を含むこの期間の株式市場のボラティリティを考えると、このリターンは市場を大きく上回っていた。ある学術論文では、1924～1946年のイギリスの株式市場の平均利益が８％だったのに対して、ケインズのリターンは年率15％に上ったと推測している[2]。

ケインズは、人の心理が経済活動において重要な役割を果たしていることを理解していた。彼は、経済繁栄に不可欠な要因のひとつで、人を経済活動に駆り立てる無邪気な楽観主義のことを、アニマルスピリットというウイットに富んだ言葉で説明した。

群衆がマーケットを動かす

アニマルスピリットが、群衆を動かしている。群衆は、投資やトレードやポートフォリオ管理を行っている個人で形成されており、彼らの判断は、次々と入ってくるニュースやうわさに影響される[3 4]。彼らは読んだり聞いたりしたことに基づいて行動しているが、それ以上に影響を及ぼしているのが、その情報に対する感情的な反応である。このような感情的な反応がケインズの言うアニマルスピリットで、それが経済や投資活動をあおっているのだ。

行動経済学では、リスクを伴う行動におけるさまざまなアニマルスピリットの影響の検証も行われている。これらの研究によれば、新しい情報が感情的な反応（喜び・恐怖・怒り・憂鬱など）を誘発すると、個人のトレード行動にはバイアスがかかる[5 6]。そして、感情が高まっていくと、それが意思決定に与える影響も大きくなっていく[7]。マーケットは個人が集まって形成しているため、彼らの集団的な感情が市場動向となって表れる。実際、ニュースに誘発されたセンチメントを測定すれば、価格動向を予測できるのである[8]。情報は、投資家の感情的な状態を変えることで、彼らのマーケットでの行動を変えることができる。そうなると、マーケット参加者の感じ方や先入観や懸念、つまり彼らのセンチメントをより理解すれば、トレーダーは市場価格の優れた予測モデルを開発することができるのである。

メディアセンチメントと資産価格の基本的な関係は、株式市場のセンチメントの移動平均チャートに表れている。このようなセンチメント指数の詳しい構造は、付録Aと次の第３章以降で説明している。ここで言うセンチメントとは、メディアがS&P500やそれを構成する株について伝えるときの全体的なトーン（楽観的か悲観的か）のことを指す。S&P500に関する複数のニュースやソーシャルメディアのコメントの全体的なセンチメントの単純移動平均を、S&P500の価値と合わせてグラフにした**図2.1**を見れば、その単純な関係性は明らかである。

短期のセンチメントが長期のセンチメントを下抜くと、S&P500もそのあと下げる傾向がある。逆に、短期のセンチメントが長期のそれを上抜くと、S&P500もそのあと上げることが多い。この関係性は完璧ではないが、センチメントが下げているとき（濃いアミの部分）には株式市場から離れ、上げているとき（薄いアミの部分）だけ投資をすれば、バイ・アンド・ホールド戦略で市場平均を大きく上回ることができるだろう。

センチメントの予測力をよりよく理解するために、本章では感情（それ自体がセンチメントの一種）がトレード行動に及ぼす影響を見ていく。

感情プライミング

感情の本質は、複雑な情報に対するひとつの反応である。会社名を聞いたときの瞬時の反応はどのようなものだろうか。会社によって「別に……」だったり、「良いぞ」だったり、「すごい」だったりする。社

図2.1　S&P500の月足とメディアセンチメントの200日と500日の移動平均線（2000年1月～2015年12月）

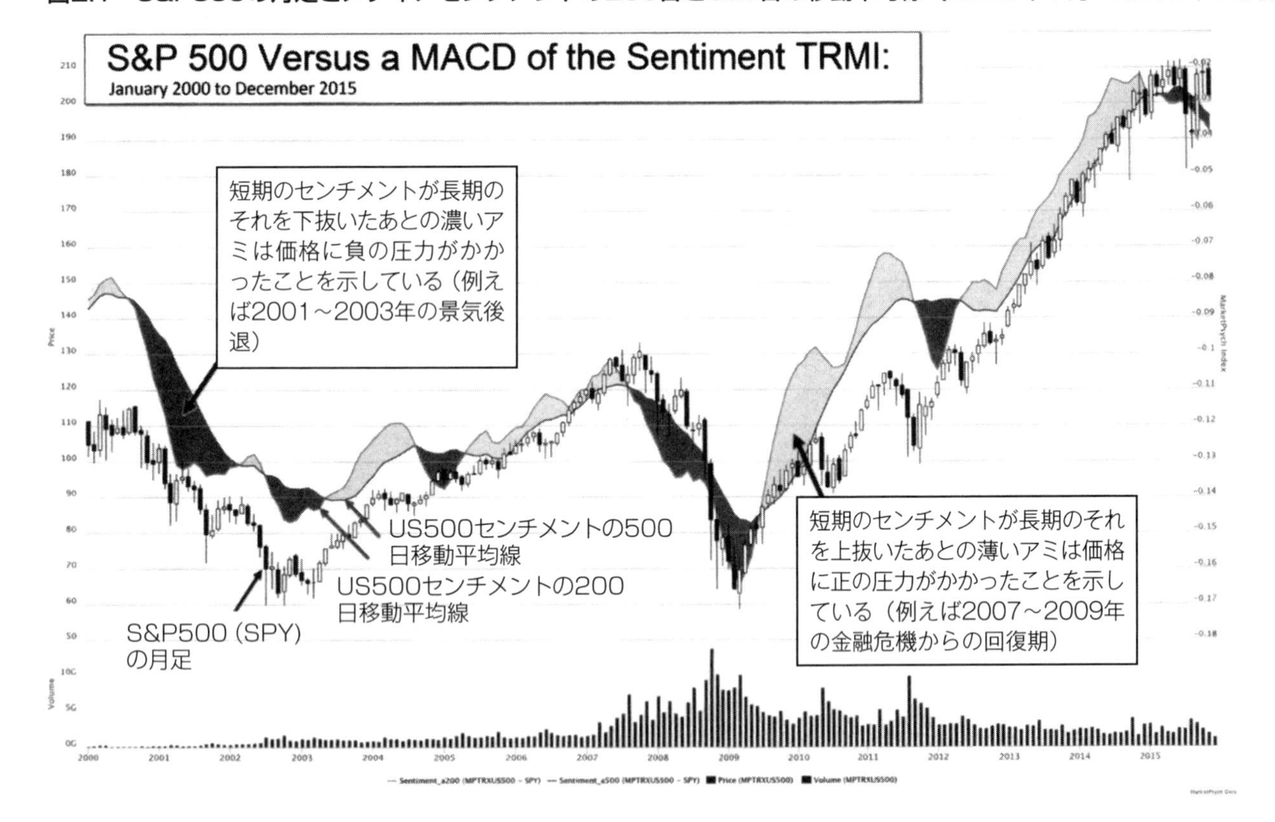

名を聞くたびに、投資家がその会社の製品や財務状況をすべて思い出すわけではない。むしろ、思い出すのは、速くて効果的な判断をあと押しするための知的な近道の基礎をなすその会社の印象（感覚）なのである。このような近道は、無意識のうちに形成され、金融行動に多大な影響を及ぼす。

研究者たちは、言葉や動画や写真やそれ以外のものによって感情が誘発されると、それがマーケットとはまったく関係ないことであっても、金融行動が変わることに気づいた。2002年に、心理学者のダニエル・カーネマンが、エイモス・トベルスキーとともにプロスペクト理論の研究でノーベル経済学賞を受賞した。カーネマンとトベルスキーは、お金（あるいはそれ以外）に関するリスクを意味する言葉が人の選択を変えるということを発見したのだ。制御された実験環境で、金融リスクを表す言葉を変えると、期待確率はまったく同じでも、選択が変わるのである。彼らは、この認知バイアスをフレーミング効果と名付けた。フレーミング効果は、人がリスクにかかわる情報を消化しようとしているときに、感情的な反応によって起こる。認知の根底で、このような感情の反応を起こしているのが、感情プライミングと呼ばれる効果なのである。

感情プライミングの研究で、被験者に確実に10ドルもらえるゲームと、コイン投げで勝ったら30ドルもらえるゲームのどちらかを選んでもらうという実験がある。コイン投げの場合は、表が出れば30ドルもらえるが、裏が出れば何ももらえない。つまり、コイン投げの期待値は15ドルである。この場合、完全に合理的な人ならば、毎回、コイン投げのほうを選ぶ。しかし、平均的な被験者で最善策であるコイン投げのほうを選んだのは約50％だった[9]。次に、10ドルとコイン投げの選択肢を提示する前に、被験者に男性か女性の顔写真のラベル付けをさせる。写真のなかには、感情（恐怖や怒りや幸福感）が分かる表情のものもある。結果は、幸せそうな顔の写真を見た被験者はリスクの高い選択肢を選ぶ人が多くなり、怒った顔や恐れた顔を見た被験者は安全な選択肢を選ぶ人が多くなった。全体として、幸せそうな顔を見た被験者がコイン投げを選ぶ確率は、怒った顔や恐れた顔を見た人よりも30％も高かったのだ。感情が分かる表情が、何らかの理由で金融上の選択肢を変えていたのである。

この実験では、最後に被験者に実験結果を知らせずに、写真の顔が意思決定に影響したかどうかを聞くと、全員が否定した。みんな異口同音に、「そんなことあるわけがないでしょう」と答えたのだ。

被験者が、感情の状態の変化に気づいているかどうかを調べるため、実験の前とあとでどう感じたかを１～７で評価してもらった。その結果、どの顔を見た人も感覚の自己評価に大きな違いはなかった。

感情が表れた顔による感情プライミングは、平均的に選択肢に大きく影響した。しかし、被験者は自分が影響を受けたとは考えておらず、感覚の違いはないと答えた。その後の研究では、マイクロレンディングでだれに融資するかの判断が、表情に大きく影響されることが分かった[10]。これは、潜在意識が一時的に脳の恐怖や怒りや幸福感の処理中枢を活性化して、金融リスクの評価にバイアスをかけた可能性がある。

感覚と金融

感情プライミングの役割を果たすのは、顔の表情だけではない。株価が変わったこと自体（利益と損益）も投資家の感覚とそのあとのリスクのとり方を変化させる。マルメンディアとナゲルは2011年の研究で、最近株式市場で低いリターンに終わった人ほど株投資を渋り、将来の株のリターンについても悲観的な考えを持っていることを発見した[11]。この結果は、「少し悪いニュース（例えば、株価は低いが最悪の事態ではないなど）を続けて聞くと、人は過度に悲観的になる[12]」ということを発見したカミラ・クーネン教授によって確認された。株価の動きは、投資家の感覚を変える。そうなると、もしかするとこのような見通しの変化を、投資家のソーシャルメディア上のやりとりから定量化することができるかもしれない。これまで引用してきた研究によれば、ニュースの見出しや株価の動きは投資家に感情プライミング効果をもたらし、投資判断に微妙な影響を及ぼしている。さらに言えば、ソーシャルメディア上の投資家のコメントも、感情プライミングによる感覚（例えば、悲観主義）を反映しているのかもしれない。

本章で引用した研究は、情報の流れと、集団的な感覚と、行動の橋渡しをしてくれている。橋のひとつと言えるのが、ソーシャルメディアでの表現と金融行動との相関関係である。例えば、ツイッターのセンチメントにかかわる表現を調べた研究では、買いの行動の前兆となるセンチメントが見つかった。また、消費財の場合、製品に対する消費者の感覚が買うかどうかの判断に影響を与えるというのは論理的な仮定である。ある研究では、３カ月間に公開された24本の映画に関する280万本に及ぶツイートのセンチメントがポジティブかネガティブかを調べた[13]。すると、平均的なツイートとツイートセンチメントの比率を使った予測モデルは、通常の興行予想を上回る成績を上げた。ツイッターで投稿された個人のセンチメントで、映画館の売り上げが予想できたのである。

感情プライミングの刺激は、ビジネスニュースのトーンや、朝刊の内容、最近の株価の変化、職場や家の環境など、どこにでもある。このようなプライミングは、ニュースの見出しや、ソーシャルメディア上の会話を見ることで強化され、投資家のリスクにかかわる判断に無意識のうちにバイアスをかける。また、このようなプライミングの集団的な影響は、金融動向を変えて市場価格のパターンを生み出す。プライミングの影響は小さくても、重要なタイミングにおいて投資の選択が１％変われば、それが何年か後には相当な累積利益または損失につながるかもしれない。

感情はどのようにトレーダーを動かすのか

情報の流れが金融動向を変える無意識の感覚（センチメント）を生み出すことは研究によって明らかになっている。情報がもたらすセンチメントを定量化するために、企業（トムソン・ロイター、レーベンパック、ブルームバーグ、IBMなど）は独自のセンチメント分析エンジンを開発して、ニュース記事のセンチメントを記録し、定量化している。非営利的なセンチメントの辞書も作成されており、例えば、ノートルダム大学のティム・ラフランとビル・マクドナルドによるものや、ハーバード大学のゼネラル・インクワイヤーなどがある。また、テキストセンチメント分析用のフリーコードライブラリが、RやPythonやそれ以外のプログラミング言語で提供されている。ただ、商業的なセンチメント分析のほとんどは、ニュースの目新しさと関連性を考慮する以外はポジティブとネガティブとニュートラルのみの分類となっている。しかし、このような方法では、ネガティブなセンチメント（悪いニュース）とは言ってもみんな同じものではないという重要な点が考慮されていない。

もし「悪いニュースならば買え」ということだけ書くのならば、本書は非常に短くてすむ。しかし、現実はそれよりもはるかに複雑だ。悪いニュースといっても情報源も信頼度も、それを聞く人の数もさまざまである。また、ニュースの種類も粉飾決算から収益のマイナス予想まで多岐にわたる。そのうえ、悪いニュースが価格に浸透する時間も、情報源やニュースの性質や投資家の反応によって変わってくる。

人は、広範囲の感情を経験する。そして、投資家の行動に予測可能な効果を及ぼす値は、単にポジティブかネガティブかというだけではないことが心理学の研究によって分かっている。研究者たちは、センチメントの範囲を単なるポジティブとネガティブ以上に細かく分類した。例えば、ヒュイナ・マオとジョアン・ボーレンは感情を細かく定義したセンチメント指数[14]（例えば、ブルとベア）を作った。このように、センチメントを細かい部分に分けて調べるときは、理論的な枠組みがあると役に立つ。

センチメントの一般的な分類システムのひとつに、感情を感情値と覚醒度の座標にプロットしていく方法がある。人の感情値や覚醒度は、高くなったり低くなったりしている。楽しいときや活力にあふれているときは、感情値がポジティブになっているが、退屈なときや憤慨しているときはネガティブになっている。一方、覚醒度は楽しいときや退屈なときは低くなり、活力があふれているときや憤慨しているときは高くなる。研究者たちはセンチメントの感情値と覚醒度の次元を感情の円環モデルで表した[15]。**図2.2**は、金融ニュースやソーシャルメディアと関係のあるセンチメントを、感情の円環グラフにまとめたものである。

円環グラフのなかのそれぞれの点は、感情の位置を示している。ちなみに、グラフのなかのいくつかのセンチメントは、TRMI（トムソン・ロイター・マーケットサイク指数）のセンチメントデータを利用したもので、本書の基礎となっている研究の大部分はTRMIに関連している。**図2.2**は、センチメントを表す点と、その対称の位置にある点が点線で結ばれている。本章のこれ以降は、これらのセンチメントの理論的な価値について書いていく。TRMIで使われているテキスト解析の詳しい説明は、付録Aに載せてある。

覚醒とストレスと緊急性

ものすごく眠いときとカフェインで頭がさえているときに下す判断は大きく変わってくる。覚醒度は意思決定に大きく影響するからだ。

図2.2　感情の円環グラフに書き込んだセンチメントに基づいたTRMI

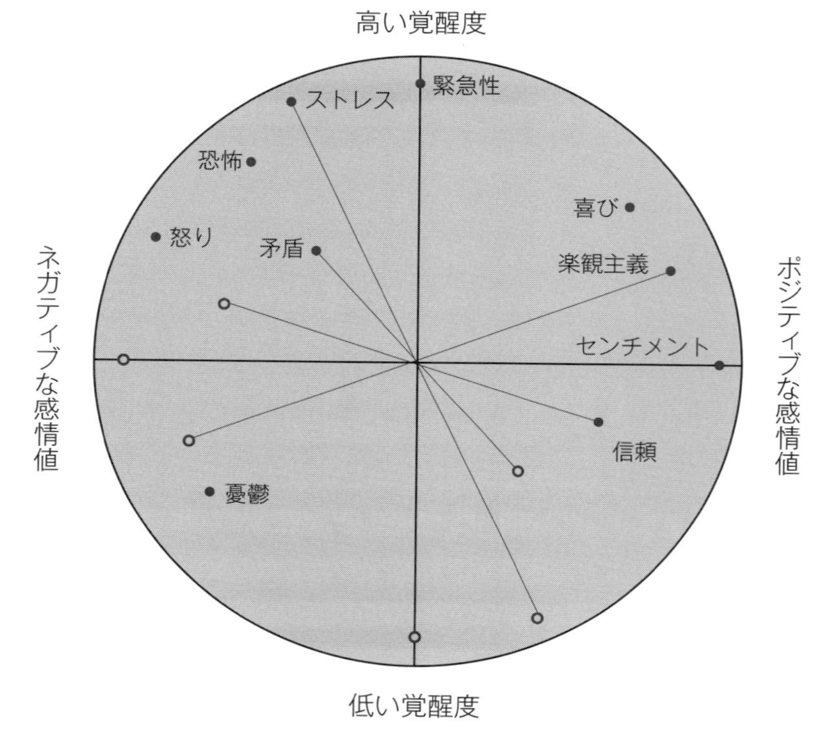

覚醒度が判断に与える影響を示す典型的な例が、ストレスレベルと認知パフォーマンスには逆U字型の関数関係が成立するとしたヤークス・ドッドソンの法則[16 17]である。ストレスレベルが非常に高いと、複雑な問題解決力は下がり、それまでの習慣に頼ろうとする[18]。反対に、ストレスレベルが低いときに複雑な意思決定をすると、不注意と反応の遅さで平均以下のパフォーマンスになる。最適な意思決定ができるのは、覚醒度が中程度のときなのである。

テキストのなかの覚醒度は、ストレス（感情値はネガティブで覚醒度が高い）と緊急性（感情値はニュートラルで覚醒度が高い）に関連する言葉から把握できる。ストレスと緊急性は高くても低くても、トレーダーの認知パフォーマンスの低下と相関性があることが予想される。このようなトレーダーの認知の歪みの影響によって、短期価格のアノマリーを使ったアービトラージができうる。また、覚醒レベルは高くても低くても、マーケットでは価格パターンができやすくなる可能性がある。例えば、覚醒度が低ければモメンタムが高くなったり、覚醒度が高ければ、平均回帰が起こりやすくなったりするのかもしれない[19]。

感情値と覚醒度の組み合わせは、たくさんのセンチメントのなかの２つの次元にすぎない。これ以降は、それ以外の重要な感情がどのようにトレーダーに買いや売りの判断を促すのかを調べた研究を見ていく。

怒りと恐怖と憂鬱

怒りや恐怖や憂鬱といった強いネガティブな感情は、実験用の市場で被験者が買い気配値（ビッド）や売り気配値（オファー）を決めるときに、バイアスという形で独特かつ継続的な影響を与えることを示す研究がある[20 21]。この分野の研究の多くは、現在はハーバード大学に所属しているジェニファー・ラーナー教授が主導して行われたものである。

ラーナー教授は一連の実験のなかで短い動画を使って、悲しみ・恐怖・嫌悪感などの感情を誘発した[22 23]。そのうえで、刺激的なマーケットで被験者の買い気配値や売り気配値の出し方を調べた。すると、嫌悪感を持っていた被験者は、自分の所有するものを感情的に「放出する」または「一掃する」様子が観察された。しかし、彼らは新たに買い増ししようとする意欲は持っていなかった。結局、彼らが出した消費財の価格は、買い気配値も売り気配値も控えめだった。

TRMI怒り指数（Anger TRMI）は、嫌悪感（低レベルの怒り）から憤激（激しい怒り）まで、幅広い怒りのセンチメントを網羅している。ラーナーの研究結果によれば、怒りの測定値が高いと、売りが増えて買いが減ることが予想される。この考えに基づいた戦略は、第13章で紹介する。

ラーナー教授は、恐怖の影響についても調べている。実験用の市場で、恐怖は怒りよりも低い買い気配値（ビッド）と、高い売り気配値（アスク）を誘発し、将来についても悲観的だった[24 25]。恐怖を強く持つ投資家は、取引を避け、価格が動くと身動きがとれなくなり、極端なレベルであるパニックに至る。パニックは、行動ファイナンスではいわゆる降参と過剰反応を表す用語で、資産の処分を誘発する[26]。

憂鬱については、意味が近い悲しみの行動反応が高めの買い気配値と、低めの売り気配値と、過剰トレードをもたらした。ラーナーは、「悲しみは、自分の環境を変える引き金となり、買値（ビッド）は高めだが、売値（アスク）は低くなる」と書いている。感情がニュートラルな人たちと比べて、悲しい動画を見た人は、そのあと自分の資産を低く評価し、自分が所有していないものについては高く評価した[27]。この評価の差異は、金融取引の増加をまねくだけでなく、「ショッピングセラピー」（買い物で心を癒やす）や「過剰トレード」の原因のひとつにもなっている可能性がある。悲しい気分の投資家の取引意欲が高まれば、憂鬱のレベルが高い株のセクターで、もしかすると出来高が上がることも期待できるかもしれない。

情報の影響

ニュースやソーシャルメディアで、資産について書いている人は、その出来事（トピック）や、ポジティブな、あるいはネガティブなインパクト（センチメント）、その周辺のあいまいさ（不透明感）、その出来事の重要性（重大さ）、即時性（緊急性）、驚き、そのことに関連する特定の感情（感動的なセンチメント）などについて言及するかもしれない。本章では、ここまでセンチメント（ストレス・緊急性・怒り・憂鬱・恐怖・不透明感など）を研究する理由について述べてきた。TRMI（本書の大本になっているセンチメントのデータ）では、「政府への怒り」や「マーケットリスク」といった複雑なセンチメントについても測定し、センチメントと特定のトピックとの関係を簡潔にまとめている。TRMIは、さまざまな資産について、何十ものセンチメントやトピックやマクロ経済への影響を定量化している。付録Aには、各指数の定義も載せてある。

ケインズのアニマルスピリットには、単なるポジティブな感覚以上に幅広い意味がある。さまざまな感情と認知の状態や情報の特性がトレード行動に影響を及ぼし、それが価格パターンを生み出す。次の第３章では、近年見られる出来事で、非常に珍しい価格の動きであるフラッシュクラッシュから、情報の流れがトレーダーの感情にどのように影響を及ぼし、劇的な価格の動きをあと押しするのかを解明していく。

まとめ

- ジョン・メイナード・ケインズは、アニマルスピリットという言葉を使ってポジティブなセンチメントが経済行動を促すことを説明した。
- メディアのセンチメントを表した単純なチャートから、センチメントの上昇が株価の上昇を促すことが分かる。センチメントに市場価格を動かす力があることは、いくつかの研究によって説明されている。
- 感情プライミングの実験によって、さまざまなセンチメントが無意識のメカニズムを通じて金融行動に作用していることが分かっている。

- 感情の円環グラフは、感情ごとに感情値（ポジティブ～ネガティブ）と覚醒度が違うことを示している。
- 行動経済学の研究者は、新しい情報がセンチメント（喜び・恐怖・怒り・憂鬱など）を誘発し、トレード行動に自然にバイアスがかかることを示した。

第3章　情報処理

Information Processing

「2008年の債務危機以降、ギリシャで最大かつ最も激しい抗議活動となった５万人のデモ隊がアテネを行進し、警察と衝突して乱闘になった。銀行に投げ入れられた火炎瓶で、行員３人が死亡した」――ロイター速報（2010年５月６日）[1]

2010年５月６日の朝、ギリシャのアテネの路上で破壊行為が勃発した。テレビの金融ニュース専門局は、警察に火炎瓶で対抗する反対派の映像を繰り返し流した。コメンテーターは、ユーロの結束が崩れ、ヨーロッパ版「リーマンショック」かそれ以上の危機に発展するかもしれないと語っていた。アメリカの株式市場も下げて始まり、懸念が膨らむのに合わせて下げていった。

その日の午後２時42分、株価が急落し始めた。S&P500は2.7％以上下げ、株式市場も５分間で5.5％下げた。午後２時47分には、S&P500のその日の下げが９％に達し、１日で１兆ドルの市場価値が失われた。

しかし、そのあと株価は突然、劇的に反転し始めた。アメリカの株式市場は、20分後の午後３時07分には5.5％の下落分をほぼ回復していたのだ。この歴史的な下落と急激な回復は、フラッシュクラッシュと呼ばれるようになった。

CFTC（商品先物取引委員会）とSEC（証券取引委員会）による暴落の初期調査報告によると、2010年５月６日のマーケットは「不安定な政治情勢と経済情勢」によって落ち込んでおり、「金融市場の不透明感が増していた[2]」。それから数カ月後の追跡調査で当局は、暴落のきっかけは巨額の売り注文にあり、「午後１時ごろには、マーケットに蔓延していたネガティブなセンチメントによって、いくつかの銘柄のボラティリティが高まっていた」と指摘した[3]。報告はさらに次のように続いた。

> 午後２時30分には、S&P500のボラティリティ指数（VIX）が寄り付きから22.5％上昇し、投資家が「質への逃避」に動くと10年物国債の利回りが低下し、売り圧力がダウ平均（DJIA）を約2.5％下げた。[4]

当局は、価格が急落する何時間も前から、リスク回避（質への逃避）の機運が高まっていたと記している。脳の思考領域にとって、感情に誘発された行動自体のみでは具体的な出来事（例えば、パニック）につながる十分な説明はつかない。CFTCとSECは、投資家心理よりもより明確な理由を探して分析を続けた。報告書の２ページ目には、先にマーケットの売り圧力に言及したにもかかわらず、ある売りのアルゴリズムがクラッシュの引き金を引いたと書かれている。ある無名の資産マネジャー（のちにワデル・アンド・リードと判明した）が、クラッシュの何分か前の午後２時32分にＥミニS&P500を７万5000枚（41億ドル相当）売る注文を出していたのである。この注文と、それが執行されるなかで価格が急激に動いたというのだ[5]。報告書は、３ページ目以降の90ページを費やしてマーケットのミクロ構造と、比較的小さな売り注文でもクラッシュが起こり得るメカニズムを説明している。このなかで、情報の流れや事象や心理についての記載は１ページにも満たなかった。2010年にCFTCとSECが共同で発表したこの報告書は、ほとんど価値がないとみなされている[6]。当局は、クラッシュの原因を明らかにしてマーケットの信頼を回復しようとしたが、マーケットのミクロ構造に注目した説明は失敗に終わった。

CFTCとSECの根拠が弱い結論を受けて、明確な原因探しは続いた。2015年初めに、CFTCとSECはロンドン西部の質素な自宅にいたナビンダー・サラオを起訴すると発表した。ブルームバーグに掲載された「フラッシュクラッシュの犯人は自宅でトレードする男」という記事のなかで、ジャーナリストのマット・レビーンがCFTCとSECのサラオに対する起訴内容を整理している。サラオはスプーフィング（spoofing）ロボット（買い気配値［ビッド］や売り気配値［アスク］に近い価格で大量の売買注文を出して、執行される前に取り消すアルゴリズム）を使って、マーケット参加者を混乱させていた。サラオが出したS&P500の見せかけの売り注文は、すべての買い注文と同じ枚数に上ることもあり、クラッシュ当日には注文の変更や取り消しを１万9000回行っていた。

> これらの注文は、執行されることも、執行するつもりもなく、マーケットに実際よりも多くの売りがあるとみせかけるためのものだった。……これは、非常に単純なスプーフィングだった[7]。

ただ、サラオは2010年５月６日には、クラッシュの30分以上前の午後１時40分にスプーフィングのロボットを停止して、トレードをやめていた。また、フラッシュクラッシュで株の価値が１兆ドル以上も下落したにもかかわらず、サラオのその日の利益はわずか87万9018ドルだった[8]。CFTCの起訴内容は、サラオは華々しくスプーフィングを始め、すぐにフラッシュクラッシュを起こし、それ以降も同じことを５年間続けていたというものだった。しかし、ブルームバーグのレビーンは「もし、彼の2010年５月６日の行動がフラッシュクラッシュを起こし、その後５年間同じことを続けていたのならば、あと10回以上フラッシュクラッシュが起こっていたはずではないのか」と考察している。

人は、辛い連鎖反応を起こした出来事が明確かつ制御可能なきっかけによって起こったと納得できれば、多少は安心する。当局はそのようなきっかけを法律で規制する（または投獄する）ことができるからだ。CFTCとSECが、2010年に１つの投資信託の売り注文を責め、2015年にはスプーフィングをしていたトレーダーを責めたのは、フラッシュクラッシュの論理的で実行可能な説明をするためだった。しかし、売り注文やスプーフィングは、多様なマーケットのほんの一端にすぎなかった。

メディアとフラッシュクラッシュ

「血を見せれば視聴率が上がる」――エリック・プーニー（「笑顔と血とビデオテープ――地方のニュース番組の問題点」――ニューヨーク・マガジン誌［1989年］）

メディアが伝えた情報とフラッシュクラッシュの日のパニック売りに相関性があるのかどうか（もしくは引き金になったのかどうか）を、センチメント指数や恐怖指数を使って調べることができる。TRMI（トムソン・ロイター・マーケットサイク指数）センチメント指数（sentimentTRMI）とTRMI恐怖指数（fearTRMI）は、アメリカの時価総額上位500社とS&P500に関するリアルタイムのコメントを定量化して構築されている。TRMIは、測定値をまず60秒のブロックで集計し、60分間の移動平均を算出する。**図3.1**は、ニュースとソーシャルメディアから生成したTRMIセンチメント指数と日中のS&P500の価格を合

図3.1　2010年5月6日のフラッシュクラッシュ時のニュースとソーシャルメディアで見られたS&P500のセンチメント（60分単純移動平均）

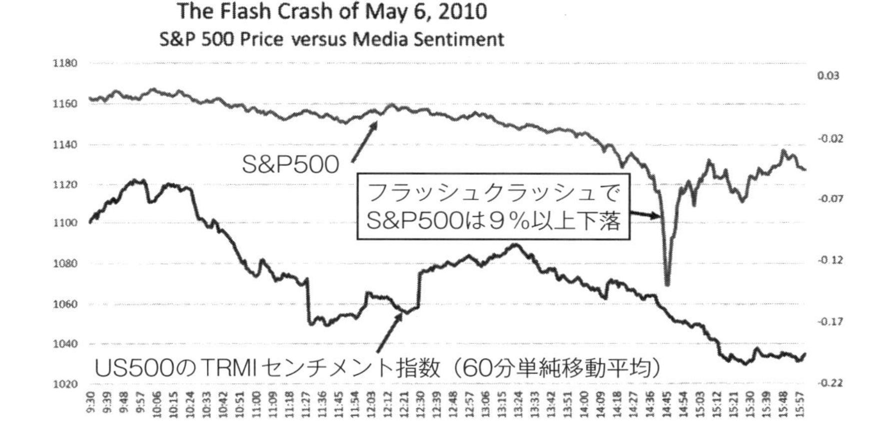

わせて示したものである。

図3.1のなかで、メディアのセンチメントがフラッシュクラッシュの前に大きく下げていることに注目してほしい。研究者たちは、メディアのS&P500に関するセンチメントが変わったことと、30分後の価格の動きに相関性があることを発見した[9]。センチメントTRMIは、寄り付きからほぼ下げていたので、フラッシュクラッシュの何分か前には2010年の最低値付近にあった。

ネガティブなセンチメントのなかの特定のタイプである恐怖は、投げ売りが起こる前に知覚リスクが高まっていることを示していた。**図3.2**は、クラッシュの１～２時間前にメディアで恐怖のセンチメントが大きく上昇していることを示している。恐怖が次に高まったのは、クラッシュのあとだった。**図3.2**は、恐怖のセンチメントの影響が表れる時間を考慮して、60分間の移動平均を示してある。

恐怖はリスクを回避させる。実験用の市場では、恐怖が誘発される

図3.2　2010年5月6日のフラッシュクラッシュ時のニュースとソーシャルメディアで見られたS&P500の恐怖のセンチメント（60分単純移動平均）

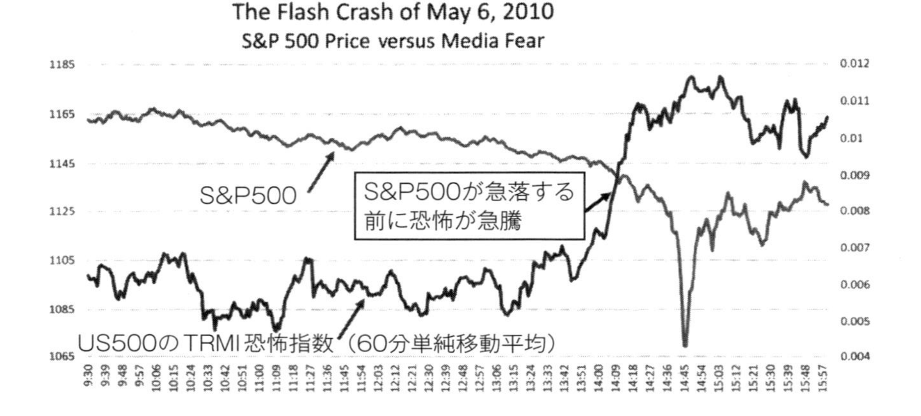

と売り気配値も買い気配値も下がった[10]。そして、恐怖の値が急騰すると、価格は下落することが予想され、この場合は実際そうなった。

心理学的な観点から言えば、フラッシュクラッシュはメディアが報じたギリシャの出来事がもたらした感情プライミングの劇的な例である。恐怖と消極性がメディアに急に広がって、それが投資家のリスク認知を高めたことが、パニックを促進したのである。

医療の分野では、人が亡くなると医師が正式な死因を判定する。死因の定義は、「死の直接的な原因となった一連の病的な出来事をもたらした病気または怪我[11]」とされている。死（あるいはマーケットの価格動向）のような出来事を理解するためには、その直接的な原因を検証するとよい。フラッシュクラッシュは、劇的にネガティブなメディア報道と、価格のフィードバック効果と、群衆のパニック行動がきっかけで起こった。また、ほとんどのマーケットメーカーがオフラインだったときに、電子市場でボラティリティが急騰したために起こった。

もしフラッシュクラッシュの最大の原因をひとつ決めなければならないとすれば、医学的なモデルを使うと、原因は投資家のパニックということになる。

もしかすると、CFTCとSECによるフラッシュクラッシュの報告書を書いた人たちは、心理的な原因（ギリシャの社会不安や、繰り返し流れるニュースや、急落する価格のフィードバック効果）のせいにするにはあまりにも経験主義哲学に反すると思ったのかもしれない。あるいは、このような原因では、当局が対処できないと思ったのかもしれない。メディアに誘発され、刺激されたパニックを阻止するためには、当局はメディアの刺激的なメッセージを取り締まったり、マーケットのセラピストを待機させて投資家の不安をなだめたりしなくてはならないからだ。

フラッシュクラッシュを理解するには、メディアコンテンツが投資家にどのように行動を促すのかを調べるとよい。まず、このようなニュースは関心を引くものでなければならない。投資家の注意を引いたあとは、意思決定への影響を左右する３つの性質がある。どれくらい簡単に利用できるか（入手しやすさ）と、理解しやすさ（分かりやすさ）と、感情への影響（鮮明さ）である[12]。フラッシュクラッシュが起こった日に、投資家はヨーロッパの財政破綻や株式市場の下落のニュースを簡単に入手できたし、簡単に理解できたし、暴動の鮮明な映像には感情を動かすものがあった。本章では、これ以降は価格効率性（多様性）の重要さと、価格を動かす注意力の役割、影響の大きい情報の性質（入手しやすさ、分かりやすさ、鮮明さ）について書いていく。

多様性の崩壊

「問題は、ひとりひとりが非合理的かどうかではなく（そんなことは分かっている）、同じときに同じように非合理的かどうか

なのである」――マイケル・モーブッシン著『投資の科学』(日経BP社)[13]

マイケル・モーブッシンは、クレディ・スイスのマネジング・ディレクターで、国際金融戦略部門の責任者で、コロンビア・ビジネス・スクールでファイナンスを教える教授でもある。博識な彼は、複雑な適応システム理論と行動ファイナンスの要素を彼の投資哲学に融合している。モーブッシンも指摘しているように、株式市場では、何か決まった因果や時間というものがあるわけではない。金融市場の価格は、参加者に将来に関する情報も影響も与えている。マーケットの多様性(または効率性)は、投資家がお互いのまねをしたり、同じ「情報カスケード」に頼っていたりすれば失われる。情報カスケードとは、マーケット参加者が同じ状況で同じシグナルに基づいてよく似た判断を下すことだが、彼らはほかの人たちが似たことをしているとは考えていない。

モーブッシンの研究からはいくつかの結論を得ることができる。マーケットで優位性を見つけるためには、多様性の崩壊を見つけるとよい。多様性の崩壊とは、情報に対する集団的な過剰反応や過小反応のことである。モーブッシンの言葉を借りれば、「個人の行動の落とし穴を理解することで、意思決定が改善するかもしれないが、マーケットを上回るためには、集団的な動きをどう評価するかがカギとなる[14]」。多様性の崩壊は、めったにない出来事に見えるかもしれないが、実際にはマーケットの集団的な関心が集中し、抵抗し難い情報があるとき(価格の過剰反応)や、関心が分散し、新しい情報が複雑なとき(価格の過小反応)など、毎日のように起こっている

価格パターン

「【理論】　人間の誤解による限界と無能さに基づいて考え、理解する技術」――アンブローズ・ビアス

センチメントに基づいた価格パターンは、すべてが理論的というわけではないが、もしかするとそのことがパターンを存続させている理由のひとつなのかもしれない。センチメントに基づいた金融価格のパターンには、有名なものが２つある。過剰反応と過小反応である。価格の動きは、そのあと予測どおり平均に回帰（反転）すれば、あとからあれは過剰反応だったと言われる。もし価格が行きすぎになれば、理論的には合理的な投資家が逆方向にトレードするため、その反対圧力が価格を適正価格に回帰させるからだ[15]。平均回帰によって、元の価格を回復することは、予測できることもある。それが繰り返し体系的に起こると、そのパターンは投資家の過剰反応（もしかすると劇的な情報に対する過剰反応）によって起こったと考えられる。

価格の動きは、トレンド（モメンタム）が発生すれば、過小反応と呼ばれる。過小反応の場合、投資家は退屈なこと、繰り返すこと、複雑な情報などを、最初は見逃しているかもしれない。しかし、その意味に気づくと少しずつ買い始め（あるいは売り始め）、それが価格トレンドを形成していく。過剰反応や過小反応というのは、あとから価格データを見てパターンを説明するときに呼ばれる概念なのである。大事なのは、この言葉が価格パターンだけでなく、その元となった集団の心理的反応を表しているということなのである[16]。

もし価格の多様性の崩壊が繰り返し起これば、過小評価や過大評価のパターンが生まれ、トレーダーはそのパターンを学んで冷静にアービトラージを行うだろう。しかし、勢力が錯綜すると、このようなアービトラージは抑制されるようだ。ひとつには、マーケットにいる素

人（感情的に反応する可能性が高い）の数が時期によって違うということがある。プロと素人の割合によって、価格の反応の仕方は変わるからだ。２つ目に、人は利益を得たり損失を被ったり（こちらのほうが深刻）したあとは、期待リターンにつながるパターンをなかなか学ぶことができない。マーケットで活発にトレードすることが、パターンを学ぶ妨げになるのである[17]。３つ目に、パターンは無意識の過程でできる。トレーダーは、自分やみんなの考えにバイアスがかかっていることに気づいていないのである。

どのような株にも、１カ月以内の過剰反応のかなり一貫したパターンや、３～12カ月くらいの間の過小反応によるモメンタムのパターンや、１年以上の過剰反応のパターンが見られる（ハーシュ・シェフリン著『行動ファイナンスと投資の心理学』［東洋経済新報社］[18]）。そうなると、本当に心理的な力が原因で、過剰反応や過小反応などと呼ばれる価格パターンが生まれているのかという疑問がわいてくる。本当にニュースを聞いたトレーダーが感情的に過剰反応したせいで、そのあとのトレードが価格パターンを生み出しているのだろうか。本章では、この疑問について調べるため、まずはそれに近い原因である感覚について、ソーシャルメディア上で表現されているものを含め、それ自体に集団的な買いや売りの行動を予測する力があるかどうかを検証していく。

情報の性質

研究者たちは、メディアの報道が投資家のセンチメントに影響を及ぼし、それが株のリターンやトレードの出来高を変えることを発見した[19,20]。しかも、時価総額が小さい若い株や成長株については、この関係性がさらに強まる[21,22]。実際、メディアが投資家のセンチメントや株のリターンに与える影響は、ほかのさまざまな資産市場においても見られることが分かっている[23]。メディアのセンチメントを使った価格予測力は、少なくとも1905年から知られていた[24]。これまでの証拠から、次に出てくる論理的な疑問は、どのような性質の情報やコンテンツがトレーダーの行動に影響を及ぼすのかということである。

情報には、センチメント以外にもさまざまな次元の意味がある。情報の性格（鮮明さ、分かりやすさ、新しさなど）によって、メッセージの影響力は変わる。例えば、投資家は予想外の決算発表（比較的よくある）には過小反応し、薬品会社の製品に関するニュース（より劇的で鮮明）には過剰反応する傾向がある[25]。スポーツくじのマーケットでは、現在のスコアが予想と外れているほど、賭けをする人たちは自分の賭けに過剰反応し、金額が実際のオッズから離れていく[26]。新しさにも意外な重要性がある。価格は新しくて意外なニュースのあとよりも、陳腐なニュース（古いニュース）のあとのほうが、過剰反応（反転）するのである。ポール・テトロック教授によれば、「個人投資家は、陳腐なニュースのときのほうがより積極的にトレードする[27]」という。このような発見を見ると、センチメントと関係のない情報の性質（鮮明さ、分かりやすさ、新しさなどが投資家の関心を引き付けたり促したりする）が、投資家の行動に大きな影響を及ぼすようである。

希少資源

「メディアの報道によって、値動きは時として大きく助長されるし、さらには、その動き自身がより注目を集めていくという現象の連鎖を引き起こす」　――ロバート・シラー（2015年）[28]

投資家にとっては残念なことだが、注意力とは希少な資源なので、それがメディアの報じる鮮明な出来事のほうに向けられてしまうと、それ以外に注意を向けるということはほとんどできなくなってしまう。TEDで講演した心理学者のミハイ・チクセントミハイ（ポジティブ心理学の研究者で『フロー体験喜びの現象学』［世界思想社］の著者）は、人間の脳は１秒に110ビットの情報しか処理できないと語った。会話には60ビットを消費するので、相手が２人になれば120ビットと考えると、ほとんどの人が同時に２人と会話できない理由が分かる[29]。このような注意力の限界によって、マーケットで起こり得る惨事と明るい結果の可能性の両方を同時に考えるのはほぼ不可能なのである。

ハーバード大学のポール・アンドリーセンが、情報の入手しやすさと、それが投資リターンに与える影響について調べた研究がある[30]。彼は、２つの群にまったく同じ株のポートフォリオを運用させた。１つの群には、特定の金融番組や株式市場の記事など、保有資産に関する最新情報を把握しておくように指示し、もう１つの群には、保有資産に関する情報は避けるよう指示した。一種の報道規制である。

実験後にポートフォリオの損益を比較すると、記事を読んで金融ニュース番組を見た群の成績は、メディアを避けた群よりもかなり劣っていた。実際、ボラティリティが高い時期の「メディアを見ない」群の利益は「メディアを見る」群の２倍にもなっていた。そして、関連ニュースがポジティブかネガティブかは関係なかった。問題は、ニュースの性質ではなく、情報に対して常に間違った反応をしていたことだったのである。

ニュースの何が正しい投資判断の妨げになっていたのだろうか。ニュースは注意を引く。どこの国でも地域でも、投資家は優先的に自国の言葉で伝えられるニュースに注意を向け、反応することが確認されている[31]。また、投資家はより多く報道されたニュース（報道量が多い）に反応する傾向があり、ニュースで多く取り上げられた会社ほど、センチメント指数に関係なく週ごとの株のリターンが大きかった[32]。

その会社にどれくらいの注意が集まっているかは、ネットの検索率で測ることができる。グーグルサーチのデータを使った研究によると、検索数が増加すると、次の２週間で株価が上昇し、その年のうちのどこかで価格が反転していた。このことは、IPO銘柄の多くが初日に大きなリターンを上げても、長期的には損失に終わることにも寄与している[33]。同様に、中国のチャイネクストに上場された銘柄に関するバイドゥの検索数も、短期的な値上がりや長期的な値下がりと相関関係があった[34]。

ただ、長期的に見ると、投資家の人気が高い銘柄、つまり最も注意を集めている銘柄のパフォーマンスは、人気が低い銘柄を下回る傾向がある。人気の影響は大きく、1972～2013年にかけて最も人気が低かった株（薄商いの株）の25％のパフォーマンスは、最も人気があった25％のそれを７％以上も上回っていた[35]。ニュースは集団行動（投資家も含まれる）を促すが、それはニュースを聞いた人にしか影響しない。しかし、投資家はニュースで聞いた間違った銘柄（人気の銘柄）に注意を向けてしまうことがあまりにも多い。さらに言えば、ニュースは、投資家たちの不適切な反応を誘発することもある。

名前の秘密

「**情報は受け手の注意力をそぐ。情報が豊富になれば、注意力が散漫になるため、それを消費する膨大な情報源に対して、注意力を効率的に配分する必要がある**」――ノーベル経済学賞受賞者のハーバート・サイモン（マーチン・グリーンバーガー著『コンピュータ・通信――その未来と課題』［東京創元社］）[36]

株の名前のなかには、ほかよりも覚えやすいものがあり、投資家は注意を引く名前（覚えやすい）や魅力的な名前（興奮する）の株に投資する傾向があるという研究がある。これは分かりやすさ効果と呼ばれている。

1994～2001年にかけて296の投資信託について調べた研究によると、投信の名前をその時期に「ホット」な投資スタイルと関連する名称に変更すると、翌年の資金流入が27％増えていた。この効果は、投資スタイルや戦略は変更せず、名称のみを変えた場合にも認められた。しかし、名称を変えた信託に資金を移した投資家は、結果的に資金を失っていた。この論文の著者によると、名称の変更は、投資家が将来のパフォーマンスが実際よりも良くなると期待させるタイミングで行われていた[37]。

会社は、株価コードをより魅力的なものに変えることもできる。例えば、ハーレーダビッドソンは、HDIからHOGに変更した。面白いことに、このような変更を行ったあとは、株のリターンがマーケットの上昇率以上に上がっていた。印象的な株価コードには、サウスウエスト航空のLUV、サザビーズのBID、アドバンスト・メディカル・オプティックスのEYEなどがある。1984～2004年のNYSE（ニューヨーク証券取引所）とナスダックの株価の上昇率が12.3％だったのに対して、魅力的な株価コードにした会社の上昇率は23.6％だった（複利）[38]。この研究を行ったJ・バレンティーノによれば、「理由のひとつは、人は楽に処理できる情報を選ぶ傾向があるからかもしれない[39]」。

名前の「道理のない」価値の証拠は、プリンストン大学の心理学者の研究でも見つかっている。彼らの研究によれば、IPO（新規株式公開）で株価コードが発音しやすい会社の公開初日の上昇率は、そうでない会社よりも11.2％上回っていた[40]。「この結果は、単純で感覚的な人間行動のモデルのほうが、よくある複雑な方法よりも高いパフォーマンスを上げることもあることを示している[41]」。印象的な株価コードや発音しやすいコードは、投資判断を下すときに頭に浮かびやすい。これらは、楽に処理できる近道を提供し、心をくすぐる（新しくて見返りもある）ことが多いため、注意を引きやすいし、思い出しやすい。また、情報は分かりやすさだけでなく、鮮明さも投資家や市場価格の反応に影響を及ぼすことが分かっている。

「輝くもの」

「心理学者のダニエル・カーネマンとエイモス・トベルスキーは、私たちが何かが起こる可能性やその頻度を推測するとき、それが実際にどれくらいの頻度で起こったかではなく、過去の例をどれくらい鮮明に思い出せるかに基づいて判断していることを証明した」――ジェイソン・ツバイク著『賢明なる投資家』（パンローリング）

人の注意力とは限りある希少な資源で、感情に訴える特徴を持った資産、つまり鮮明さに引きつけられる。出来事や潜在利益が鮮明であるほど、判断に与える影響も大きくなる。

多くの投資家が同じ限られた情報源（CNBC、ブルームバーグ、ロイター、ダウ・ジョーンズ、フィナンシャル・タイムズ紙など）の内容を見ているため、みんなが直近のニュースに出てきた株を追いかけるというようなことがよく起こる。ニュースの配信元（例えば、テレビ局のCNBC）は、視聴者を引き付けるために、感情に訴える金融ニュースを放送している。ある研究によれば、CNBCのミッドデーコールという番組でジャーナリストのマリア・バーティロモが口にした銘柄は、数分間で出来高が約５倍になるという[42]。そして、投資家の買いを誘うのはバーティロモの番組だけではない。

CNBCのマッドマネーという番組で、ジム・クレーマーが名前を挙げた銘柄も１日で大きく動き、そのあと何週間かかけて少しずつ元の水準を回復する。このとき、最初の動きがこの番組のニールセン視聴率と相関関係があったことは、投資家の注目度が価格動向の強さと関連していることを直接的に示している[43]。また、決算発表の時期には、注目度から収益のニュースに対する株価の反応を予測することができる。投資家の注目度が低い株は過小反応になることが多いのである[44-48]。

ファイナンスを教えるブラッド・バーバー教授とテランス・オディーン教授は、証券口座のかなりのサンプルから、個人投資家は注目を集める株（ニュースで名前が挙がった株や大商いの株や１日のリターンが極端に高い株など）を多く買っていることを示した。また、２つの証券会社のデータを分析して、個人投資家が「注目度が高い日」（ニュースで名前が挙がった日）に買った株は、売るときには下げている傾向があったことも分かった。「大手ディスカウントブローカーで調べた結果、買いと売りの差は、ニュースに出なかった株については2.7％だったが、ニュースで取り上げられた銘柄の場合は9.35％に上った。また、個人向けの大手証券会社の場合も、買いと売りの差はニュースに出なかった株が－1.84％だったのに対して、ニュースで取り上げられた銘柄は16.17％だった[49]」

投資家は、ニュースの内容に関係なく世間が注目する株を買う傾向がある。個人投資家は、注目を多く集める出来事（出来高が多い日、１日のリターンが極端にプラスやマイナスになった日、ニュースリリースが出たなど）のあとに買う。また、予想外の決算発表があったときは、それがネガティブでもポジティブでも、翌日の買いは増える。

素人は注目株を買うというワナに陥る傾向があるが、プロは違う。オディーンによれば、機関投資家（特に、バリュー投資系、おそらく個人投資家よりも情報通）には注目株を買う傾向は見られなかった。つまり、小口投資家の多くはニュースの銘柄をトレードして低いパフォーマンスに終わっている一方で、プロは注目が移ると興味深いチャンスが開けることを理解しているようである。

社会に注目されない株で利益を上げる

素早く行動するプロは、群衆の注意がどこに向いているのかを理解することによって、ニュースに基づくトレードで追加的なリターンを上げている。トムソン・ロイターのシニア定量分析アナリストのエリヤ・デパルマは、ロイターのニュースフィードを使って次のような実験からトレード戦略を考案した。極めてポジティブな、あるいはネガティブな記事は、株のトレードチャンスを生むが、それはさほどのチャンスではない。しかし、ここにソーシャルメディアでも注目されているという条件（ニュースに関するバズ［ネットやSNSで人気化した言葉］が多い）を加えると、パフォーマンスが大きく跳ね上がったのである。

デパルマは最初、アメリカの大型株について、取引開始前のニュースの影響と寄り付きのギャップについて調べた。彼は、ロイターニュース記事でポジティブな、あるいはネガティブなセンチメントの値が高いものは、寄り付きのギャップにつながることを発見した。次に、彼はソーシャルメディアのコメントが大幅に増えたタイミングが、記事のリリースよりもかなり前かほぼ同時かを調べた。ニュースの影響は、ソーシャルメディア上のバズによって変わっていた。デパルマは「ソーシャルメディアのバズ［またはバズの量］を投資家のニュースの注目度の代わりに使うことができるのは単純だが核心的なアイデア」だと書いている。**図3.3**は、注目（ソーシャルメディアのバズ）が集まっている株は、ニュース記事が寄り付きの大きなギャップを生むということを示している。

デパルマによれば、「取引時間前にロイターのニュース速報とソーシャルメディアのバズが組み合わさると、出来高が大きく増えて、寄り付きにギャップができる」。この結果は、その日の出来高とボラティリティを予測したいマーケットメーカーにとっては特に関心が高いと思

図3.3　ソーシャルメディアのバズの量によって、取引開始前のロイターニュースがラッセル1000の価格に与える影響の違い（2013年1月～2015年7月）

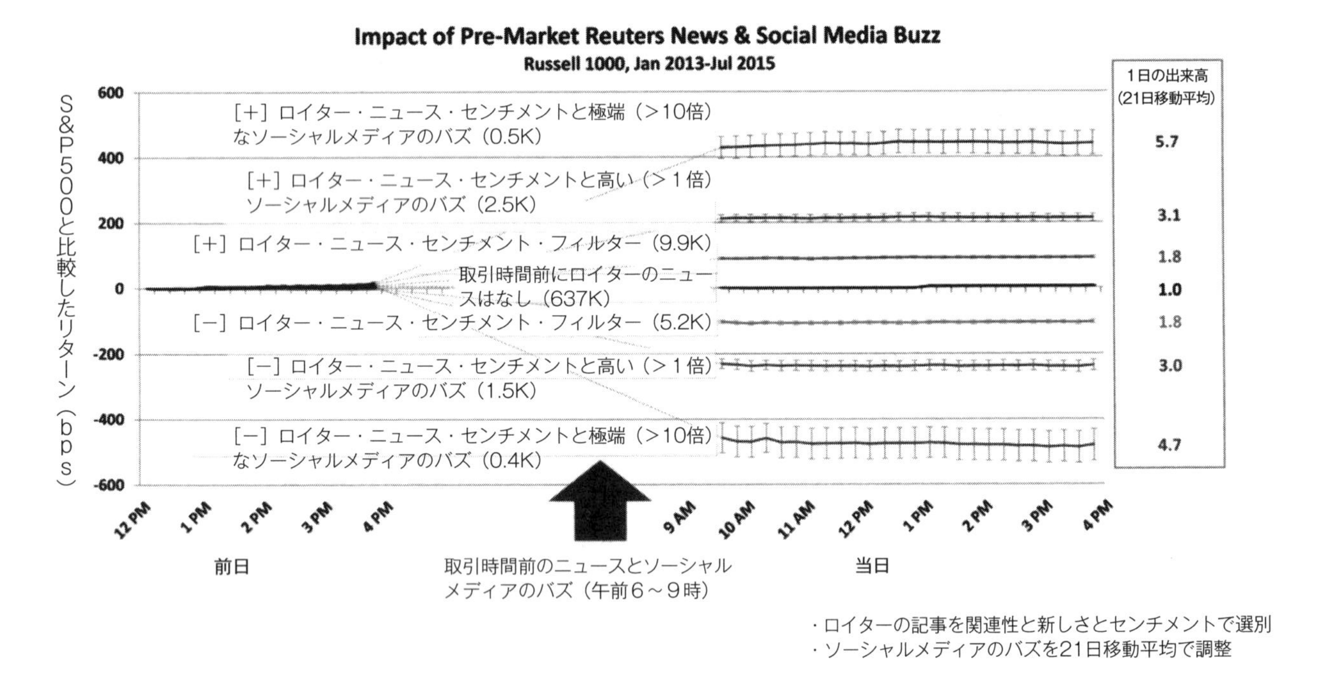

出所＝トムソン・ロイター・マーケットサイク指数、ニュース・アナリティックス、ティック・ヒストリー、データストリーム

図3.4　ソーシャルメディアのバズの強さによって日中のロイターのMRG（合併・吸収・買収）ニュース速報がラッセル1000の価格に与える影響の違い（2014年6月～2015年5月、午前9:40～午後3:50）

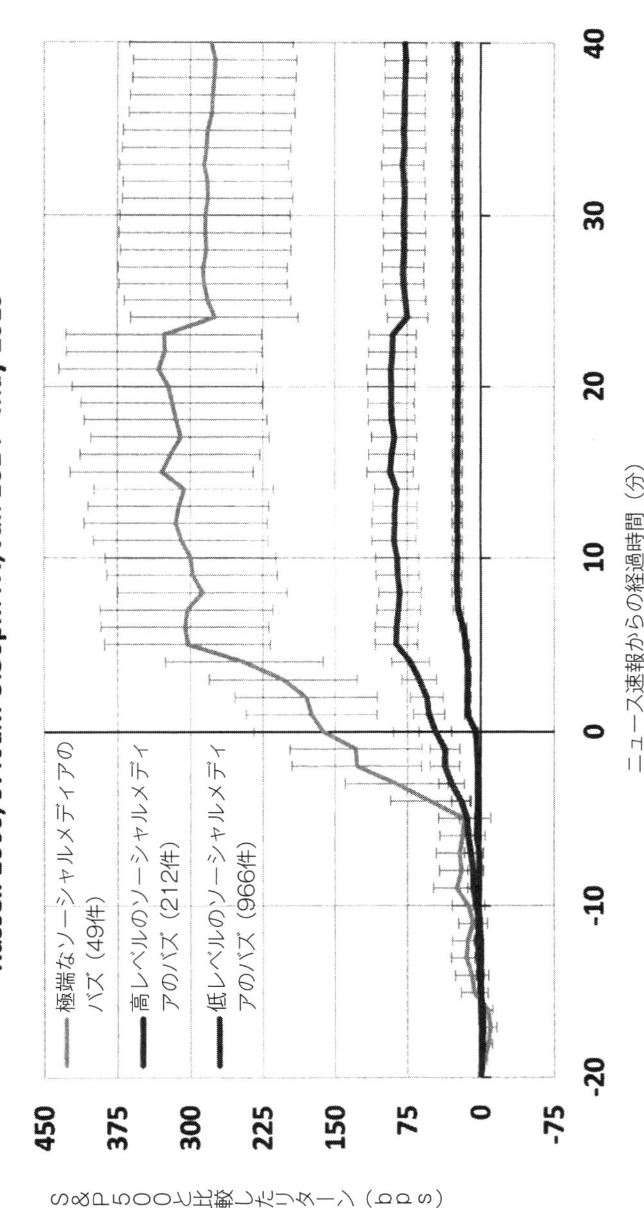

う。

デパルマの２つ目の調査は、トレードに利用できる影響と株価の方向性に注目した。彼はまず、2014年６月から2015年５月にかけて、日中にロイターが報じたS&P500構成銘柄の合併や吸収や買収に関するニュース速報（トピックコードがMRGのニュース）を抽出した。次に、銘柄ごとにTRMIで速報前後のソーシャルメディアのバズを６分の時間枠（ニュース速報の１分とそのあとの５分）で集計した。そして、抽出した1178件のMRG項目についてソーシャルメディアのバズの強さを調べ、低レベルのニュース（966件）、高レベルのニュース（212件）とそのなかでも極端なレベルのニュース（49件）に分類して、平均を取った。**図3.4**は、MRGニュースの前後何分かの間に得られたバイ・アンド・ホールドの平均リターン（BHAR）を示している。

価格への影響は、低いバズのあとが約15ベーシスポイント（0.15％）で、高いバズのあとは40ベーシスポイント（0.40％）だった。そして、バズが急増して極めて高いレベルになったあとは、価格も150ベーシスポイント（1.5％）と大きく上昇した。また、価格が最も大きく動いたのは、ニュース速報の10分後で、特にコメントでソーシャルメディアが盛り上がったときの影響は大きかった。

デパルマの予備調査によれば、天然ガスや原油のニュースに関するソーシャルメディアのバズのレベルと、そのニュースの価格への影響には相関性があった。このことについて、彼は「（原油と天然ガスの場合）どのニュース項目がソーシャルメディアのバズの急増をもたらすかが分かれば、そのニュースが次の１～３時間の価格に影響を与えるかどうかが分かる」と説明している。短期のモメンタムトレーダーは、ソーシャルメディアのバズで測定したニュースの注目度を利用して、買いを判断することができるのかもしれない。

デパルマの素晴らしい調査結果とは裏腹に、ほとんどの個人投資家は長い時間枠を念頭に置いて、ニュースでトレードすることを避けている。長期投資家でも鮮明なニュースに注目し、関連銘柄を群衆に逆らってトレードできれば、うまくいくのかもしれない。小口の個人投資家の多くは、ニュースに従ってトレードして損失を被っている。本章では情報の性質の役割と、センチメントが個人の金融行動に与える影響について検証してきた。次の第4章では、センチメントのタイプによって市場価格に与える影響が違うことについて見ていく。本章と同様、第4章でもたくさんの学術研究を参照していく。

まとめ

- 2010年5月6日のフラッシュクラッシュは、ニュースメディアとプライスアクションの間の正のフィードバックループによって投資家の感情が刺激され、それが市場価格を動かした現象だった。
- フラッシュクラッシュに関するCFTCとSECの報告書は、市場が信頼を回復する明確なトリガーを示した。
- 投資家の心理に基づいた価格パターンは、投資家の注目が集まって、注意のカスケードと「多様性の崩壊」が起こったときにできる。
- 価格の平均回帰は過剰反応、価格トレンドは過小反応をそれぞれ反映した価格パターン。それぞれの名前は投資家の行動につながる心理を表している。
- 情報の3つの感覚的な性質である「入手しやすさ」「分かりやすさ」「鮮明さ」は、投資家の判断に大きなバイアスをかける。
- 人気のない投資先のほうが、注目を集める投資先よりも高いパフォーマンスを上げることは、注目が価格の過剰反応を誘発することを意味している。
- ニュースのバイアスがかかったトレードは、もしプロがソーシャルメディアで投資家の反応を生み出すニュース記事を素早く見つけることができれば、利益につなげられる可能性がある。

第4章　センチメンタルマーケット

Sentimental Markets

「ロスチャイルド家の馬車が道路を疾走していく。ロスチャイルド家の船が対岸に向けて出帆する。ロスチャイルド家の使者が通りを駆け抜けていく。彼らが運んでいるのは現金、証券、手紙、そして、ニュースだ。なかでも大事なのはニュースで、証券取引所と商品取引所で大いに役立つ最新の特ダネだ」――フレドリック・モートン著『ロスチャイルド王国』(新潮社)

ロスチャイルド王朝は、マイアー・アムシェル・ロートシルトから始まった。彼は5人の息子にヨーロッパの主要な金融センターで銀行業を営ませ、国際的な銀行網を築いた。ロンドンを拠点としていた三男のネイサン・メイヤー・ロスチャイルドは、1813～1815年にナポレオンと戦うイギリス軍の資金調達をほぼ一手に担い、ヨーロッパ各地のウエリントン公爵の部隊に金塊を運ぶ役目を請け負っていた。ロスチャイルド家の情報ネットワークがネイサンに政治と金融の情報を同業社よりも速く提供し、時にはそれが金融市場における情報と時間の優位性をもたらした。

ウエリントン公爵が1815年のワーテルローの戦いでナポレオンと戦っていたとき、勝敗は証券トレーダーにとって極めて重要だったため、みんながそのニュースを待ちわびていた。フレドリック・モートンは、1962年に発表したロスチャイルド家の伝記のなかで、このときのことを劇的に紹介している。この本で、「両替所」は取引所、「コンソル」はイギリスの国債を指している。

> ロンドンでは何日も「両替所が耳をそばだてていた」。もしナポレオンが勝てば、イギリスのコンソルは暴落する。しかし、もし彼が負ければ敵の帝国は壊滅してコンソルは高騰する。ヨーロッパの運命は、もう30時間も大砲の煙のベールに覆われていた。1815年６月19日の午後遅くなって、ロスチャイルド家の急使のロスワースがオステンドに停泊していた船に飛び込んできた。彼の手には印刷されたばかりのオランダの新聞が握られていた。そして、６月20日の明け方にはフォークストーン港でネイサン・ロスチャイルドがその記事を読み始めていた。彼はすぐさまロンドンに向かい、（ウエリントンの特命使者よりも何時間も早く）政府にナポレオン軍を撃破したことを報告した。そして次に、証券取引所に向かった。

ナポレオンの敗戦がどのようにロンドンに伝わったかについては、いくつかの説がある[1]。一説には、ネイサン・ロスチャイルドの使者が戦況を見極めて、ワーテルローから放った伝書鳩によって知ったとも言われている。勝利を知ると、ロスチャイルドはその情報を直接イギリス政府に伝えた[2]。次に、彼は証券取引所に向かい、イギリス政府が発行したコンソル（債券）を買った。

ロスチャイルド家には、たくさんの伝説があるが、もしかすると真実と違うことも多くあるのかもしれない。19世紀には、ネイサン・ロスチャイルドが、ワーテルローの戦いの勝利をみんなよりも先に知って市場を操作したとする伝説が出回った。当時、投資家や金融業者は、政府が機能するために不可欠なサービスを提供していたにもかかわらず、概してさげすまれていた。実際、銀行家に対するセンチメントはかなりネガティブで、センチメント辞典のひとつであるハーバード・ゼネラル・インクワイヤー（初版は19世紀のイギリス文学を使って作られた）には、金融業者や投資家といった言葉はネガティブセンチメントの単語に分類されている。

モートンの公認された伝記は、ロスチャイルド家のトレード力にまつわる劇的な伝説があたかも真実であるように書かれている。本当ならば、トレードの天才の驚くべき物語である。話の正確さはさておき、マーケットにおける知見の役割に関する役立つ洞察が含まれているので、少し見ていこう。

> これが彼でなければ、ただのコンソルの値上がりで終わっただろう。しかし、彼はネイサン・ロスチャイルドである。彼は、自分の信用を利用して、価格に圧力をかけた。買うのではなく、売ったのだ。コンソルを投げ売りしたのである。……コンソルは暴落した。彼は圧力をかけ続け、売りに売った。コンソルはさらに下げた。両替所では、「ロスチャイルドは何か知っている」「ウォータールーは負けだ」というささやきがさざ波のように広がっていった。丸顔のネイサンが厳しい表情を崩さずに売り続け、彼のずんぐりとした指が売りのシグナルを出すたびに、マーケットは何万ポンドも下げていった。コンソルは急落し、落ち込んだ。そして、手遅れになる寸前に、ネイサンは突然、二束三文で大量に買い始めた。次の瞬間、素晴らしいニュースが飛び込んできて、コンソルは高騰した[3]。

ネイサン・ロスチャイルドは、最速の情報網のひとつを持っていただけでなく、市場心理を理解し、自分の意図を偽るスキルも持っていた。「彼が成功した理由のひとつは、彼が秘密を隠し、彼の動向を注視していた人たちに偽りの方針を見せたこと[4]」だった。取引所のフロアで債券を売る姿を見せることで、ナポレオンがドーバー海峡を渡って攻めてくることをみんなに想像させ、パニックに火をつけた。結局、ネイサン・ロスチャイルドは底値で買ったコンソルを２年後に40％高く売り、レバレッジによって莫大な利益を手に入れた（ニーアル・ファーガソン著『マネーの進化史』［早川書房］）[5]。

今日でも、２世紀前と同様、見識の違いによってトレードチャンスは生まれる。この伝説からは、投資家として利益を上げる２つの基本的な方法が分かる――①重要な情報をみんなよりも速く手に入れる、②情報の背景を知る。もし投資家の群衆が何を信じ、何を恐れ、何を期待しているかを理解していれば、彼らが新しい情報や出来事にどう反応する可能性が高いかを予測できるからだ。

大いに予想される出来事の前後に群衆を操作したと非難されているのは、ロスチャイルドだけではない。ウォール・ストリート・ジャーナル紙は、天然ガス市場で、備蓄データが発表される直前の出来高が低い数秒の間に、高頻度トレーダー（HFT）がいかに天然ガスの価格を操作しているかを報じた。この操作は「ミツバチの巣をつつく[6]」戦略と呼ばれている。正式なニュースリリースまでの短い間に、気をもんでいたトレーダーは、HFTの積極的なトレードによって、ニュースがリリースされた（あるいはだれかが自分よりも情報を持っている）と思い込んでしまうのである。そして、大混乱に陥る。そうなると、指値注文や逆指値注文は、発表前のボラティリティで執行されてしまう。そのあとデータが発表されると、価格の動きはすぐに安定するが、もう手遅れだ。ちなみに、価格に影響するのはイベントだけではない。マーケットはときに見えない情報――トレーダーの意識が及ばないところで生じる生物学的作用――に反応することもある。

再帰性

「ジョージ・ソロスは、投資家のセンチメントが影響するのは株価だけではなく、経済のファンダメンタルズを変える力もあるということに気づいた」――リチャード・エバンス[7]

ジョージ・ソロスは、トレードで240億ドル（2015年現在）の資産を築いたことだけでなく、トレードの武勇伝でもよく知られている。彼は、センチメントが市場価格を動かす役割についても、役立つ洞察を持っている。彼は、ビジネス界の複雑さと、それが投資家のセンチメントに反応することという２つの要素が、必然的に資産価格の歪みにつながると断言しているのだ[8]。

センチメントは、フィードバックループを通じて株価と経済活動に作用する。例えば、もし経済に関するセンチメントが改善して株価が上がれば、それによって投資家は裕福な気分になり、それまでよりも消費財にお金を使うようになる。そして、消費が増えれば、小売り会社やレジャー会社など、経済のさまざまなセクターの会社の利益が増える。こうして増えた収益を報告すれば、株価が上がり、センチメントはさらにポジティブになる。ポジティブな感情反応は、最初にポジティブな気分を生み出した出来事をあと押しするさらなる行動につながるのである。

社会的なセンチメントが資産価格に影響することは、投資家の経験的証拠に基づいた単なる仮説ではない。大きなデータベースの分析や学術研究によって、集団レベルの感情や思考パターンの変化が市場価格に影響し、それが正のフィードバック効果を生むことが分かっているのだ。例えば、スポーツの主要な大会で負けた国の株価は、その影響を直接的に受ける。サッカーのワールドカップで予選敗退すると、その国の翌日の株価は0.49％下がるという研究もある[9]。スポーツの負けはセンチメントが株価を動かす劇的かつ希少な例だが、もっと些細な例は日々起こっている。

人は自然環境に大いに影響され、日々の気分の変化の40％近くが、天候に左右されているという研究もある[10]。市場価格に自然が及ぼす影響の元となるのは、6つのタイプの環境事象である。晴れとか曇りの程度、夏時間の切り替え時期における睡眠パターンの乱れ、極端な気温、太陰周期、電磁気嵐、風の強さである。

オハイオ州立大学のハーシリファー教授の研究によると、朝の太陽光と株のリターンには相関関係がある。彼は、1982～1997年の世界26カ国について、その国最大の株価指数と、証券取引所がある都市の天気予報が晴れか曇りかを調べた。すると、「ニューヨーク市では、マーケットリターンの年率が完全に晴れた日は24.8％で、ずっと曇りの日は8.7％だった」。これは、太陽光が投資家の気分を良くする証拠と言える。そして、投資家の気分が上がれば、彼らのリスク回避度が下がり、買う可能性が高まる[11]。

面白いことに、太陽光効果の元となっているのは、マーケットメーカーの行動の変化かもしれない。2002年にゴーツマンとジュウが1991～1996年の個人投資家の7万9995口座を分析した研究によると、晴れの日も曇りの日もトレードの仕方は変わらなかった。しかし、雲の多さによって買い気配値（ビッド）と売り気配値（アスク）のスプレッドには大きな影響があったことを発見したのである。2人は、曇りの日にスプレッドの差が開くのは、マーケットメーカーのリスク回避度が上がるからではないかと考えている。ほかの研究でも、シカゴの朝の雲の多さと風速が、その日の午後の買い気配値と売り気配値の開き方と相関していることが分かっている[12]。証券取引所がある都市の天候は、マーケットメーカーの行動に影響を与えるが、別の市からその取引所に注文を出す投資家には恐らく影響しないのである。

季節とともに日照時間が少しずつ変わることも、株価の季節的なパターンを作っている。2003年に、カムストラとクレーマーとレビは、北半球と南半球の秋分（９月21日）と春分（３月21日）の間の６カ月間について、株式市場のパフォーマンスを調べた。結果は、夏のパフォーマンスが低く、冬のパフォーマンスが高かった。一例として、50%ずつオーストラリアのシドニー（主要な市場で最も南にあり、北半球が冬の期間に日照時間が最も長い）と、スウェーデンのストックホルム（主要な市場で最も北にあり、北半球の夏の日照時間が最も長い）に投資したポートフォリオのリターンを見てみよう。1982～2001年にかけて、２つの都市に均等に配分したポートフォリオのリターンは年率13.1%だった。一方、年間を通してすべてを暗い半球、つまり９～３月はストックホルム、３～９月はシドニーで投資するとリターンは年率21.1%で、逆の戦略だと5.2%になった。著者たちは、季節性感情障害（SAD）をもたらす生態とかかわる感情の変化によって、リスク選好が変わり、投資家の行動が全体的に変わったと考えている[13]。

投資家の気分や行動に影響を及ぼすのは、日光や季節だけではない。心理学の論文には、電磁気嵐（太陽が放出したイオンが急増すること）と、そのあとの２週間の住民のうつ病の兆候の相関関係を示すものもある。うつ病は、感情障害の一種で、リスク回避の傾向も見られる。これらの研究からは、激しい電磁気嵐のあとの６日間に、世界の株式市場のパフォーマンスが下がったことも分かっている[14]。

日光や電磁気嵐だけでなく、睡眠の質の低下がマーケットのリターンを下げるという研究もある。この研究では、夏時間の切り替えを非同期症候群につながる睡眠障害の目安としている。カムストラとクレーマーとレビの2002年の研究によれば、夏時間の切り替えが行われた週末（通常の夜間取引よりも２～５倍大きい金曜日の取引終了から月曜日の取引開始まで）の株のリターンは、通常を大きく下回った。３人は、この結果について、睡眠障害から来る判断力の不調が原因だと考えている。この仮説をさらに進めれば、平均的な週末の非同期症候群で「月曜効果」（月曜日の価格の平均上昇率は、火曜日から金曜日までのそれよりも低い）を説明できるかもしれない[15]。

さらに言えば、株価には満月効果も見られる。ユアンとジョンとジュウの2001年の研究によれば、月が株価に与える影響は世界中で見られる。３人は、48カ国の株式リターンを調べ、満月の前後は新月の前後よりも低かったと報告している。新月前後のリターンは、年率で約6.6％高かったのである[16]。満月の明るい光が、より頻繁な夜間覚醒と睡眠障害と、翌日のリスク回避を促していたのかもしれない。

このように、自然がもたらすマーケットのアノマリーについて、自然界が投資家の集団的な行動と市場価格に与える影響に関する興味深い話がある。季節や天候の要素は、感情状態（リスク選好を含む）を集団的に変化させることで市場価格のアノマリーに寄与しているかもしれないのである。注目すべきは、このようなマーケットパターンが予測可能で重大で、集団が無意識のうちに影響されて行動していることである。無意識であることが、このようなパターンをあと押しし、ひとりだけみんなと逆行してトレードするのを難しくしているのだ。

センチメント

「逆に、もしそうだったのならば、そうかもしれないし、もしそうならば、そうなるかもしれないが、そうなっていないのだから、そうではない。それが論理というものだ」――ルイス・キャロル

もし投資家の感情の状態（センチメント）から市場価格の動きを予測できるならば、価格を予測するために投資家のセンチメントを事前に測定する信頼できる方法はないだろうか。先の研究では、投資家の気分や行動に影響を与えることが知られている環境的な刺激（日光や

磁力）について調べていた。ファイナンスの研究で、最も広く受け入れられているセンチメントの測定方法は質問紙調査である。例えば、ミシガン大学消費者信頼感指数（CSI）は、毎月500人の消費者に電話調査で５つの質問をしている。そのうちの１つは、「国全体の景気について、次の12カ月間の財政状況は［良く］なる、［悪く］なる、［それ以外］のどれだと思うか」という質問である[17]。ちなみに、CSIの長期的な資産価格の予測力についてはいまだ議論が続いている。

1963年から毎週行われているインベスター・インテリジェンス調査は、100の独立系金融ニュースレターの執筆者に、強気の程度を聞いて定量化している。この指数は、いくつかの学術研究の基盤として使われているが、全体的な結果は素晴らしいとは言いがたい。これは、調査の頻度が低いからか、調査や印象の解釈が主観的すぎるのか、結果が実行可能ではないからかは分からないが、戦略の開発にはあまり使われていない。

学術研究の世界では、ベーカー・ワーグラー・センチメント指数が本書執筆時点ではセンチメントの最適な基準とされている。この指数は、「株の一般的な６つの分野であるクローズドエンド型のファンドの割引率、NYSE（ニューヨーク証券取引所）の売買回転率、IPO（新規株式公開）の銘柄数と初日のリターン、新規発行株式、配当プレミアムに基づいて[18]」株式市場全体の合成センチメントを導き出している。そのため、この指数は株式市場の全体象しか分からない。これは、マーケットのデータに基づいているが、構造はかなり複雑である。行動ファイナンスが専門のハーシュ・シェフリンによると、「ベーカー・ワーグラー・センチメント指数は、投資家の期待リターンの判断についての時系列分析と、リスクに関する判断の統計サンプルを調整している」。シェフリンはこのセンチメント指数を使った研究で、「投資家のリスクとリターンに関する判断は、どちらもセンチメントによって調整されて市場価格に影響を及ぼしている[19]」と述べている。ベーカー・

ワーグラー・センチメント指数を使って素晴らしい投資結果が上がっている例がいくつもあり、本書でも紹介している。

トレードに使われているセンチメントに関する情報には、ほかにもプット・コール・レシオ[20]、TRIN（値上がり銘柄数や値下がり銘柄数などから算出）、VIX（恐怖指数）[21]、COT（コミットメント・オブ・トレーダーズ）リポート（商品市場における小口投資家や金融機関や企業のヘッジ行動が分かる）などがある。これらの基準は、過去の行動に基づいており、現在のセンチメントではない。とはいえ、これらの情報にも多少の予測力はある（特に、COTリポート[22]）。複雑なモデルのなかには、複数のセンチメントの基準を合わせて使っているものもある[23]。投資家への質問調査は、限界はあっても、さまざまなセンチメントの基準のなかから、多くの検証を経て生まれたのである。

質問調査は、さまざまなバイアスの影響を受けやすい。ニュースレターの執筆者[24]や個人投資家[25]は、高い利益を得たあとは将来の株式市場の利益についてより楽観的になる（ブル）。しかし、過去12カ月間、S&P500が下がっていれば、投資家の将来に関する楽観度は価格と共に下がる。将来のマーケットに関する投資家の見方は、直近の価格トレンドに対する感情を反映しているのである。逆説的かもしれないが、フィッシャーとスタットマンの2000年の研究によると、マーケットが買われ過ぎだと考える投資家の割合と、投資家が将来（1998～2001年）に期待する利益には相関関係があった[26]。また、マーケットが買われ過ぎだと分かっている人のなかでも、買われ過ぎだと思う人ほど将来の期待利益も高かったのである。この意外な発見に基づけば、投資家の知的評価（「買われ過ぎ」）は、彼らの根底にある楽観主義（「株は上がる」）とは切り離されているようである。通常、質問紙調査によるセンチメントのレベルは、将来の価格の変化とは逆相関になっており、多少説明力もあるようだが、それによって得られる超過リターンはあまり大きくない[27]。

　さまざまなセンチメント指数を使った研究で、投資家の全体的なセンチメントは、小型株[28]やボラティリティが異常に高い株[29]のリターン予測と逆になっていることが分かった。研究者たちは、この逆張り的な関係について、センチメントが高い時期の過剰反応（近いうちに反転する）にあるとしている。株式市場でアービトラージが可能なアノマリーでは、空売りのほうが買いよりも高いリターンが上がることも、この観察を裏付けている。空売りの利益率が高くなったのは、恐らくポジティブなセンチメントが高い時期は上方への過剰反応のほうが大きいからだろう[30]。投資家のセンチメントを使って予測できるのは、株のリターンだけではない。ベーカーとワーグラーの2012年の研究によれば、投資家のセンチメントを使えば、債券のリスクプレミアムも説明できるという[31]。

　本章では、ここまでさまざまなセンチメントのツールと、限界はあるがセンチメントによる市場価格の予測力について見てきた。次は、本書で最も参照しているセンチメントデータのTRMI（トムソン・ロイター・マーケットサイク指数）について説明する。TRMIは、マーケットを動かす特定のセンチメントを、ニュースやソーシャルメディアのなかから見つけるためのツールである。

メディアを理解する

「彼は正気ではないが、筋が通っている」――ウィリアム・シェイクスピア著『ハムレット』

　メディア（ニュースとソーシャルメディア）を使って、正確なセンチメント指数を作るためには、媒体ごとの通信の目的と限界をしっかりと理解しておく必要がある。ソーシャルメディアのデータは通常、構造化されておらず、独断的で、フィルターがかかっていないコンテン

表4.1　投資に関連する３つの異なるタイプのメディア

情報源	特徴
プロのニュース	第三社の編集者やファクトチェッカーがコンテンツを確認している。記者としても法律的にも中傷や名誉棄損になるような内容は避ける責任がある。
ソーシャルメディア	構造化されておらず、独断的でフィルターがかかっていないコンテンツ。論争や会話も多く見られる。
決算発表の電話会議の記録や幹部のインタビュー	最初は構造化されているが、質疑応答には挑発的な質問やアドリブの対応もある。

ツである。一方、プロのニュースの情報源には、第三者の編集者や記者の責任において中傷や名誉棄損になるようなコメントを避けているところもある。結局のところ、ジャーナリストは会社に対して責任を負っており、会社は役に立つコンテンツや実行可能なコンテンツを読者に提供する責任があるし（ロイターやブルームバーグといったトップ通信社はそうしている）、それ以上に広告主のために注目を集めるという動機がある。編集者やファクトチェッカーは、ジャーナリストが自社ブランドの報道の質を維持しているかだけでなく、中傷や不正確な情報を伝えることがないよう注意を払っている。

報道のブランドは、配信されたコンテンツの信用性を保証している。そのため、普通の人は信用のあるブランドの記事ならば、疑わしい内容でも信じる。信用する情報源のニュース記事に対しては、批判的思考をやめてしまうのである[32]。本書では、**表4.1**に挙げた３つのタイプの情報について、金融関連の予測力を示す証拠について述べていく。

ソーシャルメディアとニュースという２つのタイプのメディアに関しては、確立された研究があるため、その膨大な量のデータを取り込むためにTRMIが作られた。本書では、TRMI以外にも、決算発表の電話会議の記録や、製品評価、グーグルトレンドサーチなどのデータも引用していく。ちなみに、本書では取り上げないが、トレードにある程度利用できるかもしれない３つのタイプのテキスト情報――企業のプレスリリース（企業側の言い分）、SEC（証券取引委員会）や当局への提出書類（法的な形式を厳守して書かれている）、金融アナリストのリポート（特定の投資を推奨するための見解が述べられていることもある）がある。ほかにも、金融市場の予測にかかわるデータは少ないかもしれないが、Ｅメールとテキストメッセージも有望なテキストデータと言える。

TRMI

「高頻度トレードの時代においては、感覚の違いがチャンスをもたらす」――ジョン・ケイ（フィナンシャル・タイムズ紙、2013年３月28日）[33]

センチメントについてさらなる洞察を得るため、マーケットサイクでは2004年からビジネスや投資に関するさまざまなテキストデータから、関連する概念を細かく抽出するための独自の方法（特許取得済）を開発し、改善を重ねてきた。基本的に、このようなテキスト解析のソフトウェアはトレーダーや投資家や経済学者が関心を持ちそうな英語の単語やフレーズを専門家の監修の下、広範囲に集めた辞書を使う「バッグ・オブ・ワーズ」（BoW）と呼ばれる手法を採用している。ただ、専門分野によって単語の意味が変わるため、研究者たちはかなりのあいまいさに直面することになる。そのため、金融分野をカスタマイズすることはこのような辞書にとって重要な特性となる。例えば、全体の４分の３の単語は、学術的な辞書（例えば、ハーバード心理社会学辞典）ではネガティブワードに分類されているが、金融分野で使われるときは必ずしもネガティブではない[34]。

特注の辞書は、自然言語を処理するソフトウェアと併用しなければ、役には立たない。このようなソフトウェアは文法のテンプレートと、品詞を認識する機能を使って概念のなかの関係性を抽出していく。そして、このようなカスタマイズ機能を使って、金融リスクの取り方に影響を及ぼすとされる性質のテキストを定量化し、データを抽出しているのである。

TRMIを構築するために処理したニュースメディアの記事は、一定の信頼性と読者層の基準を満たした世界中の2000以上の情報源と7000以上の外部のウェブリンクから取り込んでいる。また、TRMIで使っているソーシャルメディアのコンテンツは、株関連の掲示板やツイッター、コメント、ブログなどを700以上の主要な情報源から取り込んでいる。このソフトウェアでは、ソーシャルメディアを選んで統合するときに、フォロワー数やそのほかの影響力を示す基準による区別はしていない。また、ここではすべて英語で書かれたコンテンツのみを使っている。

TRMIでは、ほかにも企業情報や商業出版物から8000銘柄以上の株式、52の株価指数、32の通貨、35の商品、130の国などに関する幅広いデータや、1998年以降の数十億に上るソーシャルメディアやニュースの記事を追跡している。

テキスト解析を使ったTRMIの構築は簡単ではなかった。TRMIのデータは、３段階で構築されている。ステップ１は、ニュースやソーシャルメディアの記事をできるだけ速く集めることである。ステップ２は、さまざまな感情やトピックやトーンやマクロ経済の概念を定量化していく。そして、ステップ３で、データ分析のアプリケーション（定量化モデルやチャート用のツール）で使えるように時系列化していくのである。**図4.1**の画像は、この分析ソフトが行っているタスクを単純化したものである。

図4.1　大規模テキスト解析のイメージ図

平均的な大人は1分間に250～300語を読む
ニュース記事の平均的な長さは1200語
1200語/300語＝4分（1記事当たり）

ビッグデータ　どうすれば毎日200万記事を読むことができるか

伝統的な方法
従来の人間による小規模な観察

最新の方法
言語分析と行動経済学を組み合わせて、資産価格やリスクを予測する

膨大な次元

最も優秀なアナリスト

ニュースとソーシャルメディアから抽出

下記の事業体と資産

毎日200万本の記事をリアルタイムで分析

マーケットサイクのマクロマトリクスの数

センチメント	国	商品	通貨	株
30	**130**	**35**	**30**	**8,000**

TRMIには、センチメントのスコアと**図2.2**の感情の円環グラフにあるさまざまな次元の感情が含まれている。また、TRMIには、資産特有のトピックに関する１～２方向のさまざまなスコアも含まれている。例えば、株に関する訴訟や一時解雇、インフレ、国の財政赤字、商品の生産量、通貨の価格予測などである。最後に、マーケットサイクの言語処理は、センチメントとテーマの複雑な組み合わせ――例えば、国別の政府への怒り（governmentAnger）や、国や株のマーケットリスク（marketRisk）――も定量化することができる。TRMIの項目のリストと、TRMIの細かい構造は、付録Aに載せてある。

TRMIの３つのカギとなるタイプは、トレード可能で、グローバルで、主要な資産を念頭に作られている。

１．恐怖・喜び・信頼などの感情指数。
２．基本的な知覚指数。収益予想、金利予想、ロング・ショート・ポジションほか。
３．マーケットを動かすトピック（訴訟、合併、安全性にかかわる事故など）についてどれくらい語られているかを示すバズ（ネットやSNSで人気化した言葉）の基準。

このように多様なトピックや、マクロ経済指数やセンチメントを網羅しているTRMIのデータは、幅広い分野の資産に使うことができる。例えば、悲観的な国と楽観的な国やセクターに、バリューとモメンタムの要素が与える影響は明らかに違う（第11章と第12章参照）。通貨市場や商品市場のセンチメントによる価格の歪みについても研究がなされている（第20章と第21章参照）。政府は、国レベルのマクロ経済の値を使い、国の事業リスクや経済センチメントを見張ることができる（第22章）。次章以降は、TRMIなどのメディアを使ったセンチメント指数が、金融市場を理解し、利益を上げるための新たな方法について書いていく。

まとめ

●群衆がマーケットを動かす。群衆は、投資をしたり、トレードをしたり、ポートフォリオを管理する個人で構成されている。個人のトレード行動が組み合わさってマーケットを形成しているため、彼らの集合的な感情が観察可能なマーケット動向として表れる。
●行動ファイナンスの研究者たちは、特定の出来事や社会の気分、自然現象などと、市場価格のパターンには相関関係があることを示した。
●トレーダーは長年、市場心理を戦略に組み込んできた。そのひとりがネイサン・フォン・ロスチャイルド男爵。
●日光や季節や睡眠障害といった自然現象や生理現象の研究を通じて、無意識のセンチメントが予測どおりに市場価格に影響することが分かっている。
●質問調査によるマーケットのセンチメント指数が数種類開発されているなかで、ベーカー・ワーグラー・センチメント指数が最も広く使われている。
●TRMI（トムソン・ロイター・マーケットサイク指数）は、株や株価指数、通貨、商品、国（マクロ経済指数）に関するリアルタイムのニュースやソーシャルメディアのセンチメントを取り込むように作られている。

第5章　ノイズのなかのシグナルを探す

Finding Signal in the Noise

「昔から、大衆は強欲や恐怖や無知や希望によってマーケットで同じような行動をして、反応してきた。同じような価格やパターンが繰り返し現れるのはそのためだ」――ジェシー・リバモア著『リバモアの株式投資術』（パンローリング）

2007年８月13日、フィナンシャル・タイムズ紙はゴールドマン・サックスが運用する２つの大規模なファンドが１週間で25％の価値を失い、緊急流動性支援として30億ドルの資本注入が必要だと報じた。ゴールドマン・サックスのデビッド・ビニアCFO（最高財務責任者）は、損失の原因を株価の乱高下によるもので、「数日間連続で、25標準偏差の動きが続いていた[1]」と説明した。もし市場価格の変化がビニアのリスクモデルの想定どおり正規分布になっていれば（たいていのモデルがそう想定している）、25標準偏差の動きというのは、イギリスで宝くじのロトに連続21回当たったり[2]、身長900センチメートルの人を探したり[3]するようなことなのである。ビニアが言及したモデルは役に立たなかっただけでなく、むしろ危険なものだったのである。

金融データの最適なモデリング技術を主張する学派はいくつかある。ノーベル経済学賞を受賞したロバート・シラーは、「理論家は秩序と調和と美しさがあるモデルを好み」、「学者は経済学の研究につながるアイデアを好む」と書いている。一方、行動経済学者は、人の心理の影響について語るが、ソフト面に注目することは、経済学者にとって不愉快なことなのかもしれない。シラーによれば、「あいまいな状況にいる人は、最も分かりやすいモデルを持っている人に注目する[4]」。しかし、分かりやすさを求めると、金融市場の動向の予測に役立つかもしれない何かを見落としてしまう可能性もある。

モデル化に対する見方が競合するなかで、分析を待つ大量のデータがたまっていく。IBMの予想によれば、世界中のデータの量は18カ月ごとに倍になっているという[5]。それをコンピューターが処理できれば問題ないが、膨大なデータのなかから真実を見つけだすには、人間の助けがいる。金融の世界には、大きなデータベースに統計ツールを不注意に用いて強引な仮定や、見当違いの相関性、自己欺瞞などを招いた例がいくらでもある。本章では、まず、統計的な自己欺瞞から話を始める。そのあとは、情報の流れのモデル化を行うための統計的手法について書いていく。もしかするとこれを使って市場価格を正確に予測できるかもしれない。

投資に関する研究結果は信用できるのか

「学術誌に発表されたり、アクティブ運用戦略を用いる投資マネジャーが実際に使っていたりするファイナンスの実証研究の多くは、たいてい間違っている」――キャンベル・ハービーとヤン・リュー（2014年の論文「トレード戦略を評価する」）[6]

予測には、バイアスがかかった想定から不適切な統計ツールまで、たくさんのリスクがかかわっている。2007～2009年の世界的な金融危機の前には、利己的な間違いを犯したたくさんのモデルがあった。例えば、抵当貸し付けモデルを都合良く改竄して、個人の信用力を高めに予想したものや、長期の価格モデルなのに過去のデータが少なすぎるものなどがあった。よく使われている統計ツールでさえ、テールリスクを考慮していないものもある（例えば、多変量時系列モデルや重回帰分析）。このような危機前のモデルは、製作者の判断に基づくものが多いが、本書を通して述べてきたように、人間の判断は時にバイアスがかかっている。

2005年に、ジョン・イオアニディス博士がプロス（PLoS。パブリック・ライブラリー・オブ・サイエンス）社が発行するプロス・ワン誌に寄稿した論文は、この年最も多く読まれただけでなく、閲覧者数が初めて100万人を突破した。この論文は、出版された医学研究の結果のほとんどが擬陽性（つまり正しくない）[7]であることを証明するものだった。イオアニディス博士の統計的洞察は、マルコス・ロペス・デル・プラドやキャンベル・ハービーやヤン・リューを始めとする研究者たちによって、金融の世界にも拡大した[8-11]。

もし検証結果を正しいとする閾値95％の信頼区間（２σ）とするならば、同じデータセットに対して追加的な検証を行い、結果が偶然の一致ではなく同じ程度の信頼性があるという結論を得たいなら、信頼区間を広げるべきである。しかし、これほど重要な基準の検証が、残念ながら、軽視されていることが多い。「ファイナンスでは、よくｔ統計量が２を超える発見（５ではなく）を正しいとして受け入れている。実際、『２シグマ』[12]という名称のヘッジファンドまである」。統計的に確かな閾値に達していなくても、その戦略を信じたいという気持ちになるのは、①新たに平均を上回る投資戦略を見つけるのは難しい、②知的誠実性を追求して繰り返し挫折するよりも新しい戦略を見つけたというスリルのほうに引かれる――からである。こうして、研究者のバイアスは、たくさんの予測モデルの応用性をむしばむ原因になっているのである。

データバイアス

「いつも言っているように、バックテストの結果はどうにでもなる。データを歪曲していけば、どのような結果でも出すことができる……」――アンドリュー・ロー（マイケル・コベル著『2012年版　トレンドフォロー入門』）[13]

データのなかから役に立つ予測可能な関係を見つけるときには、データ分析の悩みの種である心理バイアスを避けることが不可欠である。統計の間違いのほとんどは、良い結果を得たいという欲から生まれる。良い結果を得たいという動機が、検証の条件を省略したり、擬似相関関係に目をつぶったりすることにつながるのである。

20世紀を通して、株式市場の主要な指数は不評を買ってきた。1920年代に人気を博した「ヘムライン」指数は、女性のスカートの丈が短くなるとマーケットも上がるという説で、経済が好調なときはリベラルな風潮が高まるという考えに基づいていた。また、スーパーボウル指数は、スーパーボウルでNFL（ナショナル・フットボール・リーグ）のチームが勝つと、その年はアメリカの株式市場が上がるというもので、1967～1997年の株式市場の方向性は90％の精度で当たっていた。しかし、ヘムライン指数もスーパーボウル指数もランダムな偶然が重なっただけで、限られたデータセットを無理に合わせた結果にすぎない。

関数が限られたデータに一致しすぎることを、統計学者は過剰適合と呼んでいる。統計手法のなかには、非常に正確で、処理力が非常に高いため、アナリストが統計モデルにどんな過去データを入れてもたいてい分析できてしまうものもある。ただ、このようなモデルは、インサンプルデータ（訓練データ）については素晴らしい予測力があるように見えても、アウトオブサンプルデータ（訓練外のデータ）になると、ランダムな予測結果が出る可能性が高い。優れた数学者で、ゲーム理論の基礎を築いたひとりでもあるジョン・フォン・ノイマンは、過剰適合について「４つの変数があれば、象を檻に入れ、５つあれば躍らせることができる」と語っていた[14]。

テキスト解析のソフトウェアを開発するとき、多くの会社が過剰適合の問題に直面する。2010年に、私はテキスト解析を使って住宅価格を予測するモデルを作った起業家に会った。この予測モデルのキーワードは「オバマ」だった。彼のモデルは、訓練期間の2005～2009年において、ニュースでオバマという言葉が頻出すると、住宅価格は下がると学習していたのだ。しかし、翌年から住宅市場が回復すると、オバマという言葉は上昇を予測する言葉に変わり、彼のモデルは崩壊した。TRMI（トムソン・ロイター・マーケットサイク指数）の基礎となるテキスト解析では、特定の名詞にセンチメントのタグ付けをすることはほとんどない。そうではなく、普遍的な概念のみ（例えば、永続的な意味を持つ形容詞や名詞など）を使っているのである。

データ分析では、論理に裏付けされた理由もないまま、否定的なデータを外してしまうというバイアスもよくある。定量分析を使っている大手の資産運用会社から、金融危機の年を含めた予測モデルは良くないと説明されたことがある。「もう二度と起こらないし、それまでの結果をすべて台無しにしてしまうのに、なぜ含めなければならないのですか」と言うのだ。彼らは、統計的により適合するようにこれらの年を計測期間から外した結果、次の危機が訪れたときにさらに弱体化するだろう。

統計的優位性と実践的優位性を混同することが多くの学術論文にかなりの不備をもたらしていることは、投資家にとってイラ立たしいことである。学術研究でも、トレードの執行やタイミングや流動性や取引手数料や、そのほかの実践的な要素を考慮しなければ、それがその場しのぎで耐久性がない結果かどうかは分からないのである。

本章で紹介したバイアスの一部は本書にも及んでいる。例えば、本書の損益曲線（エクイティカーブ）のデータに取引コストは含まれていない。これは膨大な数の資産を検証しているためで、モデルについてはそのことを念頭に置いて見てほしい。ただ、研究対象の資産の多くは流動性が高く、取引コストが比較的安いものを選んでおり、例外については表記してある。さらに、本書ではできるだけ根拠がしっかりとしているものを厳選して紹介しており、それ以外の膨大な結果は載せていない。

本書で紹介する結果の安定性を担保するため、これらのモデルは可能なかぎりアウトオブサンプルデータやフォワードテストで検証している。さらに、それぞれのモデルには過去の事例や（だからこそ過去の語録を多数引用している）、情報処理におけるバイアスに関して、心理学の研究に基づく裏付けがある。最後に、これらは統計的な変数や手法を多少変更した検証も行っている。もしこのようなストレステストでも結果が変わらなければ、それは価値ある発見と言ってよいと思う。

まっすぐではない性格

「社会科学者の統計ツールは、ブラックスワン的な出来事につながりやすいいわゆるファットテールにはうまく対応できない。彼らはそれをうまく説明できるだろうが、それは報道の分野では良くても、統計的には無意味である」――ナシーム・タレブ[15]

何兆ドルもの資本を動かしているモデルは、線形予測モデルに基づいている。線形予測モデルは、価格と情報が正規分布（ガウス分布）になっていると仮定しており、金融分野で幅広く使われている統計リスクモデルの多くはこのタイプである（例えば、VaRモデル）。評論家のなかには、金融危機の原因のひとつとして、投資家が間違って正規分布を仮定したモデルを信じてAAAの住宅抵当証券に殺到し、そのデリバティブも安全な資産だと信じてしまったことを挙げる人もいる。残念ながら、これらのモデルの基盤は、人の合理性と市場価格の線形挙動という、あり得ない動きを基盤としていた。

学術研究によって、資産のリターンはファットテールを含む分布を成すことが分かっており、これは大きな下落も（特に）、大きな上昇も正規分布の確率よりも高い頻度で起こることを意味している。このような大きな利益や損失は、線形のツール（例えば、回帰分析）を使ったモデルでは予測できない非線形の出来事なのである。

プライスアクションは、マーケットに入ってくる情報コンテンツと比例していないため、マーケットは非線形システムと考えることができる。例えば、良い決算発表のあとに、株価が上昇して高止まりすることもあれば、発表前の高い期待が織り込まれていたため下げることもある。価格はさまざまな種類の情報（過去のプライスアクション、経済活動、収益、金利、センチメント、前後関係、マーケットの期待など）の影響を受けるため、金融市場のモデル化は非常に難しい。複数の要素が集まってできる貴重な価格パターンの変数は、線形モデルの技術を使うと、簡単にノイズに埋もれてしまう。

情報が投資家に届き、それがマーケットで炸裂したり、跳ねたりする。センチメントのデータを視覚化すると、この現実が把握しやすくなる。2013年にトルコリラに注目するメディアはあまりなかった。しかし、その年に激しい反政府運動が起こると、トルコリラは2014年１月に下落した。政府の不適切な対応と、政治的腐敗の発覚で、トルコは経済も政治も不安定になり、通貨が下落し、トルコリラに関する国外のビジネス系メディアの報道は20倍以上になった。**図5.1**は、トルコリラと、それに関するメディアのバズ（ネットやSNSで人気化した言葉）を示している。

図5.1　トルコリラとTRMIのバズ（2013年10月1日～2014年5月4日）

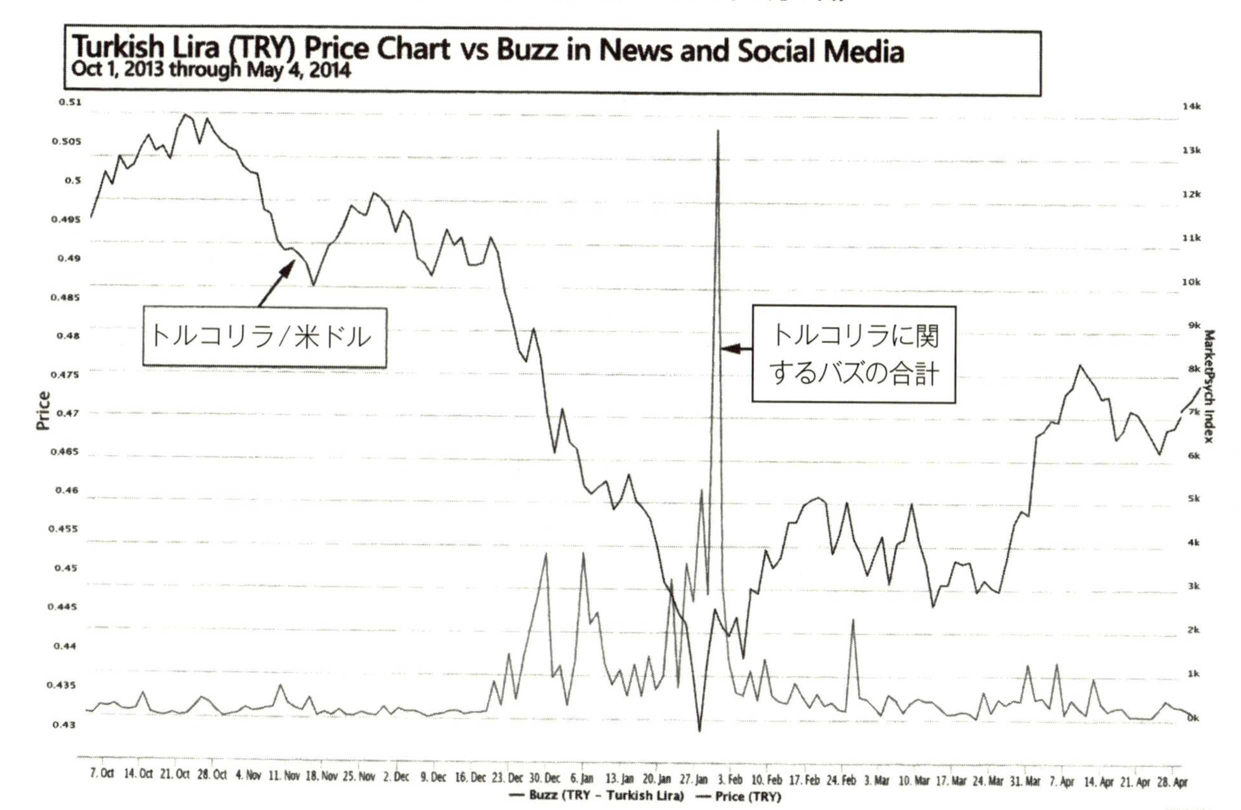

図5.2　個別株の１日のTRMI恐怖指数のヒストグラム（1998～2015年）

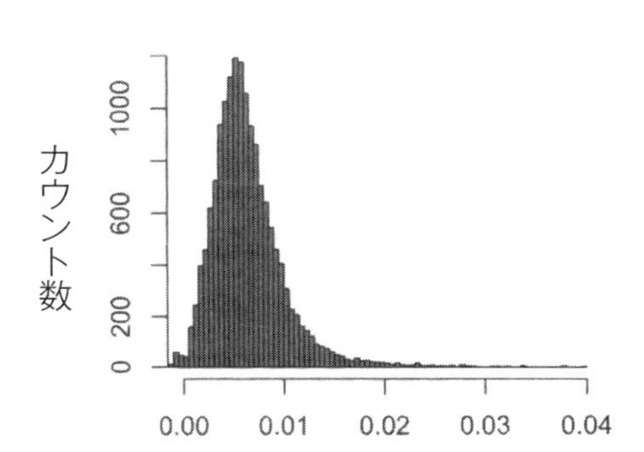

火事に遭わずに成長を続けた森と同じで、長い間静かだったマーケットでは恐怖が一気に燃え上がるかもしれない。**図5.1**からも分かるとおり、トルコリラの価値はパニック終息後、一気に回復した（そのあと再び下げた）。センチメントデータのモデルを構築する場合、恐怖のセンチメントが高いときは価格リターンをより予測しやすくなり、平均回帰が起こる可能性が高くなった。

恐怖は株式市場において珍しい現象ではない。**図5.2**は、話題に上ることが多い株（バズの量が１日500を超えている）に関する恐怖の分布の割合を示している。グラフの右側は恐怖の分布の「ロングテール」になっている。

図5.2を見ると、一部の銘柄は１日の意味のある会話のなかで、恐怖が２％（ｘ軸の0.02）に上っており、これは中央値のレベルの約４倍に当たる。２つのレベルの感情の差は、用心と恐怖くらい違う。ちなみに、用心は、行動に大きな変化をもたらさないが、恐怖は間違いなく行動につながる。グラフの左側の株は、恐怖がほとんど現れておらず、むしろマイナスになっている銘柄もある。マイナスの恐怖というのは、恐怖に関する会話のほとんどが「私は恐れていない」「決算内

容が悪くても怖くない」などといった否定表現で、ユニポーラの指数（０か１）でマイナスカウントされている。

価格動向に影響を及ぼすのは感情だけではない。極端な出来事がファンダメンタルズを変えてしまうこともある。厳しい天候とその影響によって、商品の需要が変わることもある。2013～2014年の冬に、アメリカの東部と北部を襲った大寒波で、暖房用の天然ガスの不足が心配された。すると、天然ガスの投機に反応して、予測どおり価格が上昇した。**図5.3**は、TRMI供給と需要指数（supplyVsDemand）の移動平均を示している（TRMI需要と供給指数は商品系の資産のみにある指数）。

図5.3では、天然ガスの供給が減るというメディアの報道が増えていった。そして、不足に関する発言が頂点に達すると、天然ガスの価格は４カ月前の約３倍になった。しかし、不足に関する発言が減ると、価格も下落した。**図5.1**と**図5.2**と**図5.3**は、大きな出来事が起こると、センチメントのデータが突出することを示している。モデルを構築するときには、データの追加的な動き（ニュースとソーシャルメディアの違いや季節や相関性など）にも関心を払う必要がある。

センチメントデータを調べる

ソーシャルメディアのセンチメントデータは、ニュースのセンチメントと一致しないことがある。**図5.4**は、US500株というバスケット銘柄のTRMIセンチメント指数の推移を示す２本の500日移動平均線が描かれている。US500というのは、2006年以降の時価総額500位までのアメリカ株から成る指数で、S&P500の代理変数として使っている。２本の移動平均線は、ニュースとソーシャルメディアのものである。ここには1998年から2015年７月までの２本のセンチメントの移動平均線と、S&P500（US500）の月足が描いてある。

図5.3　天然ガス価格とMACD10日と30日のTRMI需給指数（2013年10月1日～2014年5月4日）

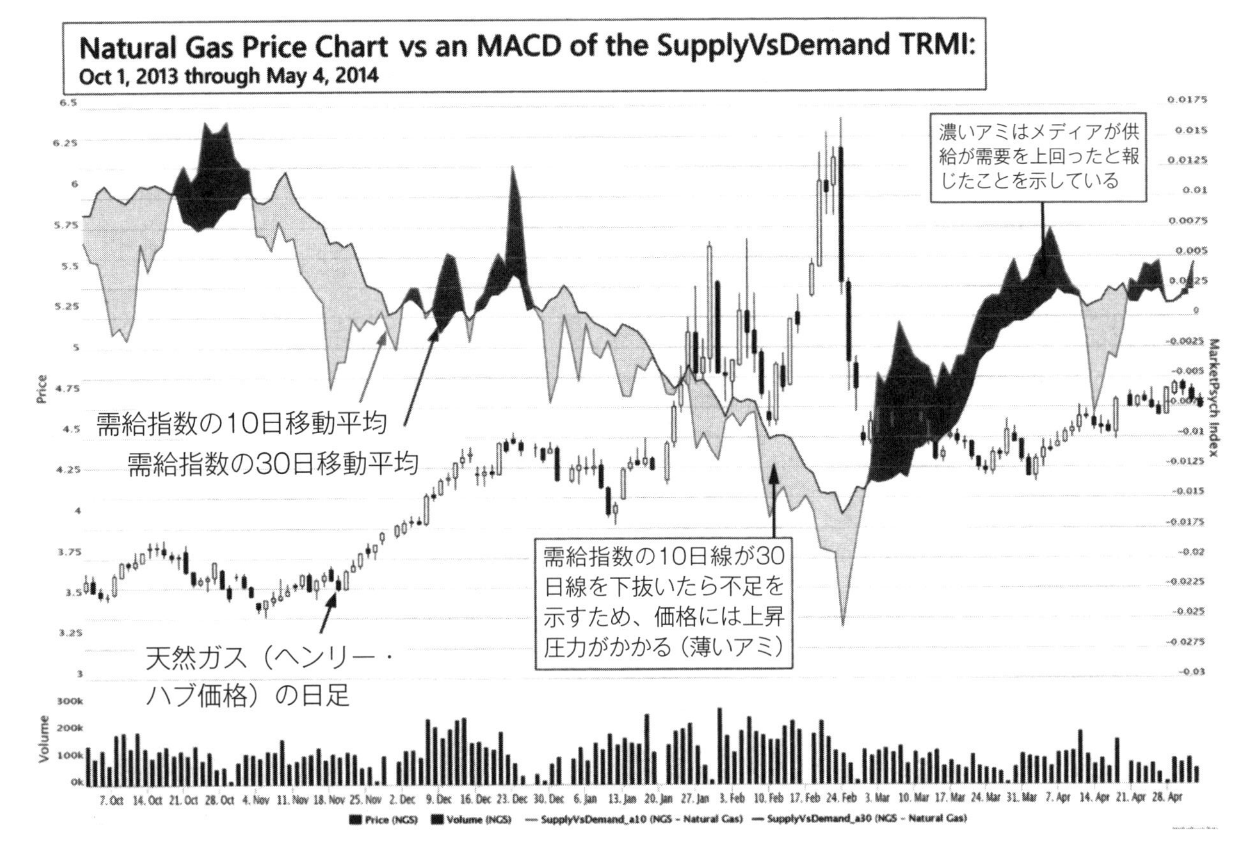

図5.4　S&P500（US500）の月足とUS500株のTRMIセンチメント指数と２本の移動平均線（1998年１月～2015年12月）

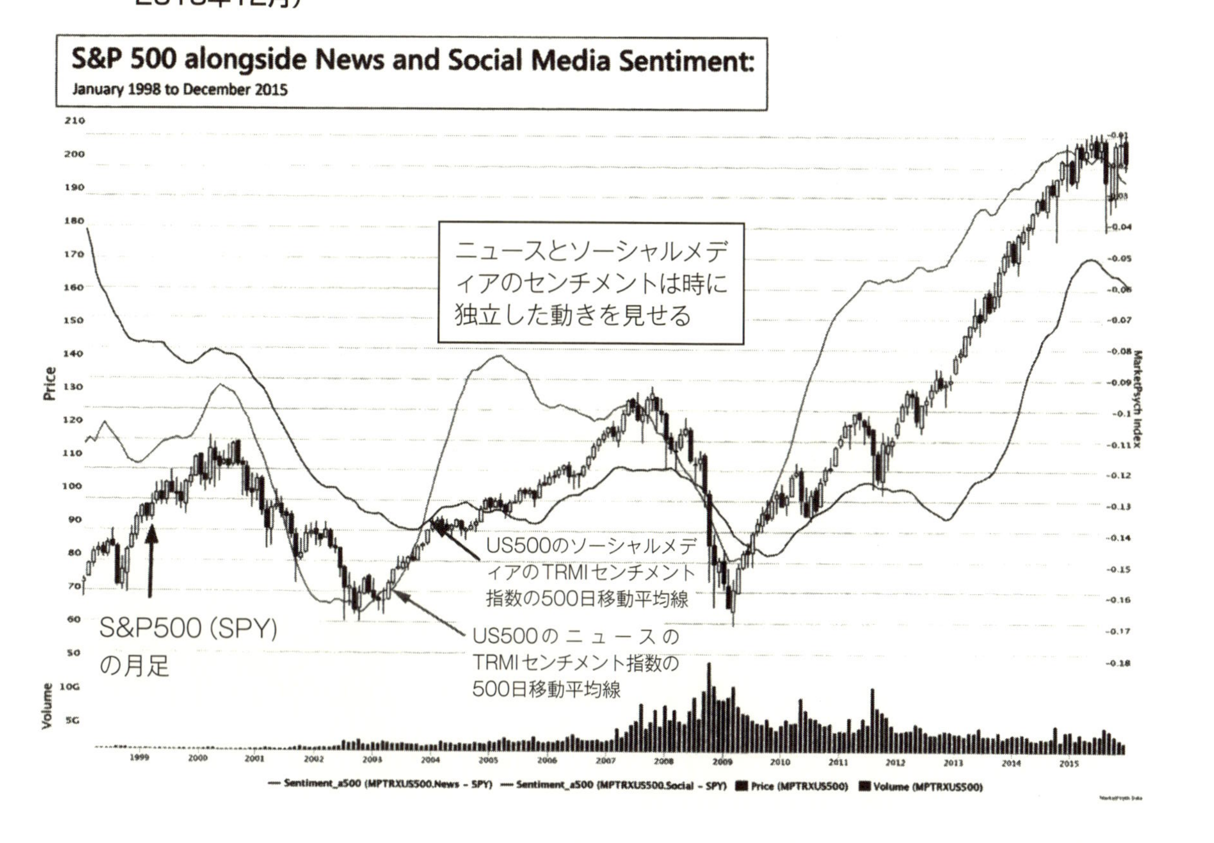

図5.4は、ニュースのセンチメントがときどきソーシャルメディアのそれから乖離することを示している。例えば、2010年以降に、US500企業が頻繁に新高値を付けているのに対して、ソーシャルメディアは1998年には高い水準から始まり、ITバブルのセンチメントの水準を超えたのは2014年になってからだった。これはナスダックがITバブルの高値圏に達したのとほぼ同じ時期である。

メディアのセンチメントが変わるのは、ブル相場やベア相場のときだけではない。**図5.5**は、ソーシャルメディアが楽観的になる季節を示している。このグラフは、1998年〜2014年の17年間におけるその月の楽観度（薄い色の線）と、月ごとの楽観度の平均を描いている。

これを見ると、楽観度には明らかに季節性があり、11月がピーク、春は水平で、４月から８月には少しずつ上がっている。調査を行った17年間には、悲観度のピーク近くで危機があった年も数回あり、そのなかには1998年のロシアの財政危機や、2001年９月11日の同時多発テロ、2008年のリーマン・ブラザーズ（とそのほかの金融機関）の破綻も含まれている。

次は、相関行列という単純なテクニックで、これを使うとTRMIが直線的に相互関連し合っていることがよく分かる。**図5.6**の相関行列を見ると、US500に関する厳選したTRMI指数（ニュースとソーシャルメディアを組み合わせて）のなかで、TRMIの感情値が近いものが分かる。

正の相関関係は濃いアミで、負の相関関係は薄いアミになっている。これを見ると、センチメント・楽観度・価格の方向性・マーケットリスクなどとは相関性があるが、憂鬱・ストレス・恐怖などとは逆相関になっている。ただ、これらの指数には、相関関係とは別の意味もある。例えば、センチメントは投機的な姿勢（マーケットリスク）とは質的に違うし、資産の価格が上げるか下げるか（価格の方向性）とも違う。このような指数間の違いにも、役に立つ情報があるかもしれな

図5.5　ソーシャルメディア上のS&P500に関する楽観度を示す表現（月別）。水平の線は17年間のその月の楽観度の平均。曲線は1998～2014年の月別の楽観度

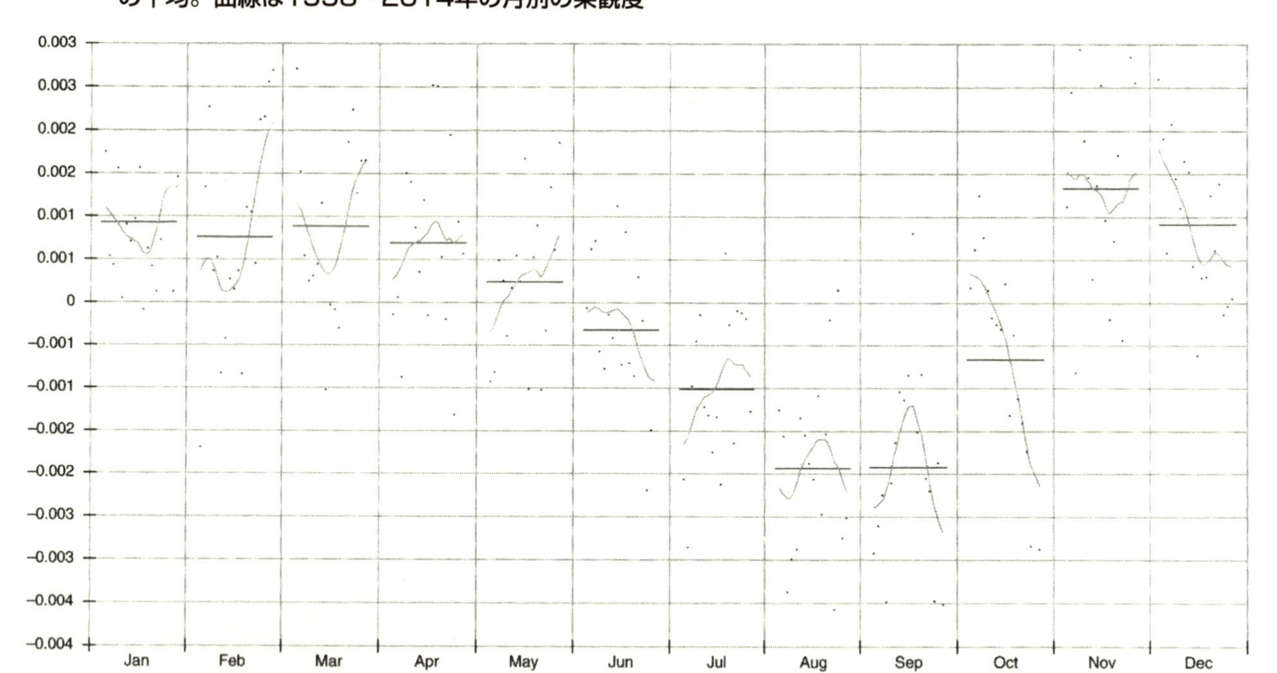

図5.6　厳選した日々のS&P500（US500）TRMI指数の相関行列

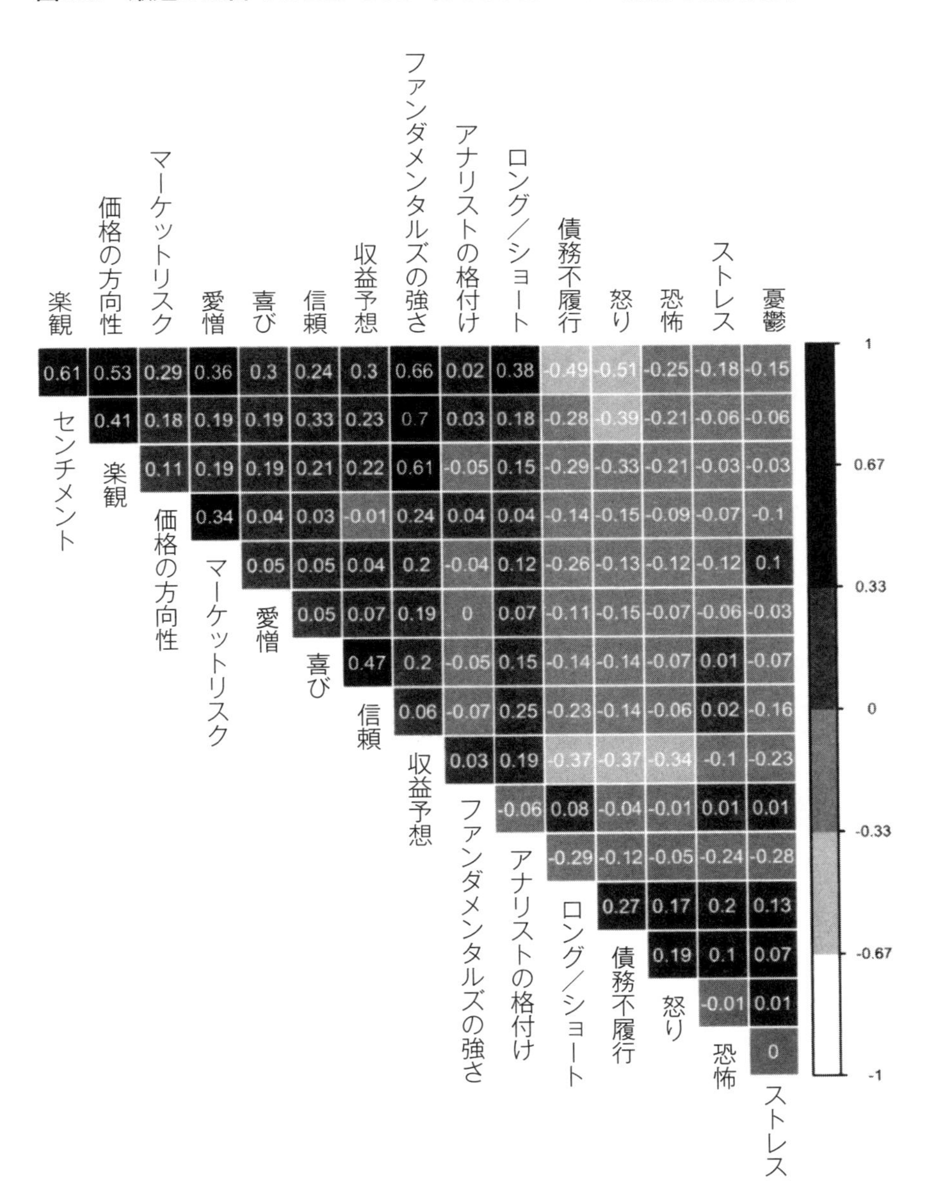

い。

統計モデル

「マーケットがほとんどの時期は効率的だとしても、そうでないときのことを心配しなければならない。学者やエコノミストは簡単にモデル化できる世界としてではなく、ありのままの状態を見る必要がある」――エコノミスト誌[16]

本書で紹介している研究のほとんどは、統計解析向けのＲ言語のフリーライブラリとカスタムコードを使って行っている。それ以外に使える統計ツールのなかには、Python、MATLAB、C ++、そしてなんとマイクロソフトのエクセルなどがある。センチメントデータを使う場合、統計テクニックによってはアウトオブサンプルデータにおいても良好な結果を示すものもある。個人的な経験から言えば、回帰（最小２乗回帰［OLS］、二項ロジスティック回帰、ローリング回帰）、逆誤差伝播法、サポートベクターマシン、遺伝的アルゴリズムなどは、TRMIのアウトオブサンプルデータを使った予測モデルの結果が劣っていた。その一方で、マーケットサイクのチームが見つけたセンチメントの値を最もうまくとらえるテクニックは、ランキングのクロスセクションモデル、決定木、移動平均線の交差などだった。

クロスセクションモデル

クロスセクションモデルは、資産のパフォーマンスを時間の経過とともに検証していく。これらのモデルは、分位モデルまたはローテーションの高いモデルなどとも呼ばれており、金融分野の研究でよく使われている。例えば、価格モメンタムの研究で、株のポートフォリオ

図5.7　毎週、メディアのTRMIセンチメント指数の平均値を使って、アメリカの個別株についてアービトラージ戦略を取った場合の損益曲線

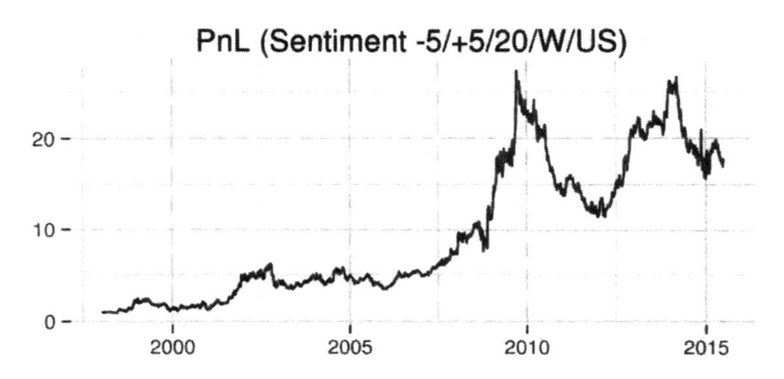

を構築するときは、まず同じ期間におけるすべての株の価格のパフォーマンスを調べる。次に、それらを過去のパフォーマンスでランク付けし、一定の割合、例えば上位10分の１を買い、下位10分の１を空売りする。そのポジションを一定期間保有したとして損益を計算する。一定の期間が終わると、ランキングと上位と下位10分の１の売買のシミュレーションを再び行う。これを学習期間が終わるまで何回も繰り返すのである[17]。

過去の価格のパフォーマンスの代わりに、センチメントデータを使うときは、クロスセクション戦略をセンチメントの平均値のランキングで決めている。**図5.7**の損益曲線は、１年以上のデータが存在する米国株について、ニュースとソーシャルメディアからのTRMIセンチメント指数にクロスセクションで構成を入れ替えるモデルを応用した結果を示している。

まず、ある週のバズが最も多い20銘柄を選ぶ。この上位20銘柄を、観察期間におけるTRMIセンチメント指数の平均値でランク付けする。センチメントの値がなければランク外とする。日々のTRMIの値はニュ

ーヨーク時間の午後３時30分に出る。NYSEの取引終了30分前である。そこで、金曜日の大引けで上位４分の１（５銘柄）を買って、下位４分の１（５銘柄）を空売りする。そして、このポジションを１週間保有し、次の金曜日の大引け前に同じことを繰り返す。前週のポジションを手仕舞って、新しいポジションを仕掛けるのである。ここでは、取引コストはかからないものとして、毎週最高すべてを入れ替えるのである。

図5.7は、この単純な戦略で1998年から2015年７月31日までシミュレーションした結果で、17倍という大きなリターンを達成した。グラフのｘ軸は期間（年）を、ｙ軸は１ドル当たりの純資産の成長を示している。資金は10銘柄に均等に配分し（上位５銘柄を20％ずつ買い、下位５銘柄を20％ずつ空売り）、純資産に対するグロスイクスポージャーは200％（買い100％、空売り100％）のポートフォリオになっている。

本書で紹介しているクロスセクションモデルの損益曲線は、どれも同じように計算されているが、バズの最低値や保有期間、仕掛けるポジションの数は違う。チャートのタイトルである「PnL（Sentiment −5/＋5/20/W/US)」は、本書のチャートに共通する表記で、PnLは損益、括弧内は最初が情報源のTRMI指数（この場合はセンチメント)、最初の２つの数字は銘柄数で、プラスが買い、マイナスが空売り、３つ目はバズフィルターでランクした数、４つ目は時間枠、５つ目は資産の種類（株の場合は２文字の国名コード）を示している。ちなみに、もし情報源がニュースならば、情報源のところには「News Media」と表示され、ソーシャルメディアならば「Social Media」と表示される。また、ニュースとソーシャルメディアの両方ならば（例えば、**図5.7**）情報源は表示されない。TRMIと表記している場合は、ひとつの指数のテストであることを示している。また、(−5/＋5）は、定期的に再配分したトレードの方向とポジションの数を示している。最初のマイナスは、TRMIセンチメント指数の平均がランク上位の資産を空売りしたことを表している。バズフィルターは、バズの多さでランク付けした銘柄数（今回は20）を示している。次は、過去のTRMIの平均値の計算期間と将来保有する時間枠で、Ｄは毎日、Ｗは毎週、Ｍは毎月、Ｙは毎年を意味している。

クロスセクションモデルは、毎日、その日の終わりにポジションを均等にリバランスしていく。所定の期間ごとに、ポートフォリオのすべてのポジションを再投資するのである。ここでは取引コストはゼロと想定している（影響力が大きい要素なので、非現実的なことは分かっている）。**図5.7**の損益曲線を見るかぎり、メディアで最も話題になった株のなかから、その週最もネガティブなセンチメントの値が高かったものを空売りし、最もポジティブな株を買うというセンチメントのアービトラージによって、ボラティリティは高いがリターンも上がった。この戦略が、過去にもプラスのリターンを上げてきたのは、全体的に翌週に価格が平均回帰する可能性が高い株を見つけたからだと考えられる。平均回帰の週ごとのパターンは、第８章で詳しく述べる。

本書でクロスセクションモデルを紹介している理由は、その単純さにある。クロスセクションモデルによる結果は、多くが直観的で、過去のマーケットの知恵とも一致している。もちろん、この技術を使ってもセンチメント指数のほとんどは、ランダムな結果になるが、なだらかで、指数関数的に増加する損益曲線はその有効性に自信を与えてくれる。

決定木

決定木は、マーケットにおける人の選択を予測するのに適したモデルで、その過程は人間の意思決定の過程に似ている。決定木には、ランダムフォレスト・分類木・相関ルールなどさまざまな種類がある。過剰適合を避けるためには、木の層を少なくしておくことが重要である。

決定木をセンチメントデータに応用する場合、相関ルールのスタイルが最も適しているように見える[18]。相関ルールは、単純な論理関係で成っている。もし相関ルールの条件が合えば、予想が立てられる。相関ルールの形式の一例を挙げておこう。

１．もし、恐怖＞0.9（恐怖の値の上位90パーセンタイル）　かつ
２．価格＜－0.1（価格が10％を超えて下落）　ならば
３．株を買って５日間保有する。

このようなルールは、過去にこれらの条件に合った株を何千回も検証したうえで選択した。もし平均リターンが受け入れられるのならば、将来の分析にもこのようなルールを選択するかもしれない。

もしデータマイニングのルールの訓練期間におけるリスク調整後の平均リターンが良ければ、さらなるアウトオブサンプルの検証と人による見直しが行われる。人による検証は、それが持続可能で、普遍的で、一般化が可能に見えるかを確認し、問題がなければフォワードテスト（ライブのシミュレーション）や実際のトレードに使える可能性がある。

移動平均線の交差

移動平均は、データの平均値をなだらかにしたものである。ノイズが多い日々のデータ系列を移動平均でなだらかにすると、トレンドがはっきりとする。短期と長期という２つの移動平均をチャート上で重ね合わせると、２本の線のギャップが現れる。このギャップは、短期平均の価値と長期平均の価値の最近の変化を示している。もし決算発表が予想よりも大変良ければ（アーニングサプライズ）、短期のセンチメントの平均は長期の平均よりも大きく上がる。２つの平均線のギャ

ップは、日々の変化をグラフにするよりもノイズ（ランダム性）が少ないため、最近のセンチメントの動きが分かりやすい。

MACD（移動平均線収束拡散法。標準的に200日移動平均が使われる）を使って将来の価格の方向性を予測することについては、学術文献でもある程度支持されている[19]。MACDは、極端な水準の反転時期を探すのにも、緩やかなトレンドを追跡するのにも使える。例えば、第２章の**図2.1**はUS500（S&P500の代わり）のセンチメントのMACDで、重要な転換点とトレンドの両方を示唆している。ただ、**図2.1**のモデルで見つかったトレードチャンスは、マーケットを上回ったものの、数的に統計的優位性は低い。

センチメントは信頼できるのか

私たちは、マーケットサイクのヘッジファンドの運用に、いくつかのデータマイニングの欠点を補う技術を使って擬陽性の結果が抽出されないようにするため（例えば、訓練セットのみの厳密なデータ探索）、複数のアウトオブサンプルデータやK分割交差で検証したり、概念辞書で普遍的な概念や言語と照合したり、アウトプットの目視検査を行ったり、人間のフィルターを使って経験的または「常識的」に支持できない戦略を外したりしている。私たちはバイアスを排除するための努力を行ってきたことで、この統計的妥当性と検証技術には自信がある。しかし、リアルタイムのパフォーマンスと常識的な説明なくして、センチメントに基づいた質の高い投資戦略の堅牢さを確保するのは難しい。このような問題を解決するために、私たちは、①私たちのヘッジファンドの実績の自主的な監査を行ったり、②2013年にオンラインでライブのフォワードテスト戦略を開始したり、③私たちの戦略の有効性を心理学の研究に基づいた経験的な観点からも確認したりしている。それともうひとつ、顧客から時折プラスの損益曲線を喜ぶEメールが送られてくる。これらの要素はそれぞれが自信を与えてくれるが、それでもモデル化を正しく行うのは難しい。

TRMIデータセットを広範囲に分析すると、メディア由来のセンチメントデータについて、いくつかの経験則が見つかる。例えば、マーケットサイクのデータサイエンティストは、最近のデータを加重する分類モデルのほうがアウトオブサンプルデータについて予測力が高いということを発見した。また、最もパフォーマンスが高い指数のみを使ったほうが（すべてのTRMIではなく）、パフォーマンスは高くなった。ほかにも、動きが小さいTRMIを検証するときは、全体のバズのレベルが高いほうが優れた結果が出た（例えば、1日に500以上のバズなど）。この最後のポイントは、次の第6章で見ていく最低限のバズの閾値を課したクロスセクションモデルが成功した理由かもしれない。

センチメントデータの扱いは簡単ではないため、半端なデータを排除したり、実用性を無視したりして（例えば、取引コストを考えない）過剰適合モデルを作りたい衝動にかられる。さらに、統計学者の多くは、2～3種類程度の統計モデルしか使ったことがないし、その多くは直線的なものだ。センチメントのデータは、直線的ではなく、そのようなデータをうまくモデル化するためには、イベントの影響や情報の流れや、群衆の情報処理について理解しておく必要がある。本書のこれ以降は、センチメントと情報のデータの流れに合った統計ツールを応用して得られた予測につながる洞察を述べていく。

まとめ

●アナリストのバイアスが、金融データを使った最適な予測モデル構築の邪魔をすることがある。

●経験に基づいたファイナンスのモデルの多くは、想定が間違っていたり、十分な信頼区間をとっていなかったり、過剰適合したりしている。

- メディア由来のセンチメントデータは直線的ではなく、突出したりファットテールになったりしている。
- TRMIには、ニュース由来とソーシャルメディア由来のデータの違い、突出、季節性、相関性などさまざまな独自性がある。
- センチメントデータに予測的な価値を見つけるための最適な統計技術には、クロスセクションモデル、決定木、移動平均の交差などがある。

第2部

短期のパターン

Short-term Patterns

第6章 情報の影響

Information Impact

「買いも売りも論理ではなく感情で決まる」――本間宗久（1755年）[1]

遠方からのニュース速報を活用した投資家は、ネイサン・フォン・ロスチャイルド男爵だけではない。江戸時代の日本で、大阪はアジアの商業の中心地として発展し、商人が社会で力を持つようになった。商業活動が広まり、「儲かりまっか」が挨拶として社会に定着した。

大阪の堂島米会所には1300人の米仲買人がいた。堂島のコメ市場では、最初は現物取引のみが行われていたが、1710年になると将来の米の受け渡しを約束する米手形を発行する市場ができた（先物取引）。そして、この手形が活発な二次市場を生み出した。

この時代の偉大な米相場師のひとりが、本間宗久（1724～1803年）だった。彼は「相場の神様」と呼ばれ、米取引とマーケットメイクで推定100～1000億ドルを稼ぎ、江戸時代の日本で最も裕福な町民となった[2]。本間は幕府の財政顧問も務め、武士の名誉も与えられていた。

本間はテクニカル分析に関して詳しく書き記しており、ローソク足も考案した。1755年、本間はマーケット心理について、本も書いている[3]。彼は、トレーダーの感情がコメの価格に大きな影響を及ぼし、「相場で成功するためにはマーケットにおける心理面が極めて重要[4]」だと気づいていた。本間は、ファンダメンタルズについても研究していたが、市場価格がファンダメンタルズの力を反映していないことが多いことも気づいていた。彼はこのことについて「価格は実際の価値を反映するものではない」と説明し、典型的な逆張り的視点で、「みんなが弱気のときは、価格が上がる理由を探せ。みんなが強気のときは、価格が下がる理由を探せ」とも言っている。本間は、市場の情報の重要性と、それが群集心理に与える影響と、逆張り的な展望を持つことの価値を理解していたのである[5]。

本間が活躍した時代の主要な米市場は大阪と酒田で、２つの市場は約600キロ離れていた。本間は酒田と大阪の間の約４キロごとに手旗信号ができる人間を屋根の上に配置し、市場価格を伝達したりアービトラージに使ったりしていた。本間の最も注目すべき優位性は、情報の速さだった。手旗信号網を使って、２つの市場の価格差を利用した素早いアービトラージを可能にしていたのだ。ロスチャイルドと同様、本間も優れた情報力と、市場心理を理解することで、優位に立っていたのである。

本間やロスチャイルドや今日の高頻度トレーダーを見れば、トレードの最大の優位性は素早く情報をつかむことだと分かる。ただ、マーケットを流れる情報の多くはテキストの形で流れるため、多くのトレーダーやマーケットメーカーがニュースやソーシャルメディアのリアルタイムのテキスト解析によって、影響力が大きいニュース速報を見極めようとしている。しかし、ニュースが伝える事実の直接的な影響力だけでなく、メディアのトーンと、それによって決まる期待度も価格に影響を及ぼす。また、ニュース速報だけでなく、ソーシャルメディアのセンチメントの幅広い変化も、将来のプライスアクションと相関性がある。本章では、本間が利用したような短期的な情報の流れに現代的なひねり――政府の発表に対する1000分の１秒単位のトレードからフェイスブックの国民総幸福度まで──を加えて検証していく。

スピードの必要性

競争の激しい超高頻度トレードにおいては、スピードと戦略が成功をあと押しする。彼らが使っている期待アルゴリズムの名称は（スナイパー、スニファー、ゲリラなど）、ティックごとに繰り広げられる激しい攻防を表している[6]。アルゴリズム戦争という言葉は、素早く情報を検索し、それをより速く処理し、優れたメッセージルーティングを行い、より速く執行するための高額な装備を表している。アルゴリズム戦争の勢力図において、情報検索はそのほかの活動の前提条件となる。優れた情報がなければ、高速システムの価値を発揮できないからだ。

ダウ・ジョーンズやトムソン・ロイターといったニュース通信社は、アルゴリズム戦士のために定期的に発表される政府のデータを素早く提供している。このなかには、米労働省からの雇用統計や、経済関連の発表などがある。これらの情報は、その価値の高さから、発表は事前に予定が組まれ、厳しく統制されている。このデータをできるだけ素早く伝達するために、記者はシンプルな押しボタン式の装置で報道管制が解除された瞬間に送信する。このデータは、アメリカ政府から待ちわびた記者に提供されると、専用の高速網でワシントンDCからニューヨーク市に伝えられ、そこから顧客の高頻度トレーダーへと送信される。

高速で送る価値があるのはマクロ経済データだけではない。トムソン・ロイターでは、センチメント指数のミシガン大学消費者信頼感指数を、プレスリリースの午前10時（東部標準時間）よりも５分早い９時55分に顧客に配信していた。また、一部の顧客には、これを含む毎月の調査結果を通常よりも２秒早い９時54分58秒に先行配信するサー

図6.1　雇用統計（非農業部門雇用者数）が米ドル先物（月足）に与える影響

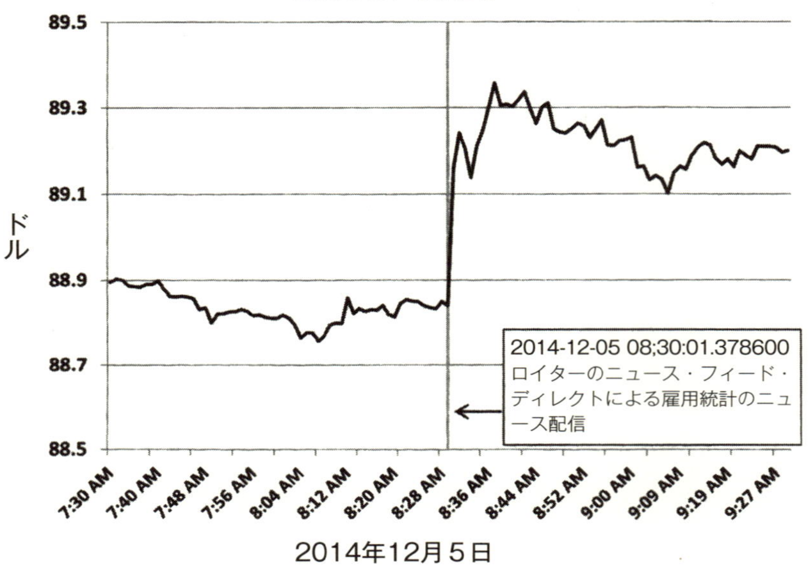

出所＝エリヤ・デパルマ博士、トムソン・ロイター、パーソナル・コミュニケーション

ビスも提供していた。しかし、これは2013年にメディアで問題になり、ニューヨーク州司法長官の求めに応じて停止された[7]。

毎月、労働省から発表される雇用統計の非農業部門雇用者数（NFP）は、FRB（連邦準備制度理事会）の金利調整においても考慮される。そして、FRBの判断は、世界で最も流動性が高い市場である米ドルと米ドル建て債券の価格に直接的に影響を及ぼす。非農業部門雇用者数のデータを素早く受け取り、処理することは、高頻度トレーダーにとって利益に直結し得る優位性なのである。

図6.2　雇用統計の発表が1000分の１秒単位で米ドル指数先物に与える影響

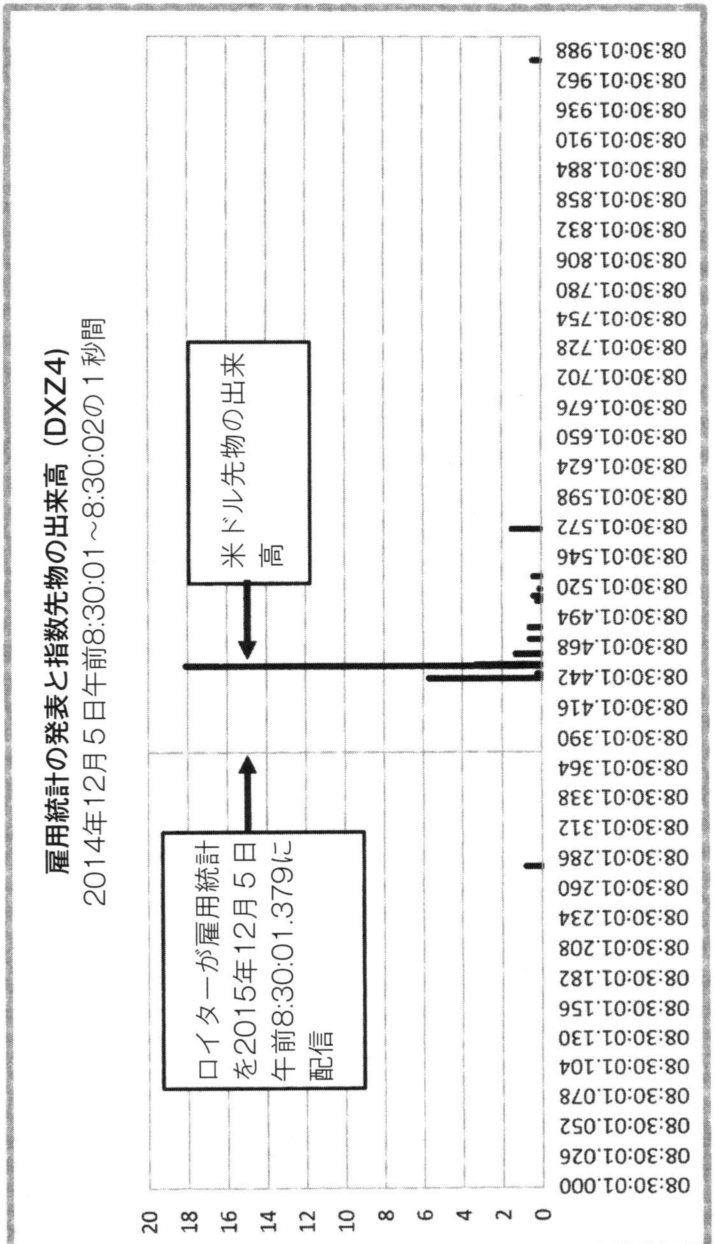

出所＝エリヤ・デパルマ、トムソン・ロイター、パーソナル・コミュニケーション

エリヤ・デパルマは、非農業部門雇用者数の発表が米ドル先物（DXZ4）に1000分の１秒単位の影響を、ある１日（2014年12月５日）について分析した。12月の米ドル指数先物の分足チャート（**図6.1**）を見ると、ニュースリリースがほぼ瞬時に価格に影響を及ぼしていることが分かる。

デパルマ博士は、2014年12月５日の非農業部門雇用者数の発表から1000分の63秒の間に570万ドル相当の米ドル指数先物（DXZ4［2014年12月限］）トレードが行われ、1000分の100秒後までに2900万ドルがトレードされていたと書いている。**図6.2**の１秒間の動きを表すチャートの、薄い色の縦線はトムソン・ロイターが非農業部門雇用者数を配信した時間で、黒線のグラフはそのあと1000分の１秒単位で行われたDXZ4のトレードを示している。

非農業部門雇用者数は、体系化された数字のデータである。このようなデータは、高頻度トレードシステムが数学的モデルを使って処理し、最適なポジションを素早く決めていくことができる。100万分の１秒単位で望ましいポジションを判断して注文を出すのである。このように、決まった日に発表される構造化されたデータは、機械が簡単に理解することができる。一方、プレスリリースやニュース速報、ソーシャルメディア、そのほかのテキストで伝達される価値ある情報は、機械処理が難しくはなるが、それでも不可能ではない。

テキストで伝達された情報は、「非構造化データ」と呼ばれている。このようなデータを使って1000分の１秒単位で最適な行動を算出するのは難しいが、不可能ではない。科学技術者の助けを借りてこのようなテキストを定量化し、企業に関して明らかに意味ある情報（例えば、破産や合併）や、政治的な出来事（例えば、空爆）である場合は、トレードにつなげる方法を探っている人たちもいる。

二度目の破産か

主要なニュース配信会社は、マクロ経済データをいかに速く出すかだけでなく、1000分の１秒単位のタイムスタンプ付きの速報でも競っている。このような低遅延（超高速）のニュース配信は2000年半ば以降、トレードの重要な一部となっている。ニュース通信社のなかには、記事にセンチメントのスコアと項目を機械可読な形でラベル付けしているところもある。このような業者には、トムソン・ロイター・ニュース・アナリティックス、レーベンパック（ダウ・ジョーンズとAP通信のコンテンツを再編集したサービス）、ブルームバーグなどがある。また、通信社以外に、一部の金融会社（例えば、ブラックロック）も非構造化形式のテキストからマーケットに明らかに影響を及ぼす言葉や記事を集めて提供している。テキスト解析アルゴリズムで選別したニュース速報は、人やメカニカルトレーダーに重要な記事を警告するのに使えるかもしれない。このようなデータサービスが広まれば、ニュースを読み込むロボットがマーケットに与える影響を示す証拠がより多く見られるようになるだろう。

2008年９月８日、サウス・フロリダ・サン・センティネル紙がユナイテッド航空（UAUA）の破産申請を報じた。この記事を、ライブのグーグル・ニュース・アグリゲーターが見つけ、広く再配信した。その記事が、ブルームバーグの編集者の目にとまった。驚いた彼はすぐにブルームバーグでもこのニュースを午前10時53分に配信した。**図6.3**は、日中のユナイテッド航空の株価の反応を示している。

このときは、おそらくブルームバーグニュースのテキスト解析を行っていた高頻度トレーダーがユナイテッド航空株を売り、それが何秒間かのうちに株価に下げ圧力をかけ、それに人間のトレーダーが続いたのだろう。その後、ユナイテッド航空は午前11時６分に取引停止になった。

図6.3　2002年のユナイテッド航空破産申請のニュースが2008年９月８日にブルームバーグで再配信され、ユナイテッド航空の株価が劇的に動いた

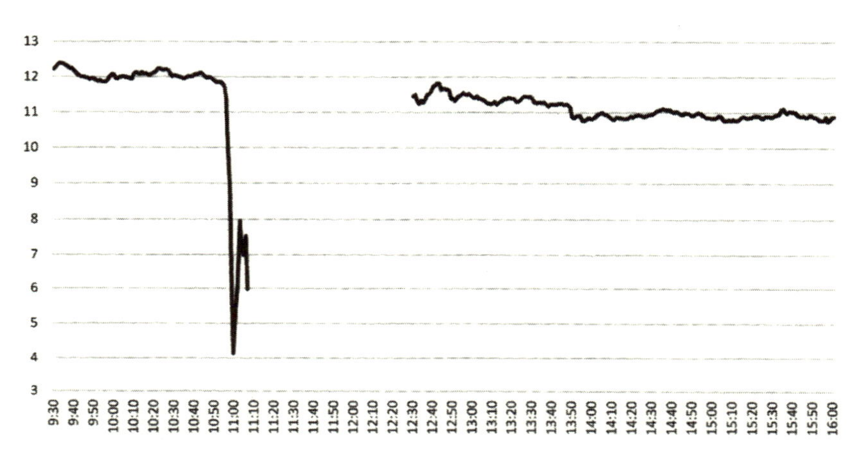

出所＝トムソン・ロイター・ティック・ヒストリー

皮肉なことに、サウス・フロリダ・サン・センティネル紙の記事はもともと2002年に掲載されたものだった。そして、2008年９月の時点で、ユナイテッド航空は財政難に陥ってはいなかった。ただ、複数のネットサーファーが最近サウス・フロリダ・サン・センティネル紙のウェブサイトにあった2002年の記事を最近アクセスしたため、この記事が「最もよく読まれている記事」のひとつにランクされていた。それをグーグル・ニュース・アグリゲーターが取り上げ、グーグルを見たブルームバーグの慌てたニュース編集者が配信してしまったのである。

トレードは、誤報による下落だということが分かったあと、午後０時25分ごろに再開した。しかし、その日は結局、11.2％下げて引けた。株価は、原因の記事が６年前のものだったにもかかわらず、大きく下げたのである。ユナイテッド航空の株主は、この株のかなりの脆弱性

におびえたかもしれない。本書後半で説明するが、悪いニュースはその正否にかかわらず、価格に短期的に影響する。そのうえ、センチメントがすでに弱ければ、その悪影響はより厳しくなる。

2008年のユナイテッド航空株の下落では、注意深くブルームバーグのニュースを見ていた人間のトレーダーならばうまく利益を上げることができたかもしれない。しかし、この数年でテキスト解析を使ったアルゴリズムトレードのスピードはますます上がっている。今では、ある程度複雑な出来事についても、人間のトレーダーがアルゴリズムに競り勝つのはほぼ不可能になっているのである。

素早いスペシャリストをしのぐスピード

「彼らはすべてを３秒以内に買っていくが、そんなことは人間にはできない」――あるマーケットメーカー[8]

2015年３月27日、ダウ・ジョーンズ・ニュースワイヤーが、インテルが半導体メーカーのアルテラの買収を交渉中という記事を配信した。この記事が出ると、トレードロボットは、人が見出しを読み終わる前にオプション市場に注文を出した[9]。そして、このとき11万0530ドルのコールを買ったトレードロボットと抜け目ないアルゴリズム（とプログラマー）は、240万ドルの利益を上げた[10]。

この記事が出た当時、アルテラのオプションをトレードしていた人間のマーケットメーカーは、人間がこのようなアルゴリズムに挑んでも、とてもかなわないと言っていた。「私には不可能だ。人がニュースを読んで、それを理解し、『すべて買い』のボタンを押すまでには時間がかかりすぎる。ロボットはそれを信じられないスピードでこなす[11]」。超高速でニュースを読むロボットが登場した結果、人間のマーケットメーカーの仕事の一部がロボットに外注されるようになった。

この話は、金融ニュースの速報に特化したオンラインニュースの例だったが、マーケットを動かしているのはニュースだけではない。アルゴリズムトレーダーは、ソーシャルメディアも利用し始めているのだ。信頼できるツイートも、正否に関係なく、マーケットを瞬時に動かす影響力を持っているのである。

ハッシュクラッシュをふり返って

「火曜日の株の投げ売りは、ツイッターなどのソーシャルメディアが誤った情報をどれほど速く拡散してしまうかを示している。火曜日の午後、このツイート後にアメリカ株とドルは若干下げ、米長期国債と金は高騰した」 ―― シーラ・オビデ[12]

ツイッターのようなソーシャルメディアのサイトには、主要な出来事に関する投稿がニュースよりも早く載ることも多く、一部の会社（最も活発なのはEOTプロとデータマイナー）は、世界中で発信されるツイートを使って予測のための分析サービスを独自に開発しようとしている。ソーシャルメディアで伝わった価値あるニュースを探すときの主な課題のひとつは、意味のないノイズを取り除くことである。

2013年４月23日の午後１時７分（東部標準時）に、AP通信のツイッターアカウントから「速報　ホワイトハウスで二回の爆発、オバマ大統領負傷」という投稿があった。すると、何秒かの間にS&P500は下落し、２～３分で回復した。**図6.4**は、悪名高いハッシュクラッシュの日のS&P500の分足チャートである。

このツイートは、シリアの反政府組織「自由シリア軍」が流したニセ情報だったが、一瞬、S&P500指数の時価総額を1360億ドル消滅させた。混乱はすぐに収まったが、その間もトレードは執行された。そして、ほんの２分間で、S&P500はツイート前の水準を回復した。

図6.4　ハッシュクラッシュが起こった2013年４月23日のS&P500

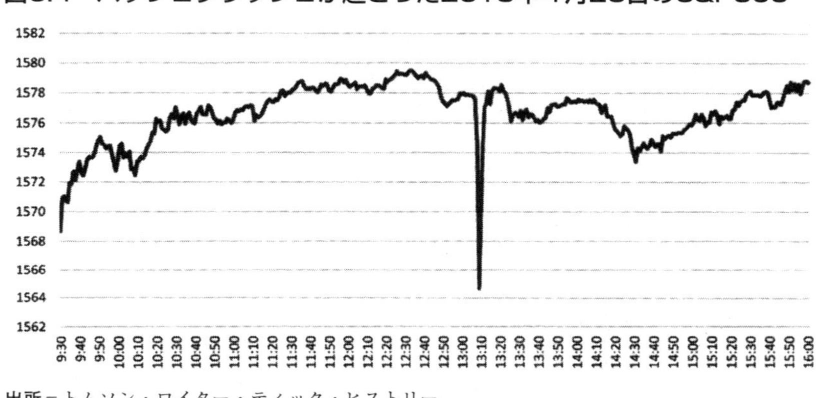

出所＝トムソン・ロイター・ティック・ヒストリー

もしこのツイートが自由シリア軍のアカウントから投稿されていたら、マーケットは気づかなかったかもしれないが、AP通信のアカウントから発信されたとすれば、信頼性は一段と高まる。そして、当然のことながら、そのような情報源のニュースが市場価格に与える影響は、信頼性の劣る情報源のそれよりもはるかに大きい。

情報源がどこの組織のどの記者で、その信頼性と記者の過去の報道の姿勢などといった細かい点も、重要になる。通常、強気な記者は価格にさらにポジティブな影響を与え、通常、弱気な記者はさらにネガティブな影響を与えるという研究もある[13]。

先のユナイテッド航空の破産や、インテルのアルテラ買収や、ホワイトハウス爆発の例は、どれも瞬時にマーケットを動かした。しかし、これらはあくまで１つのケースにすぎない。ニュースがどのようにマーケットを動かすかを予測するためには、何百もの例が必要になる。幸い、それを調べるためのニュース解析のツールはすでにある。

ニュース速報

インテルがアルテラの買収を検討しているというニュースは、極めて重要な情報で、アルテラの株価にとってはポジティブな材料だった。第３章で書いたとおり、エリヤ・デパルマがこのような企業の合併や吸収や買収に関する記事が株価に与える影響を調べた。彼のサンプルには、ラッセル1000（アメリカで時価総額が最も大きい1000社の株）のなかの比較的流動性が高い株が含まれていた。**図6.5**は、2014年６月から2015年５月にかけて、ニューヨークの取引時間中（午前９時40分から午後３時50分）にトピックコードがタグ付けされたロイターの記事1178本で合併（MRG）に関連する株の平均リターンを示している。このうち超過リターンは、妥当なMRGの記事のなかの、①センチメント指数がプラス0.5以上、②新しい記事（過去12時間にリンクする記事がない）――によるものだった[14]。

M&A関連のニュース記事に関連した株の配信から10分間のリターンは、S&P500全体のリターンよりも約20ベーシスポイント（0.20％）高かった。もし条件（ポジティブなセンチメントと新規性）がより正確ならば、10分間の平均リターンは40ベーシスポイント近く上回っていた。デパルマは、ラッセル2000（小型株）についても先と同じフィルターで調べており、ニュースのあとのリターンは約200ベーシスポイント（２％）高かったという。**図6.5**についてもうひとつ注目すべきは、合併のニュースが株価に与えた影響がニュースの配信前にも見られたことだった。まるでニュースがリークされたか、ほかの情報源から先に広まったように見える。ただ、この発表前の価格の動きは、ラッセル2000のほうが**図6.5**のラッセル1000と比べてはるかに小さかった。似たような結果は、デパルマがソーシャルメディアのバズ（ネットやSNSで人気化した言葉）からS&P500銘柄の合併ニュースとリターンについて行った調査でも見られた（**図3.4**）。

図6.5　M&Aのニュースの影響と株のリターン

ロイターでM&Aのニュース速報が配信されたあとのS&P500のリターン

ラッセル1000のなかの対象銘柄、NY時間9:40～15:50（2014年6月～2015年5月）

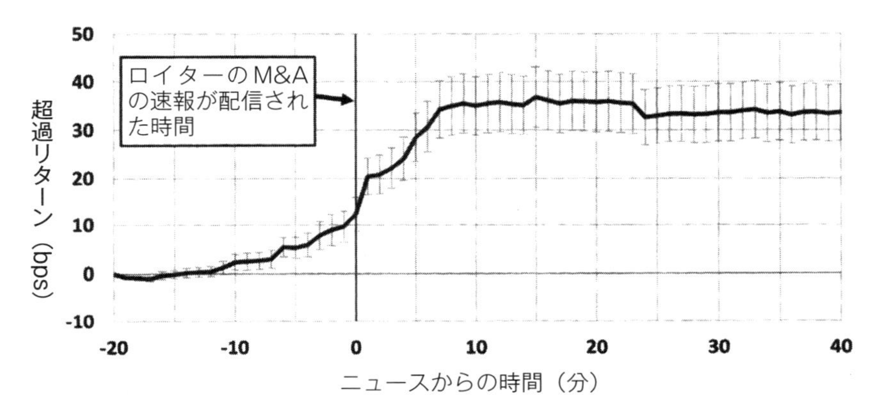

出所＝エリヤ・デパルマ博士、トムソン・ロイター、パーソナル・コミュニケーション

ニュースのリーク

ニュースは、報道管制がされていなければ、正式発表前にマーケットにリークするかもしれない。**図6.5**を見ると、株価はロイターのニュース速報が出る前に動き始めている。この動きがほかの会社が報じたことによるのか、リークによるものかは分からない。

研究者たちは、さまざまな背景からニュースのリークがあることを突き止めている。特に、関係者が多いニュースや、政治関連（例えば、ソブリン債の格付け変更）のニュースは発表前に漏れることも多い。例えば、2011年にスタンダード・アンド・プアーズが米国債の格付けを下げたときは、発表前10日間にわたってS&P500が11％下げたため、SEC（証券取引委員会）がこのニュースのリークについて捜査した[15]。アレキサンダー・ミカエリディアスが同僚と行った研究によれば、格付け会社が国債の格付けを変更しようとする場合は、いつも事前にメディアに情報が漏れているという。実際、彼らの研究では、このようなリークはTRMI（トムソン・ロイター・マーケットサイク指数）でも探知できるとしている。「格下げの前に、噂によってセンチメントが異常にネガティブになることを発見した[16]」というのだ。国債の格付けの変更のように、規制されていないが非常に重要なニュースは、メディアにリークされることがよくあり、制度が脆弱な地域の場合は特にその傾向が強い。

本章では、ここまで構造的で、信頼性が高く、重要なニュースが市場価格に大きな影響を与えることを見てきた。ただ、まだリークしていない新しいニュースについては、それが価格に吸収されるまでに一定の時間がかかる。

ニュースによるモメンタム

メディアのセンチメントが変わると、価格に影響を及ぼす。驚くべきことに、この影響は個別の株についてだけでなく、アメリカの株式市場に対するメディア全体のトーンにも約30分間影響を及ぼすことが分かった。オールド・ドミニオン大学の研究者であるライチェン・サンとモハマド・ナジャンドとジンチョン・シェンは、S&P500に対するTRMIセンチメント指数（ニュースとソーシャルメディア）の変化が与える影響について調べた。それによると、30分間のS&P500に関するセンチメントの変化から、次の30分間のS&P500の価格変化を予測できたという[17]。

それよりも長い時間枠（例えば、24時間＝１日）で見ると、特定のタイプのニュースは、株価に長い時間影響を与えていた。第５章では、クロスセクションのローテーション分析を紹介した。クロスセクションモデルを使ってTRMIを調べると、ニュースの特定のテーマやトーンは次の24時間に価格のモメンタムを生み出すようである。アメリカ株のなかで、TRMI楽観指数（センチメントのなかの未来時制の部分集合）と収益予想指数（企業の収益が上がるまたは下がるという期待）はどちらも日々、アメリカ株のリターンを牽引してきた。次に、この２つのTRMI指数を使ったクロスセクションのローテーション戦略による損益曲線（エクイティカーブ）を見ていこう。

この戦略は、まずNYSE（ニューヨーク証券取引所）が引ける30分前に、過去24時間のアメリカのニュース関連のバズから上位20銘柄を選ぶ。この20銘柄を、それぞれのTRMIでランク付けして、その上位25％（５銘柄）を買い、下位25％（５銘柄）を空売りしたポジションを24時間保有する。買いと空売りのポジションをその日の終値で建て、翌日の大引けで手仕舞うのである。この作業を毎取引日繰り返したポートフォリオのリターンを**図6.6～図6.8**に示してある。このリターンには取引コストは含まれていないため、それを考慮したら実質的に利益は出ない可能性もある。損益曲線は、1998年からの１ドル当たりの成長率を示している。

図6.6は、アメリカの個別株に対するニュースの楽観度（未来のセンチメント）の影響を示している。ニュースの楽観度は通常、次の24時間の価格のモメンタムを生み出す。このパターンは幅広く、ニュースのトーンが楽観的だったり悲観的だったりすると、そのあと価格もそのトーンに合わせて上下していた。

また、ニュースのトーンだけでなく、トピックによっても価格への影響は変わる。楽観度のブランドのひとつで、収益のトピックに分類されている収益予想は、**図6.7**からも分かるとおり、過去の予測力が高かった。

同じ日に決算発表を行う会社はわずかだが、発表の有無にかかわらず、上のモデルの運用を毎日繰り返す場合、もしかすると、ニュースが将来を楽観したり悲観したりする表現があると、収益の話題が出た

図6.6　アメリカの個別銘柄のニュースに関するTRMI楽観指数の日々の平均値を使ってアービトラージを行った場合の損益曲線

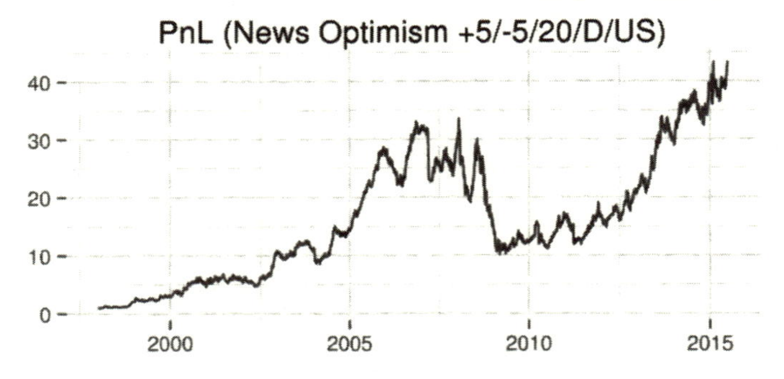

図6.7　アメリカの個別銘柄のニュースに関するTRMI収益予想指数の日々の平均値を使ってアービトラージを行った場合の損益曲線

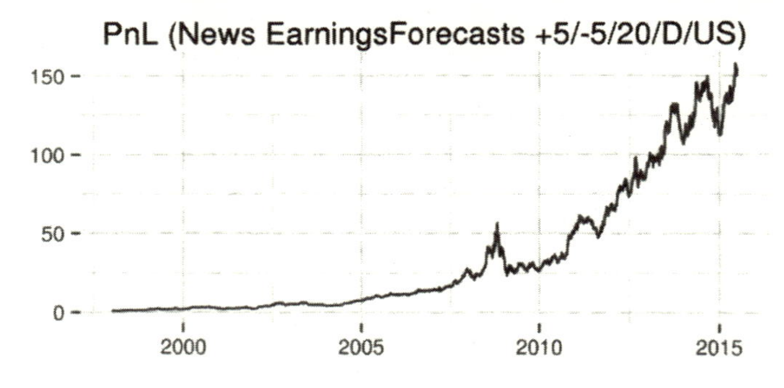

図6.8　カナダの個別銘柄のニュースに関するTRMIセンチメント指数の日々の平均値を使ってアービトラージを行った場合の損益曲線

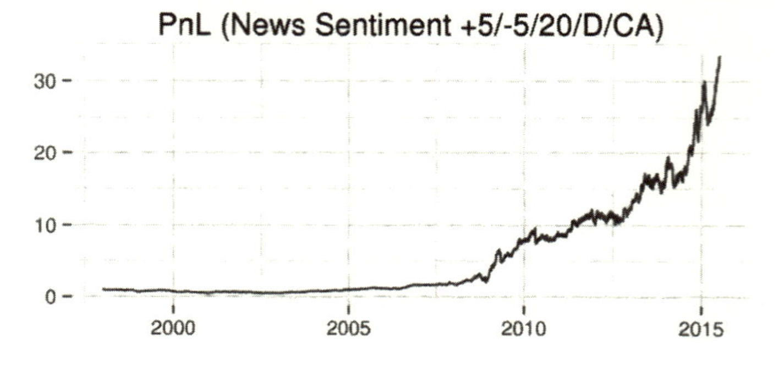

ときの影響はより大きくなるのかもしれない。第10章で述べるが、将来の出来事を期待すると、その出来事が起こるまで、価格のモメンタムができる。そして、その出来事が終わると、価格は反転することが多い。どのケースも、ニュースで表明された期待は次の24時間の価格の動きと相関性があった。

日々のモメンタムの効果は世界にも通用することのようだ。アメリカ株と同様、カナダ株も良いニュースや悪いニュースに反応して価格にモメンタムが生まれていた。このようなパターンは、どの国でも確実にあるとは言えない。ただ、ニュースのタイプによって世界中のマーケットで特徴のあるパターンが生まれたり、センチメントがさまざまな国に共通する結果や地域特有の結果と相関関係があったりすることを示した研究は存在している。

図6.8の損益曲線は、カナダのトロント証券取引所で取引されている株のなかからニュースのセンチメントで選んだ20銘柄を毎日入れ替えた結果である。この20銘柄を、TRMIセンチメント指数でランク付けして、上位４分の１（センチメントが最もポジティブな５銘柄）を買い、下位４分の１を空売りした。TRMIセンチメント指数は、ポジティブな話題とネガティブな話題の差で算出している。**図6.8**では、カナダ株が過去24時間のニュースのセンチメントに反応してモメンタムが生まれていた。

カナダ株の場合、良いニュースのセンチメントのあとに価格が上がり、悪いニュースのあとは下がることが多かった。このアービトラージの利回りは、理論的なリターンだが（取引コストを含まない）、30倍以上になった。カナダ株は、過去24時間の良いニュースも悪いニュースも取り込み、そのモメンタムを使ったトレードチャンスを提供しているように見える（ただし取引コストによる）。

TRMIを使った研究では、ソーシャルメディアのコンテンツは日々の大きなモメンタムを生み出さなかった。ただ、検証したのは日々のセンチメントの絶対水準のみで、日々のセンチメントの変化については確認していないことを記しておきたい。ソーシャルメディアのセンチメントの幅広い変化を検証した研究では、その予測力が認められている。例えば、フェイスブックの更新内容で計測したある国の幸福度の変化は、株価の動きを先行しているようだった。

国民総幸福度

フェイスブックの研究者たちは、ユーザーの投稿に含まれる幸せなキーワードの数を集計して、国民総幸福度（GNH）という指数を開発した。このデータを使った研究によって、当然ながら、休暇シーズンは１年で最も幸福な時期だということが分かった。また、これも驚くことではないが、金曜日は月曜日の２倍幸福度が高いことも発見した。一方、2009年に国民総幸福度が導入される前の最も幸福度が低かった日は、俳優のヒース・レジャーが亡くなった日で、その次がマイケル・ジャクソンが亡くなった日だった[18]。国民総幸福度は、明らかに投資家の最大の関心事を反映しているのである。研究者のイジットカン・カラブルトは、国民総幸福度がビジネスではなく大衆文化にかかわることであっても、この指数と世界の株式市場のリターンとの間に安定した予測関係があることを発見した。

カラブルトは、国民総幸福度が１標準偏差増えると、翌日のアメリカの株式市場のパフォーマンスが11ベーシスポイント（0.11％）上がると予測できることを発見した。このような正の関係性はイギリスやドイツのフェイスブックの国民総幸福度指数にも見られた。また、国民総幸福度が高騰すると、翌日のトレードの出来高が上がることも予測できた。さらに驚くのは、２つの国の株式市場に上場されている株（例えば、リオ・ティントやユニリーバ）は、一方の国の国民総幸福度が１標準偏差上がると、価格差も広がったことである[19]。

社会のセンチメント

通常、ソーシャルメディアの研究結果は、フェイスブックの国民総幸福度の研究ほど安定性はない。ソーシャルメディアのセンチメントに関する初期の研究で、アントウエイラーとフランクが2003年にヤフー！ファイナンスの掲示板の投稿のトーンをポジティブかネガティブかで定量化した。この研究では、トーンはマーケットのボラティリティについては予測力があったが、価格の方向性についてはないとしていた[20]。

しかし、そのあとに行われたブログやグーグルサーチの分析では、センチメントと価格の方向性に正の関係性が認められた。ある研究ではライブジャーナルのブログに投稿された2000万本以上のメッセージを調査して、アメリカの国民の気分の指数を作り、それに不安指数（Anxiety Index）と名付けた。この指数は、金融危機の時期に急騰し、S&P500は下げて引けた[21]。別の研究では、グーグルサーチで経済に関連するネガティブな言葉が検索された頻度に予測力があることが分かった。グーグルトレンドのデータで、経済問題全般の懸念に関する言葉（例えば、景気後退・失業率・破産）は、著者が恐怖指数（FEARS index）と名付けた値に貢献していた。この恐怖指数は、その日の株価の下落や次の２日間の上昇（反転）と相関性があった。また、恐怖指数の上昇は、投資信託の資金流出の予測にもつながっていた[22]。ブログの投稿やグーグルサーチで不安が大きくなると、株価は１日過剰反応し、そのあと反転するようである。

ツイッターのセンチメントは、グーグルトレンドのデータ以上に詳しく調査されており、ここにも似たようなセンチメントのモメンタムパターンがあることが分かっている。2011年の研究では、ツイッターの１日の全体的な感情レベルから、翌日の株のリターンを予測できるとしている。「ツイッターで感情が動くこと、つまりみんなが期待や恐怖や心配を大いに表明すると、ダウ平均は下がる。しかし、みんなが期待も、恐怖も、心配もあまり感じていなければ、ダウ平均は上がる[23]」。ほかの研究者も似たような結果を得ている[24]。しかし、これらの結果は検証期間が短く、対象期間の経済的な出来事（2007～2009年の世界的な金融危機など）によって感情レベルが普通以上に高かったため、バイアスがかかっていた可能性もある。

フォルベンスコグとブロムが2013年に行ったさらに綿密な分析では、ツイッター上の投資家のポジティブな、あるいはネガティブなセンチメントから、翌日のS&P500構成銘柄のリターンの方向性を予測できるとしている[25]。最も顕著だったのは、ポジティブなツイートが１標準偏差増えるごとに翌日の株価は0.18％上昇していたことである。一方、ネガティブなツイートについては、１標準偏差増えると、次の７日間で株価は0.44％下落していた[26]。また、全体として感情的なツイートからは（ポジティブなものもネガティブなものも合わせて）、その２～３日後の株価の下落が予測できた。

ソーシャルメディアの書き手や情報源の一部は、株価に直接的な影響を及ぼしている。ツイッターの場合、フォロワーの数によって、ポジティブな、あるいはネガティブなセンチメントが株価に浸透していく速さが変わるのである。サルとデニスとユアンが2014年に行った研究によれば、ツイッターのフォロワーが多いほど、株のリターンに与える影響は速く、フォロワーが少ないと、影響が及ぶまでに最長10日かかった。先のグーグルトレンドの研究と同様、サルたちの研究でもツイートのセンチメントとS&P500の構成銘柄のリターンには相関性があるとしている[27]。

同じような研究は、ソーシャルメディアやグーグルサーチだけでなく、オンラインの製品評価やページビュー（サイトの表示回数）についてもなされている。最も読まれている10のブログに特定の企業の製品評価が載ったときの株価への影響は、グーグルサーチやページビューよりも大きかった[28]。また、幅広く見られているメッセージは、そのセンチメントが価格に浸透するのも速かった[29]。センチメントは、フェイスブックの投稿でも、製品について書いたブログでも、特定の株に関するツイートでも、グーグルサーチの検索でも、価格に織り込まれていたのである。

これらの結果から、ソーシャルメディアは情報源と言及内容が合わさって株価に影響を及ぼしているようである。ツイッターの場合は、ツイートから1〜3日のうちに、センチメントがポジティブならば株価もポジティブに反応し、ネガティブならば株価もそう反応した。しかし、センチメントが極端なレベルのときは、その反応が逆になることも明らかになった。投稿が感情的だと、翌日のプライスアクションは下がることが予測できるし、かなりポジティブな日やネガティブな日は、翌日の価格が反転した。さらに言えば、フォロワーが少ない情報源や書き手の場合は、価格に影響を及ぼすまでに時間がかかっていた。

人間のほうが勝ること

メディアの情報を高速で読み取る知能機械があっても、人間のほうが情報の背景を把握し、長期的な視点で解釈したり理解したりすることにおいては勝っている。センチメントに基づいた予測モデルを使っている人間のトレーダーがセンチメントの性質を理解するための時間を割けば、株の動きについてより深く理解できるかもしれない。例えば、その日の収益予想のコンセンサスに基づいたトレードがうまくいく銘柄とそうでない銘柄（例えば、予想と大幅に違った銘柄）があるかもしれない。このようなニュアンスを理解するには、人間のほうが向いているのだ。

本章では、ニュースの影響や、極端なレベルのセンチメントや、そのようなセンチメントの変化が短期の価格モメンタムに与える影響を見てきた。ソーシャルメディアのデータには、短期的なモメンタム（過小反応）と反転（過剰反応）の両方が認められた（例えば、恐怖指数が上昇したあとに価格が反発するなど）。次の第７章では、ソーシャルメディアに基づく反転パターンを特定のタイプのセンチメントである価格予測から見ていくことにする。

まとめ

- 本間宗久（1724～1803年）は、情報の流れと市場心理を理解することで莫大な利益を上げ、当時、最も裕福な町人となった。
- 現代の高頻度トレーダーのなかには、特定の出来事（例えば、非農業部門雇用者数の発表）のあとの情報処理において1000分の１秒単位の差をつけることで利益を上げている人たちがいる。
- ニュースやソーシャルメディアのトピックによっては、人間のトレーダーが注文を出すよりも速く市場価格に影響を及ぼすことがある（例えば、破産・空爆・合併など）。
- センチメントの値が高いニュースや低いニュースは、価格に即座に影響を及ぼすとともに、次の10分間の動きにも影響する。
- 将来への期待を伝えるニュース、特に企業収益に関するものは、そのあとの24時間、アメリカ株のプライスアクションに影響を及ぼす。
- ソーシャルメディアのトーンや、インターネットがネガティブセンチメントのトピックを検索した回数の日々の変化と、将来の株価の方向性には相関関係があることを突き止めた研究がある。
- 人間のトレーダーは、あいまいな情報や背景に左右される情報を解釈することで、コンピューターを上回る結果を出すことができるかもしれない。

第7章　1日の反転

Daily Reversals

「もし市場が常に効率的ならば、私は街角で物乞いをしていたでしょう」——ウォーレン・バフェット

1999年から2006年８月にかけて、ホール・フーズの共同創業者兼CEO（最高経営責任者）のジョン・マッケイがヤフー！ファイナンスの株の掲示板に、「ラホデブ」というハンドルネームで数々の投稿をした。活発な投資家がソーシャルメディアに自らの考えを投稿するのは珍しいことではないが、CEOの地位にある人が仮名で投稿するのはあまりないことだと思う。

彼はホール・フーズの内情を知っていたが、一般公表の前にインサイダー情報を明かすことを禁じるSEC（証券取引委員会）の選択的開示規制などおかまいなしにホール・フーズを支持するメッセージを投資家のオンライン・コミュニティに投稿していた。彼は自分のバイアスを隠さなかったが、自分がインサイダーであることは伏せ、第三者としてマッケイ自身についてもコメントしていた。例えば、「私はマッケイのファンではない」としつつも、2000年に「彼の実績は称賛する[1]」などと書いていたのだ。また、ほかの投稿者が、年次報告書に載っていたマッケイの髪型をからかったときは、「私は彼の髪型が好きだ。

格好良いと思う」と反論したこともあった[2]。

ラホデブは、ホール・フーズの財務内容を称え、この株での儲けについて語り、ライバルチェーンのワイルド・オーツ（株価コードはOATS）を批判した（実はこのときホール・フーズはワイルド・オーツの買収を模索していた）。2005年１月、ラホデブは「自然食料品店のワイルド・オーツを現価格（当時は１株当たり約８ドルだった）で買おうとする会社などない」と投稿した[3]。

> さらには、「ホール・フーズはOATSを買うのだろうか」と問いかけ、「現価格ではほぼないだろう。買って何が得られるのか。OATSの店舗は小さすぎる」としたうえで、ワイルド・オーツはいずれ破産に追い込まれるか株価が５ドルを割ってどこかに身売りするだろうと推測している。それから１カ月後、ラホデブはワイルド・オーツの経営陣について「明らかに何も分かっていない……OATSには価値も未来もない」と書き込んだ。[4]

株の掲示板で非難のコメントは珍しくない。興味深いのは、ホール・フーズが結局2007年２月21日に18.50ドルでワイルド・オーツを買収したことで、マッケイのOATSの株価を下げるための操作（だとしたら）は失敗した。ワイルド・オーツに関するマッケイの問題ある投稿の影響もあって、FTC（連邦取引委員会）は合併の差し止め命令を出した[5]。しかし、2008年にこの命令は解除され、合併手続きが再開した。

企業のインサイダーがソーシャルメディアに偽名でどれだけ書き込んでいるかは分からないが、このようなことは実際行われている。アレクサンダー・ファフーラは、あるインサイダーと思われる人物の投稿を追跡して、ソーシャルメディアと株価の関係について興味深い発見をした。

ソーシャルメディアとインサイダートレード

2011年、フォーチュン100のなかの1社からマーケットサイクに、彼らの株価の奇妙なパターンについて調べてほしいという依頼があった。この会社の株価は、主要なニュースが発表される前に、そのニュースの方向に大きく動くものの、発表後の株価はほとんど動かないというのだ。この会社は、インサイダーがニュースを漏らしているのではないかと心配していた。社員の携帯電話に盗聴器をつけるわけにもいかず、私たちのチームにソーシャルメディアを調べて、この会社のニュースが発表前に漏れていた証拠を探してほしいということだった。そこで、漏れた情報の種類と、漏れたと思われる日付を尋ねると、「それは言えない。それよりも、当社の株価や収益をかなり正確に当てた人間を探してほしい」と言うのである。

依頼を受けて、アレクサンダー・ファフーラがソーシャルメディアのデータを使って、2000〜2010年の10年間における、この会社の株に関する260万本以上の投稿を調べた。すると、このなかの1万4000本以上の投稿に明確な株価予測が含まれていた。そこで、この1万4000本のうち、翌日株価が上がると予測したものを「株上昇」、下がると予測したものを「株下落」に分類した。**図7.1**は、その内訳を示している。

ファフーラは次に、予測の頻度で上位10人の予測と翌日のプライスアクションの関係を調べた。すると、頻繁に予測している人のなかで50％以上の精度で方向を当てた人はおらず、10人の平均は45％だった。次に、上位10人以外の予測も見ていくと、この群の精度は、**図7.2**のとおり、上昇予測も下落予測も少し下がって平均40％だった。

今回の株については、ソーシャルメディア上の株の予測は60％が間違っていた。ただ、翌日の予測の平均的な精度がかなり低いということは、1日のコンセンサスの逆をトレードすれば、妥当な戦略になるのかもしれない。この1日の予測が安定的に間違っていて、かつその

図7.1　ソーシャルメディアのなかで株価の方向性を予測していた投稿の内訳

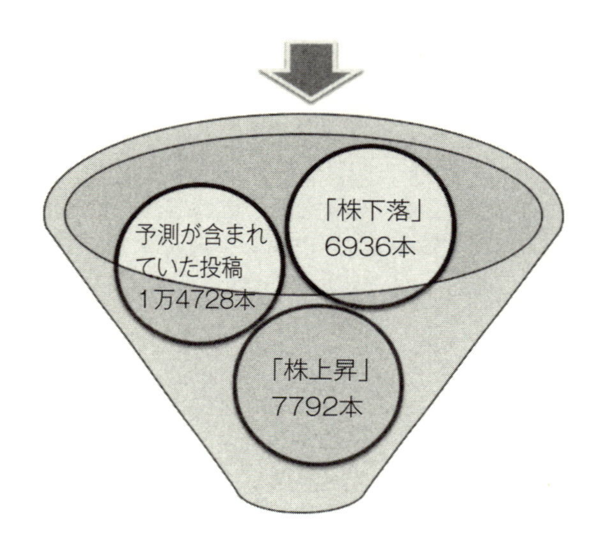

ことを予測できるという現象は、１日の逆転効果と言える。第６章の恐怖指数の話でも、株式市場全体について、似たような逆転現象があった。しかし、これはほかでは確認されてはいない。ツイッターユーザーのセンチメントのトーンがポジティブからネガティブ（あるいはその逆）に変わるときや、フェイスブックユーザーの幸福度の水準から価格の継続が予測できるという研究もある。結局、ここから言えることは、この効果が微妙だということである。情報源やセンチメントのタイプ（価格予測、恐怖、ポジティブ・ネガティブ、全般的な幸福度など）は、どれも統計的に有意だが、資産価格に与える影響は著しく異なる。今、分かっていることから言えるのは、センチメントが絶対的に高い水準（クロスセクションモデルで）ならば、翌日に価格の

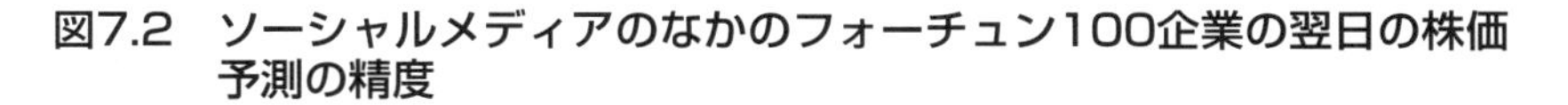

図7.2　ソーシャルメディアのなかのフォーチュン100企業の翌日の株価予測の精度

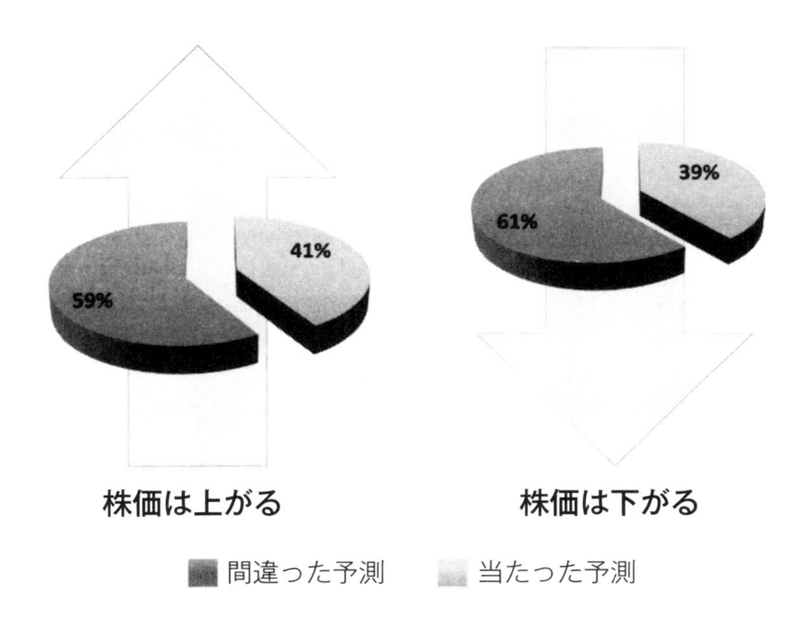

モメンタムが生まれ、センチメントが１日で大きく上がれば価格は反転するのかもしれないということくらいだろう。

翌日の反転に賭ける

　数年前、マーケットサイクと同じフロアに初期のマーケットの魔術師（ジャック・Ｄ・シュワッガー著**『マーケットの魔術師』**〔パンローリング〕）のひとりであるデビッド・ライアンの事務所があった[6]。彼は、株式市場を詳しく調べ、直観的にその特異性を最もよく理解していたひとりだった。ある日、私は休憩室で彼にセンチメント分析の処理について説明していた。ライアンは、もしメディアに登場している評論家の上げ下げの予測を追跡すれば、最も素晴らしい逆張り的な指標ができるかもしれないと言った。評論家が声高にマーケットの方向を語ると、特に賭けが大きいときに限って、その予測が外れることが非常に多いからだ。

価格予測は、センチメントの独特な一部である。価格予測は、将来に関して非常に具体的に自信を持って公開される。このような具体的な予測は、自信過剰を示す行為で、それはそのあとの結果がたいてい劣っていることからも分かる。このような予測は、その方向に価格が大きく動いたあとに出されることが多いため、価格の動きと価格予測が反比例することは、特に予測しやすいのである。

マーク・シーショールズ教授と彼の同僚は、上海証券取引所で株価がストップ高を付けた翌日は、個人投資家の買いが（売りよりも）多くなることを示した。そして、買いの大部分は、初めて買う人たちによるものだった。個人投資家が買う影響は一時的なことで、10日以内にストップ高の日よりも前の水準になる。シーショールズによれば、少数のプロの投資家は、この株価と需要の急騰が一時的であることを見越して待つことで、個人投資家の資金で利益を上げている[7]。

NYSE（ニューヨーク証券取引所）でも、中国と似たようなパターンが見つかっている[8]。１日の大きな上昇のあと、翌日に上に窓が空ければ、典型的な過剰反応である。寄り付きで上に空けた窓が過剰反応と呼ばれているのは、そのあと取引終了まで下げる傾向があるからだ。ちなみに、この過剰反応のパターンは、悪いニュースのあと（下に窓を空けて日中は上げるパターン）のほうが良いニュースのときよりも強くなることも分かっている[9]。また、このパターンが東京市場で最も活発にトレードされている株でも確認された別の研究もある[10]。投資家は興奮状態にあると、価格モメンタムで買い、翌日に価格モメンタムが失速すると投げ売りをするようだ。もしかすると、前日のプライスアクションが将来の価格モメンタムの期待を生み出しているのかもしれない。

ほかの投資家の熱意や絶望と逆にトレードすれば儲かるのだろうか。シーショールズ教授は、そのような短期的なトレード戦略を見つけた。上海証券取引所で2100万件以上のペアトレードのデータベースを調べ、取引終了時にストップ高近くで株を買い、翌日の寄り付きで売る人は、１回のトレードで１日平均1.16％の利益を上げていたことを発見したのだ[11]。シーショールズは、寄り付きでの窓は中国の夜のテレビニュース番組の影響かもしれないと推測している。ニュース番組を見た個人投資家が、朝になるとみんなとともにトップパフォーマンスを上げている株を買うからだ。この価格の逆転パターンは、中国株ほどではないが、外国のさまざまな資産にも見られる。

世界の価格予測

アレクサンダー・ファフーラは、ボリンジャーバンドモデルを使って、さまざまな資産についてTRMI（トムソン・ロイター・マーケットサイク指数）価格予測指数（priceForecast）の日次バイアスを調べた。このモデルは、その日の価格予測の値が100日移動平均から１標準偏差を超えると、売りか買いのシグナルを出し、翌日に実行するようになっている。価格予測の値が上限に近いときは、正の過剰反応のサインと考えられるため、翌日は空売りの注文を出すのである（回帰に賭けている）。反対に、価格予測がマイナスに向かっているときは、そのあと価格が反騰するほうに賭ける。

ファフーラは、この簡単なモデルで1998～2014年のTRMI価格予測指数（ニュースとソーシャルメディアの両方）を使って世界中の株価指数と原油価格を運用した場合のパフォーマンスを調べた。結果は**表7.1**のようになった。

表7.1のリターンは、前日の午後３時30分（東部標準時）に、その

表7.1　世界の株価指数と原油価格を使ったTRMI価格予測で１標準偏差の変化があったとき、逆方向にトレードした場合の１日のリターン

資産	トレード回数	翌日の反転戦略による１日の平均リターン
ナスダック100	830	0.11%
上海総合指数300	355	0.08%
インド50種	133	0.07%
ボベスパ指数	340	0.21%
原油（１日遅れ）	670	0.11%

資産の価格予測が過去の100日平均から１標準偏差を上回っていたら寄り付きで空売りし、１標準偏差下回っていたら寄り付きで買った場合のシミュレーション結果である。資産は、NYSEでトレードされているそれぞれの資産のETF（上場投資信託）――上海総合指数（FXI）、インドのセンテックス指数（INDA）、ブラジルのボベスパ指数（EWB）――で代用している。ポジションは、24時間保有して、翌日の寄り付きで手仕舞った。リターンは資産ごとの平均値を示している。同じルールでも、より投機的な指数（例えば、ナスダック100）を使うと、S&P500よりも高いリターンが出たが、S&P500のほうが過去の価格の動きと価格予測指数の動きが一致した場合は強いパターンになった。

この戦略が機能する説明のひとつは、下げた日のあとの投資家は再び下げることを恐れるため、寄り付きで処理される売り注文が増えるからかもしれない。しかし、寄り付きでの投げ売りは過剰反応なので、マーケットはその日全体としては上げる傾向がある。マーケットの期待は矛盾しているものなのだ。本章で紹介した研究によれば、価格予測指数が急騰した翌日は、価格が反転することが多い。そして、そこから1週間、回帰の動きが続いた。株式市場で感情的な感覚と厳しい現実とのギャップがかなり安定的に生まれる期間は1週間なのである。

まとめ

- 金融関連のソーシャルメディアには、企業のCEO（例えば、ホール・フーズの「ラホデブ」）からまったくの素人まで、専門性に差があるさまざまな投資家の意見が書き込まれている。
- 株関連の掲示板に書き込まれた個別株の予測の多くは常に間違っている。
- 株価指数や人気の資産（例えば原油）全般について、メディア（ニュースとソーシャルメディア）の価格予測指数が100日平均から±1標準偏差を超えたときに翌日の反転に賭ける戦略は、過去の実績がある。
- 価格予測を最近の価格の動きで調整すると、平均回帰を利用した1日のリターンが改善することは、S&P500でも確認されている。

第8章　1週間の欺き

Weekly Deceptions

「手品を見ているとき、人は自分だけが独特の体験をしていると思っているが、私たちにはほとんどの人がだいたい同じように感じていることが分かっている。高度な技術を使ってもできないことが、高度な心理テクニックを使えばほぼ何でもできる可能性がある」――デビッド・ブレイン（マジシャン兼イリュージョニスト）[1]

イリュージョニストのデビッド・ブレインがTEDトークで、「いかに17分間息を止めるか」と題して、驚くべき忍耐力について語り、精神力で呼吸したいという衝動や、もっと食べたいという欲求を克服できることを説明した[2]。投資家がここまで恐ろしい自己制御の挑戦に直面することはないが、それでも前の第7章で見てきたとおり、投資家を常に欺こうとするマーケットや金融メディアには直面している。

マジシャンは、マーケットと同様、観客の感覚を操作してだます。彼らは、観客をだますために誤った思い込みを利用し、注意をほかに誘導し、感情を刺激する演出で盛り上げているのだ。ブレインは次のように言っている。

> マジックの素晴らしい点のひとつは、秘密の出口がどこにあるかではない。大事なことは、マジシャンがあなたの感覚でとらえている世界に影響を与えて驚かせていることなのである。

スグタフ・クーンは、認知心理学者兼マジシャンで、手品のトリックがどう機能しているのかを研究している。ある研究で、クーンは上にボールを投げ、それを目で追い、落ちてきたボールをキャッチした。そして、もう一度ボールを投げ、また目で追った。ボールが落ちてくると、彼は再びボールを投げるふりをし、ボールの軌道を目で追った。すると、被験者の３分の２が空中でボールが消えたのを見たと答えた。しかし、ボールはずっとクーンの手のなかにあった。被験者は、３回目もボールを投げると思い込んでいたため、頭の中で実際に投げたと錯覚してしまったのである[34]。

クーンの次の実験では、３回目にやはりボールを投げるふりをするが、そのあと軌道を見ずに手のなかのボールに目を向けた。そうすると、実際にボールを投げたと思った被験者は３分の１に減った。

このとき、クーンは目線によって被験者の期待を設定したのだ。ボールを上に投げると期待していた被験者は、ほとんどが上がるのを見たと思った。クーンによれば、「ボールはずっと手のなかにあったのに、ボールが上がったのを見たつもりになったのは、そうなると期待していたからだ。そうなるはずだという考えが、視覚からの実際のインプットを書き換えてしまった[5]」結果だという。人間の脳はパターンを認識し、予測を立てるようにできている。マジシャンは、観客の期待を設定し、注意をそらして誤った予測を立てさせる方法を学んでいる。しかも、観客は感情を操作されることで、よりだまされやすくなる。

マジシャンによれば、観客は感情が誘発されると、よりだまされやすくなる。「有名なマジシャンのフーディーニは、観客の期待や恐怖に働きかけて彼らの感情を引き込んでいた。だからとてもうまくいったのだ[6]」。マジックを見ているときに感情が引き込まれると、それが幸福感でも緊張感でも、観客の注意力はそれる。例えば、「女性を半分に切る」マジック[7]について考えてみよう。まず、切られるのは魅力的な女性で、そのことが観客の注意力を弱める。そして、この女性が半分に切られるという劇的な出来事と、鏡を使った視覚的な錯覚が、だまされないための批判的な見方を妨害する。疑念を停止させるのは、恐怖だけではない。さまざまな演出が批判的思考の邪魔をするのだ。マジシャンのテラーは、喜びも効果があると言っている。

> 笑っているときに批判的な思考をするのは難しい。私たちはよくジョークのすぐあとに秘密の動きをする。観客の注意力は限られており、笑っているときの頭はジョークの処理に忙しく、合理的思考に戻るのは難しい。[8]

マーケットでも、マジックと同様、強い感情が投資家の合理的な分別を奪う。１週間の株価の動きが投資家の感情を誘発し、週末の金融ニュースがその週に起こった刺激的な出来事を集約して増幅する。実際、ある週のパフォーマンスが最高の株と最低の株は、翌週、反転しやすいという研究もある。本章では、株のこのような影響と、それをソーシャルメディアの感情に基づいた２つのセンチメント指数を使って強化する方法を見ていく。

１週間の反転

「予期しないニュースが届き、株主たちはパニックに陥った。そして、株を売ったもののすぐに失望感に襲われた。彼らは失敗したと感じ、しばらくすると、その取引自体が間違いだったと気づくのだ」――ジョセフ・デ・ラ・ベガ（1688年）[9]

良いニュースは株価を上げる。悪いニュースは株価を下げる。この関係は単純だ。新しい情報は、数分から48時間の間に価格に織り込まれていく。投資家は、このパターンを学び、それを追いかける。良いニュースで買い、悪いニュースで売るのだ。しかし、それがすべてではない。彼らは１～２日は自分は賢くて予知能力があると感じるかもしれないが、価格は突然、反転することがよくある。第７章では、翌日の反転について書いたが、それはメディアの価格予測指数が限度を超えた場合だった。本章では、１週間の間に反転する価格のパターンについて見ていく。

1990年の論文で、株価の１週間の反転パターンを初めて見つけた研究がある。このなかで、著者のブルース・リーマンは、投資家が情報に対して過剰反応を起こしたことがこのパターンを生んだという仮説を立てた[10]。彼は、1962～1989年にかけてNYSE（ニューヨーク証券取引所）とAMEX（アメリカン証券取引所）のすべての株を対象としてポートフォリオを組んだ。そして個別銘柄のリターンと等ウエートのポートフォリオリターンを比較して、等ウエートになるように週次リバランスを行った。彼は、次のように書いている。

> ある週にリターンがプラスだったポートフォリオは、たいてい翌週にはリターンがマイナスになり（週平均－0.35～－0.55％）、ある週がマイナスだと翌週はたいていプラスになる（週平均0.86～1.24％）。[11]

リーマンのポートフォリオは、約90％の週で利益が出ており、49回の観察期間（各６カ月）でリターンはすべてプラスだった[12]。

ただ、リーマンは価格が何週間も平均回帰を続けていたことは示したものの、そうなる理由ははっきりしていない。彼が見つけた反転は、「ノイズトレーダー」のモデルに当てはまった。ノイズトレーダーは、集団で非合理的な行動をとって、資産価格をファンダメンタルズ的な価値から一時的に引き離すが、価格はそのあと長期的な平均値に回帰していく[13]。

メディアと週ごとの平均回帰の関係を間接的に調べた研究もある。コロンビア大学のポール・テトロック教授は、ニュースのトーンが短期的な株価トレンドと反転に影響することを発見した。教授は、ウォール・ストリート・ジャーナル紙の「マーケットに遅れないために」というタイトルのコラムで使われたポジティブな、あるいはネガティブな単純な単語を数えてセンチメントの要素を抽出した。すると、ネガティブセンチメントの内容のコラムから翌日のダウ平均に下げ圧力がかかることを予測できたが、そのあとの4日間は反転が続いたという。教授は、「ネガティブセンチメントから、翌取引日のリターンとその週後半の反転を予測できるという結論に達した」としている[14]。

面白いことに、テトロックと同僚たちは、翌週の反転が古いニュース（マーケットで新しくないニュース）でも起こることを発見した。古いニュースについて調べた時期には新しい情報がなかったことから、ニュースを感情的に再処理しても価格は動くと考えられる[15]。投資家が、ニュースを感情的に消化するのには数日かかるということかもしれない。ニュースによる価格トレンドを見て考えが強化され、増幅された投資家は、ニュースが実際よりも重大だったと思うようになるのかもしれない。そして数日たつと、ニュースは完全に価格に織り込まれるだけでなく、過剰反応になって、そのあと反転（平均回帰）するのである。

マーケットにある感情

「寄り付き前の、表情が表すポジティブな感情が強いと、価格は上がり、バブルは大きくなることが予測できる。恐怖が強いと

価格が下がり、バブルも小さくなる。マーケットのボラティリティが高い時期には、ニュートラルな感情を保つトレーダーが最大の利益を上げる」――ブリーバンとヌーセア著「感情の状態と市場動向」(2013年)

実験市場を使ったトレードに関する最近の研究で、情報に対する投資家の過剰反応は価格の反転パターンのメカニズムだということが確認されている。恐怖の影響を検証する2015年の研究で、リーとアンドレーデが実験市場で投資家に恐怖をシミュレーションすると、早めの投げ売りが誘発された。そのほかにも、社会への影響や考えが（例えば、自分が恐れる群衆のひとりだと信じている)、より早く、より多くの売りを誘発することも発見した[16]。ブリーバンとヌーセアの2013年の研究によれば、実験市場で顔の表情の認識技術を使って参加者の感情を読み取ると、投資家のポジティブな表情は大きなバブルと、恐怖の表情は小さめのバブルとそれぞれ相関性があった[17]。また、アンドレーデとオディーンとリンの2014年の研究では、ポジティブな表情のなかでも、興奮で感情が高ぶった顔の動画を見せた被験者は実験市場でより大きなバブルを生み出した[18]。実際、この実験では、動画が誘発する感情が何であれ（恐怖・悲しみ・興奮など)、感情を刺激しなかった投資家よりも大きなバブルを生み出した。

このような研究は、情報の感情への影響と、そのあとのマーケットの価格動向に対する投資家の感情のつながりを調べたものである。また、感情による価格の過剰反応（過剰な恐怖や喜び）と、株価の１週間の平均回帰がより大きくなることに関連性があることも注目に値する[19]。このことは、次にクロスセクションモデルでソーシャルメディアの感情の影響を見るうえでも覚えておいてほしい。

用心すべきセンチメント

「そう考えると、技術に取りつかれたこの時代において、マジックはさまざまな教訓を与えてくれるものなのかもしれない。2015年以降の多くの仕事に言えることだが、人と感覚との関係性を理解するという初歩的なスキルがますます大事になっていく」
――デビッド・ブレイン[20]

トレーダーのセンチメントは期待を裏切ることがよくある。TRMI（トムソン・ロイター・マーケットサイク指数）センチメントは、メディアの特定の資産に関するポジティブなコメントとネガティブなコメントの差を計測している。**図5.7**を見ると、センチメントを使った1週間単位のアービトラージ戦略は、損益曲線（エクイティカーブ）のボラティリティが高くなっている。しかし、ここで大事なのは、この損益曲線に逆の予測力があるということだ。最もポジティブなセンチメントの株は空売りすべきだし、最もネガティブなセンチメントの株は、より良い買いのチャンスなのである。

ちなみに、同じアービトラージ戦略をソーシャルメディアのみを使ったTRMIセンチメント指数を使って行うと、さらに興味深い損益曲線になり、30倍のリターンが上がった（**図8.1**）。もしかすると、ネットでトレードする投資家は、金融ニュースやビジネスニュースをよく読むと思われる長期投資家よりも、ソーシャルメディアのセンチメントの振れに影響を受けやすいのかもしれない。

図8.2は、同じ方法で算出したニュースに基づく信頼感を使って1週間単位のアービトラージ戦略で運用した場合の損益曲線である。社会的に信頼感が高い株は、翌週に下げる傾向があり、信頼感が低い株は上がる傾向があった。この平均回帰のパターンは、ニュースメディアを使った場合のみに見られた。

図8.1　ソーシャルメディア由来のTRMIセンチメント指数を使って１週間の平均回帰を利用したクロスセクションのローテーションモデルの損益曲線

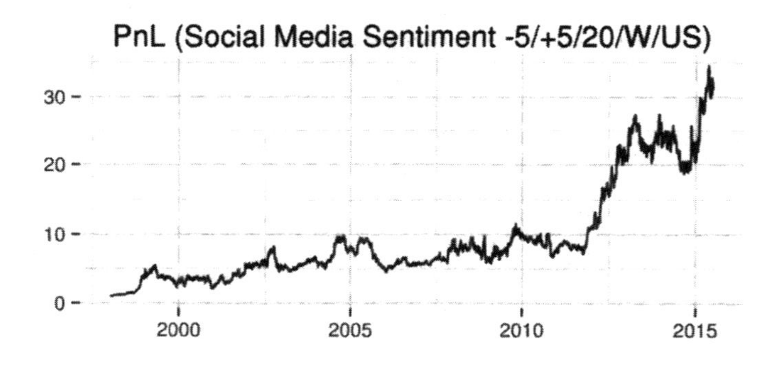

信頼感に逆らったトレードの価値は、ニュースメディアが投資家をだます力にある。ネットの投資家が、ある週にある株についてポジティブなセンチメントを表明するか、ニュースメディアがその株を信頼感と関連付けると、その株は平均的に翌週には下げる。そして、不信感については逆が言える。メディアで不信感が表明されるほど、株価が上がる可能性は高くなるのだ。このような損益曲線は、ボラティリティが高く、さらなる条件をつけなければトレードには向かない。それでも、金融メディアが自分たちの顧客を欺く安定性は、マジシャンもうらやむかもしれない。

マジックの教訓

「私の最大のタスクは不安を克服することだった。観客が目にするのは、トリックのスリルだけで、私が不安を克服するために必要だった初期の自主トレのことなどまったく意識していない。毎日この仕事に打ち込み、けっしてあきらめなかったことは、私だけが知っている」　――ハリー・フーディーニ

図8.2　ニュースメディア由来のTRMIセンチメント指数を使って１週間の平均回帰を利用したクロスセクションのローテーションモデルの損益曲線

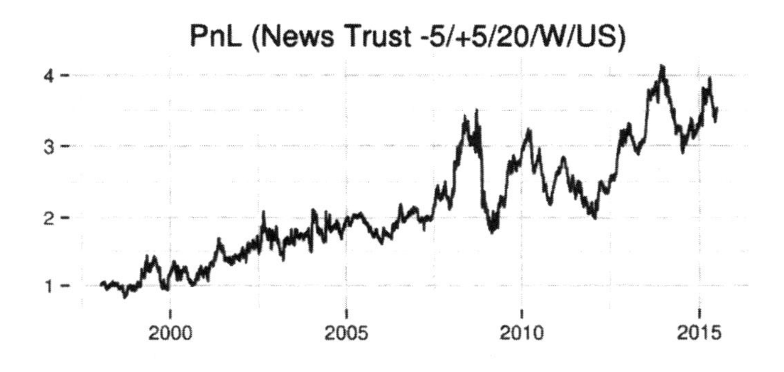

一貫性のある市場価格のパターン（例えば、１週間の平均回帰）は、感情的な投資家たちによってもたらされる。１週間の平均回帰のパターンは、脳の感情中枢に根付いている可能性が高く、観客をだまそうとするマジシャンと同じで、脳の間違いを利用し、市場価格は結局魔法のように反転する。マジシャンが使うテクニックと同様、トレーダーは注意をそらされ、時代遅れの想定に頼り、メディアに感情を刺激されて、結局は混乱する。さまざまなトピックやメディアのタイプがトレーダーの注意を引き、わずかに期待させ、たいていは損をさせる。本章の研究は、ソーシャルメディアに注目しているが、平均回帰の効果は、世界のニュースメディアについても言える。

ソーシャルメディアのツール（例えば、ツイッター）を使うトレーダーは、短期でトレードしている場合が多い。一方、年齢が高めの、おそらく年齢と経験に見合う多めの資産を運用している人たちは、若い人ほどソーシャルメディアのサイトを見たりせず、ニュースに反応してポジションを長めに保有している可能性が高い。もしかすると、非常に短期のチャンスや長期の価格パターンを探すときは、概してニュースのほうがソーシャルメディアよりも勝っている理由は、このような人口統計的な事情によるのかもしれない（詳しくは本書後半参照）。

ただ、トレーダーがずっと同じ感じ方のワナに陥っているわけではない。マジックに関するいくつかの研究によれば、人は練習によって感覚的な愚行に気づきやすくなる[21]。投資家も、マジシャンと同様、最適な効果を得るために自分の行動管理を学ぶことができるのである。デビッド・ブレインはこう言っている。

> マジックは、トランプをシャッフルするのも、息を止めるのも、単純なことだ。やるべきことは、訓練と練習と実験とバカげた探求心と、過酷な忍耐によるフォローアップに尽きる[22]。

自分を向上させるのは大変なことだ。このことについては最終章で書くが、ここまでの内容からも分かるとおり、これは投資で継続的に成功するための必要条件でもある。次の第９章では、誤解と過剰反応を最も強力に引き起こす感情である恐怖について検証していく。

まとめ

- マジシャンが心理テクニックを駆使して観客の関心をそらし、期待させ、感情を誘発するように、市場価格も直観に反するパターンを見せて、たくさんの投資家をだます。
- 研究によって株価の１週間の平均回帰のパターンが見つかっている。
- この価格パターンを生み出すのは、投資家の情報に対する過剰反応と推定され、この仮説は実験市場の環境で感情を誘導した実験によって確認されている。
- ソーシャルメディアの感情は、そのあと価格の１週間の平均回帰につながる。

- アメリカ株について、ある週のソーシャルメディアのセンチメントが低い水準にあると、その翌週の価格が上がる可能性が高い。
- アメリカ株について、ソーシャルメディアの信頼感が高い水準にあると、その翌週は下げる可能性が高い。
- 投資家も、訓練すればマーケットにだまされず、そのようなパターンを利用することができるようになる。

第9章　唯一恐れるもの

The Only Thing to Fear

「私の買いのルールは単純で、みんなが強欲になっているときは恐れ、みんなが恐れているときは強欲になるというものです。今、恐怖は間違いなく蔓延し、経験豊富な投資家でさえ身動きがとれなくなっています」――ウォーレン・バフェット（2008年10月16日）[1]

1996年、私は陸路でザイール（現コンゴ民主共和国）を横断する旅に出た。そのまま中央アフリカまで行くつもりだったが、雨季で道路が通行不能になってしまった。足止めされたくなかった私たち３人は、いかだを組んでコンゴ川を下り、アフリカ大陸を進んでいった。気分はジョゼフ・コンラッドだ。

私たちは、ワイロ狙いの警察の検問を避けるため、ザイール東部の都市キサンガニを急いで出発したが、いかだが転覆して装備の一部を急流にさらわれた。そのため、すぐに食料が尽き、私たちは地元のハンターから野生動物の肉を買った。しかし、調理用コンロの石炭も尽きてしまい、これは簡単に見つかるものではなかった。

そこで私たちは、木炭と食料を補給するために、コンゴ川の北岸にある都市ブンバに立ち寄ることにした。川の南側を進みながら、北岸に行こうと決めたとき、対岸までは約1.5キロの距離に見えた。ところが、私たちが川の北岸だと思ったのは、実際には島で、対岸までは11キロもあった。私たちは疲労と空腹に耐えていかだを漕ぎ、日暮れにやっとブンバの端に着いた。

私たちは、青空市場の近くにいかだをくくりつけて岸に上がると、屋台があり、荒々しい男たちが金属性の椀にたっぷりと盛られたシチューをすすっていた。屋台の男が肉のシチューが入った椀を私に手渡して、食べるよう勧めてきた。私は腹ペコだったし、彼らは友好的で、シチューはおいしそうな香りを放っていた。

シチューは素晴らしくおいしかった。なめらかで軟らかい肉とスパイスが見事に調和していた。男は私にかなり癖のある片言のフランス語で何か聞いてきたが、それがすぐには分からなかった。しかし、椀のなかの最後の一口をすすったとき、質問を理解した。彼らは「チンパンジーを食べたことがあるか」と聞いていたのだ。

私は、アフリカ中部においてチンパンジーが珍味で、強さと精力を与えてくれると言われていることは知っていた。しかし、残念ながら、その前年の1995年にザイールのこの地域でエボラ出血熱が流行した原因が、感染したチンパンジーに触れたことだということも知っていたのである。

私は険しい顔で空になったボールを置くと、心配が頭を駆け巡った。そして、あわててその男を問い質した。「このチンパンジーはどこでつかまえたのか」「森で死んでいたのか、それとも生け捕りにしたのか」「エボラ出血熱を知らないのか」。男はなぜ私が夕食の材料について詰問しているのか当惑するばかりで、満足な答えは得られなかった。

それから２～３日たって私は熱を出し、エボラ熱にかかったのではないかと真剣に心配した。もしかすると、死が迫っているのかもしれない。私は自分の惨めな死を前に、身辺整理を始めた。「日記は母に渡してほしい……」などといったことだ。私たちは川下りを延期し、あてもなくまともな医者を探した。私はパニックに陥っていた。

最悪な状態では、恐怖が行動を支配し、あとで後悔する行動をさせる。本章では、投資家が危険に過剰反応する傾向と、この現象がマーケットに作り出すパターンと、自己統制できる投資家ならば、そのパニックを利用できることについて書いていく。

恐怖を見積もる

「私たちは勝手に道を外れて自らを窮地に追い込んでいる。人生という酒にはまだ苦みが足りないからと、余計な毒を抽出して足してみたり、人間が作らなければ絶対に存在しないようなおぞましいものを考え出して、自分で怖がったりしているのだ」
──チャールズ・マッケイ著『狂気とバブル』（パンローリング）

恐怖は、ほかのネガティブな感情（例えば、怒りやストレス）とは重要な違いがある。恐怖の特徴は、将来の脅威に基づいていることで、そこにはその出来事が実際に起こるかどうか分からないという不確定要素が含まれている。そして、その脅威が過ぎると、恐怖は弱まる。本章では、「恐怖」「不安」「緊張感」という言葉で同じ感情のなかの異なる強さを示していく。ちなみに、ストレスは恐怖の親戚のようなものだが、ストレスは将来ではなく現在の事象に基づいている点が違う。通常、ストレスはネガティブな出来事に対する反応が手に負えなくなることだが、これについては本書では詳しくは書かない。

恐怖は、将来ネガティブな出来事が起こる可能性がほんの少しでもあれば誘発される。学術研究によれば、人は起こる確率が低い（感情を乱されるような）事象（例えば、オイルショックや軍事行動）についての確率評価を高めに見積もる傾向がある[2]。この認知バイアス（高めに見積もること）は、蓋然性無視と呼ばれており、恐怖の反応の特徴でもある。このバイアスによって、人は発生確率が低いリスクを排除するための行動を不当に高く評価することになる。もし良い結果になる確率が悪い結果の20倍であっても、人は悪いことが起こる可能性を排除するほうに集中してしまうのである[3]。

人が痛みを避けるためにお金を支払おうとする意欲を調べた研究もある[4]。この実験では、まず被験者に「危険はないが瞬間的な痛みを感じる電気ショック」を受けるかもしれないと伝える。一方、別のシナリオでは、被験者に実験では20ドルの罰金が課される可能性があると伝える。また、20ドルの罰金あるいは電気ショックを受ける確率を、２つに分けた一方のグループには１％だと伝え、もう一方のグループには99％だと伝える。結果は、電気ショックを受ける話を聞いた被験者よりも20ドルの罰金の受ける話を聞いた被験者のほうが、確率の差により大きな影響を受けていた。電気ショックの場合、１％の確率を避けるために支払われた金額の中央値は７ドル、99％の確率を避けるために支払われた金額の中央値は10ドルだった[5]。99倍も大きな確率を避けられるのにもかかわらず、支払うつもりの金額は1.43倍しか増えていない。一方、20ドルの罰金を避けるために支払うという金額には、確率１％と確率99％とで18倍の差がついたのである[6]。

危険によって強い感情が誘発されると、ほとんどの人は、その確率が極端に違っても、それを避けるために似たような金額を支払おうとする。恐ろしい確率は感情を活発化して、害を受ける確率に対する感覚を失わせるのである[7]。

このことは投資家にとってどのような意味があるのだろうか。鮮明で恐ろしいリスクは、実際の確率と関係なく、関連株の大量の売りを誘発する可能性がある。投資家は、メディアの騒ぎから離れていれば、実際のリスクを自信を持って判定し、適切にとることができるかもしれない。しかし、みんなが恐怖を感じているときに、そこから離れているのは難しい。それが非合理的なことだと頭では分かっていても、恐怖を自己統制するのは極めて難しい場合もあるのだ。最近の遺伝子研究で、トレーダーの恐怖にかかわる遺伝子が特定されたが、自由意思を貫く方法はまだ分かっていない。

落ちていくナイフをつかむために

「長い目で見れば、危険を避けることが、危険に身をさらすよりも安全とは言えません。しかし、恐怖は勇気と同じくらい人を夢中にさせる」――ヘレン・ケラー

マーケットでは、恐怖による過剰反応がよく起こる。実際、アメリカでも2014年に、エボラ出血熱への恐怖から株が投げ売りされた。2002年以降、投資家は狂牛病、鳥インフルエンザ、サーズ、豚インフルエンザなど、さまざまな感染症の大流行のなかでトレードしてきた[8]。新たな病気の流行のうわさは、だいたい２年ごとにわき起こり、すぐに世界中のマーケットに恐怖の波が広がる。この恐怖が精肉会社から旅行会社まで、かかわりのある業界の株価を下げる一方、一部の健康やバイオテックに関連する株価を上げる。時には、この下げが国の株価全体に及んだり、特定の商品市場の下落につながったりすることもある。ただ、過去の病気の流行は時間がたてば制圧され、株価も反転した。

パニックのときに株を買うことは、パニックがいずれ落ち着いて株価が上げることに賭けることであり、マーケットが過剰反応していることに賭けることでもある。例えば、伝染病が流行すると、みんな出かけなくなるため、娯楽産業や航空会社の株が過剰反応する（みんな咳こむ感染者と一緒に機内で５時間も過ごしたくはない）。しかし、恐怖が収束し始めると、株価は回復する。最悪の場合、流行が世界中に及び、膨大な数の死者が出るかもしれないが、1917年のスペイン風邪

以来、これまでのところそのような事態には至っていない。それでも、保健所がリスクを封じ込めるために素早く対処しているなかで、株価はまるで流行が大損害を招くかのような動きをしているのである。

パニックが起こっている間に買うことについては、「落ちていくナイフをつかむ」という警句がある。これは、早すぎる買いは金銭的な痛みをもたらすという意味である。幸い、パニックが収まると、たいていは反転する前に一端休止する。恐怖には反応を示さない時期があり、危険が去ったあと、混乱していた群衆が落ち着くまでには時間がかかるからだ。

私たちは、マーケットサイクのロング・ショート・ファンドを運用しているとき、豚インフルエンザの恐怖が素晴らしいトレードチャンスであることに気づいた。恐怖に基づいたトレードの仕組みを説明するために、私たちが実際に行ったトレードを見ていこう。私たちは、恐怖と価格の関連性を利用したモデルで、定量的なトリガーのみを使ってトレードを仕掛けた。典型的なルールは、①株価が急落する、②恐怖指数が急騰して高止まる――という状況になったら、買って５日間保有するのである。

2009年の４月と５月に、私たちの定量化システムは、投資家が豚インフルエンザに過剰反応して航空会社やそのほかのレジャー関係の株を不適切に投げ売りしていることを示した。例えば、アメリカン航空（AMR。現在はAAL）の株価が下落したあと、パニックが収まったように見えたときに、買いシグナルが出たのだ。

経過は次のとおりである。

●2009年４月25日（土曜日）、WHO（世界保健機関）が豚インフルエンザについて「公共衛生の緊急事態」を宣言した。
●その週末、ソーシャルメディア上でアメリカン航空株に対する不安が広がった。2009年４月27日（月曜日）、アメリカン航空は下方に窓を空けて寄り付いた。

- 2009年４月27日、WHOは世界的流行の警告レベルをフェーズ４に上げた。これは、ウイルスが自己増殖していることを示すもので、ほとんどの娯楽銘柄と旅行銘柄が売られた。
- 2009年４月30日、流行は収束して不安も減った。マーケットサイクはアメリカン航空を3.81ドルで買った。
- ５取引日後の2009年５月６日、マーケットサイクはアメリカン航空を4.95ドルで売った。

豚インフルエンザのパニックの影響は、アメリカン航空だけでなく、レジャー産業のETF（上場投資信託）であるPEJにも見られた。PEJは月曜日に上に大きく窓を空けて寄り付いたが、豚インフルエンザの恐怖が広がったため、寄り付きから10％以上下げて引けた（**図9.1**）[9]。

恐怖指数を使ったトレードテクニックについてさらに書く前に、次の項では、ほとんどの投資家が繰り返しパニックのワナに陥る原因となる不安の遺伝特性について見ていく。この基本的な遺伝的原因と、メディアが視聴者の注意を引くために壊滅的なリスクかもしれないと報じる傾向によって、パニックによる価格の過剰反応パターンはこの先何十年も繰り返す可能性が高い。

悪いニュースを好む人にとっての良いニュース

「**臆病者は死ぬ前までに何度も死ぬ思いを味わう。だが勇者はただ一度だけ死を味わう**」――ウィリアム・シェイクスピア著『ジュリアス・シーザー』

ブンバでチンパンジーを食べたあとの発熱は、すぐに下がった。ただの熱帯性ウイルス病だったようだ。ちなみに、私が恐れたエボラウ

図9.1　2009年に豚インフルエンザの恐怖が広がった時期のTRMI恐怖指数とレジャーエンタメETF（2009年4月20日～5月8日）

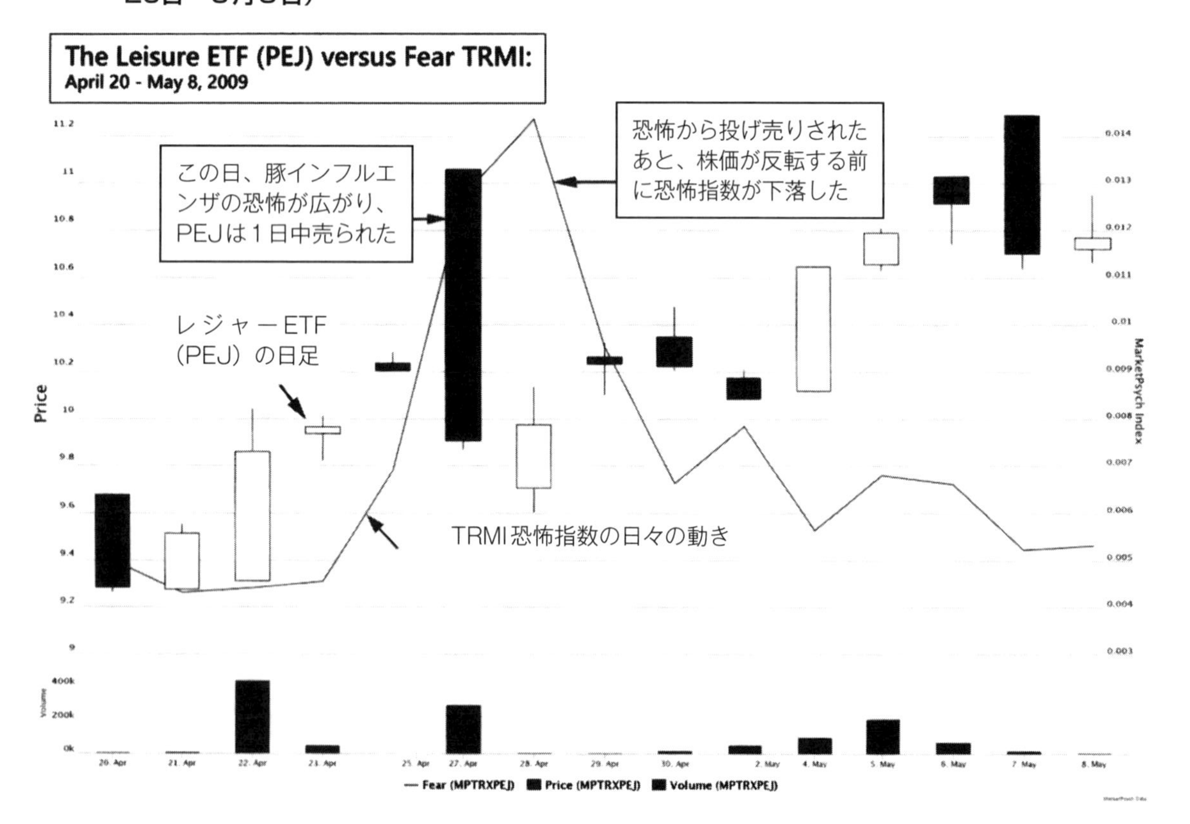

イルスは、のちに私がチンパンジーを食べた都市の名前をとって「ブンバ株」と名付けられたことをアメリカに帰国してから知った。ザイールでエボラ出血熱によって死ぬ恐怖に襲われた私は、感染症の危険に簡単に過剰反応してしまう気持ちがよく分かる。人はこのようなリスクに対して遺伝子的に過剰反応するようにプログラムされているのだ。研究データの蓄積とともに、恐怖に対抗しようとしてトレードする能力は遺伝的なものだということが明らかになってきたのである。

投資リスクのとり方には、いくつかの特性が影響しており、そのなかには生い立ち・人生経験・年齢・性別などが含まれている。また、遺伝子と環境の相互作用も重要だ。しかし、投資リスクをとることについて最も影響が大きいのは、やはり遺伝子なのである。

遺伝子のなかでも、金融的な判断を下すときの恐怖の最大の決定要因は、セロトニントランスポーター遺伝子多型（5HTTLPR）である。このなかのＳ遺伝子（短い遺伝子）を持っている個人は、悪い出来事があると落ち込みやすく、金銭的な損失が感情に与える影響も長く続きやすい。

クーネンとジャオが2009年に大学生を対象に行った研究では、この多型遺伝子によるバイアスが、投資の選択にも及んでいた。Ｓ型のトランスポーター遺伝子を持っている学生（SSアレル）は、リスクのとり方が28％低かったのだ[10]。この結果を踏まえて、サマンツラーキンとクーネンとナットソンは60人の一般投資家を対象に、投資行動と遺伝子と考えについて調べた。それによれば、先の３つの要素はどれも投資リスクのとり方にある程度かかわってはいるが、遺伝子の影響のほうがさらに大きいようだ[11]。リスクをとるときに神経症的傾向がある性格特性には、5HTTLPRの変異体が大きく貢献しているのである。つまり、私たちが制御できない要素である遺伝子が、金融リスクのとり方の多くを決めているのである。

これは何ともドラマチックな結論だが、同じことがほかの遺伝子では再現できないことを確認することも重要である。自由選択という価値のある概念を妨げられるのは憂慮すべきことだ。しかし、トレーダーが自分の考えのほとんどを自分でコントロールしているわけではないことを認識していれば、正しい予測のもとで誤った投資行動を避けることもできるかもしれない。

膨大な数の投資家が、ニュースを読んで反射的に反応してしまう。その一方で、経験豊富で自己制御ができる投資家は、マーケットの恐怖が高まったり収まったりするのを利用できる。後者はまず、その病気の伝染性が、おびえた解説者が言うほど高いのかどうかを検証したうえで、おびえた群衆と反対にトレードする最適なタイミングを冷静に判断するのである。

パニックと反転

「誠実な環境運動家のみんなに、こんなことはやめて過激なテロリスト対策に集中させてくれと伝える。彼らにはゲジ公園から退去してもらう」――トルコのエルドアン大統領（2013年６月13日）

2013年の夏、トルコのゲジ公園で行われた抗議行動は、与党の公正発展党にはびこる汚職を暴露し、国全体の経済不安と政治不安をもたらした。世界中の投資家がトルコ政府の独裁的な態度にますます敏感になるなかで、トルコから資金が急速に流出した。そして、トルコリラが下落すると、この通貨に関する外国のビジネスメディアの報道は20倍以上になり、2014年１月には関連するコメント（TRMI［トムソン・ロイター・マーケットサイク指数］のバズ［ネットやSNSで人気化した言葉］の数）が24時間で２万回を超えた。ニュースやソーシャルメディアはトルコリラの下落に注目し、フェードバック効果と伝染

図9.2　トルコリラの下落とTRMIのバズ（2013年10月1日～2014年5月4日）

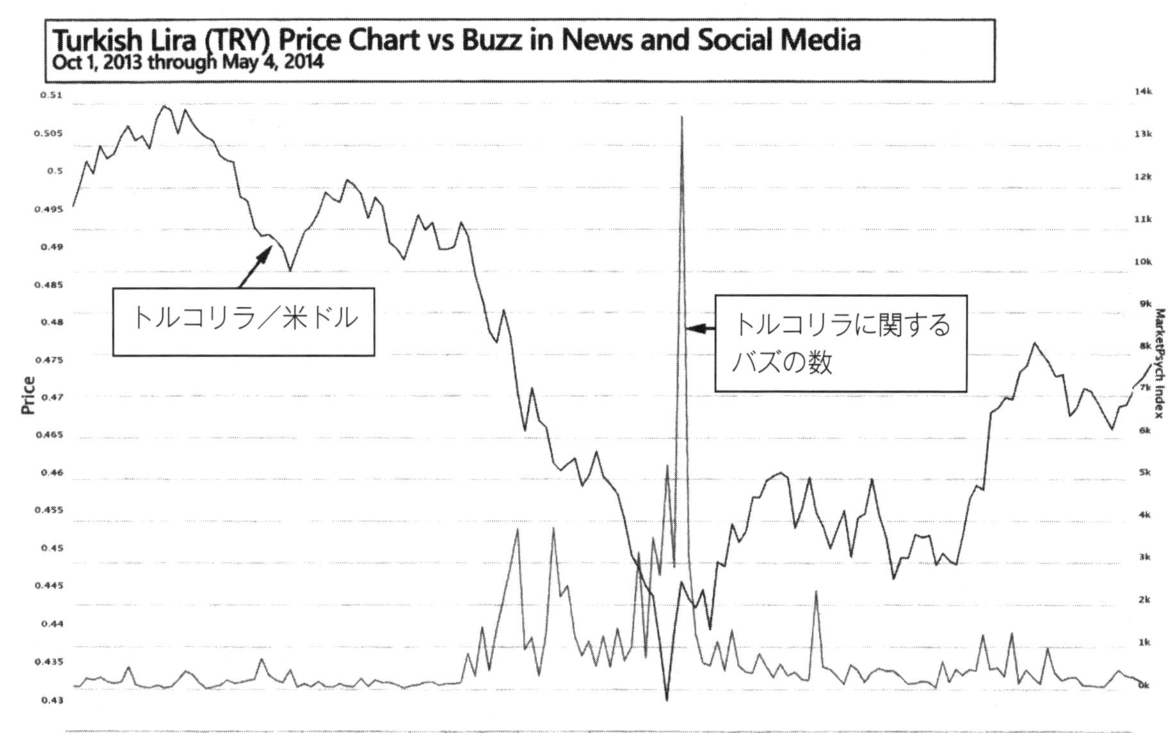

力により、トルコリラは暴落した。**図9.2**は、トルコリラ/米ドルのレートを示している。これを見ると、パニック売りのあと、リラは数カ月で反転した。

投資家がパニックを起こすと、価格は急落し、狂乱的な売りでクライマックスを迎える。V字型の底は、資産価格のパニック売りの特徴とも言える。そして、クライマックス時のメディアはパニックに注目し、それはバズの数に表れる。もし投げ売りの原因への対処がなされていなければ、状況が悪化するたびにパニックが再開されることになる（トルコリラは2015年に新たな懸念から安値を更新した）。

2014年に、原油価格の下落とウクライナ情勢に対する西側諸国の制裁によって、ロシア経済はさらに後退した。トレーダーたちがルーブルを売って有形資産の買いに走ったため、ルーブルには大きな下げ圧力がかかった。2014年12月のパニックの間、ロシアの富裕層は安定資産として記録的な数の高級車を買っていたのだ。2013～2014年のトルコリラのときと同様、TRMIバズはルーブルの売りのクライマックスを最も劇的に表していた（**図9.3**）。

図9.3のTRMIバズ（黒い線）の突出に注目してほしい。パニックのときには、ルーブルに関してニュースとソーシャルメディアで24時間に4万回以上のバズがあった。

マーケットがパニックになると政治家は説明を求められる。このとき、彼らの多くはより多くの情報を提供し、透明性の高い説明をすべきだと思っている。ところが、マーケットに懸念が広がっている時期のFRB（連邦準備制度理事会）のスピーチについて調べた最近の研究で、より詳しい説明が市場の不透明性を高めたことが分かった[12]。政府指導者は、マーケットが不安に覆われているときは短くて聞こえの良い説明に徹するべきなのである。

アレキサンダー・ミカエリデスと同僚による情報漏洩に関する研究によれば、国債格付けが下がることが事前に漏れると、メディアにも

図9.3　ルーブル／米ドルのレートとルーブルのTRMIバズ（2013年10月～2015年4月）

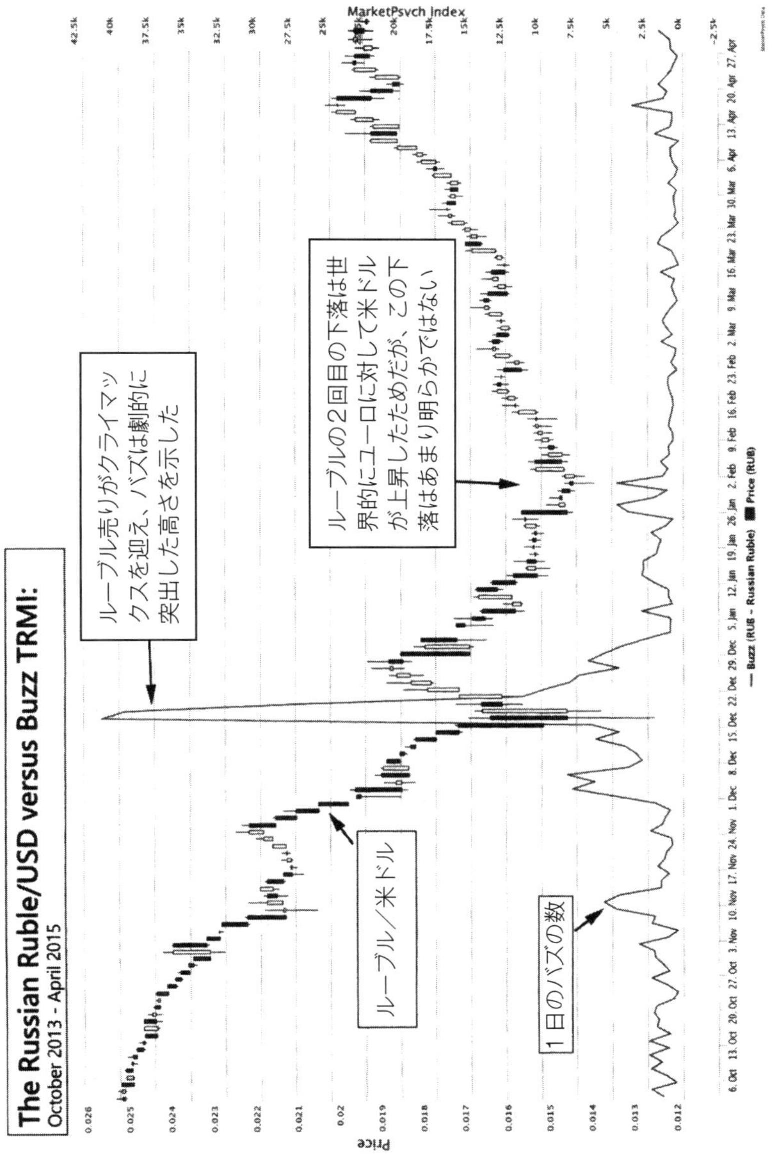

事前にうわさが伝わる（TRMIにも反映する）という。そして、このようなうわさは投資の恐怖の過剰反応をもたらす。この論文には、「発表後の反転と、発表前の格下げのうわさによる過剰反応には整合性がある証拠」が示されている[13]。

投資家が、伝染病や社会不安や戦争や国債の格下げなどの潜在的脅威を恐れて過剰反応するのと同じように、良いニュースを予期したときも過剰反応する。次の第10章では、「うわさで買って事実で売る」価格パターンについて詳しく見ていく。

マーケットの恐怖の要素

アレクサンダー・ファフーラは、恐怖指数が突出する日（と低い日）の影響を調べるために単純なテストを行った。ルールは、ある日の恐怖指数が100日平均よりも１標準偏差以上高いと、買いシグナル、１標準偏差以上低いと売りシグナルが出て、それぞれ１日保有するというものだ。

1998～2014年のニュースとソーシャルメディアのダウ平均に関するTRMI恐怖指数（fear TRMI）を調べたところ、100日平均から１標準偏差を超えた日が1117日あった。恐怖指数は、ニューヨーク市場が引ける30分前に発表される。その日の大引けでポジションを建て（平均を１標準偏差上回れば買い、下回れば売る）、翌日の大引けで手仕舞うと１日のリターンは0.10％になった。同じ戦略でS&P500の運用結果は、0.06％だった。これは単純な戦略だが、1998年以降、毎週、恐怖指数が高いときに買い、低いときに売ることには大きな価値があったのである。

恐怖は、ときどきある価格の過剰反応の目印になる。ただ、短期のクロスセクションモデルで、恐怖指数の値が高いときに株を買い、低いときに売ってもあまりメリットはない。エボラ出血熱が流行していた時期は、恐怖は生命工学系の株と関連づけられ、これらの株は先行して上げた（そして、のちに下げた）。恐怖が旅行系の株と関連付けられたときも、株価は下がる可能性が高い（そしてのちに反転する）。ただ、恐怖の影響は株によって違うため、恐怖が上昇につながるものと下落につながるものがある。つまり、恐怖指数はクロスセクション分析の候補としては適していないようだ。

しかし、恐怖指数を使った１年間のクロスセクションモデルは、国を超えて価値が認められた。最も恐怖指数が高い国の主要な株価指数を買い、最も恐怖指数が低い国の主要な株価指数を売ったのだ。恐怖はたいてい、特定の脅威と結び付いている（例えば、伝染病やトルコやロシアの政治リスクなど）。自分の得意なセクターや、国の指数を使った恐怖指数のアービトラージ（恐怖が高い関連の株を買い、恐怖が低い関連株を空売りする）は、長期戦略としては使えるのかもしれない。

まとめ

- エボラ出血熱のような伝染病は投資家にかなりの恐怖を与え、それは資産価格に表れる。
- 脅威となる出来事（例えば、伝染病）に対する投資家の過剰反応は予測できるため、それを利用したトレード戦略が作れるかもしれない。
- 蓋然性無視は、壊滅的な出来事が起こる可能性を過大評価してしまう認知バイアス。
- セロトニントランスポーター遺伝子のなかの多型は、個人投資家のリスク回避（心配）行動と関連している。
- 世界中の資産市場の多くで、メディアのバズはパニックと関連性がある（例えば、2014年のトルコリラやロシアルーブル）。

- 恐怖指数の変化は、翌日のアメリカ株市場のプライスアクションと相関性がある。
- クロスセクションモデルで、恐怖指数が高い銘柄を買い、恐怖指数が低い銘柄を売る戦略は、特定の業界か国の指数に応用したときのみ効果が認められた。

第10章 うわさで買う

Buy on the Rumor

「いいか、ウォール街で一番大事なことは、株が上がるのか、下がるのか、動かないのかなんて、だれにも分からないってことだ。ウォーレン・バフェットやジミー・バフェットにすら分からないものを、ブローカーなんぞに分かるわけがない。それでも、俺は分かってるぞという顔をするんだ」――マーク・ハンナ（演じたのはマシュー・マコノヒー。「ウルフ・オブ・ウォールストリート」）[1]

SEC（証券取引委員会）から召喚状を受け取る２日前、15歳のジョナサン・レベッドは、ヤフー！ファイナンスの掲示板に、次のような宣伝文句を200回投稿した。彼はファイヤーテクター（株価シンボルはFTEC）という会社を持ち上げていた。

前代未聞の割安株
日　時　2000年２月30日　03:43PM（太平洋標準時刻）
投稿者　LebedTG1
FTECがブレイク寸前。来週は爆発的に上げるだろう。……
今はまだ2.5ドルだが、近いうちに20ドルを付けるはずだ……[2]。

『マネーボール』（早川書房）や『フラッシュ・ボーイズ』（文藝春秋）の著者であるマイケル・ルイスによれば、レベッドは宣伝文句の書き方を少しずつ磨いていったという。彼は試行錯誤しながら、持ち上げたい株のどの面が投資家にアピールし、相手が懸念しつつもつい買ってしまうような文句を学習していったのである。

2001年のプレスリリースによると、SECは株価を操作して売り抜けるために勧誘したとしてレベッドを告発した。

> ニュージャージー州シーダーグローブ在住のレベッドは、1999年８月23日（当時は14歳）から2000年２月４日までに、11回にわたってインターネットでブローカー口座を通じて薄商いの超小型株を大量に買った。そして、数時間のうちにその株に関する虚偽または意図的に誤解させる未承認のメールや「スパム」を主にヤフー！ファイナンスの掲示板に大量に送りつけて勧誘した。彼は、この操作で値上がりした株をたいていは24時間以内に売って、不当な利益を上げていた。

結局、この件は少額の罰金で示談が成立し、トレード利益のほとんどはレベッドの手元に残った。彼は2000年以降も「lebed.biz」を通じて、株の宣伝屋の仕事をしている。

持ち上げ方を工夫するのは株の宣伝屋だけではない。例えば、食欲をあおったり、満腹感を抑えたりする操作を行って、特定の食品をより多く食べさせることも可能になっている[3]。この種の加工食品の究極の例がチーズパフで、食べた瞬間の満足感が再購入を促している。同様に、株に関する一部のメディアの報道も、人の脳の回路にアピールするが、それによって多くの投資家が道を誤っている。

投資家のだまされやすさを利用すると、大金を稼ぐことができる。高品質のセンチメントデータを構築する過程で、マーケットサイクのチームは金融系のソーシャルメディアに投稿された膨大な量のスパムと格闘することになった。スパムメッセージの多くは株の宣伝で、その多くはロボット（ボット）を使って大量に複製されていた。これらを追っていくと、ボット・ネットワークが人間と関係を築いていることが明らかになった。パンプ・アンド・ダンプ・アーティストと呼ばれる株価操作をもくろむ連中は、さまざまなソーシャルメディアサイトに、人間ではない何十人ものユーザーを登録している。これらのユーザーは、人間のトレーダーのフォロワーになり、相手と「友だち」になると、「いいアイデアですね」「良い指摘だ」「そのとおり」などといった友好的で無害なメッセージを送り始める。ボットユーザーは時間をかけて信用を構築し、人間のフォロワーを集めていく。このようにして、１年ほど人間との関係を築いたあと、ボットユーザーは、特定の銘柄を勧めるメッセージを人間のフォロワーに一斉に発信する。これはかなり洗練された株価操作詐欺と言える。このようなスキームでは、ボットは株の宣伝屋の心理トリックを使って興奮を植え付け（パンプ）、売り抜けている（ダンプ）。

大まかに言って、本書は価格の短期的なモメンタム（過小反応）と平均回帰（過剰反応）について述べている。通常、モメンタムは良いニュース（例えば、合併）や、ニュースメディアがもたらすポジティブな期待（例えば、第６章で紹介した収益予想）のあとに起こる。一方、平均回帰は投資家の過剰反応のあとに見られる（例えば、第７章の価格予測、第８章の週ごとのセンチメントや信頼感など）。第９章では、恐怖が投資家に及ぼす影響として、まずパニック売りで価格が底を打ち、そのあとに反転することを見た。

本章では、特殊な、そして潜在的には儲かる儲けにつながる事象である「恐怖による価格の反転」の逆――ある出来事への期待に伴う熱意（「buy on the rumor」、BR、うわさで買う）と、その出来事のあとによくある投げ売り（「sell on the news」、SN、事実で売る」）――について見ていく。価格が反転するという認識は、その出来事が近づくにつれて大きくなっていき、それが終わると厳しい現実が価格を興奮前の水準に回帰させるのである。

価格予測

「ある出来事に対する期待が取引所に与える影響は、その出来事自体の影響よりも大きい」——ジョセフ・デ・ラ・ベガ著『コンフュジオン・ドウ・コンフュジオン（Confusion de Confusiones、混乱のなかの混乱）』[4]

恐怖（または楽観）は、未来の出来事に対する期待である。これらの感情は、投資家が辛い（または儲かる）かもしれない出来事について考えたときに喚起され、投資家は脅威（またはチャンス）に備える。それ以外の感情（例えば、怒りや喜び）は、過去もしくは現在の出来事に対する反応であることが多い。期待による感情と反応による感情の違いは重要だ。素人投資家は、良い期待（株価の動き、アーニングサプライズ［予想外の収益］、近年のアップルに見られるような新製品発表など）に基づいて株を買うことが多い[5]。

扇情的な予測は、読者の関心を引くが、読者の資産にとっては有害かもしれない。「うわさで買って、事実で売る」（BRSN）の価格パターンは、ポジティブな出来事への期待で資産価格が上がり、その出来事が終わると直後に価格が下がる現象を表している[6]。多くのトレーダーは、良い出来事（「例えば、予想を上回る」決算発表や、話題の製品発表や、良い経済ニュースなど）を期待して株を買う。このとき、良い出来事はまだ起こっていないため、トレーダーは「うわさで買う」と言われている。しかし、期待していた出来事が実際に起こると、期待に反して価格は下げる。

甘い期待

「社会全体が突然、ある目的に取りつかれ、それを狂ったように追い求めることがある。何百万人もの人たちが、同時にある妄想に駆られ、それを追いかけるということが、ほかのより魅力的な新しい愚行に関心を奪われるまで続くのである」──チャールズ・マッケイ著『狂気とバブル』(パンローリング)

スティーブ・ジョブズは、ピクサーとアップルで、世間の注目と熱意をとらえる技術をマスターしていた。この項では、ピクサースタジオ（PIXR）がコンピューターグラフィクスを使った待望のアニメ映画を発表する前後や、アップル（AAPL）が製品発表を行う前後の「うわさで買って、事実で売る」パターンについて見ていく。ただ、期待が大きい出来事に伴う集団的な狂気は、投資家にとって残念な終わり方をすることが多い。

ジャーナリストのプイグ・ウイング・タムは、2001年にピクサー株のパターンについてウォール・ストリート・ジャーナル紙に「ピクサーは投資家をいばらの道につれこむ。ピクサー株は映画の公開前に上がり、そのあと下がる」と書いている。映画『バグズ・ライフ』が公開されたとき、株価は40％も下落した。ザ・モントレー・フール・ドット・コムの「うわさで買うな」と題した記事には、次のように書かれていた。

> 映画「バグズ・ライフ」は1998年の感謝祭に公開された。この映画の可能性については、公開前からうわさになっていた。1998年初めには20ドルだったピクサーの株価は、さまざまな思惑から、映画の公開直前には53ドルまで上昇した。そして、映画が感謝祭の

週末に公開されると、アニメ映画の興行成績を塗り替えた。しかし、株価は次の１カ月で40％も下落したのである[7]。

スティーブ・ジョブズが、人の感情に訴えることにかけて世界有数の能力を持っていたことは言うまでもない。そのため、アップル株は、昔から市場心理に最も左右される銘柄のひとつとされてきた。見本市や製品発表の時期は特にその傾向がある。

ウォール・ストリート・ジャーナル紙の「アップル株は新製品発表後に下げるかもしれない」という記事に下のような文が載っていた。記事が掲載されたのは2002年だが、このパターンは、本書執筆中（2015年）も続いている（このことについては後述する）。この記事は、サンフランシスコで開催されていた2002年のマックワールド（見本市）で予定されていたiMacの発表の４日前に当たる2002年１月３日付けで、記者は次のように書いている。

カリフォルニア州クパチーノにあるアップルの株価はますます奇妙なサイクルに入り込んでいる。近年、アップルの株価は新製品発表の前に力強く上昇し、そのあと下落しているのだ。モルガン・スタンレーが12月に行った調査で、アナリストのジリアン・マンソンは、1997年以降にアップルが新しいコンピューターを発表後、５回中３回のケースで株価が下がったとしている。また、この３回の下落で、株価は発表後６カ月間に平均19％下げたという[8]。

アップルの株価は、2002年１月７日（月曜日）に、サンフランシスコのマックワールドで新しいiMacが発表された朝に過去６週間の高値を付けた。ウォール・ストリート・ジャール紙の記事は、今回もこの「うわさで買って、事実で売る」パターンを避けることができなかったことを伝えている。今回も、アップルの株価は見本市のあと５日間で

15％以上下落した。アップルのこのパターンは続いており、特にiPhoneの新機種が発表される前後は、ボラティリティが高まることが多い[9]。

TRMI（トムソン・ロイター・マーケットサイク指数）マーケットリスク指数（marketRisk TRMI、通称バブリオメーター）は、過剰な投機が行われているかどうかを数値化するために開発された。2013年にiPhone5がリリースされた前後の投機的な興奮は、この指数にも見られ、iPhone5のリリース後にマーケットリスク指数もアップルの株価も元に戻ったことが、**図10.1**に表れている。２つの平均値の間の濃いアミは、製品リリース前の過剰な熱狂から投機的なリスクをとった人がたくさんいたことを示している（投資家の言葉から明らかになった）。

図10.1は、少しまぎらわしいところがある。製品発表から１週間でアップルの株価は下落したが、発売が始まって、顧客の予想以上の反応（アップルストアには大行列ができた）が明らかになると、株価は高騰した。そして、投資家の熱意を裏付ける正確な販売台数などがまだ発表されていなかった時期には、期待が非現実的な水準まで膨らんだが、それが明らかになると失望に変わった。**図10.1**と似たようなパターンは、2014年にiPhone6がリリースされる前にも見られた。どちらのケースも、新製品の興奮が高まるなかで、アップルの株価は発売から１週間のうちに下落していた。アップルの株価が過度の期待で上昇し、現実に直面して下がるというパターンこそが、「うわさで買って、事実で売る」の特徴なのである。

「うわさで買って、事実で売る」パターンは、製品リリース前後だけでなく、期待が高いIPO（新規株式公開）や、決算発表が楽観視されているときにも見られる。

決算発表とIPO

アップルの株価に見られるパターンは、さまざまなタイプの期待さ

図10.1　TRMIマーケットリスク指数のMACD（30日、90日）に現れた2013年のiPhone５リリース前後の投機的な熱狂

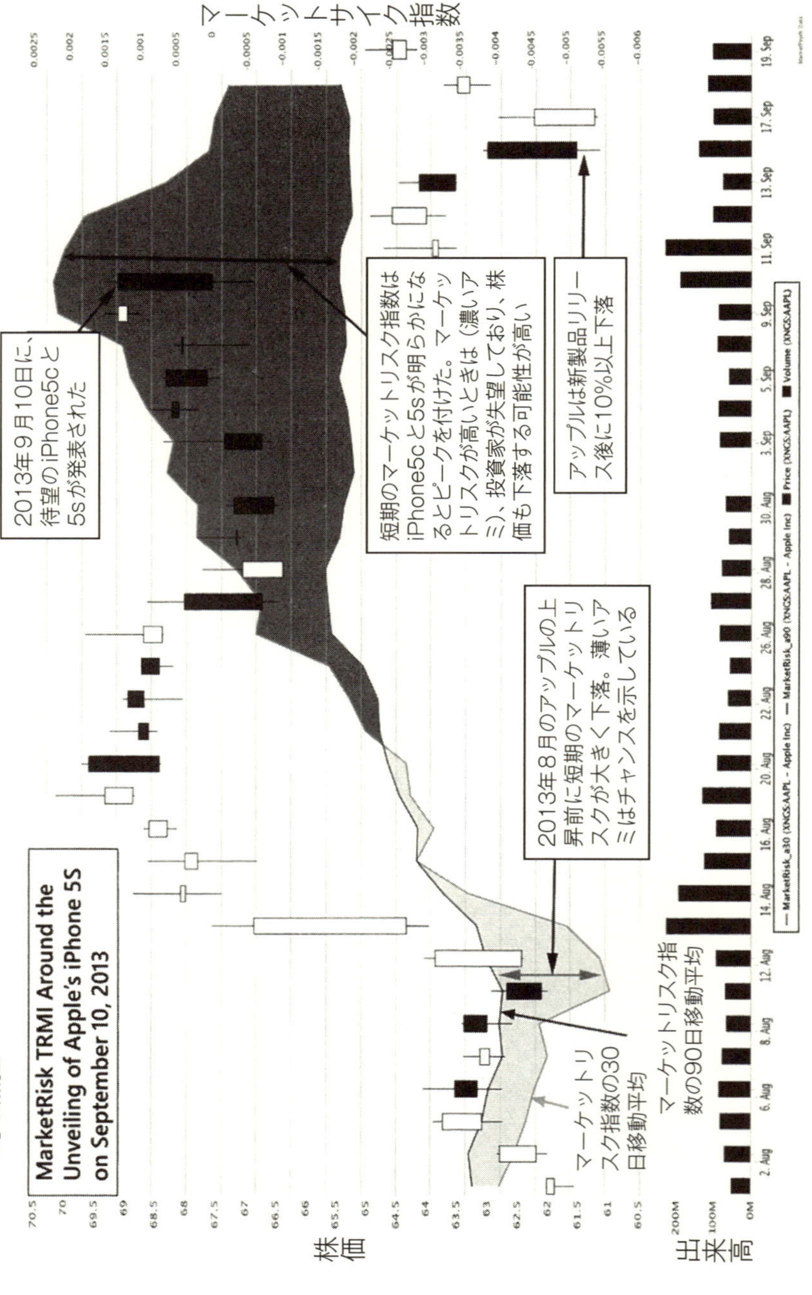

MarketRisk TRMI Around the Unveiling of Apple's iPhone 5S on September 10, 2013

2013年９月10日に、待望のiPhone5cと5sが発表された

短期のマーケットリスク指数はiPhone5cと5sが明らかになるとピークを付けた。マーケットリスクが高いときは（濃いアミ）、投資家が失望しており、株価も下落する可能性が高い

2013年８月のアップルの上昇前に短期のマーケットリスクが大きく下落。薄いアミはチャンスを示している

アップルは新製品リリース後に10%以上下落

マーケットリスク指数の30日移動平均

マーケットリスク指数の90日移動平均

株価

マーケットリスク指数

出来高

— MarketRisk_a30 (XNGS:AAPL - Apple Inc)　— MarketRisk_a90 (XNGS:AAPL - Apple Inc)　■ Price (XNGS:AAPL)　■ Volume (XNGS:AAPL)

れている出来事について見られる。コーネリほかによる2006年の研究[10]では、ヨーロッパのIPO前（グレーマーケット）の株価を使って、小口投資家のIPOに対するセンチメントを調べ、好景気のときにはセンチメントの測定値でIPOの初日の取引終了後の株価を予測できるが、不景気のときにはできないということを証明した。プライスアクションはメディアのセンチメントとは同じではないが、ほかにもグーグルサーチの検索数指数（SVI）やツイッターのセンチメントの指標を使ってIPOが過剰反応につながることが多いことを確認した研究もある。SVIの研究者は、「IPOの時期にSVIで計測すると、小口投資家の注目度が上がったことが、初日の高リターンと長期的な低パフォーマンスに貢献している[11]」ことが分かるとしている。また、ジム・リュー教授と同僚は、ソーシャルメディアに関するそれまでに類を見ない研究で、IPO前にツイッターでポジティブなセンチメントが投稿されると、IPO後の株価が反転することを予測できるとしている。つまり、IPO前１～３日の、そのIPOに関するツイッター上のセンチメントは、初日の寄り付きから引けまでのリターンと逆相関になっているのだ[12]。興奮した投資家がIPOの始値を高騰させるが、そのあとは過剰反応の反動で株価が平均回帰する可能性が高いということである。

価格を高騰させるセンチメントは、個別株に限ったことではない。全体的なセンチメントの状況も、「うわさで買って、事実で売る」パターンを仲介するようなのだ。カリフォルニア大学バークレー校のブレット・トゥルーマン教授のグループは、決算発表前後のインターネット銘柄にも「うわさで買って、事実で売る」パターンが見られることを発見した。教授たちは、インターネット会社393社について、1998年１月から2000年８月にかけた1875の四半期の決算発表を分析した。その結果、これらの株を決算発表の５日前に買い、発表日の翌日の 寄り付きで売ると、市場調整済みリターンは平均4.9％だった。また、同じ銘柄を発表翌日の寄り付きで空売りして５日後の大引けで買い戻すと、調整済みリターンは平均6.4％になった[13]。インターネット株に対する楽観は、今後の出来事への興奮に向けられ、この場合はそれが決算発表だった。

失望の神経科学

「予測は外れることがあります。絶対に大丈夫だと思っていたことがダメなこともあれば、絶望だと思っていたことがかなうこともあるのです」――ウィリアム・シェイクスピア著『終わりよければすべてよし』

予期される出来事に対する投資家のポジティブな期待が、脳の側坐核を活性化する。側坐核は、脳の報酬システムの一部で、活性化したこと自体から、将来、過剰な金融リスクをとることが予測できる[14]。ポジティブな期待をしている出来事が近づいてくると、投資家の「期待以上」のニュースへの期待が増幅し、うわさで買うことが確認できる。しかし、楽観と価格が一緒にエスカレートしていくと、実際にその出来事が起こったときに投資家が失望する確率は高くなる。

ポジティブな期待が阻止されると（例えば、期待していた報酬やチャンスがなかったとき）、脳の報酬系でドーパミンの分泌が劇的に減る。ドーパミン伝達が冷めることは、生物学的には失望感と関係がある。実際にその出来事が起こってしまうと、期待に価格がついてこないため、期待度を下げざるを得なくなる。すると、リスクのとり方が減って売りの傾向が強くなるため、「事実で売る」の形ができるのである。

株を宣伝するトリック

「面倒に巻き込まれるのは、知らないからではない。絶対に知っ

ているつもりのことが、実はそうではないからだ」――マーク・トウェイン

本章では、アップルや特定の業界（例えば、インターネット株）に見られる新商品発表前後の「うわさで買って、事実で売る」効果と、センチメントが明らかにこの効果を増幅していることについて書いてきた（例えば、IPOの前のツイッターのセンチメント）。そして次に、過剰反応が価格を高騰させるが、実際の出来事が起こると失望が平均回帰をもたらすことについて神経科学的に検証した。また、「うわさで買って、事実で売る」パターンには、それができやすくなる素因的状態もあった。

株の宣伝屋は、投資家を非現実的に楽観させる専門家である。この楽観主義によって、投資家はその株を高く買ってしまう。時には宣伝屋から直接買ってしまうこともあるが、その場合、宣伝屋は違法なパンプ・アンド・ダンプ・スキームに足を踏み入れていることになる。

株の宣伝屋は、どのようにしてたくさんのうぶな投資家を買う気にさせるのだろうか。まず、彼らは自信満々に保証することで、前頭前皮質を和らげる。次に、彼らは神話のセイレーンのごとく、脳の辺縁系に働きかけ、合理的な分析をしないままで買うように誘惑する。この間に、彼らはたいてい次の心理トリックをいくつか組み合わせて使っている。

1. **ポジティブなセンチメント**　みんなの興奮をあおるためにうわさを広めるなどして、メディアでその資産に関するポジティブなセンチメントの環境を作り出す。
2. **鮮明かつ分かりやすい**　株価を持ち上げたい銘柄の概要を、単純で、わくわく感があり、頭に残るフレーズや映像に要約して提示する。

3．**確認**　まず自ら多少の株を買って、価格を上昇させる。上昇トレンドは勧誘の裏付けとなり、信頼を生み出す。

4．**権威**　専門家を説得して（場合によってはインサイダーどころかその会社のCEO［最高経営責任者］）を利用することすらある）、その会社についてポジティブな声明を出させる。権威の効果で、脳の損失回避系は信頼と服従モードに変わる。「彼が言うなら間違いない」

5．**とてつもない可能性**　無限の潜在利益をでっち上げる。「10倍以上も夢ではない」

6．**必然性**　売り込みたい資産について、確実性と必然性を自信に満ちたトーンで語る。

7．**具体性のなさ**　通常の評価を行うための十分な情報はない。「初期データは、この金脈が過去最大級だということを示しています」と言うものの、そこにはあいまいなデータしかない。

8．**時間的な制約**　投資家を急かす。「急いで買わないと高騰してしまいますよ」。合理的な分析の時間がなく、ストレスが高まると辺縁系の制御が手薄になり、勢いで衝動的に買いやすくなる。

株の宣伝屋は、この８つの要素と、話し方（強調したり感嘆したりする）を駆使して顧客に株を買わせる。ただ、これらの特徴を応用しているのはプロの宣伝屋だけではない。時にはメディア自体がその役割を果たしていることもあるのだ。

ちなみに、恐れている出来事の前には、「うわさで売って事実で買う」というシナリオもあるが、「うわさで買って、事実で売る」とは強さが違う[15]。次の第11章では、「うわさで買って、事実で売る」パターンが長期トレンドのなかではほんの一時的な変動でしかないということを見ていく。2000年代のアップルの株価に見られるように、熱意は時間をかけて少しずつ高まっていき、力強い価格モメンタムにつながるのである。

■まとめ

- ある出来事に対する投資家の集団的な期待（「うわさで買う」）と、その出来事のあとによくある投げ売り（「事実で売る」）は、幅広い期待を集めた出来事の前後に、「うわさで買って、事実で売る」という価格パターンを生む。
- 株の宣伝屋は、投資家の認知バイアスに働きかける心理的ツールを駆使して期待させ、買わせる。
- マーケティングのプロやスティーブ・ジョブズのようなCEOは、新商品発表の場を使って似たような株価の動きを生み出す。
- 「うわさで買って、事実で売る」パターンは、さまざまなタイプの期待される出来事――投機バブルの時期の決算発表や、ソーシャルメディア（ツイッターなど）で期待が高いIPOなど――の前後によく見られる。
- 期待された出来事が終わると、失望によって売りが促進される。
- 結果が投資家の過剰に高い期待に見合わないと、脳内の報酬系のドーパミンの分泌が減ることが神経科学的に確認されている。
- 大きく期待されている出来事には少なくとも８つの情報に関する特徴があり、それが「うわさで買って、事実で売る」パターンをあおる。この特徴は株の宣伝屋もよく利用している。

第3部

長期パターン

Long-Term Patterns

第11章　トレンドと価格モメンタム

Trends and Price Momentum

「トレードは、常識を信じてはならないということを教えてくれました。私がトレードで稼いだお金は、大衆はしばしば間違えるということの証明だと言えるでしょう。むしろ、大多数の人はほとんどいつも間違っていると言ったほうがいいくらいです。また、マーケットとはたいていはただの混乱した大衆にすぎず、非合理的なものだということも学びました。もし大衆が感情的に動いたときは、ほとんどが間違っていると思います」――リチャード・デニス

1983年、リチャード・デニスは商品先物トレードのパートナーだったウィリアム・エックハートと「優秀なトレーダーを育成することはできるか」という賭けをした。デニスは当時すでにトレード業界の有名人で、1970年代から1980年代初めにかけて商品先物トレードで5000ドルを100万ドルに増やしたころから、「ピットのプリンス」と呼ばれるようになっていた。

デニスとエックハートは、新聞広告でトレーダーの訓練プログラムの参加者を募集し、1000人を超える応募者のなかから21人を選んだ。デニスは２週間の講義で、21人のタートルトレーダー（タートルズ）に、

比較的単純で体系的な原則に基づいたトレンドフォローのトレードシステムを教えた。新人トレーダーに、仕掛けと手仕舞いの条件や、トレードサイズの増やし方、ドローダウンの範囲、テクニカル的な仕掛けと手仕舞いのルールなどを教え込んだのだ。デニスが教えた戦略は、今日の体系的なCTA（商品取引顧問業者）戦略と似たルールに基づいたもので、実行するには規律が必要だった。

リチャード・デニスのタートルズは、それぞれ25万～200万ドルでトレードを始め、最初は目覚ましいパフォーマンスを上げた。元タートルのラッセル・サンズによれば、デニスが直接指導した２組のタートルズは、５年間で１億7500万ドル以上稼いだという。タートルズの素晴らしいパフォーマンスによって、デニスは選抜と訓練で優れた投資家を育成できるかというエックハートとの賭けに勝った。このことは、トレードの成功において重要なのは資質（nature）ではなく、育成（nurture）だということを意味していた。

デニスは２週間をかけてタートルズにトレードシステムの明確なルールを教え、彼らはそれから数年間、全体として素晴らしいパフォーマンスを上げた。しかし、そのあとマーケットが変わった。1986年までに、デニスのシステムは利益率が落ち、詳細な分析によると1996～2009年は利益がまったく出ていなかった[1]。ちなみに、別の報告によると、高いリターンを求め、教わったルールを改善して生き残ったタートルは、良い結果を出していた[2]。

デニスが教えたルールが永遠にうまくいけばよかったのだが、マーケットに置き去りにされたほかのたくさんの希望と同様、このルールもそうはいかなかった（ただ、タートルズのその後のトレード結果は解釈の仕方によってかなりの差がある）。デニス自身は1987～1988年にかけて大きな損失を出したあと、自分の２つのファンドを閉鎖して運用をやめていた。彼は1997年に新しいファンドで運用を再開したが、2001年にドローダウンが限界の40％に達したあと、そのファンドも閉鎖した。長期間、優れたパフォーマンスを上げたあと、デニスのトレードルールは機能しなくなったのである。タートルズは、明確なトレードルールを教えることは可能でも、そのパフォーマンスは持続しないことを示すケースとなった。

デニスのパフォーマンスには波があったが、彼の信奉者のなかには、マーケットの変化に合わせた現実的なスタイルを取り入れて高いパフォーマンスを維持した人もいた。自分の得意分野以外のチャンスを取り入れてトレードスタイルを変えることができる投資家は、長期的に高いパフォーマンスを上げることができるとする学術研究もある[3]。この研究はさらに、「スタイルドリフト」（例えば、ブル相場ではバリュー投資から成長株投資に変えるなど）を行う投資信託のマネジャーは、長期的に高いパフォーマンスを上げることができるとしている（この結果についてはいまだ大いに議論の余地がある）。

トレードフォロー戦略（タートルズのルールもそのひとつ）は、少しずつ下落しながらもときどき劇的な利益が上がり、全体としてはうまくいっていた。現代の体系的なCTA戦略（考え方はタートルズのルールに似ている）の多くが、2008～2010年の好調のあと、2010～2014年半ばにかけてはマイナスに陥った[4]。しかし、2014年末に再び爆発的なパフォーマンスを上げた。

トレンドの元となるもの

「商人　さまざまな意見があるのですが、最も賢明なのはどれでしょうか。

株主　流れに逆らわないで波に乗っていけばよい」

――ジョセフ・デ・ラ・ベガ著『コンフュジオン・ドウ・コンフュジオン（Confusion de Confusiones、混乱のなかの混乱）』[5]

価格のトレンドは物理的な力にあと押しされているように、前月の動きが来月以降も続く傾向に敬意を表して、学術書ではこれをモメンタムと呼んでいる。価格のモメンタムは、過去２～12カ月の価格の勢いが継続する可能性が高い。例えば、株価が２～12カ月間大きく上昇したあとは、同じような状況があと６カ月程度続くことが多い。また、株価が下落したときも、同じくらいの期間下落が続くことがよくある[6]。

モメンタムを利用した投資戦略は大きな価値を生む。**図11.1**の損益曲線（エクイティカーブ）は、Ｃ・Ｊ・リューによる極端な長期のみのモメンタム戦略によるパフォーマンスを示している。この戦略では、まずS&P500銘柄のなかから過去12カ月間の上昇率が高かった上位25銘柄を選ぶ。そして、この25銘柄を買って12カ月間保有するが、１カ月ごとのリバランスでポートフォリオの12分の１を順次入れ替えていくことになる。1999～2014年にこの極端な（上位５％の）モメンタム戦略で運用したところ、取引コスト差し引き前で約４倍の利益になった。

この単純な損益曲線の山と谷は、AQR（アプライド・クアンティテーティブ・リサーチ）などといったモメンタム投資系の資産運用会社のパフォーマンスに匹敵する。しかし、前出のリューの全体的な結果のほうが高かったのは、生存者バイアスのせいかもしれない。この長期のみのモメンタム戦略のリターンは、トムソン・ロイター・ティック・ヒストリーでマッピングが可能な期間のS&P500のリターンとも同程度だった（ちなみに、1999年１月１日から2015年６月30日に、トムソン・ロイター・ティック・ヒストリーにデータがあるS&P500の構成銘柄を使うと、リターンは357％になったが、同じサンプルをTRMI（トムソン・ロイター・マーケットサイク指数）のデータセットで計算すると、382％になった［配当別］）。ただ、これは2006年１月以降の特定の時点の個別株のTRMIを算出したもので、前年までに破産したり、何らかの理由で上場廃止になったりした会社はサンプルに含まれてい

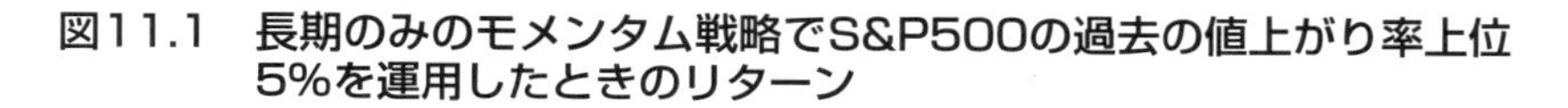
図11.1　長期のみのモメンタム戦略でS&P500の過去の値上がり率上位5%を運用したときのリターン

ない。

　予測力を洗練し、改善するために、モメンタム株特有の性質を調べた研究もある。例えば、ある研究によると、パフォーマンスが最高の株と最低の株は、それが判明したあと最初の週に株価が反転することが多いが、それ以降は元のモメンタムが最高12カ月間続くという[7]。

　また、株価のモメンタムは、ニュースと連動すると強くなるという研究もある。2003年に、ウェズリー・チャンが月ごとの価格データとニュースの見出しのトーンについて調べたところ、悪いニュースのあとは１カ月後にも価格のモメンタムが認められた。もし価格の変化がニュースと関係なければ、翌月は平均回帰する可能性が高いからだ[8]。ニティッシュ・シンハは、ニュースのセンチメントデータを使ってニュース記事のセンチメントのトーンから翌月以降に株価のモメンタムが生まれるかどうかを予測できると言う。ニュースのトーンに過小反応した場合、予測可能なモメンタムを利用すれば、理論的に年率8.6%の超過リターンが得られるというのである[9]。投資家の過小評価は、モメンタムの直接的な理由と考えられるため、その資産についてバズ（ネットやSNSで人気化した言葉）が少ない（つまり、そのニュースは広範囲で処理されたり話題になったりしていない）こと自体から、モメンタムを予測できるのかもしれない。さらには、モメンタムを使ったリターンが、株価がまだ新しい情報に反応していないときは高くなることも確認されている[10]。

ほかにも一般の関心が高い株（グーグルの検索数で注目度を測定）は、モメンタムができやすいという研究もある[11]。面白いことに、グーグルの検索数を使って素人投資家のトレードを予測することもできる。そうなると、このような「ノイズトレーダー」は株価モメンタムの重要な原動力なのかもしれないし、彼らの関心を追跡していけば、モメンタム戦略を改善できるのかもしれない[12]。

投資家の関心がモメンタムのリターンを牽引するという話をさらに複雑にしているのが、価格モメンタムはマーケット全体が楽観的な時期のあとにのみ起こるという報告である[13]。もしかすると、楽観的な時期に悪いニュースが報道されると、認知的不協和が起こるのかもしれない。つまり、楽観的なときは自分の投資に関する悪い情報をすぐには信じず、すぐに売るよりも確認を待とうとするのかもしれないというのだ。この論文では、個人投資家の取引についてこの仮説を検証しており、「小口と大口のトレードの注文の流れを分析すると、楽観的な時期の小口投資家は負けトレードを手仕舞うのが遅かった[14]」という。モメンタムをあと押しする認知的不協和の役割は、決算発表が予想と違ったアーニングサプライズのときにも見られた。発表前のセンチメントが高いときのほうが、ネガティブサプライズのあとの値下がりが大きかったのである[15]。例えば、台湾で悪い決算発表にかかわる価格の負のモメンタムは、決算発表にかかわるモメンタムの最大の原因になっていたのだ[16]。

価格モメンタムは、どのような資産にも見られる。資産運用会社のAQRは、モメンタムに関する研究を頻繁に発表しており、ジャーナル・オブ・ファイナンス誌に掲載された論文では、モメンタムは債券や世界中の株・通貨・商品を含むさまざまな資産クラスに遍在することを示していた[17]。

投資家の過小反応

「すべての物体は、それに加えられた力によってその状態が変えられないかぎり、その静止の状態、あるいは直線上の一様な運動の状態をそのまま続ける」——アイザック・ニュートン卿

人は自分の根底にある考えと矛盾する情報を受け取ると、それに過小反応する傾向がある。価格トレンドは、この過小反応によって起こる。株のトレーダーに受け継がれてきた知恵のひとつで「最初の悪いニュースは、それが最後ではない」という言葉は、上昇トレンドのなかで悪いニュースが伝わったときに投資家に急いで行動するよう促す警句である[18]。

このような過小反応が起こる理由を理解するために、再び心理学に目を向けてみよう。心理学者のレオン・フェスティンガーの観察によれば、投資家はそれまでの考えや知識や価値観と矛盾する新しい情報に直面すると、心理的な不快感を減らすために新しい情報を無視しようとする。人はこのような不一致（不協和）を経験すると、その状況や情報を積極的に避けようとする（L・フェスティンガー著『認知的不協和の理論』［誠信書房］[19]）。フェスティンガーはこのような効果を認知的不協和と名付けた。しかし、投資家が期待に反する新しい情報の意味を少しずつ理解していくと、トレンドができる。このようなトレンドは、「価格モメンタム」以外に、学術的には価格ドリフトとも呼ばれている。

2014年夏から2015年にかけた原油のベア相場のさなかの2015年８月

20日に、ウォール・ストリート・ジャーナル紙が「１年前に石油価格が少しずつ下がり始めたとき、ほとんどのエネルギーの専門家は一時的で小さい下げだと考えた。しかし、原油価格は2014年のピークから60％近くも落ち込み、この先何カ月、もしかすると何年も低水準にとどまるように見える」と報じた[20]。最初の文は、過小反応の背後にある思考過程を表している。そして、２つ目の文は、新たな現実に順応するのに時間がかかったことを表している。

前の項で書いたとおり、過小反応は投資家が強気のときに特によく見られる。ポジティブな投資家は、最初は自分の楽観的な見方に反する情報を却下したり無視したりする。しかし、不利なトレンドが明らかになると、今度はすぐに反転するという考えに固執し、長いスランプを経たあとに、やっとその考えが緩み始める。センチメントの移動平均線を見ると、情報に対するトーンの変化がよく分かる。そして、投資家の過小評価がこのようなトーンの変化に連動しているならば、移動平均のチャートは先行指標として役に立つのかもしれない。

移動平均線でトレンドのタイミングを見る

第５章で、TRMIの移動平均線の交点（MACD）が資産価格の予測に果たす役割について書いた。メディアのコンテンツの変化は、特定のセンチメントのMACDを使えば簡単に視覚化できるし、このテクニックを使えば価格トレンドと転換点の両方を予測できる可能性がある。過小評価がトレンドを生むという認知的不協和の理論と同様、S&P500銘柄に関する全体的なメディアのセンチメントは、S&P500の強力な予測シグナルになる。原油価格の場合も、価格の方向を示すTRMI価格方向指数（priceDirection TRMI）は、原油価格のトレンドと反転ポイントを反映している。

S&P500のトレンド

センチメントは、資産に関するポジティブな情報からネガティブな情報まですべてを含む言葉で、大まかな分類方法ではある。しかし、このような単純な基準が、資産価格の主要なスイングを予測するのに特筆すべき効果を見せることもよくある。**図11.2**のニュースとソーシャルメディアのセンチメントのMACDをあとから見ると、S&P500の主要なスイングの予測に役立っていたことが分かる。S&P500銘柄に関する短期的なニュースのトーンが明るくなったり暗くなったりすると、そのあとS&P500は上がったり下がったりしていたのである。

アレクサンダー・ファフーラによると、メディアセンチメントはTRMIのデータがある分についてはS&P500の動きを幅広く予測できるという。**図11.2**は、単純なMACD戦略で、①センチメントの短期移動平均線（200日）が長期移動平均線（500日）よりも上にあれば買う、②200日移動平均線が500日移動平均線よりも下にあれば空売りをする――結果を示している。この単純な戦略の、2000年1月1日（500取引日移動平均を算出するためのデータがたまったうえでトレード開始）から2015年12月31日までのリターンは314％で、最大ドローダウンは33％だった。ちなみに、S&P500自体は、配当金調整後で同期間のリターンが91％、最大のドローダウン幅は57％だった。ちなみに、この期間で重要だったのは、2000～2002年のITバブルの崩壊と、2007～2009年の金融危機のときに空売りすることだった。

TRMIセンチメント指数は、単純かつ直観的で、メディアのセンチメントの変化を過小評価する投資家の性質を表している。しかし、現実の世界で株のトレードに使う場合は、移動平均線のほうが、短期線が上回るタイミング、つまり情報の流れがネガティブに転じたことを投資家が過小評価している期間がよく分かる。

図11.2　S&P500とTRMIセンチメント指数の200日と500日のMACD（2000年1月1日～2015年12月）

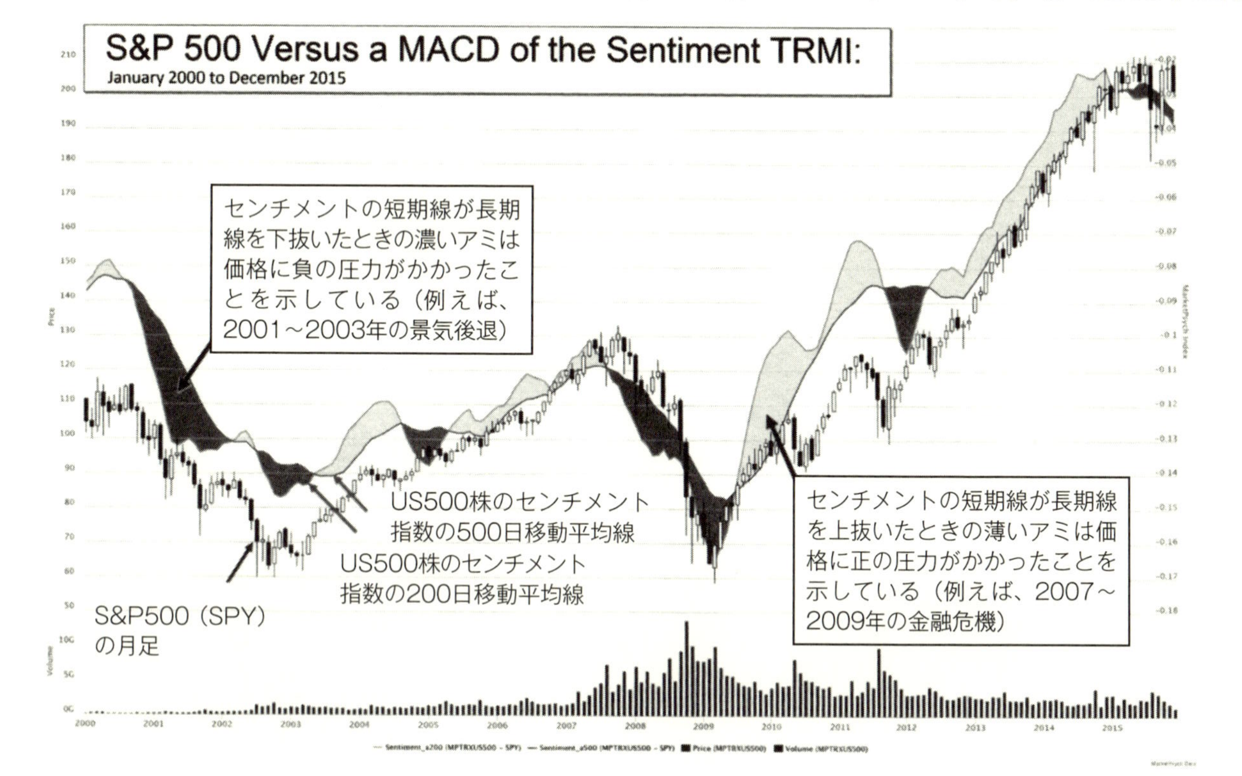

原油

商品に関するメディアのセンチメントを測定するのは難しい。商品の生産者と消費者は、商品価格に影響する出来事について、正反対の見方をしているからだ。そこで、商品に対する見方のトレンドを見極めるためには、センチメント自体よりも価格の方向性を示すTRMI価格方向指数（priceDirection TRMI）のほうが役に立つ。この指数は、資産価格の上昇と下落にかかわる言及を数値化してその差を算出したものである。TRMI価格方向指数の原油価格の予測力が最初に明らかになったのは2012年で、それ以来、この指数は素晴らしい予測力を見せている。例えば、2014年半ばから2015年には原油価格が50％以上動いたとき、この指数が予測していた（**図11.3**）。

1998年から2015年７月21日にかけて、**図11.3**のようなMACDを使ったトレードは年率平均７％のリターンを上げた。これは、１ドルで運用を始めて3.12ドルに増えたということである（借り入れや取引コストは別）。MACDは、価格トレンドを動かすトピックとセンチメントを追跡すると同時に、このような情報の流れの転換点を探すための独自の力もある。また、MACDの予測的価値はほかの資産クラスでも明らかになっている。

モメンタム戦略を強化する

「私たちの思考過程が世界を作りだした。私たちの考えを変えなければ、世界は変わらない」――アルバート・アインシュタイン

イノベーティブな会社は、それまで手に負えなかった難問に新しい解決方法を考え出す。このような会社について、メディアはよく「創造的」「ダイナミック」「イノベーティブ」な方法で製品や顧客に向き

図11.3　原油価格とTRMI価格の方向指数の30日と90日のMACD（2014年5月～2015年12月）

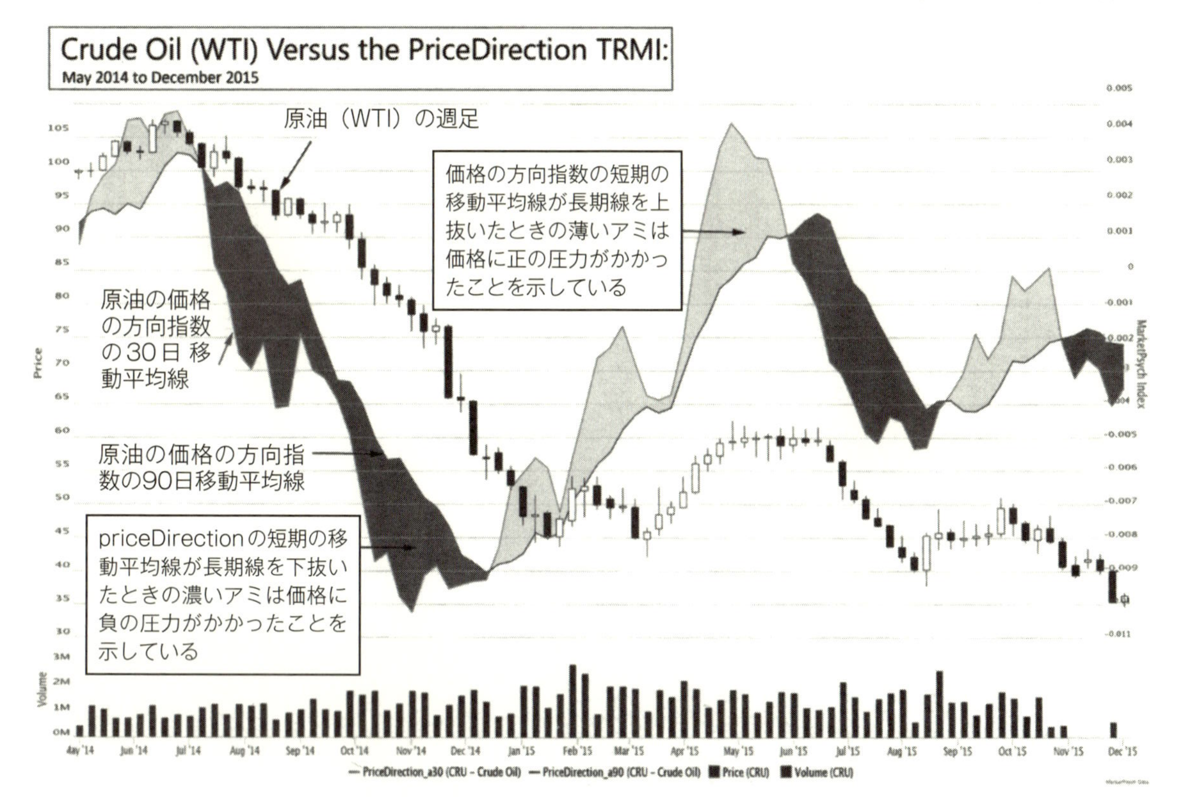

図11.4　モメンタム戦略のリターンはイノベーション指数を加えることで大幅に上昇した（薄いアミの線は図11.1の損益曲線）

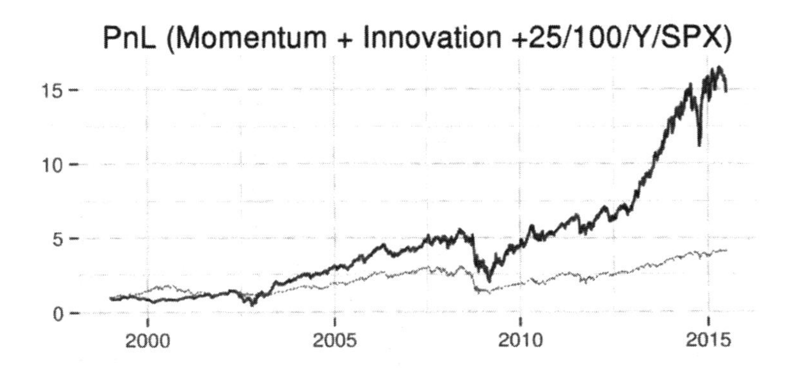

合っているなどと表現する。イノベーティブなものはテキスト解析で数値化することができ、それを会社ごとに示したのがTRMIイノベーション指数（innovation TRMI）である。

C・J・リューによれば、モメンタム戦略のリターンを示した**図11.1**のグラフにイノベーション指数を重ねて交差したところでトレードすると、1999年１月から2015年７月までのリターンは約５倍に大きく改善したという（**図11.4**）。

図11.4の損益曲線は、**図11.1**でも使った12カ月のローテーションモデルでトレードした結果である。今回は、過去の値上がりがS&P500の上位５％の株と、S&P500銘柄のなかでもっともバズが多かった100社のなかのイノベーション指数の上位25％銘柄の両方に該当する株をトレードした。つまり、これはモメンタム株のなかの一部で運用した結果だが、イノベーティブなモメンタム株のほうがイノベーティブでない株のパフォーマンスを上回ることは、より大きなサンプルでも確認されている。ただ、イノベーティブな会社の株価が上昇を続けていても、投資家はイノベーティブな株の好ましい展開には過小反応を見

せていた。

流れに乗る

本章では、さまざまな資産の価格トレンド（モメンタム）を見てきた。価格トレンドは、投資家が新しい情報に過小反応したときに形成されるが、その根底には、認知的不協和という心理的な過程がある。認知的不協和は、新しい情報がそれまでの考えや期待と矛盾することで、そうなると人は、最初はその情報を過小評価する。このバイアスは、楽観的なときに特に強く現れ、不快な悪い情報を無視したり割引いて考えたりする。しかし、投資家が新しい情報の重要性に少しずつ気づき始めると、価格トレンドが形成される。

本章で紹介した研究は、マーケット全体のセンチメントの状況によって、モメンタムの効果が強まったり弱まったりすることを示していた。例えば、ある銘柄の負のモメンタムは、市場全体が楽観的な時期のほうが目につきやすい。すると、楽観的な投資家は、それまでも受け取っていた不愉快な情報をしぶしぶ信じ始めるが、この遅れは認知的不協和による可能性が高い。

センチメントの移動平均線のなかには、価格トレンドに先行するものがある。これは、価格トレンドが少しずつ進化していく場合と、勢いを失いながら大きな転換点に達する場合があり、S&P500にも原油にも見られた。個別銘柄について言えば、買いのみのモメンタムモデルにTRMIイノベーション指数を加えると、リターンが改善した。投資家は、すでにモメンタムがある株の場合、イノベーティブな会社がもたらす価値に過小反応しているのかもしれない。

次の第12章では、資産価格が悲観的な状況まで下げていく様子を見ていく。ちなみに、このような悲観的な状態は、バリュー投資家にとってはチャンスとなる。

まとめ

●リチャード・デニスはトレンドフォロー戦略のトレーダーで、1970年代と1980年代に利益率の高いトレードルールを持っていた。彼のトレンドフォロー戦略は最初は彼自身にとっても彼の生徒にとっても非常にうまく機能した。

●トレンドは、学術的にはモメンタムと呼ばれており、どの市場でも持続するパターンを指す。

●トレンドは、最初は投資家が認知的不協和によって新しい情報に過小反応することから始まると仮定されている。

●「最初の悪いニュースは、それが最後ではない」という言葉は、投資家に急いで反応させるための警句。

●センチメント指数のMACDなどのツールは、価格トレンドとトレンドの反転の指標として役立つかもしれない。

●株の単純なモメンタム戦略は、上昇トレンドにある会社のなかで最もイノベーティブな会社という条件を加えると強化できる。

第12章　バリュー投資

Value Investing

情緒不安定なミスターマーケット

「多くの場合、ミスターマーケットは熱気や恐怖に突き動かされて、バカげた価格を提示してくる」――ベンジャミン・グレアムとジェイソン・ツバイク著『新賢明なる投資家』(パンローリング)[1]

ここ何十年かの間、株のトップ投資家の多くがベンジャミン・グレアムが開拓したバリュー投資というスタイルで運用している。グレアムを信奉する多くの成功した投資家のなかでも、最も有名なのがウォーレン・バフェットだ。投資信託会社のなかには、グレアムの『**賢明なる投資家**』(パンローリング)の初版を、貴重な芸術品のようにケースに入れて展示しているところもある[2]。グレアムの金言は、資産運用の研修生に投資と人生の教訓として受け継がれている。

学者のなかには、市場価格が常に効率的だと主張する人たちもいるが、グレアムのような投資家は、投資家が集団になると理論よりもセンチメントで動くことのほうが多いと考えていた。この群衆的な行動によって、彼らはたとえ良い会社であっても集団でパニックに陥る。しかし、そのおかげでグレアムのような客観的なバリュー投資家は良い株を安く手に入れることができ、いずれマーケットのセンチメントが回復すると、これらの株を利食うことができる[3]。

グレアムは、株価の不安定な変動を気にしすぎるべきではないと考えていた。彼は、短期的な株式市場の動きは自動投票機のようなものだが（最も人気のある銘柄が上位になる）、長期的には体重計のようなもの（長年の間には会社の本質的な価値が株価に反映される）だと書いている[4]。

グレアムは投資家が時間をかけて会社の財務状況を分析し、本質的価値を見極めることを勧めている。さまざまな基準のなかでも、PER（株価収益率）は本質的価値を知る助けになる。株価と比較して収益が高ければ、この比率が高くなり、株主にとっては本質的価値が高いことになるからだ（ベンジャミン・グレアムとデビッド・L・ドッド著**『証券分析』**［パンローリング］[5]）。

マーケットで本質的価値よりも割安になっている会社があれば、そこには安全域（margin of safety）があるため、低リスクで高リターンの可能性を秘めた投資チャンスと言える。グレアムは「安全域は常に支払った価格で決まる。どのような証券でも、安全域はある価格ならば大きくなり、それよりも高い価格ならば小さくなり、それよりもさらに高い価格ならばなくなる」と書いている。この概念を軽く考えてはならない。ウォーレン・バフェットも、安全域（margin of safety）は「投資で最も重要な３語」と言っている[6]。

グレアムは、投資家心理が市場価格に与える影響をミスターマーケットの寓話を用いて説明している。ミスターマーケットは、毎日株主の家に来て、さまざまな価格で株の売買を勧めてくる。彼が提示する価格はたいていは妥当だが、ときどきバカげた価格を出してくる。投資家は、彼の言う価格でトレードしてもよいし、完全無視してもよい。ミスターマーケットが何かを強いてくることはない。明日もやってきて、今日とは違う価格を提示するだけだ。

グレアムは、ミスターマーケットを躁鬱的で、発作的で非合理的で、楽観したり悲観したりしながら感情的に価格を変更してくる人物として描いている。グレアムによれば、ミスターマーケットの一貫性のない気分と行動は、その会社の状況とはまったく関係がないことが多い。そのため、彼の気分の揺れが忍耐強い投資家にチャンスをもたらす。もしミスターマーケットが悲観的な気分になって安く売ろうとするときまで待つことができれば、投資の期待リターンを劇的に上げることができる。同様に、ミスターマーケットが過度に楽観的なときは、彼に不当に高く売ることができるのである。

グレアムの株の価値の体系的な評価方法は、バリュー投資という分野を生み出した。これまでに書いたことをまとめると、もし株価がその会社の資産や潜在力の本質的価値よりも安ければ安全域が存在し、良い「バリュー株」ということになる。バリュー投資の過去の成績は素晴らしい。グレアムは、この考えをパートナーのジェローム・ニューマンと設立した会社で実践した。この会社は1926年からグレアムが引退した1956年まで存続し、投資家に年率17％の利益を提供していた。

面白いことに、グレアムが重視していた合理的な分析と安全域は、それを実践するとミスターマーケットの揺れる気分とはかなり違う感情をもたらす。バリュー投資家は、マーケットの感情のサイクルを利用しているが、彼らは感情を排し、遅行するファンダメンタルズのデータ（PER、PBR［株価純資産倍率］、ほかの基準）を使ってミスターマーケットがどのように感じているかを解明している。本章では、グレアムの心理的な洞察と現代のセンチメント分析を使ってバリュー投資家のすでに素晴らしいリターンのさらなる改善を試みていく。

バリュー投資

「マーケットは、持続不能な楽観主義（株価が過度に高くなる）

と、不当な悲観主義（株価が過度に安くなる）の間を振り子のようにスイングし続ける。賢明なる投資家は、楽観的なときに売り、悲観的なときに買う現実主義者なのである」──ジェイソン・ツバイク著『新賢明なる投資家』（パンローリング）

バリュー投資に関する学術研究が遅れているのは、もしかすると学問の世界では投資家の合理性と効率的市場の仮説にとらわれているからかもしれない。しかし、彼らが無視しても、実際にバリュー投資を行っているベンジャミン・グレアムやウォーレン・バフェット、デビッド・ドレマン（**『株式投資は心理戦争』**［パンローリング］）[7]といった人たちは、何十年にもわたってバリュー投資について書き綴ってきた。投資家たちは、1700年代にはすでにこのような高いパフォーマンスが期待できる投資先を選ぶ技術を提唱していた。「デフォーは本質的価値よりも高い株を買うことについて警告し、リチャード・スティール卿は希望や恐怖を抑えた逆張り投資戦略について念入りに調べていた」（エドワード・チャンセラー著『バブルの歴史』［日経BP社］）[8]。

1987年、簿価を本質的価値として簿価時価比率と株のリターンの関係を調べる体系的な研究が行われた。この研究によると、この比率が最も高い20％の株（最高のバリュー株）を1969年から1983年にかけて２年ずつ保有していくと、累積リターンは年率10％を超えた[9]。1992年、シカゴ大学のユージン・ファーマ教授とケネス・フレンチ教授は、1963～1990年のアメリカ株のリターンを調べた[10]。２人は、株をPBR比率に応じて10段階に分けてリターンを比較した。すると、PBRが最も高い株（バリュー株）のリターンは、PBRが低い株（人気株）よりも１カ月当たり1.53％高かった。また、株をEPR（１株当たり利益）で分けると、この値が最も高い群のリターン（バリュー株）は、最も低い群（人気株）を１カ月当たり0.68％上回った。この重要な研究が行われたあと、バリュー投資株の高い利益は、世界中のさまざまな会計基準の下で確認されている[11 12]。

1株当たり正味流動資産、流動価値、簿価、収益（例えば、PER）、EBITDA（金利・税金・償却前利益）、キャッシュフロー倍率などの基準は、どれもバリュー株を探すのに使われている。これらはどれも過去の高いパフォーマンスと関係がある[13]。ちなみに、定量的研究者のなかには、過去の実績から本質的価値を測るための基準のなかで、最も価値がある要素はEV/EBITDAだと主張する人たちもいる[14]。

ケネス・フレンチ教授は、株のパフォーマンスと相関性がある3つの要素――バリュー（PBRやEPR）、モメンタム（第11章参照）、規模（小型株、大型株）――を使った仮想ポートフォリオのリターンに関するオンラインデータベースを構築している。これらの要素は、今ではファーマ・フレンチのファクターと呼ばれており、このなかの1つ以上のファクターにベットしたポートフォリオ株は何十年も安定的に高いパフォーマンスを上げている。

C・J・リューは、トムソン・ロイター・ティック・ヒストリー（TRTH）の収益データを使ってケネス・フレンチが考案した伝統的なバリュー投資戦略を再現するバリュー株のポートフォリオを構築した。このポートフォリオは毎月、フレンチ博士のポータルサイト（http://mba.tuck.dartmouth.edu/pages/faculty/ken.french/data_library/det_port_form_ep.html[15]）からダウンロードした結果と近いリターンを上げていた。リューも、フレンチ博士と同様に、収益がゼロやマイナスの会社は外している。ただ、リューはフレンチ博士とは違い、バリュー投資系の投資家や投資信託がバイ・アンド・ホールド戦略で運用していることを考慮して、買いのみの運用として計算した。

リューのモデルは、かなりのディープバリュー株のみで検証を行った。彼は、S&P500銘柄を1998年以降のその時々の構成銘柄で調整しながら、EPRでランク付けした。そして、資産を12等分し毎月上位5％の25銘柄を買って1年間保有し、ポートフォリオの12分の1を順次リ

図12.1　S&P500銘柄の買いのみのバリュー投資戦略の損益曲線

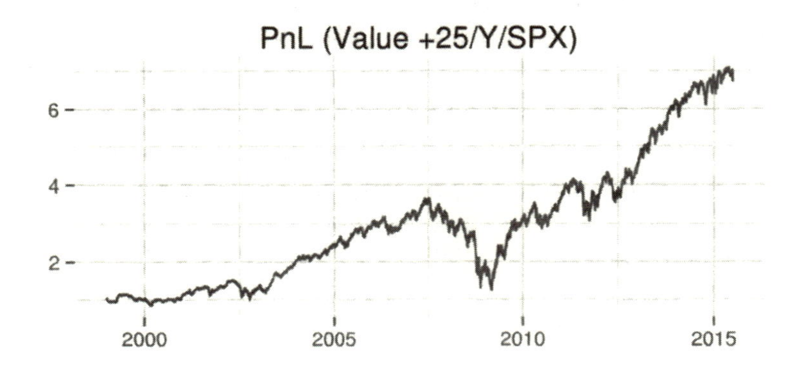

バランスしていったのである。このときのリターンが**図12.1**の損益曲線（エクイティカーブ）である（配当は含まない）。

図12.1は、1999年１月〜2015年８月の期間に、TRMI（トムソン・ロイター・マーケットサイク指数）にデータがある銘柄を使った極端なバリュー投資戦略によって、７倍のリターン（配当と手数料別）でピークを付けた様子を示している[16]。

ベンジャミン・グレアムは、株の選択について書くなかで気分についても言及しているが、学術研究でも、バリュー投資に幅広いマーケットのセンチメントの要素を分析に含めると、リターンはさらに上がるとしている[17]。そこで、リューが特定のセンチメントを組み込んでリターンが大きく改善するかどうかを調べると、いくつかのセンチメント、なかでも怒りがバリュー投資のリターンを大きく改善することが分かった。

楽観主義者に売る

「専門家も含めてみんなが悲観的なときに買い、彼らが大いに楽観的なときに売れ」　――ベンジャミン・グレアム[18]

第３章で紹介したカリフォルニア大学バークレー校のテリー・オディーン教授の論文「輝いて見えるもの」によれば、ある会社に関するニュースは、トーンがポジティブでもネガティブでも、その株の買いが増加したという[19]。しかし、ある特定の群――バリュー投資の機関投資家――は、悪いニュースが出た日の買いが増えなかったことも発見した。そうなると、バリュー投資家はほかの投資家とは違う種族なのかもしれない。つまり、メディアの興奮に踊らされないのだ。ただ、この研究ではバリュー投資家が悲観主義が高まっているときに多く買うわけではないことも示唆していた。バリュー投資家も人間であり、恐怖のセンチメントが極端に高まっているときは、成長投資家以上に過度なリスク回避に陥ってしまうのかもしれない。

ウォーレン・バフェットは、投資家にアドバイスを求められると、「多くの人が恐れているときに買う」ことの価値についてよく語っている。バフェットの言葉を借りれば、もし投資家が株を買うタイミングに固執するならば、「みんなが強欲になっているときは恐れ、みんなが恐れているときは強欲になるべきときだ[20]」と言っている。バフェットのアドバイスを検証するため、リューはバリュー株で恐怖指数（Fear TRMI）の値が比較的高い銘柄のリターンを調べた。彼は、①S&P500のなかで割安株の上位５％、②S&P500でバズ（ネットやSNSで人気化した言葉）が多い上位100銘柄のうち恐怖指数が上位25％の銘柄――という条件を満たす株を絞り込んだ。それらの株の損益曲線を**図12.2**に示してある。

ここで重要なことは、これが概念的には単純な戦略だということで、

図12.2　買いのみのバリュー投資戦略で、バリュー株（EPRが高い）のなかのニュースの恐怖指数が高い株を運用した場合の損益曲線（色の薄い線は比較のために加えた図12.1の損益曲線）

この戦略自体はバフェットやそのほかの暴落した資産に投資するバリュー投資家によってその正当性を逸話的に紹介されている。バフェットはよく、恐れは買いシグナルとして役に立つと語っているし、グレアムはもう少し漠然と「悲観的」な感情と言っている。一方、楽観指数（optimism TRMI、値が低ければ悲観的）に関する研究によれば、これを使ってバリュー戦略を強化する方法は見つからなかった。つまり、グレアムの推論は確認されなかった。ちなみに、恐怖以外に、ネガティブな感情でリスク回避と相関性がある怒りもバリュー戦略を強化することができた。バリュー投資のリターンを向上させる最も強力な感情のひとつが怒りのシグナルだったことは注目に値する。

バリュートラップとカタリスト

人気がなくなった株のなかには、安くても回復できないものがある。これらの株はバリュートラップと呼ばれている。ベンジャミン・グレアムも、株が通常の評価額を回復する理由やタイミングを知る簡単な方法はないと認めている。彼は「みんなと同様、私にとっても謎だ。しかし、マーケットがいずれ、何らかの方法で、正当な価値に達することは経験上分かっている[21]」と言っている。

マーケットが価値を認識するまで待つのは忍耐がいる。しかし、利益目標やみんなの期待を背負った投資家にとって、忍耐は不足しがちだ。バリュートラップで停滞しないようにするために、バリュー投資家のなかには、将来、その会社の本質的価値を明らかにするような出来事がないか探す人もいる。製品発表や投資家向け説明会や決算発表などがそのカタリスト（触媒）となる。

本章では、これまで年率に注目してきた。実は、リューはバリュー戦略とさまざまなセンチメントを組み合わせて月ごとのリターンも調べている。それによると、センチメントで改善したバリュー戦略の月ごとのリターンは素晴らしいが、あまり逆張り的な性質は見られないという。つまり、もしバリュー株を毎月買って翌月に売るとすれば、バリュー戦略を最も改善するのはポジティブなセンチメント（例えば、ポジティブな価格予測［priceForecast］）なのである。この発見は、①多くの株が短期的（１カ月）にバリュー株の範囲に入るが、すぐに反転する、②もっと具体的に言えば、ポジティブなセンチメントやイベントが株価を月次で回復させる――ということを幅広く示している。

第１章で示したとおり、マーケットでは感覚と現実のギャップがたくさんの利益チャンスを提供している。恐怖とイノベーションは、年次でバリュー戦略やモメンタム戦略を強化する役には立つが、株式市場全体のクロスセクション分析によるアービトラージでは利益につながらなかった。恐怖とイノベーションは、①過去のプライスアクション（モメンタム）、②企業のファンダメンタルズ（バリュー）――という２つの条件によって効力を発揮するように見える。条件付けは、センチメントのデータから優れた戦略を選ぶための重要なテクニックである。センチメントは感覚を反映し、ファンダメンタルズは現実を示している。ファンダメンタルズ（EPR）と感じ方（恐怖）は、長期投資家の過剰反応と不当な安値の存在を確認するものなのである。一方、カタリストは感覚と現実のギャップを縮める出来事で、できればそれによって感覚がより現実に近づいてほしい。カタリストと価格が反転するタイミングを見つけるためには、みんなよりも早く先を見ることがカギとなる。投資家は、感覚と現実の溝を埋めるカタリストとなる出来事を見つけることができる。そのためには、カタリストとなり得ることに対する行動計画を事前に書き出しておくとよいだろう。

メディアの報道のなかで、過剰反応を生む特定のセンチメント――「細事にこだわり大事を逃す」ことにつながるセンチメント――を見つけることが、次の３章にわたってのテーマとなる。これから見ていく３つのセンチメント（信頼、リーダーの資質、不透明感）は、相互に相関関係がある。例えば、企業の経営者のスキャンダルに怒った投資家は、その会社に対する信頼が下がるかもしれない。ただ、このような相互関係がある一方で、これらのセンチメントには独自の予測力もある。

まとめ

- ベンジャミン・グレアムがバリュー投資を開拓した。彼は、躁鬱病ぎみなミスターマーケットの寓話を使って、マーケットがときどき大きな割安株を提供してくれることを説明した。
- 学術研究によって、バリュー投資が何百年にもわたって高いパフォーマンスを上げてきたことが明らかになった。
- ウォーレン・バフェットは、恐怖がバリュー株を買う好機を教えてくれるとしている。
- 極端な買いのみのバリュー戦略を、EPRと恐怖指数を組み合わせて強化すると、パフォーマンスが２倍になった。

●多くのバリュー投資家は、バリュートラップを避けるため、カタリストとなる出来事を待つ。しかし、月ごとの投資ではポジティブなセンチメントやトピックを使ってバリュー投資のリターンを順張り的に改善できる。

第13章　怒りと不信感

Anger and Mistrust

「グルーポンのCEO（最高経営責任者）として奮闘した素晴らしい４年半を経て、私はもっと家族と過ごす時間をとろうと決めた。というのは冗談で、私は今日、この会社をクビになった。理由が分からない人は、……注意が足りなかったのだろう」――アンドリュー・メイソン（グルーポンの創業者で元CEO）

2011年にIPO（新規株式公開）を果たしたグルーポンの説明会は、メディアに大いにもてはやされた。CEOのアンドリュー・メイソンは、若くて気取らない、型破りの人物だった。財務内容は驚異的で、IPO前の2009～2010年の１年間の収益成長率は2241％を記録し、過去最速の成長率とも言われていた[1]。

しかし、その後の成長率は必然的に下がり、CEOのメイソンが成長率を回復できないことに対する投資家の不満が募っていった。そして、メイソンがメディアで何回か失言すると（見方によってはユーモラスな過ちとも言える）、投資家は彼の追放を迫るようになった。メイソンへの怒りがピークに達したのは、投資家の信頼が最低になった2012年12月18日の直前だった。CNBCのハーブ・グリーンバーグは、メイソンを「今年最悪のCEO」として次のように書いている。

> メイソンのふざけた態度は、企業のリーダーというよりも大きな子供のようで、会社経営をバカにしているようにすら見える。これが時価総額30億ドル以上の会社ともなればなおさらだ。もし会社が順調ならば許されるかもしれないし、むしろ魅力にすらなるかもしれないが（サウスウエスト航空のハーブ・ケレハーのように）、そういう状態ではない。売り上げ成長率は床を突き抜けているのだ……。[2]

メイソンは、アナリストの収益予想に達しなかった決算発表のあと、2013年２月28日にグルーポンのCEOを解任された。彼は辞表に「グルーポンのCEOとして奮闘した素晴らしい４年半を経て、私はもっと家族と過ごす時間をとろうと決めた。というのは冗談で、私は今日、この会社をクビになった。理由が分からない人は、……注意が足りなかったのだろう」と記した[3]。

皮肉なことに、このグリーンバーグの不機嫌なコメントのあと、安かったグルーポン（GRPN）の株価は12カ月で400％以上上がった（**図13.1**）。

グルーポンに関する怒りは、株価が底を打つと下がり始めた。投資家の怒りの矛先だったメイソンが去ったため、怒りによるリスクプレミアムが下がったからだ。

いら立った投資家（プロのアクティビストを含む）は、時にニュースやソーシャルメディアで経営を批判し、変更を迫るなどする。しかし、このような対立が短期的にポジティブな変化につながるとは限らない。怒りは、考えを硬直させ、疑惑を許容できなくする。ただ、特定の会社に対するみんなの怒りや不信感の高まりは、平常心を保つことができる投資家にとってはチャンスのサインなのである。

図13.1　グルーポンの株価とメディアの怒り指数の90日と200日のMACD（怒り指数の上昇と株価の下落には相関性があり、怒り指数が下落すれば株価は上がる）

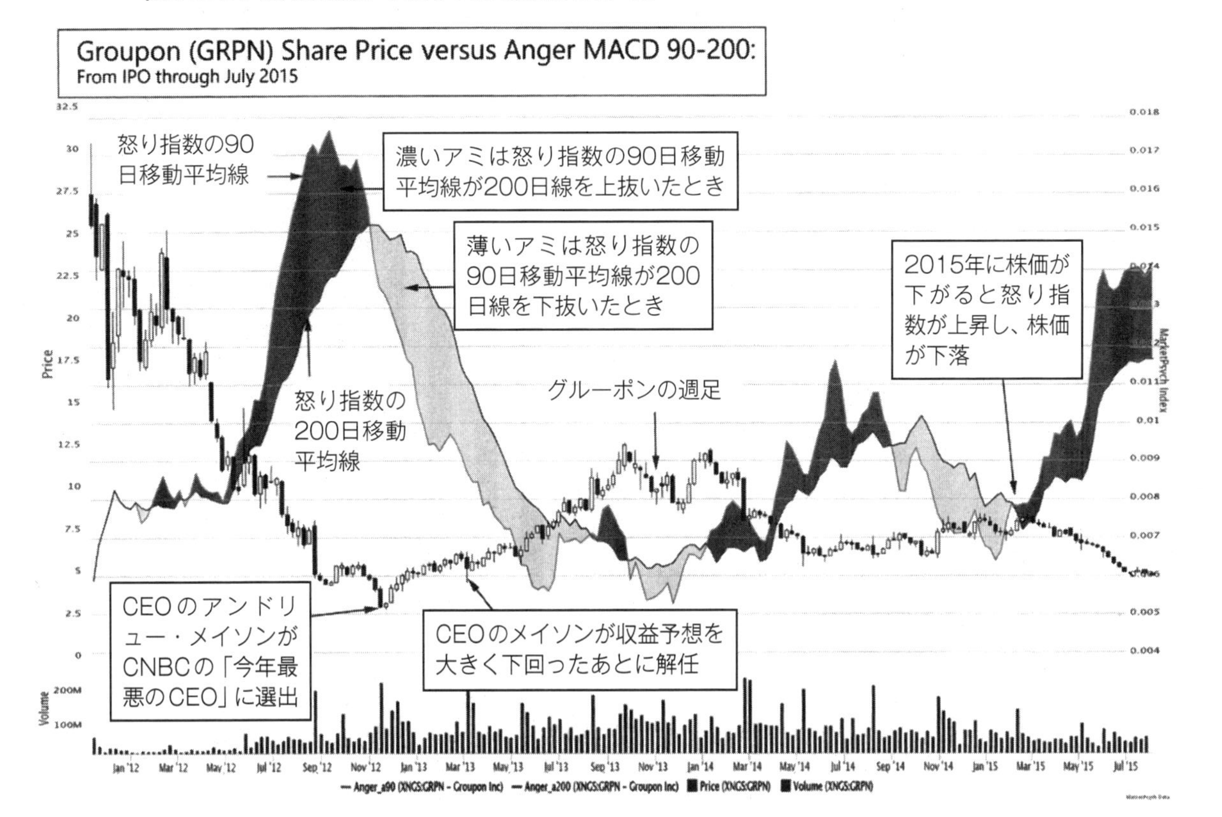

怒りを詳しく見る

「私の舌は、私の心のなかの怒りを伝えるのです。さもなければ怒りで心が張り裂けてしまいます」——ウィリアム・シェイクスピア著『じゃじゃ馬慣らし』

怒りは、トレードに与える影響という意味で独特な強い感情である。実験市場で金融取引を行っているときの怒りを観察すると、怒った被験者は消費財の買い気配値も売り気配値も安いことが明らかになった[4,5]。怒ったトレーダーは、①株を売る、②怒らせる原因がなくなっても再び買おうとはしない——という傾向があるのだ。

そして、オンラインのコミュニティーとソーシャルメディアは怒りをさらに伝染させていた。ソーシャルメディアサイトのウェイボーに関する研究によれば、怒りは、喜びや嫌悪感や悲しみ以上にネットワークを通じて速く広範囲に広がる[6]。そのうえ、心理学の研究によると、怒りの共有は無限に続くという。怒りを爆発させると（カタルシス）、生来の怒りの感情が高まるため[7]、怒りを爆発させたオンライン環境で、全体的な怒りのトーンが上がってしまうのである。

個人の怒りは、予測可能な感覚や意思決定の歪みと関係がある。怒りは責任を明確にし、怒っている人が手に負えない状況をコントロールしようとする。また、怒りはその矛先に大きな欠陥があるに違いないという感覚として何カ月も、何年も引きずることがある。その一方で、怒りには防御的な楽観主義という特徴もある。怒っている人は、自分の怒りが正当だと感じ、将来については楽観している。この楽観主義は怒っている本人に「恨み」を持たせる。前述のとおり、会社に対する怒りはネット上で火がつき、投資家が怒りの元となった株を過小評価するであろうことは安定的に予測できると考えられる。

怒りが価格に及ぼす影響は、地域や文化によって違いがある。多くのアジア地域では、怒りを表に出すと、その人は自制できない人として軽蔑されるし、もし交渉の場で一方が怒り出せば、もう一方はより譲歩しなくなる。反対に、欧米の文化では、怒りを表すことは交渉でより多くの譲歩を引き出すのに有効とされている[8]。つまり、もし怒りに本当にプライスアクションを予測する力があるならば、世界の株式市場における怒りの効果は、文化や地域的な違いを含めて考えるべきだろう。

怒りが価格に与える影響を調べるために、怒り指数（anger TRMI［トムソン・ロイター・マーケットサイク指数］）が開発された。これは怒りのセンチメントの強さを嫌悪感（低レベルの怒り）から激怒（強烈な怒り）まで含めて数値化している。ニュースメディアから分かる怒りは、例えば「激怒した株主がCEOの減給を要求」のように、他人への怒りを表している。一方、ソーシャルメディアから分かる怒りは、例えば「CEOはとっとと出ていけ」「短パンはバカっぽい」のように、会社やコミュニティー内のだれかへの侮辱として表現されている、

怒りの価値

「いつも恐れていると、やがてその人を嫌いになる」――ウィリアム・シェイクスピア著『アントニーとクレオパトラ』

怒っている投資家は、自分が正しいと思っているが、反対の見方を調べようとはしないし、融通が利かなくなり、自分の立場と矛盾する証拠があっても、考えを変えようとはしない。ただ、このような明らかな認知バイアスの根底に怒りがあっても、株式市場で怒りに基づいてアービトラージを行うためのクロスセクションモデルの研究にはあまり成果がなかった。その一方で、怒りも恐怖と同様に、バリュー投資と組み合わせると非常に役に立つことが分かった。割安感も怒り指

数も高い株を選んで１年ごとに入れ替えていくと、単純なバリュー戦略のみよりもリターンが大幅に改善したのである。

投資家の怒りが強くなって、その会社のファンダメンタルズに永続的な欠陥があると考えるようになれば、両方の言い分を冷静に検証できる人にとっては買いのチャンスになる。結局、怒りが弱まったり、冷静な割安株狙いの人たちが買いに入ったりすれば、株価は平均的に高くなっていく。怒りから生まれる頑なさと不信感は、株の投資家にとって致命的なことなのである。

怒りの複雑な従妹が信頼である。信頼を構築するのには時間がかかるが、怒りの破壊力と同様、信頼も数秒で崩れ去る。次項では、信頼が裏切られ、慢性的な不信感が資産価格の過剰反応を誘発し、それがアービトラージのチャンスを生み出す過程を見ていく。

信頼

「アニマルスピリットは、私たちが相互に持っている信頼感や、金融取引における公正感、汚職や不正に対する感覚にもかかわっている。私たちのアニマルスピリットが下がっているときは、消費者は支出を控え、企業は設備投資や雇用を増やしたがらない」

――ロバート・シラー（2013年ノーベル経済学賞受賞者）[9]

ロバート・シラーが書いているように、相互の信頼関係は経済学のアニマルスピリットを支持している。信頼がなければ、信用供与はできない。そして、信用が供与できなければ、物理的な交換以上の経済活動はあまりできない。

心理状態としての信頼は複雑な感情で、テキスト解析で測定するのはかなり難しい。信頼は、自信や考え、信念などの記述子に統合されている。これは、抽象的な心理状態で、表明された信念や行動を通じて影響を及ぼす。TRMI信頼指数（trust TRMI）は、会社や経営者や製品を信頼するか否かを数量化したものである。信頼を示すフレーズには、「この会社の新製品は信頼できる」「CEOは正直な人だ」などが含まれる。一方、信頼できないことを示すフレーズには、「あの会社のカスタマーサービスは人手が足りていないし、対応がまともじゃない」「彼らの製品保証は見せかけにすぎない」などが含まれる。信頼指数は、時間をかけて集めた信頼できるフレーズと信頼できないフレーズの違いを数量化して指数化したものである。

汚職スキャンダルは、人の性質の暗部を明らかにし、当然みんなに不信感を植えつける。TRMI信頼指数が低いのはこのような不信感があるときで、会社や経営陣の犯罪行為がきっかけになることが多い。

ペトロブラス（PETR4）は、2014年の初めには南米の会社のなかで最も高いメディアセンチメントを記録していた。しかし、年末の数値は最低に近かった。運命の転換は建設契約のリベートスキャンダルにブラジル政府の上層部の関与も疑われていたためだった[10]。スキャンダルがメディアに発覚してから何週間かが経過し、契約を有利に運ぶために20億ドル以上の賄賂が支払われたことが明らかになった[11]。このスキャンダルにより、2015年のブラジルのGDP（国内総生産）は1.5％下がると予想された[12]。この驚くべき事実に、スキャンダル後のペトロブラスが投げ売りされることはある程度、予測できた。

図13.2は、投資家がペトロブラスに示した信頼が、悪事が暴露されるにつれて下がっていった様子を示している。ペトロブラスの汚職スキャンダルの詳細が次々と明らかになっていった2014年秋、株価は卑劣な行為に新たな起訴状が提出されるたびに下げていった。

信頼はマーケットの機能を下支えしている。個人間の信頼の水準が低い国は経済成長が遅く[13]、信頼の水準が上がれば経済活動がより活発になるという研究もある[14]。ただ、信頼が成長力を高めるというメカニズムには時間がかかる。信頼は、学校教育や法の支配に直接的に

図13.2　汚職事件発覚後のペトロブラスに対するメディア上の信頼の下落を示すグラフ（信頼指数の30日と90日の単純移動平均線と株価を重ねて表示。2014年7月～2015年8月）

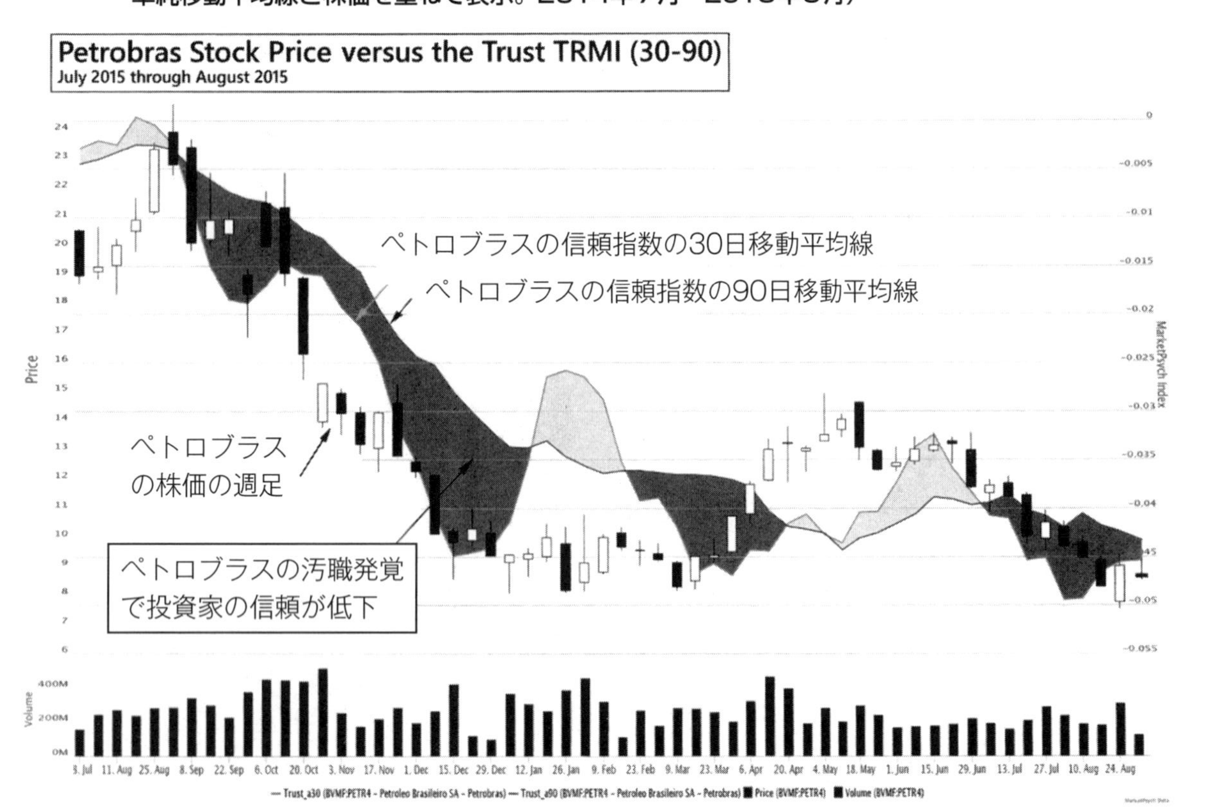

影響する。「信頼は投資の利率（学校教育）に影響を及ぼし、それが成長率に直接的に影響する（法の支配）」[15]。ペトロブラスのスキャンダルがブラジル経済に広範囲な影響を及ぼし、それが外国の投資家のペトロブラス（およびブラジル）への投資の引き上げにつながったのである。

前にも書いたとおり、投資家は鮮明で壊滅的な結果につながりかねない出来事に過剰反応し、信頼できなくなった資産は過小評価する。2015年３月から５月までの２カ月間にペトロブラスの株価が75％上昇したことも（**図13.2**）、投資家の短期的な過剰反応を考えれば、まったく予想できないことではなかった。

銀行は信頼できるのか

「アニマルスピリットの重要な側面は信頼、つまり他人への疑念を却下する感情の状態である」――ロバート・シラー（2013年ノーベル経済学賞受賞者）[16]

世界的な金融危機の余波のなかで、銀行への信頼がやっと回復し始めたときに、銀行業界にとって特別に不利なスキャンダルが発覚した。350兆ドルを超えるデリバティブ[17]を評価するために使われているLIBOR（ロンドン銀行間取引金利）が、日々のレートを提示する銀行に不正操作されていた問題である。提示銀行がレートを不正に調整してトレード利益を増やしたり、信用力を高めに見せたりしていたのだ。これはとんでもない行為だが、このスキャンダルの悪影響はメディアで誇張され、銀行への批判はさらに高まった。**図13.3**は、バークレイズの行員がLIBORの不正操作にかかわっていたことを明らかにしたにもかかわらず（あるいはそれが理由で）、この銀行への信頼が劇的に低下した様子を示している。

図13.3　バークレイズ銀行の株価とTRMI信頼指数の30日と200日のMACDを重ねたグラフ（LIBORの不正操作スキャンダルは株価と信頼を急落させたが、どちらも急速に回復した。2012年2月～2013年2月）

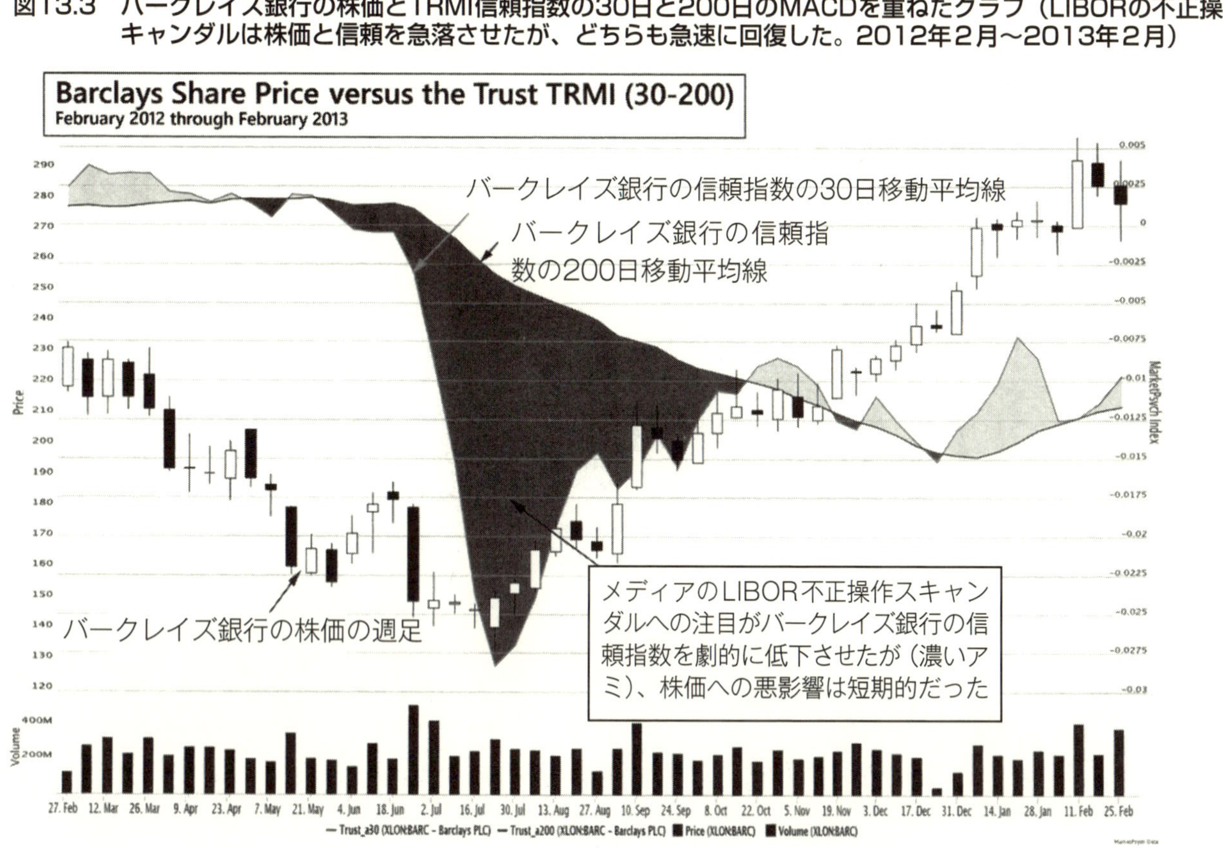

驚くことに、バークレイズ銀行の信頼はその後急速に回復し、安値から12カ月で100％以上高騰した。ペトロブラスもバークレイズも、大きなスキャンダルによって株価は劇的に急落したが、不信感による下落はそのあと回復した（バークレイズの場合は完全復活したが、ペトロブラスは本書執筆時点でその見込みは立っていない）。

これらの反転は、メディア上で不信感が強いと、自動的に投資家の過剰反応につながるということなのだろうか。このことについては、クロスセクションの研究が洞察を与えてくれる。

信頼ファクター

シラー博士の言葉からも分かるように、信頼は「アニマルスピリット」のカギとなる。また、それが投資家の行動に与える影響はそのあとも根深く、信頼を損なわせた出来事の翌年には驚くほどの反転がある。この項では、アメリカ株と世界の株式市場における信頼を使ったアービトラージ戦略の結果から、不信感（と高い信頼感）がどのようなときに資産価格の反転に先行するのかを見ていく。

アメリカの個別株に関するTRMI信頼指数のクロスセクション的な研究によると、信頼アービトラージの潜在価値は**図8.2**（週ごとで入れ替えるモデル）を見るかぎり限定的である。ただ、信頼指数は株式市場で月ごとや、年ごとにアービトラージのチャンスがある。この項では、月ごとの２つの損益曲線（エクイティカーブ）を紹介する。**図13.4**は、アメリカ株でニュースのバズ（ネットやSNSで人気化した言葉）数が上位100銘柄を使った信頼アービトラージ――毎月、信頼が最も低い５分の１（20銘柄）を買い、最も高い５分の１（20銘柄）を空売りする――の結果を示している。

また、**図13.5**の損益曲線は、世界の国の株価指数を１カ月ずつ保有した場合の損益曲線である。外国株の指数の価格は、トムソン・ロイ

図13.4　アメリカ株をニュースで見る信頼アービトラージによって毎月入れ替えた場合の損益曲線

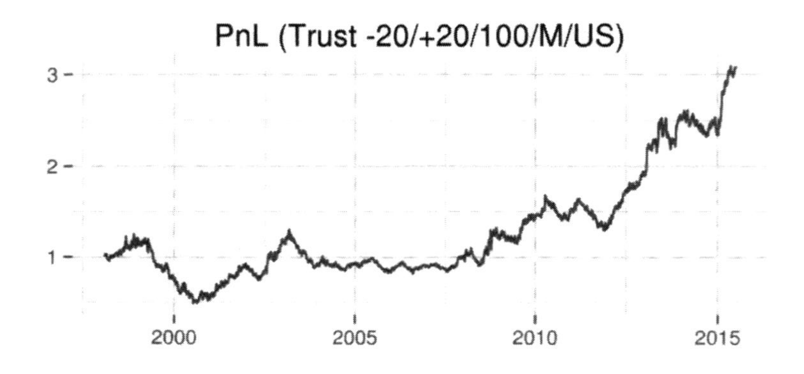

ター・ティック・ヒストリーのデータベースを使った。この戦略では、最も信頼が高い国上位25％（５カ国）の主要な株価指数を売り、下位25％（５カ国）の株価指数を買っている。

このモデルによれば、1998年以降、最も信頼度が高い国の株式市場のパフォーマンスは、最も信頼度が低い国のそれを下回っている。気持ち的には政府が信頼でき、景気が安定している国に投資するほうが楽だが、それにはコストがかかるということだ。信頼できる国の株式市場の長期リターンは低かった。ただ、この結果は過去20年間に法制度と統治制度があまり確立されていない市場（新興市場）に資金流入が増えた恩恵を受けており、定期的に起こる質への逃避によって、このリターンが下がる可能性は高い（例えば2015年）。

信頼と許容

「愚か者は、許すことも忘れることもない。無邪気な者は、許し、そして忘れる。賢者は、許すが、けっして忘れはしない」——

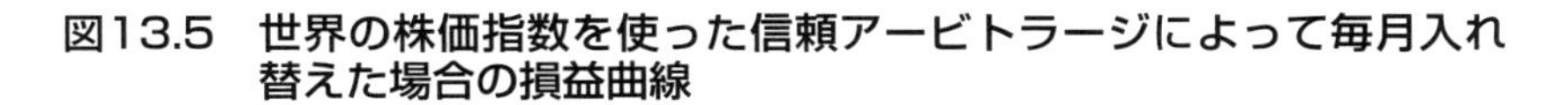

図13.5　世界の株価指数を使った信頼アービトラージによって毎月入れ替えた場合の損益曲線

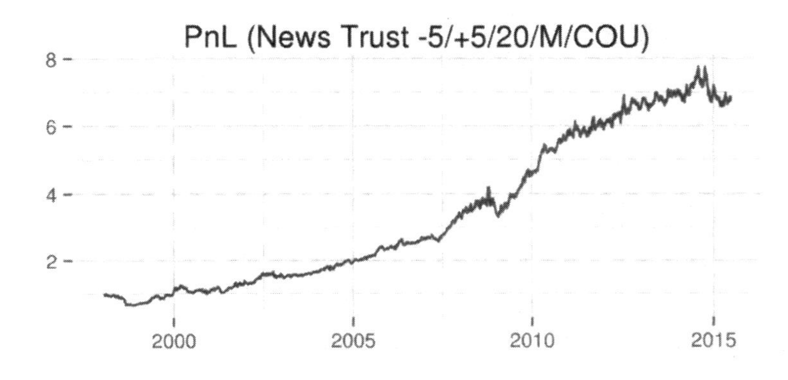

トーマス・サース

投資家は、スキャンダルによって繰り返される過剰反応のパターンから学ぶべきことがたくさんある。ペトロブラスのケースでは、価格は信頼の低さを示す４～５カ月の横ばいのあと、素早く転換し、2015年３月から５月の２カ月足らずで75％以上上昇したが、そのあと再び下げに転じた。バークレイズ銀行の場合、株価はそれよりも速く100％回復し、それが持続した。このような反転はよくある。そのため、信頼を使ったクロスセクションモデルで、週・月・年ごとに国を超えて逆張りでアービトラージを行うこともできる。

本章には２つの主な教訓がある。まず、社会の怒りを誘発するスキャンダルや不祥事は、投資家にチャンスを提供する。２つ目に、それを合理的に許す戦略にもメリットがある。怒りは短期的なゴールを達成するかもしれないが、長期的に見れば許すほうがより柔軟な投資（とより幸せで健康な人生）につながるからだ[18]。

こうなると、必然的にウォーレン・バフェットが主張する、「私たちはみんなが強欲になっているときは恐れ、みんなが恐れているときは強欲になります」という結論になる。これは言い換えれば、「みんなが信頼を失っているときは買い、自信に満ちているときは売る」ということでもある。次の第14章では、特殊なタイプの信頼で、価格に対する強い予測力を示唆する「リーダーへの信頼」について見ていく。

まとめ

●投資家が集団的に怒りを感じたり不信感を持ったりしたときは、株が割安になり、投資チャンスが訪れる。
●怒りを感じた投資家は、その怒りに関連する資産を買わないようにし、むしろ売ろうとする（排除しようとする）。
●グルーポンのCEOのアンドリュー・メイソンは、投資家とメディアの大きな怒りを買った。
●PERと怒り指数の両方が高い株を買う戦略は、長期的にはどちらか一方だけの戦略よりも高いリターンを上げた。
●怒りは単純な感情だが、信頼は自由な金融市場の根底にある複雑な感情。
●人と人との信頼度はその国の経済成長力と相関性がある。
●2014～2015年のペトロブラスの汚職スキャンダルや、2012年のバークレイズ銀行のLIBOR不正操作スキャンダルは、投資家の不信感が価格の過剰反応を招く様子を示した。
●もしかすると、信頼は金融制度が機能するための重要な要素であることが、個別株の信頼アービトラージ戦略の体系的なチャンスにつながっているのかもしれない。信頼アービトラージ戦略では、最も信頼度が低い株を買い、最も高い株を空売りすることで、週ごとでも、月ごと、年ごとでも安定的にリターンが上がる。
●クロスセクションの信頼アービトラージ戦略は、アメリカ株だけでなく、国ごとの信頼指数を使った世界の株価指数にも使える。

- スキャンダルがあっても利益につながりそうな会社の混乱を利用して買うためには、ニュートラルな気質が必要。
- 許すことは怒りを鎮める助けになるとともに、より良い投資判断にもつながる。

第14章　リーダーの心理

The Psychology of Leadership

「長引く航海にぼやき、不満を言う船員たちに、意気地がないと叱咤し、結果はどうあれ、カトリック両王に託された仕事はやり遂げなければならないと伝えた。私は全力で彼らを元気づけ、いずれ彼らが手にすることになる名誉と報酬について語った。また、不平を言っても無意味だ、インド諸島を探すための航海なのだから、主の助けを借りてミッションを達成するまで続けるとも言った」――クリストファー・コロンブス（1492年10月10日水曜日）

クリストファー・コロンブスは、上の日記を書く68日前に出航し、初めての航海でキャセイ（中国）を目指し自信満々に大西洋を進んでいた。しかし、途中で遭遇した数々の悪い兆しに船員たちはおびえ、10月10日になっても陸は見つからなかった。乗組員たちは反乱を起こす寸前で、コロンブスにスペインに引き返すよう迫った。

船員たちの反抗的な姿勢を理解するためには、この旅の平坦ではなかった過程を書いておかなければならない。スペインを出航したあと、彼らはまずカナリア諸島に立ち寄って物資を積み込んだ。そこで、彼らはポルトガルの王が自分たちを捕え、監禁する命令を出したと知らされた。そのため、慌ててカナリア諸島を離れたが、ピンタ号の舵が壊れたため、やむを得ず引き返すことになった。ところが、テネリフェ島で修理を待つ間に、この島の火山活動が活発になった。スペインの乗組員たちにとっては、新しくて恐ろしい経験である。修理が終わり、再び大西洋に漕ぎ出した船員たちは、カナリア諸島が見えなくなると、「恐ろしい暗黒の海に向かってどんどんつき進んでいく。もう二度と陸を見ることはないかもしれない[1]」と言って泣き出した。

コロンブスの船団はサルガッソ海で速度が落ちた。ここは風や海流があまりなく、大量の海藻と流れのない海で１週間ものろのろとした航海が続いた。このまま一生漂流し続けるのではないかという不安のなかで、陸の蜃気楼が船員たちの希望をかきたてては打ち砕いた。

船員の気持ちの弱さに加えて、コロンブスは自分の航路計算が間違っていたことに気づいた。期待したところに陸が見つからなかったのである。もしコロンブスが陸に到達する前にスペインに引き返していたら、彼は面目を失い、投獄され、もしかすると死刑になっていたかもしれない。コロンブスは航海日誌の航行距離を改竄することを決め、本当の距離を記した日誌を手元に置き、船員には短い距離を記した日誌を見せた。

そのうちに、船員たちは磁気コンパスが北極星の方向を正しく示していないことに気づいた。おびえた彼らを鎮めるため、コロンブスは船員たちに北極星の位置が変わったとウソをついた。

1492年10月10日、船員たちの不安は暴動に変わった。彼らのいら立ちを一時的に抑えるため、コロンブスは賭けに出た。もし３日以内に陸が見つからなければ、スペインに引き返すと約束したのだ。コロンブスは、主導権を維持して自分の展望を実現するために、船員たちを叱責し、なだめ、脅し、だまし、最後には土壇場の賭けに出た。そして1942年10月12日の朝、コロンブスにとっても船員たちにとっても幸いなことに、彼らは陸を発見し、上陸を果たした。

コロンブスと同様に、企業の幹部も目標を達成する過程でいらついた投資家に対応しなければならないことは多い。このような場合、彼らも地位を賭けて特定の結果を提示することがある。コロンブスの「あと３日だけ」のように、企業の幹部も「次の四半期までに収益を好転させる」「新製品をヒットさせる」などといったことに賭けるのだ。そして、それが達成されれば称賛されるが、達成できなければ評価を落とすことになる。

人がリーダーを見抜き、反応する社会心理は、精神に深く根付いている。リーダーに関する強力でポジティブな社会的評価――例えば、崇拝や称賛――は、責めやスケープゴートに簡単に変わる場合もある。本章では、不当な責めを負った経営陣やその対極にあるスーパースターCEO（最高経営責任者）を見ていく。本章で紹介する研究は、経営陣の安定性のなさと誠実さのなさを感じると個別株に影響が及ぶことを示している。また、決算発表の電話会議における経営陣の対応の仕方も、株価に影響を及ぼしている。

経営陣を責める

「人気を失っている人を批判したり、他人に過ちの責任を押しつけたりするのは簡単だ」――レフ・トルストイ著『戦争と平和』

ネットフリックスが2011年に新たにDVDのストリーミングサービスを始める[2]と、CEOのリード・ヘイスティングスはさまざまなニュースやソーシャルメディアで批判にさらされた。ネットフリックスが標準的な配信料を最高60％値上げしたことで、顧客の信頼を大きく損ね、この会社のリーダーとしてふさわしくないといううわさが広がったのだ。株価は値上げから５カ月で40ドルから９ドルに急落した（株式分割調整後）。**図14.1**に2011年のネットフリックス（NFLX）の株価チ

図14.1　ネットフリックスが料金戦略を変更したあとの株価とTRMI経営陣への信頼指数の30日と90日のMACD（2011年7～10月）

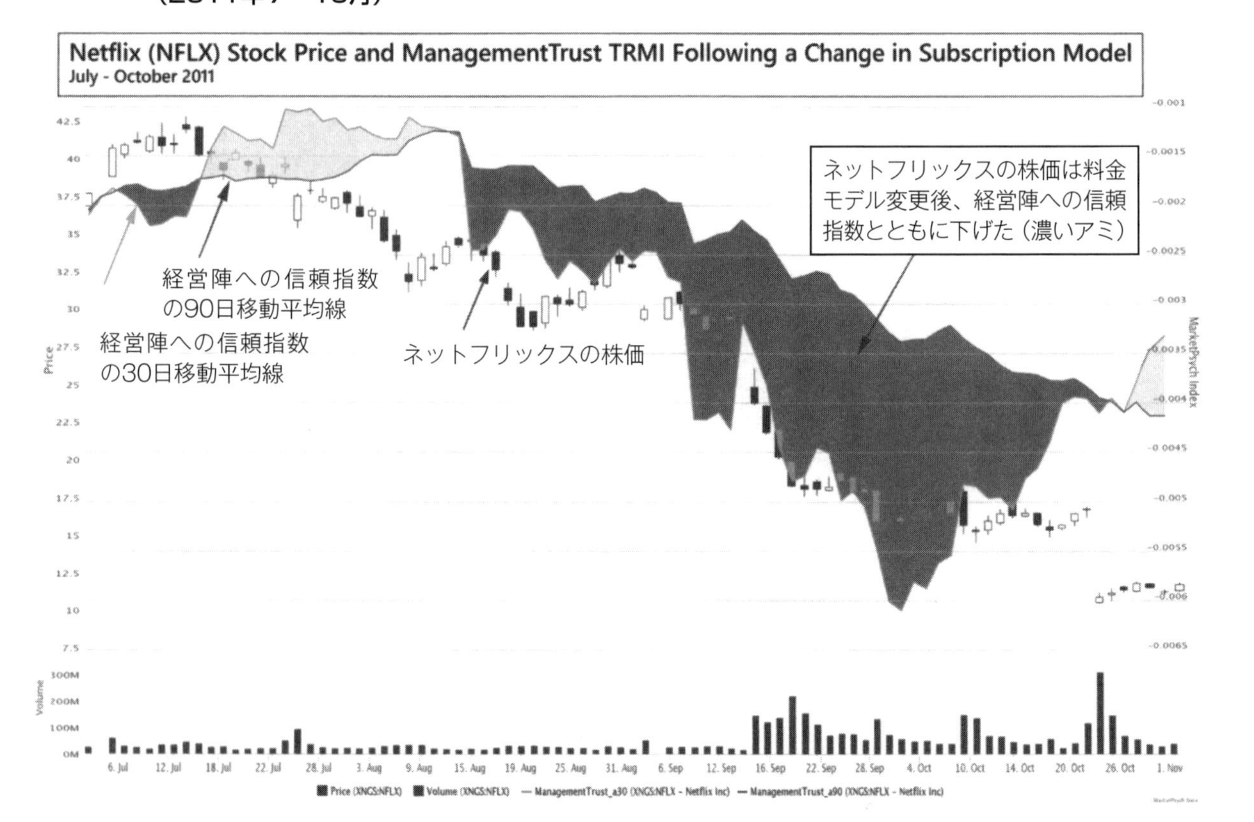

ャートと経営者のTRMI（トムソン・ロイター・マーケットサイク指数）信頼指数（managementTrust TRMI）を重ねて示してある。これを見ると、ヘイスティングスに対する初期の厳しい非難にもかかわらず、彼の評判と株価は2013年には回復して新高値を更新したことが分かる。

メディアがCEOの判断を中傷するのはよくあることだが、それは見当違いのことも多い。激しい批判にさらされても、結局は中傷した側が間違っていたことを証明したCEOの例はたくさんある。最も有名なのはアップルのスティーブ・ジョブズで、1985年にリーダーとしての姿勢を批判され失脚したが、1997年に再び経営者として迎えられると、アップルを世界で最も価値ある会社に育てた。このように、メディアがリーダーをスケープゴートにするケースはよくあることで、人類学の研究によれば、これは重要な社会心理的な機能なのである。

人間の生贄の感情的な価値

「スケープゴート
①他人の責めを負っている人。
②非合理的な敵意の対象となっている人」

―― メリアム・ウェブスター辞典[3]

だれかをスケープゴートにするのは社会や組織が疲弊しているときで、それによって説明（「彼のせいだ」）と簡単な解決（「能無しは追放しろ」）ができた。近代以前の社会では、動物を生贄にすることで、社会秩序を乱すことなく、みんなの感情を満たしていた（スケープゴートの直訳は「贖罪の山羊」）。生贄は、不確かな状況（作物の収穫量でも、戦争でも、そのほかの予測できない出来事でも）を、自分たちが支配している気持ちにさせてくれる。社会を安定させるスケープゴートの価値に敬意を表して、選ばれた生贄は最初に神に近い地位を与えられることもあった。例えば、アテスカ族で人身供養に選ばれた人は、執行までの１年間贅沢な暮らしをすることができた。

近代社会では、儀式的な生贄はなくなったが、それでも社会は非難の的を必要としており、社会で一時的に起こる暴動が、似たような心理的効果を担っているように見える。魔女狩り・大虐殺・民族浄化などは、たいてい政治的・経済的な権力者が自らの地位を誇示し、一触即発状態にある階級間の緊張を緩和するために行われることが多い。経済的・社会的制裁を受けている人たちへの暴力とのつながりは、1882～1930年のアメリカ南部における綿花価格と黒人に対する暴力（リンチ）の相関関係にも見られた。「綿花（この地域の当時の主要な産物）価格と白人による黒人のリンチの件数の相関関係は－0.63～－0.72の範囲にあり、経済の困窮で白人がいら立ち、そのはけ口として外集団への攻撃が誘発されたことを示唆している[4]」

最近の仕事場でのスケープゴートは、それによって社会的感情を満足させるという面もあり、時にはスコット・アダムの漫画のディルバート[5 6]のように滑稽な形で表現されることもある。しかし、スケープゴートになった当人にとっては、楽しいわけがない。ビジネスの世界では、くだらない批評家や投資家たちが経営陣の戦略的な失敗を探し、先のリード・ヘイスティングスのように、スケープゴートとして不当に責め立てるケースも見られる。

ネットフリックスの株価が急落する前年の2010年、リード・ヘイスティングスはフォーチュン誌の「今年の最優秀ビジネスパーソン」に選ばれ、同誌の表紙を飾った[7]。メディアにおける彼の転落は予想できないことではなかった。CEOがメディアで「スーパースター」と認められると、そのあと３年間で株価が下がるという学術研究もあるくらいだ。

スーパースターCEO

「良い場合も悪い場合も、その人がリーダーなのは、みんながそう言うから」——ジェームス・マケロイ（リーダーシップの帰属理論の説明より）[8]

思い上がりはCEOと投資家の感情にとって最も危険な感情のひとつで、そのあと大きな損失につながることが多い。組織のトップに就いたCEOのパフォーマンスが下がることを、経済紙は「CEO病」と呼んでいる。

2009年の論文「スーパースターCEO」で、スタンフォード大学のウルリケ・マルメンディアとUCLA（カリフォルニア大学ロサンゼルス校）のジェフリー・テイトは、ステファノ・デラビグナが集めたデータから、金融メディアが主催する名誉ある全国的に知られた賞を受けたCEOがいる283社のサンプルを選び、受賞から６日～３年後の株価の動きを調べた[9]。すると、彼らの会社の株価は受賞が予想された人たちの会社（似たタイプ）の株価を初年で４％、２年で14％、３年で20％下回っていた。この結果を見ると、思い上がりは最も信頼されていた会社の運勢の低下の一因になっているように思える。ほかには、モラルの腐敗も考えられる。

自分がスーパースター経営者だと思うようになると、モラルの腐敗につながるのかもしれない。アクトン卿の「権力は腐敗する、絶対的権力は絶対に腐敗する[10]」という言葉も、さまざまな独創的な実験によって実証されている。研究者たちは被験者を、自分が強力だと感じた経験を思い出すよう伝えた群と、自分には力がないと感じた経験を思い出すよう伝えた群に分けた。前者は、後者に比べて他人のごまかしに厳しい反面、自らのごまかしは後者よりも多かった。また、前者は他人のモラル違反により厳格だが、自らのモラル違反についてはより甘かった[11]。コロンブスが、船員をなだめるために航海日誌の改竄が妥当だと考えたように、自分が強力だと感じている人は、自分には規則を破る権利があり、みんなほど道徳にしばられなくてよいと考える傾向がある。同じモラル違反でも、他人には厳しく、自分には甘く判断しているのだ。このような傾向は、人間のリーダーシップ心理の生来の特徴で、自己評価が高いリーダーが恥ずべき行為に手を染めてしまう理由でもある。

信用を失ったリーダーシップを買う

「リーダーシップは人間の頭の中にある概念で、追従者ひとりひとりは持っていないが、みんな感じとっている」 ──ボビー・J・カルダー[12]

C・J・リューは、クロスセクション分析を行い、経営陣への信頼が高い会社と低い会社のアービトラージを研究した。TRMI経営陣への信頼指数（managementTrust TRMI）は、経営陣（取締役会、CEO、重役、ほか）の特定の特徴について数量化したものである。信頼感は、経営陣に関する「信頼できる」「頼りになる」「誠実」といった記述、信頼できないほうは「悪党」「不正直」などの記述を数量化し、それぞれのタイプの言葉の頻度を集計して指数化している。

リューはまず、アメリカ株で過去１年間のニュースのバズ（ネットやSNSで人気化した言葉）数で上位100銘柄を経営陣の信頼指数の月間平均でランク付けした。そして、幅広い効果を得るために、最も信頼できるリーダーがいる会社の上位20％を空売りし、下位20％を買い、それぞれ12カ月保有した。この経営陣の信頼のアービトラージ戦略による絶対リターンの損益曲線（エクイティカーブ）を**図14.2**に示してある。

図14.2　1年間のニュースとソーシャルメディアでアメリカ株に関する経営陣への信頼指数を使ってアービトラージを行った場合の損益曲線

1年で見ると、投資家は会社の経営陣の無能な行動が頻繁に報道されているときに買い、功績が称賛されているときに売るべきである。このような上昇は、週次や月次の損益曲線にも見られる。

この結果は、希少効果によるものかもしれない。経営陣の大きな内紛はそう頻繁には起こらないが、起こったときはたいていニュースになる。ウォーレン・バフェットの「信頼を築くには20年かかるが、失うのは5分[13]」という言葉は有名だ。ちなみに、メディアの政府（およびその全体的な不安定度）に対する感じ方も、経営陣に対するそれと似ている。

不安定な政府を買う

「大砲の音がしたら買え、トランペットが聞こえたら売れ」――ネイサン・ロスチャイルド男爵（1812年）

上の言葉は、ナポレオン戦争のさなかにネイサン・ロスチャイルドが言った言葉で、大砲は戦争をしている国、トランペットは戦争に勝利したことを指している。今日、地政学的な摩擦は減ったが、政情不安定な国など、政治的に苦悩している国にはロスチャイルドの行動原則を応用できる。世界的な投資家にとって、政府との契約が履行されないリスクは現実にあり、投資家は政情が安定していない国のリスクは避けたほうがよいのかもしれない。最近の研究では、このような回避は典型的な過剰反応とされている。

図14.3の地図は、政情不安定がメディアで報道される頻度を示している。ただ、白で示したサブサハラアフリカの数カ国は、分析に含まれていない。

この地図で、最も濃い色の国――リビア、ベネズエラ、カンボジア、シリア――は、安易にトレードできない。一方、安全にトレードできる国の株価指数のなかでは、議会制度の下で政権が短い周期で変わることが不安定さを示しているのかもしれない。このような民主的な不安定さは、与野党の頻繁な交代や、政権交代の脅威が先進国での投資チャンスに発展する。これからそのことについて書いていく。

ロスチャイルドの世界的な投資原則が今でも通用するかどうかを調べるために、C・J・リューはTRMI政府の不安定度指数（governmentInstability TRMI）を使ってアービトラージを試みた。彼は、過去12カ月に最もバズが多かった20カ国を選んだ。ただし、安易にトレードできない国は除外して、過去12カ月の政府の不安定度指数でランク付けした。この仮定のポートフォリオでは、ニュースメディアで最も不安定とされている4カ国の株価指数を買い、下位4カ国（最も安定している国）の株価指数を売って、12カ月間保有する。このポートフォリオを1999年以降、毎月リバランスでポートフォリオの12分の1を入れ替えていくと、損益曲線は**図14.4**のようになった。

このモデルでは、最も不安定な国を買ったことが良い結果につながった。安定した国を売るだけでは、損益曲線は上昇しない。このモデ

図14.3　TRMI政府の不安定度指数で色分けした世界地図（2014年）

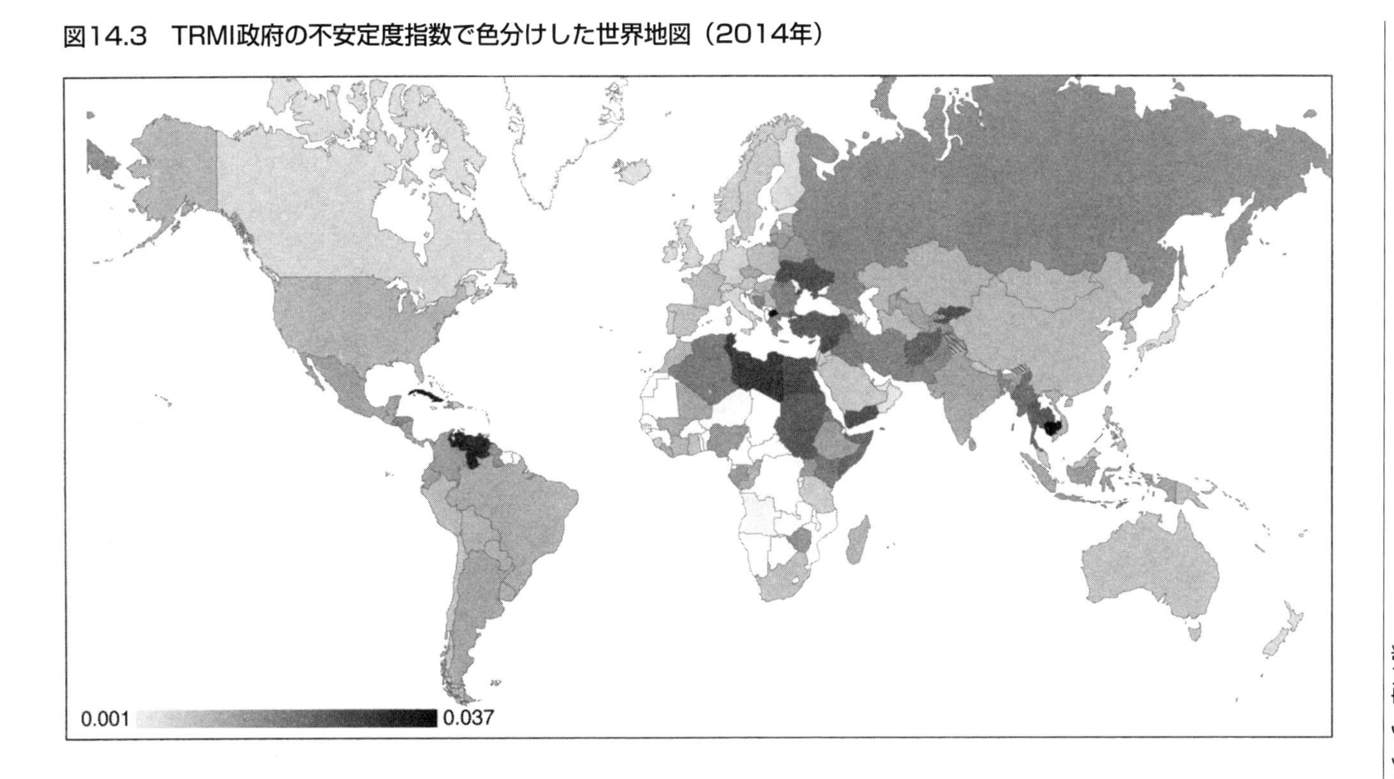

図14.4　TRMI政府の不安定度指数で見た最も不安定な国と安定している国の主要な株価指数に対してアービトラージを行い、12カ月ごとに入れ替えた損益曲線

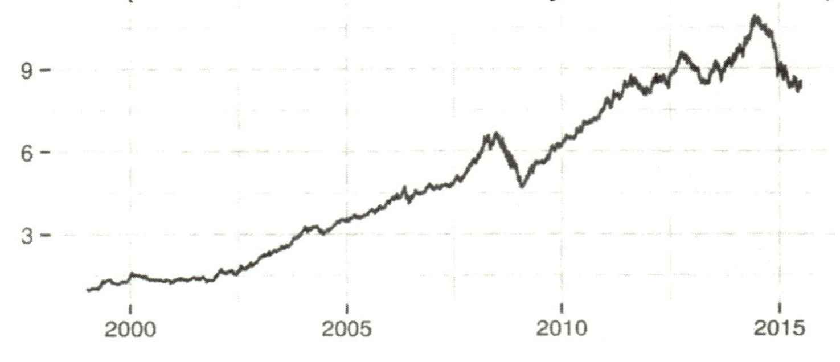

ルでは、通貨の変動に対するヘッジは行っておらず、金利を含めれば実際にはリターンが跳ね上がった。

この戦略が歴史的に高いリターンを上げたことを受けて、リューは感度分析（一種のストレステスト）を行い、政府の不安定度指数が高いと素晴らしいリターンにつながることも分かった。政権が安定していない国の株を買った部分はすべて利益につながっていたが、政権が安定している国の株を売った部分の利益は安定していなかったのだ。大事なことは、このモデルがさまざまな国を選んだことである。ちなみに、このモデルでは、各国の主要な株価指数のETF（上場投資信託）を使っている。

信頼できない経営陣や安定しない政権に関する報道は、投資チャンスを生む。しかし、信用を構築し、高い評価を得るために、企業幹部は何をすればよいのだろうか。彼らにとって、企業の電話会議の記録をテキスト解析した結果は、話し方の参考になると思う。

テキスト解析を使って企業幹部のコミュニケーション力を改善する

何年か前に、あるフォーチュン500企業からマーケットサイクに、CEOの投資家対応を改善する手助けをしてほしいという依頼があった。このCEOは間違ったことを間違ったタイミングで言ってしまうことがよくあり、特に決算報告の電話会議でそれをして、投資家にリーダーシップ力を疑われることもあるということだった。トムソン・ロイター・ストリート・イベントという決算報告の電話会議の記録を集めたデータベースには、過去30四半期分の電話会議の記録に、このCEOのコメントがあった。そこで、これを分析して、どのコンテンツが電話会議の３カ月後の株価に影響を及ぼしていたのかを調べた。

最初の結果は、言うまでもなかった。CEOが発表した減益のニュースと不確実な発言は、株価を下げていた。しかし、仮に今期が減益でも、CEOが収益回復のための明確な計画を示せば長期的な株価に悪影響はなかった。逆に、彼が計画を示さなかったり、あいまいなことを言ったりすると、株価は下げ続けた。また、彼が会社の新たな改革案を示せば株価は上がり、それをしなければ下がった。ほかにも、彼が経営陣を称賛すれば、株は上昇し、それをしないと下落した。実際、経営陣への感謝の表明は、電話会議から３カ月後の株価を上げる最も強力な独立変数だった。もしかすると、リーダーが功績を分け合うことが、小さなソーシャルシグナルを発しているのかもしれない。また、このようなリーダーは、自分の才能に溺れることがあまりないため、思い上がりによる間違いを犯す可能性も低いのかもしれない。

結論

「狩りで最も簡単なのはスケープゴートを探すことだ」――ドワ

イト・D・アイゼンハワー

クリストファー・コロンブスは、最後は新大陸を発見して称賛されたが、当時はリーダーシップのなさを嘲笑されていた。彼が新大陸への3回目と4回目の航海で自ら築いたサントドミンゴの植民地に行くと、反逆者に侮蔑され、強制撤去させられた。そのあとも、サントドミンゴへの上陸を拒否され、逼迫していた物資を得ることができず、近くの港でハリケーンをやりすごすしかなかった。

また、スペインに帰国すると、新大陸から持ち帰った富の取り分をめぐって王室と何十年もの交渉を余儀なくされた。スペイン王室は、権力によって堕落していたのかもしれないが、コロンブスとの約束を守らず、新大陸の富を独占しようとしたのだ。結局、契約は履行されないままコロンブスは亡くなった（のちに彼の息子が取り返した）。

ビジネスにおいて、人の管理は最も複雑な過程のひとつである。投資家として、CEOや経営陣に対する崇拝とスケープゴート化のサイクルを観察しておくことは有益かもしれない。自分の権力を過大評価している経営者は、長期的なパフォーマンスが低い（ただ、力不足と感じている場合もダメで、その半ばくらいがよい）。ネットフリックスのリード・ヘイスティングスが、2014年にスタンフォード大学からリーダーシップの賞を受けたときに次のように言っている。「素晴らしいCEOになるためには、自ら素晴らしい製品を生み出さなければならないという暗黙の了解がある。もちろん、それができれば興奮するし、楽しいだろうが、自分自身の負担も大きい。それよりも、さまざまな考えを持つ素晴らしい人材を集めたほうがはるかに強くなる[14]」。このような素晴らしい人材が不透明な時期に輝きを放つという点が、次の第15章のテーマである。

まとめ

●企業幹部は企業の顔であり、政府首脳は国の顔である。
●企業や国のリーダーは、組織の希望や期待を象徴する存在だが、メディア上の彼らのイメージはスーパースターリーダーやスケープゴートのイメージとは違うのかもしれない。
●スケープゴートは、みんなが苦悩する時期や不透明な時期に社会心理を安定させるという重要な機能がある。
●リーダーが賞を受けると、そのあとのその会社の株価は下げる傾向がある。
●リーダーへの感じ方の変化によって投資家がリスクを回避すると、株のアービトラージのチャンスが生まれる。
●経営陣が信頼できない会社の株を買い、信頼できる会社の株を空売りするというアービトラージ戦略も可能。
●過去のデータで政府が不安定な国の株を買い、政府が安定している国の株を売るアービトラージは有効だった。

第15章　不確実性のなかを進む

Navigating Uncertainty

「投資の基本法則は、将来が不確実だということ」――ピーター・L・バーンスタイン

クリス・「ジーザス」・ファーガソンは、ポーカーで700万ドル以上勝ち、ワールドシリーズオブポーカー[1]の勝者に与えられるブレスレットも３本持っている。ファーガソンの経歴で注目すべきは、ポーカーのテキサスホールデムで成功したことだけではなく、若いころからゲーム理論に熱中していたことだ。ファーガソンの父親のトム・ファーガソンはUCLA（カリフォルニア大学ロサンゼルス校）の数学の教授で、専門は戦略的な競争状態で最適な行動を数学的に考えるゲーム理論である。

クリス・ファーガソンは、ポーカーのプロとして活動しながら、UCLAの大学院で13年間コンピューターサイエンスを研究した。彼は、数学的な確率の理解とゲーム理論で学んだことを使って、2000年に史上初めてポーカーの賞金獲得額が100万ドルを超えたプレーヤーとなった[2]。彼の父親によると、クリスは大学院で「自分のプレーと、戦略と、自分が知っていることをみんながどこまで知っているかについて考えることを学んだ[3]」という。

最高のポーカープレーヤーは、確率とほかのプレーヤーの賭けのパターンを非常によく理解している。

> 「彼らは、探偵のように相手の賭けのパターンや行動から推理して自分のカードを決める。彼らは一見適切な手や、無駄な手をとり混ぜながら、あとで害になるカードを捨てていく」――ニューヨーカー誌[4]

クリス・ファーガソンは、敵を混乱させて自分の手や意図を分かりにくくするために、プレーを変化させていた。ゲーム理論を知らないプレーヤーにとって、ファーガソンのプレーはとっぴに見える。MIT（マサチューセッツ工科大学）で電子工学を学び、ハーバード・ロースクールを卒業し、ポーカーで400万ドルを超える賞金を獲得しているアンディ・ブロックによると、「彼がブラフをかけると、相手はそれを過剰なブラフだと感じることになる。なぜなら意味が分からないからだ」。ファーガソンはゲーム理論を使うことで、直感に頼ったり、無関係な情報に惑わされたりするのを減らしている[5]。

戦略的なゲームに優れたプレーヤーが、投資にもエッジを持っていることについては、逸話的な証拠がある。ウォーレン・バフェットはブリッジが大好きだし、ポートフォリオマネジャーにはポーカー好きが多い[6]。ブリッジやポーカーは確率の知識と相手プレーヤーの力を見定めることが必要だ。ゲームもマーケットと同じで、純粋な数学だけで最高のパフォーマンスを上げることはできない。チャンピオンになるためには、ほかのプレーヤーの行動パターンを理解することが不可欠なのである。

本章は、不確実性――プレーヤーが勝率や潜在損失の確率を完全に理解できていない状況――のなかで最適な戦略的判断を下す方法について書いていく。多くの投資家が不確実性を避けようとするが、そのことが長期的な株式投資のチャンスを生み出しているのである。

投資家は不確実性にどのように対処しているか

「疑念は内なる敵だ。恐れが行動を止め、得られたであろう成果を取り上げてしまう」——ウィリアム・シェイクスピア著『尺には尺を』

クリス・ファーガソンは、ポーカーを手の期待確率と、リスク・リワードにかかわる人間の行動パターンをよく理解したうえでプレーしている。テキサスホールデムの４回のベットラウンドは、プレーヤーの心理と行動をかなり惑わせることができる。

マーケットでは、将来のことは分からないが、トレーダーはたくさんの雑音があるなかで、最適な期待値を見極める目を磨いていかなければならない。ファーガソンがポーカーで見極める手の確率はそれぞれ決まっている。例えば、ホール（最初の２枚のダウンカード）が両方ともエースである確率は0.45％だが、マーケットでトレーダーが直面するさまざまな確率は、もっとあいまいだ。不確実性は、マーケットの特性なのである。

20世紀前半に、フランク・ナイトは不確実性を２つのタイプに分け、ナイトの不確実性という概念を構築した（フランク・ナイト著『リスク・アンサーテンティ・アンド・プロフィット』［Risk, Uncertainty, and Profit］[7]）。彼は、将来起こり得る結果を確率的に表すことができれば、それはリスクだと書いている。そして、もし起こり得る確率が分からないのであれば、それは不確実か、あいまいとした。

優秀な投資家は、エッジを見つける能力と起こり得る下落リスクを正確に査定する能力を持っている。２つの能力を合わせると、戦略的思考になる。戦略的思考は、より正確には直観的期待値評価と呼ばれており、素早く無意識のうちに賭けの確率やリスクや潜在利益を評価することである。戦略的思考は意図的な心理作用で、数学の問題を解くのに似たパターン認識とリスク査定とストレス管理を合わせたような鋭い直観的過程なのである。

マーケットサイクでは、2004年から金融分野のさまざまな心理テストをオンラインで無料で提供している。これらのテストは、認知的な特徴と性格的な特徴を幅広く査定できるようになっている。2014年に、産業心理学者でアプライド・スキルス＆ナレッジを創業したポール・スクワイヤス博士は、このテスト結果を分析した。スクワイヤスは、このデータを細かく整理して、プロの投資家やトレーダーが投資パフォーマンスを予測するときには、認知的な特徴が性格的な特徴よりも重要だということを発見した。特に、投資の成功とマーケットサイク・ギャンブリング課題（MarketPsych Gambling Task。MGT）には非常に高い相関性があった。MGTプレーヤーが急いで直観的に期待値を計算しなければならないとき、彼らのパフォーマンスは過去のマーケットリターンの記録と高い相関性があったのである。

MGTは、アイオワ・ギャンブリング課題（脳の機能障害を調べるために使われるテスト）から派生している。MGTでは、被験者が５つの山のカードから最適な１枚を繰り返し選んでいく。判断時間は５秒で、山を選んだあとにその山とほかの山のリスクとリワードが１秒間示される。リスク・リワードの内容は毎回変わるが、２つの山は全体としては損失、２つの山は全体としては利益、残りのひとつは必ず少額の利益が出るようになっている。

被験者の目的はできるだけ有利な山を選んで高い金額を集めることにある。MGTは「ノイズ」が多く、時間が限られた状況での直観と学習率を判定するためのテストで、山ごとのリターンのパターンを最も速く学習した被験者が最も高い利益を得ることができる。このテストでは、リスク・リワードを書き留める時間がないため、それぞれの山

図15.1　マーケットサイク・ギャンブリング課題（x軸）で良いパフォーマンスを上げた人は平均的に過去の投資パフォーマンス（y軸）も良い

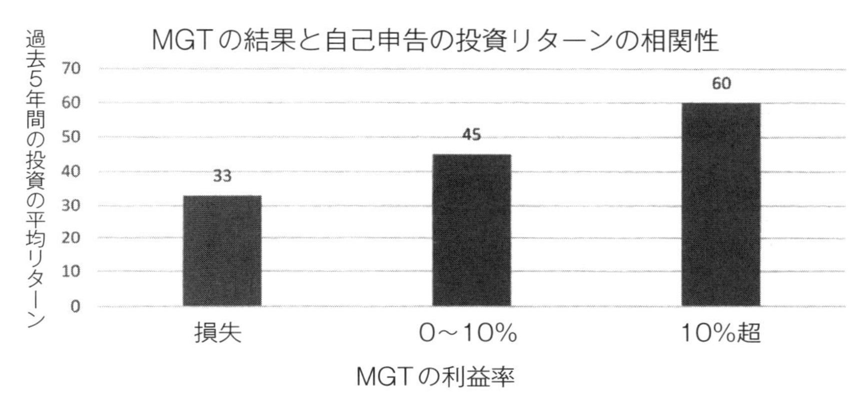

出所＝ポール・スクワイヤス博士

の期待値について意識的な学びではなく、無意識な学びを測ることができるようになっている。

スクワイヤス博士の研究によると、MGTで良いパフォーマンスを上げた人の多くが、投資リターン（自己申告した５年間のリターン）も高かった。**図15.1**はこの結果を示している。

テスト結果と投資リターンの相関性は、マーケットサイクのさまざまな性格テストや認知テストのなかで最も高かった。面白いことに、認知能力には遺伝の影響もある。

戦士の遺伝子

「マーケットは常に不確実で流動的な状態にあり、利益は明らかなことを割り引いて予想外のことに賭けることで上がる」――ジョージ・ソロス研究者は、不確実性を避けようとすることを「あいまいさ回避」と呼んでいる。あいまいさ回避は、十分な情報を持たずに判断しなければならない状況を、過度に避けようとすることである。あいまいさ回避の神経基盤は、脳の扁桃体が活性化することで、これは損失回避の一部であり[8]、それが過剰反応を助長する。あいまいさを避けるのではなく、立ち向かうことができる投資家は明らかに有利である。残念ながら、このスキルを磨くことができるかどうかは生まれつきの部分もある。

遺伝科学は未発達な分野ではあるが、金融に関する興味深い予備的な研究結果が出ている。例えば、MAOA-Lという遺伝子の存在が、金融リスクのとり方と関係があることは複数の研究で分かっている。MAOA遺伝子は、神経伝達物質のドーパミン、副腎髄質ホルモン、セロトニンなどを分解する酵素を調整する役割があり、その活発な異形がMAOA-Lである。気分障害の人は、ある種の抗鬱薬（モノアミン酸化酵素阻害薬）を服用するとMAOAの酵素が抑制されてドーパミンやセロトニンや副腎髄質ホルモンがシナプスに蓄積されるため、症状が改善されると考えられている。MAOA-Lのほうは鬱病との相関性はないものの、神経伝達物質の感受性は強いのかもしれない。

MAOA-L遺伝子に関係する行動的な特徴には、衝動的にリスクをとることや、攻撃性が含まれている。この種の異形遺伝子を持つ人は、よりリスクをとる傾向があるが、重要なことは彼らが期待値が高いリスクを好むことである。この最大利益を求める性格から、このタイプは「戦士の遺伝子」と呼ばれている。金融リスクをとるときのバイアスにかかわる遺伝子の研究では、「確立している決定理論に基づいた私たちの計算上の選択モデルによると、MAOA-Lの保持者がこのような行動をとることができるのは、衝動的だからではなく、リスクがあっても優れた金融判断を下すことができるから[9]」だとしている。つまり、この遺伝子の保持者は、より良い戦略的金融判断を下すことができるのである。マーケットには不確実性のさまざまな源泉があり、期待値を計算するスキルを磨くことがトレードで成功するためのカギのひとつであることを考えると、これは非常に重要な発見と言える。ちなみに、もうひとつのカギは、投資環境における不確実性を避けるのではなく、むしろ飛び込んでいくことである。

資産価格の不確実性

「将来がどうなるかなどけっして分からないのに、みんな市場の楽観的なコンセンサスに乗って高い株を買っています。不確実性は長期の買い手にとっては味方なのです」――ウォーレン・バフェット

ウォーレン・バフェットが書いているとおり、投資家は時に不確実性に過剰反応して、ほかの人にチャンスを提供する。不確実性は、資産にとって明らかに悪いことでも良いことでもなく、それは状況によって変わる。成長率が高いセクターにおける決算発表の不確実性は、たいてい楽観的な期待が持たれるが、金融危機の最中に発表される金融政策の不確実性は警戒される。心理学の文献に出てくる確率崩壊という言葉は、何らかの出来事によって不確実性が解消されることである。例えば、決算発表が終われば、その四半期の収益の不確実性は解消されてゼロになる。ただ、このような出来事があったとしても、ほかのさまざまな問題やトピックに関する不確実性や、その体系的な影響は残っている。

あいまいさ回避は、体系的かつ予測どおり、資産価値を誤って過小評価することにつながる。不確実性が高い株や国の株価指数のパフォーマンスは、平均的にそうでない株や国の株価指数のパフォーマンスを上回っているのだ[11]。例えば、あいまいさ回避は、バランスシート

に普通ならば将来の価値と関連がなさそうなあいまいな情報（例えば、研究開発費）がある会社の株のリターンに影響する。収益の質が劣る（あいまいな情報が多い）会社の株の長期的なリターンは、収益内容が明確で透明性の高い会社よりも高いのである[12]。投資家は、バランスシートのあいまいさを回避した結果、このような株を誤って避け、優れた長期リターンを逃してしまうのである。しかし、興味深い例外もある。

不確実性が高いと、ネガティブなセンチメントが増幅し、チャンスを生む（バフェットの先の言葉のように）。しかし、投機バブルのときは不確実性が逆効果になり、ポジティブなセンチメントを増幅する。投機バブルのときは、評価が不確実な会社のほうが、確実な会社よりも決算発表前[13]やIPOの株のパフォーマンスで上回っている[14]。みんなが楽観的になっているときは、投資家は不明確なデータでも根拠なしに都合良く解釈する。1990年代末に、キャッシュフローがマイナスのインターネット会社のIPOに高値が付いた。「1999年にこれらの会社の評価をしたとき、収益は……まったく関係なかった[15]」とする研究者もいる。投資家はおそらくマイナスのキャッシュフローは将来への投資をしたためだと考えたのだろう。しっかりとした決算情報がないことが、投資家の過大な見通しにつながった。このような「根拠なき熱狂」のなかにいると、投資家はあいまいさを好む。要するに、投資家はたいていはあいまいさを回避し（特に、悲観的な時期は）、楽観的な時期は逆にあいまいさを過大評価するのである。

バランスシートの内容があいまいだったり主観的だったりする会社の株のリターンにマーケット全体のセンチメントがどのように影響するのかを知るために、研究者たちは全体的なセンチメントとそのあとの株のパフォーマンスの関係について調べた。非常に主観的な株は、小型株や若い株、ボラティリティが高い株、赤字会社の株、無配当の株、極端な成長株、ディストレスト株などである。研究者たちは、投資家が楽観的なとき、あいまいさで不確実性のある株や情報が主観的な株は、そのあと１年間のパフォーマンスが全体的に低いことを発見した。ただ、投資家が悲観的だと結果は逆になった。つまり、悲観的な時期は、不確実性が高い株を買うほうがよいが、楽観的な時期はそのような株からは離れておくべきなのである[16]。

投資に関する情報があいまいだと、投資家は感覚や創造力に頼って株を評価するという研究もある[17]。マーケットの不確実性が高く、価格のボラティリティが高く、出来高が多い時期に、投資家はポートフォリオになじみのある地元の株を増やす傾向があることは、あいまいさ回避の証拠と言える[18]。もしかすると確実性と安心を求めているときは、自分に近いところのほうがそれが見つかる可能性が高いからかもしれない。

不確実性が株価に悪影響を及ぼす理由は、政府の方針の不確実性の影響だと結論付けた研究もある――「株価は概ね方針の変更が発表されると下げる。このとき、政府の方針の不確実性が高ければ株価の下げも大きくなると予想される[19]」。そして、そのあと価格が反転する可能性が高い。

投資家の行動バイアスは、不確実性によって増す。客観的な会計データを使って株を評価することが難しいとき、投資家は強い傾向（含み損のあるポジションを長く保有しすぎ、含み益が出ているポジションを早く手仕舞うこと）を見せる。また、企業の場合も、会計があいまいなときは幹部の行動バイアス（例えば、損失回避や経営陣の自信過剰）が見られる。

面白いことに、提示された結果以上の利益を必要としているときは、あいまいさ回避の逆が起こる。ギャンブルの実験で、すでに分かっている平均期待利益よりも参加者が経済的に困窮していると、彼らはあいまい（高ボラティリティ）な選択肢を選んだ[20]。人は、ほかの選択肢のストレス（十分な利益が見込めない）がより大きければ、チャンスに賭けることを選んで、不確実性というストレスに対処しようとするのである。

ボーイングの不確実性

ボーイングのドリームライナーは、生産の遅延といくつもの不運に悩まされていたため、投資家とメディアは製造過程に細かく目を光らせていた。ウォール・ストリート・ジャーナル紙には「ボーイングの恥ずべき後退、787ドリームライナーの生産開始遅延を発表」という見出しで、「ボーイング社が重ねて明言してきた新しいワイドボディ機の生産が最低でも６カ月遅れるようだ[21]」と報じた。このような遅延はドリームライナーの評判を下げ、アナリストは生産にかかわる問題のうわさにいちいち反応した。そして、メディアが生産過程の不透明さを報じるたびに、株価は大きく下げた。

TRMI（トムソン・ロイター・マーケットサイク指数）不確実性指数（uncertainty TRMI）は、結果の確率が分からないものを含めてあいまいな表現を計測している（ナイトの不確実性）。メディアで、この指数のスコアにかかわる言葉やフレーズは、「疑惑」「不確実」「不透明感」などである。TRMI不確実性指数は、資産に不確実な要素が多いほど高くなる。

2007～2013年の６年間におけるボーイングの株価の月足を決定木で表すと、株価の最大の原動力はTRMI不確実性指数だった。生産スケジュールや経営陣や納入業者やそのほかの要素に関する不確実性が過去のレンジの上位10％に上昇すると、株価は翌月100％の確率で下落したのだ。また、不確実性が過去の最高水準に達しなくても、株価のボラティリティや生産過程についての報道が増えれば、翌月の株価は下げた。それ以外の月、つまり不確実性やボラティリティが上限に近くないときは、株価は73％上昇していた。**図15.2**は、2007～2013年の月

図15.2　不確実性とボラティリティの異なる状況下における将来のボーイング株の月ごとの方向性を示す決定木（2007～2013年）

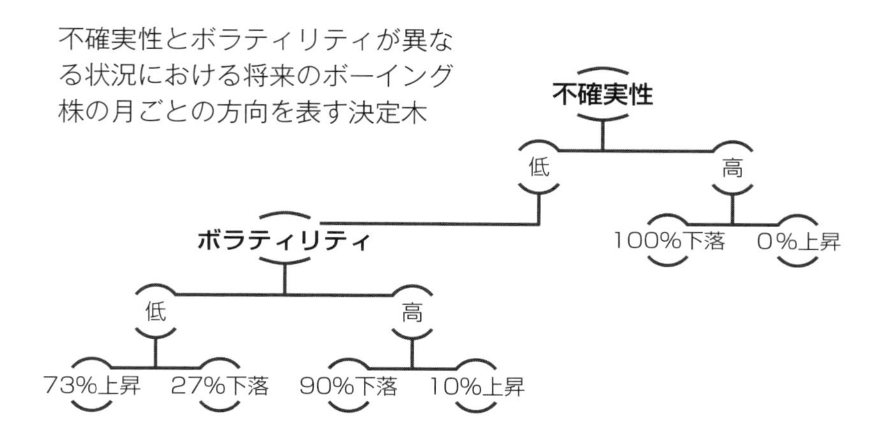

ごとの決定木の分析に基づいて作成した決定木である。

ボーイングの投資家は、この会社の大事な時期に、不確実性に関して非常に敏感になっており、このケースは、不確実性が高くなると株価（月足）は下げた。決定木は、過去の興味深い関係を見つける役に立ったが、このような関係が将来も必ず続くとは限らない。ボーイングのケースは独特で、何千もの銘柄を12カ月以上保有した場合のクロスセクション分析によれば、不確実性のあとの株価は上げることも多かった。

株ごとの不確実性

C・J・リューは、アメリカの株についてTRMI不確実性指数のクロスセクション分析を行った。それによると、年足と月足についてはメディアでの不確実性と翌月から翌年の株価には相関性があった。図

図15.3　メディアのバズが最も多かったアメリカ株のなかで年ごとの不確実性でアービトラージ戦略を取った場合の損益曲線

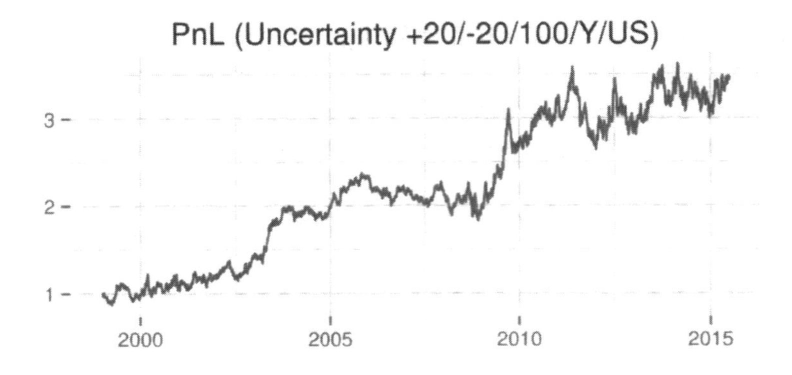

15.3の損益曲線（エクイティカーブ）は、メディア（ニュースとソーシャルメディア）でのバズ（ネットやSNSで人気化した言葉）が最も多かった100銘柄のなかで、不確実性が最も高い20銘柄を買い、最も低い20銘柄を空売りした結果を示している。

非合理的なあいまいさ回避を考慮すれば、不確実性アービトラージの概念は理にかなっているが、安定性はない。また、日ごとや週ごとのデータではアービトラージのチャンスは見つからなかった。ちなみに、不確実性には生産の遅延や会計のあいまいさ、方針転換などさまざまなタイプがあるが、TRMI不確実性指数ではそのような区別は行っていない。先の研究結果にもあったように、不確実性はレジーム（マーケットの状態）に左右されることも多いため、長期間で見ると一貫していない。

確かに疑わしい

株に関する不確実性は微妙で、資産価格への影響を明確に説明するのは難しい。不確実性はときには将来起こると分かっている出来事と関連していることもあれば、慢性的な場合もある。不確実性は、楽観的な時期に上昇株のモメンタムを加速させたり、悲観的な時期に平均回帰を加速させたりすることもある。そのため、株価はレジームや出来事によって矛盾した動きを見せることもある。一方、通貨は株と違い、不確実性の予測的価値についてより明確に説明ができる。これについては第20章で説明する。

自らの判断で投資している人が不確実性を利用するには、「明るいコンセンサス」が広がっている投資先を探し、戦略的に逆張りすることがカギとなる。バフェットの見方は、銘柄ごとにレジームの影響を調べることで確認できる。一方、世界的なマクロトレーダーにとっても、不確実性は似たような意味合いがある。ジョージ・ソロスは、予想外の出来事が予想されていないときに起こるときこそ、その不確実性を利用できると言っている。ソロスにとって、不確実性はマーケットに常にあるもので、不安定要素があって割り引かれている予想外の出来事を見つけることが利益を上げるカギになるというのだ。バフェットの手法もソロスの手法も有効で、マーケットの不確実性を体系的に見つけ、利用している方法が違うだけなのである。

第４部では、情報の流れが複雑なマーケットの出来事（例えば、投機バブル）に与える影響を見ていく。そのあとは、商品や通貨や経済指標といった資産に関するメディアのセンチメントも検証していく。

まとめ

- 最高の投資家は、直観的に期待値を計算するスキルを持っている。この才能は遺伝的な部分もあるかもしれない。
- 株の投資家は、不確実性が高い株や財務内容に不確実性がある会社を買うとよい。特に、マーケット全体のセンチメントが悲観的なときは有効。

- 世界的なマクロトレーダーやイベントトレーダーは、みんなが無視したり割り引いたりしているイベントに関する不確実性を見つけるとよい。例えば、ボーイングはドリームライナーの製造計画が何度も遅れたことで大幅に割り引かれ、製造に関するさらなる不確実性で株価が予測どおりさらに下げた。
- 不確実性を使って株式全般で体系的にアービトラージを行うのは難しい。ただ、このようなアービトラージ戦略を年次で行えば、ボラティリティは高いが利益は上がったという証拠もある。

第4部

複雑なパターンと珍しい資産

Complex Patterns and Unique Assets

第16章　オプション性

Optionality

「たった1回の幸運、あるいはたった1回の最高に賢い判断――どちらでもよい――が一生分の働きを上回る成果につながるかもしれない。しかし、その幸運や重大な判断のかげには、入念な準備と規律を守る能力があるに違いない。チャンスは、十分な実績が認められてこそ巡ってくる。そして、それを生かすためには、手段と判断力と勇気が必要となる」――ベンジャミン・グレアム著『賢明なる投資家』(原書の1971～1972年版への追加分)

ベンジャミン・グレアムは、バリュー投資の研究をしていたにもかかわらず、投資のパフォーマンスはガイコを除くとさほど素晴らしくはなかった。グレアムは1976年に「1948年にガイコに投資してから、私たちは非常に優れた投資家になったようだ」と言っている。彼は、最初はガイコ株を却下した。評価が彼の基準を超えていたからだ。しかし、投資のパートナーだったニューマンに説得され、グレアムはしぶしぶ彼のモデルの厳格な評価基準に例外を認めた[1]。この規律を曲げた投資は、グレアムとニューマンに莫大な利益をもたらした。ガイコ株の利益は、2人が投資したそれ以外のすべての銘柄の利益を上回っていたのである。

１回の重要な投資で大きな波に乗って富を得たのはグレアムだけではない。世界の大富豪たちを見てみると、たいていは１回の事業で大成功を収めている（ジャック・マー、ビル・ゲイツ、雷軍、マーク・ザッカーバーグなど）。自らの事業ではなく、人の事業に投資して大きな富を築いた人もいる（ウォーレン・バフェットやカルロス・スリム・ヘルなど）。彼らの資産は、３～４つくらいの素晴らしい投資がほとんどを占めている。莫大な利益は、マーク・トウェインが描いた投資テクニックによって得られることが多い。同じことはアンデリュー・カーネギー（アメリカの鉄鋼王）も「人生で成功する方法」という随筆のなかで、「すべての卵をひとつの籠に入れて、それをしっかりと見張っておくこと……」と書いている（ナポレオン・ヒル著『成功を約束する１７の法則』［ソフトバンククリエイティブ］）[2]。

インドの投資家で、大富豪のラケシュ・ジュンジュンワーラは「私はリスクテイカーなんです……これだと思ったら、お金を出します。ものすごい調査が必要だとは思いません。分析まひに陥ることはないのです」とか、「必要なのは常識だけです[3]」と言っている。彼に関するロイターの記事によると、彼はレバレッジの支持者で、これまで何回も使ってきただけでなく、これこそ彼の大胆な投資哲学を最もよく表しているのかもしれない[4]という。しかし、このような大胆な賭けは諸刃の剣で、方向を間違えれば莫大な損失につながりかねない。

ファイナンシャルアドバイザーの多くは、投資家にポートフォリオを分散し、時間をかけて資産を増やしていくよう勧める。しかし、超お金持ちの多くは分散をしなかった。期待できないチャンスやバイアスやギャンブル的な傾向から投資家を守るための原則に相反するこの現実に言及するのは危険なことだ。そのため、このようなオプション性のある投資を扱うことができるのは、優れた計画力とリスク管理力があるプロのみであり、ほとんどの人は人間の性質を自覚して、分散し、見張っておかなくてよい方法をとるべきだろう。

ほとんどの投資家は、たったひとつの籠を見張っているときに、大きな間違いを犯す。メディアに関心を引かれて考えが変わり、籠を見張るのを忘れてしまうこともあれば（「不十分な計画と放棄」）、籠が落ちて卵が割れてしまったときに、次にすべきことに目を向けず、結局、ダメになるものを回復しようとしてしまうこともある（含み損を長く保有しすぎるサンクコストバイアス）。失敗すると自分の賭けに自信を失い、メディアの悲観的な話を信じ込んでしまうケースもよくある。ほかにも、目の前の最も高い値を付けた相手に籠を売ってしまい、次の籠を手に入れるものの、いつも潜在価値を十分に享受できていない人もいる（「含み益を実現するのが早すぎる」）。時には、2015年５月21日の10時17分24秒に、理由もよく分からないまま、わずか１秒足らずでひとつの籠に入れていた卵（140億ドルの資産）を失う人もいる（中国の太陽光パネル製造大手「漢能集団」の李河君会長）[5]。しかし、適切な判断と長期投資の額を限定することによって、すべての卵をひとつの籠に入れて素晴らしいリターンを上げることは可能なのである。

これ以降は、情報分析を使って不確実性から生まれるものすごい可能性を探っていく。本章は、第17章と第18章で取り上げる価格バブルの準備段階だと思ってほしい。ただ、オプション性のある投資はまれにしかないため、このような出来事の実地データはあまりない。

オプション性と富の創造

「オプション性とは、プラス面（できれば無限の）と限定的なマイナス面（できれば小さい）という非対称的なペイオフダイヤグラムを持つ資産のこと」――ナシーム・タレブ著『反脆弱性』（ダイヤモンド社）[6]

ほとんどの投資家は、大きな利益をもたらしたはずの投資を「逃した」エピソードを持っている。私もそのひとりで、いくつかの大きなチャンスを逃してきた。私がテキサス大学で学んでいた1992年に、デル・コンピューターの社長が講義に来て、「もし金持ちになりたいならば、デルの株を買ってずっと保有しなさい」と何度も言ってくれた。しかし、デルのPER（株価収益率）は私の企業価値評価モデルでは高すぎたし、当時の私は自説を曲げないバリュー投資家だったため、買おうとはしなかった。それから６年間でデルの株価は100倍になった。

さらに残念だったのは、初期のインターネット株に手を出さなかったことである。1994年に２人の教授と食事をしたときに、インターネットと無線技術がいかに社会を変えるかという話を聞いていたにもかかわらず、買わなかったのだ。教授たちは、変貌しようとしている世界に畏敬の念を抱き、どれほど素晴らしい未来になるかを説明してくれた。しかし、当時の私は、恐ろしく遅いブラウザーのモザイクや不格好な携帯電話を頭に浮かべながら教授たちに大いに反論した。

私は、これらのチャンスを逃したことで、いくつかの教訓を得た。どのチャンスも、莫大な（人生を変えるほどの）プラス面と限定的なマイナス面があった。投資家がこのようなオプション性を利用するためには、長期的な洞察力を身につけて、将来起ころうとしている飛躍的な変化を見極めなければならない。さらに言えば、投資家は見通しに基づいて行動する積極性と、その過程で破綻を避けるための賢さの両方を持っていなければならないのである。

習慣を変えるのは難しい

オプション性に関する最大の皮肉のひとつは――あとから考えればの話だが――、どうみても明らかだったことである。1995年の時点で、インターネットが世界を変えることは明らかだった。ビットコインのブロックチェーンが、世界的な送金手段のひとつになることも明らかだった。しかし、これほど明らかだったチャンスの可能性が、何年間もほとんど認識されていなかったのはなぜなのだろうか。

プロの投資家や専門家のなかでも、報酬が直線的ではない投資に心理的な抵抗を持つ人は多い。市場の周期を何回も見ていると、疑い深くなり、このような賭けに内在するリスクを懸念してしまうのである。このときの躊躇の根底には、習慣（惰性）とリスクの感情的な評価がある。オプション性のある投資を見つけるためには、そのチャンスが見えていない投資家が持っているバイアスを理解することがカギとなる。

人の学びの過程は直線的に更新されていくと考えられている[7]。しかし、人は新しい情報を統合するときに、学んだことを関連性や影響や新しさによって加重している。そのため、小さくて緩やかな変化は見逃されることが多い。このゆっくりだが安定的な過程で突破口が築かれていくと、その重要性に気づかないことがよくある。例えば、1994年のモザイクはインターネットをアクセスするためのブラウザーのひとつにすぎなかったし、2008年のビットコインのブロックチェーンというイノベーティブな技術は、みんなの注目を集めようとしていた数種類の仮想通貨のひとつにすぎなかった。しかし、どちらもそのあと急激に進化して、強力な存在になった。

人間は習慣の生き物で、それはたいていは良いことである。習慣は、慣れた状況における効率的な行動計画だからだ。人間は、問題に対処するときにすぐ使える行動戦略を、たいてい３～４つ持っている[8]。この限られた数の戦略が、決定空間を提供している。前例がない突破口に直面すると、人はどうしてよいか分からなくなる。もしそれを笑うのならば、リスクをとって飛び込むか、様子を見るしかない。

確認を待ちたい（ほかの人が飛び込むまで待ちたい）という気持ちは、リスク回避から起こる。頭で考えると、新しい突破口に賭けるのは難しい判断だ。もし潜在利益が100倍ならば、100回中98回負けても資金は倍になる。しかし、負けは精神的に辛いし、少額の損失でも長く続けばなおさらだ。蘇州ギャンブリング課題に基づいたいくつかの実験で、人は期待リターンに対する自分の行動が非合理的だと理解していても、頻繁に小さな損失を被るのを避けるために、長期的なリターンを犠牲にすることが分かっている[9 10]。

人が明らかな変化に注意を払わないという傾向は、実験者が道に迷ったふりをする驚くべき研究からもよく分かる。この実験では、実験者が地図を持って道に立ち、通りがかりの人（被験者）に方向を尋ねる。歩行者が実験者に方向を教えていると、２人の間を、ドアの板を抱えた２人の実験者が通り抜ける。このとき、最初の実験者はドアを持った２人のうちのひとりと入れ替わり、ドアが通り過ぎたあとは新たな実験者が被験者の説明の続きを聞く。被験者は説明を続けるが、最初に道を聞いた実験者はもうそこにはいないし、入れ替わった実験者は最初の実験者とは見た目も声もまったく違う。しかし、50%近くの被験者が、ドアが通り過ぎたあとに自分が別の人物と話していることに気づかなかった[11]。人が目の前の実体があるものを見落とすというのは直感に反する[12]。この現象は、変化盲（変化の見落とし）と呼ばれている。変化盲と不注意によって、投資家は大きな価格変化につながる突破口を見過ごしてしまうのである。

オプション性のある投資を見つけるためには、頻繁に起こる小さな損失を避けようとする傾向と折り合いをつけ、基本的な突破口を見逃さないようにする必要がある。そして、潜在的なオプション性のある投資が見つかったときは、その突破口に世間の注目が高まり、その価値が高まることを示すような出来事を探せば一部のリスクを軽減することができる。バリュー投資では、このような出来事をカタリスト（触媒）と呼んでいる。

カタリスト

インターネットは、1970年代や1980年代にも研究と通信のために使われており、1992年にアル・ゴアが先頭に立ってインターネットの商業利用の法案に尽力したことはよく知られている。しかし、世間がこの新しいカタリストの利便性を知ることになったのは、モザイク（1994年）やネットスケープ（1995年）といったウェブブラウザーが出てきたからだった。ファンダメンタルズ的な変化や新しい技術（例えば、インターネット）が、何年も何十年もマーケットに気づかれないこともある。そこで、大幅な価格の動きを待つ間の機会費用を避けたければ、注目を集めるきっかけになる出来事を探すとよい。

カタリストの多くは、特定の出来事である。通常は、投資家向けの説明会、IPO（新規株式公開）、新商品の発売、有利な法律、方針の発表、そのほかの注目度の高い出来事などがきっかけになる。オプション性のある資産の場合、カタリストが注目を集める必要がある。つまり、１つ目の条件は、その出来事自体が注目を集めるものでなければならない。２つ目は、その出来事が投資家の人気を爆発させるための心理的な種を含んでいなければならない。

オプション性は比較的まれなため、過去の例を見るとかなりの後知恵バイアスがある。オプション性はそれぞれの状況で１回しか起こらないため、ここでは一般論を述べていく。新しいソーシャルネットワークを作ったマーク・ザッカーバーグやビットコインの２番手を狙っても、天文学的なリターンが得られる可能性は低い。しかし、オプション性は特定の領域に固有のものである。特定の分野（例えば、バイオテクノロジー）の場合、それぞれのブレイクスルーに細かい違いはあっても、同じような過熱とFDA（食品医薬品局）の認可というサイクルをたどっていくのである。インフルエンザの治療薬でも、癌の治療方法でも、アンチエイジングでさえも、似たような過程をたどって大きなリターンを生み出していくのだ。

投資のオプション性を見つけるためには、次のような点を考えてみるとよい。

1. その突破口や変化が劇的に世界を変える可能性はどれくらいあるのか。
2. その変革は限られた人たちだけのものなのか。専門的な進歩はその分野では評価されても、外部の人たちには最初は無視されている。
3. ほかの人たちがそのチャンスに気づくためには何がカタリストになるか。
4. その投資には、知的活力を生み出したり感情を刺激したりしてみんなの注意を引く力があるか。

ウイルスが保有者のくしゃみで伝播するように（まき散らされる微細な飛沫によって人から人に感染する）、アイデアも保有者を刺激して考えを変えさせるもののほうが生き延びて普及する可能性が高い[13]。頭に「引っかかる」アイデアや心をつかむアイデアは、それを伝達する人間を探しているとも言える。アイデアは、こうして生き延びて伝播するものもあれば、マーケットシェアを失って消えていくものもあり、結局は自然淘汰されていく[14]。コンピューターウイルスがOSに感染するように、生き延びたアイデアもウイルスのように人の思考に感染する。そして、「今回は違う」という言葉とともに人から人に伝播しながら、いくつかのアイデアを再構成して感染力を強めていく。感染は、オプション性の重要な前兆なのである。

ほかの人たちに感染し続けていくためには、隠喩的なくしゃみが必要だ。くしゃみはみんなの関心を集めるカタリストなのである。心理的な観点から言えば、カタリストは投資家の興奮を刺激するための次のような特徴を持っている。

●大きな潜在リターン
●珍しさや新しさ
●より良いことが起こるという期待

潜在リターンは、大きいほど良いし、突破口が「すべてを変える」ものであればなおよい。突破口は通常、かなり技術的だったり専門的だったりするため評価が難しいが、いったん流行が始まると、むしろ過剰宣伝につながりやすい。また、突破口によって下流も発展することが期待できる。

カタリスト出現前後の投資のタイミングを計るには細かい注意が必要で、できれば少額の資本をこの種のさまざまなチャンスに投資して（種をまくように）、あとは自然に任せておけばよい。おおまかにいえば、これがベンチャーキャピタルの戦略である。

オプション性を探す

「もし『オプション性』を持っていれば、知性や知識、洞察、スキルなどと呼ばれているものや、私たちの脳細胞にある複雑なもろもろはさほど必要ない。いつも正しい答えを出す必要もない。必要なのは、自分を傷つけるような知性を欠いたこと（不作為の行為）をしないための知恵と、良い結果が出たときにそれに気づくことである」――ナシーム・タレブ著『反脆弱性』（ダイヤモンド社）[15]

オプション性のある資産の飛躍的な上昇（ナスダックバブル、レアアースバブル、バイオ株バブル、住宅バブルなど）が始まるとき、メディアは否定的な報道をし、専門家は楽観的な発言をする。あとから分析すると、突破口の重要性にマスコミが注目するずっと以前から、専門家は認めていることが多いのである。

オプション性がある資産の買いを検討するときは、スタンレー・ドラッケンミラーがジョージ・ソロスから学んだ教えを覚えておいてほしい。「貪欲になるには勇気がいる。大きなレバレッジをかけて上昇の波に乗り続けるには勇気がいる。ソロスは、自分が正しいときにはいくらでも買った[16]」。このコメントは、ジュンジュンワーラの手法にも通じるところがある。オプション性のある投資を追求している投資家は、①限られた数のチャンスに法外な金額を賭けようとする、②そのようなチャンスに目を光らせている。ただし、これはハイリスク・ハイリターンのスタイルで、万人向けではない。

オプション性のある投資のほとんどについてくる損失の痛みに耐えることができない人のために、ベンジャミン・グレアムのバリュー投資では安全域を勧めている。バリュー投資は、過小評価されていることで大きな潜在利益を秘めた資産を探すための体系的なテクニックである。多くの「バリュー」会社のリターンに、オプション性という特徴はないが、なかにはベンジャミン・グレアムが投資していたガイコのように、莫大な利益によって長期的に優れた平均リターンをもたらしたものもある。ちなみに、オプション性のある投資は、投機バブルにつながることも多い。続く2章では、バブルなどの出来事がもたらす浮き沈みを検証していく。

まとめ

●ナシーム・タレブによって広まったオプション性とは、潜在利益が莫大で潜在損失は小さい資産のこと。
●著名な投資家のなかにもオプション性のある投資を利用している人

たちがいる（ベンジャミン・グレアムのガイコへの投資、ラケシュ・ジュンジュンワーラなど）。

- 人のバイアス（習慣、損失回避、変化盲などを含む）はオプション性を見過ごす原因となり、それが注意深い専門家や投資家にとってはチャンスにつながる。
- カタリストは、このような投資にみんなの注意を向ける。そして、それが思考感染や飛躍的な価格上昇などをもたらす心理過程につながるのかもしれない。

第17章　バブル崩壊

Blowing bubbles

「バブルの痕跡は、2007～2009年の世界的な金融危機以降、急増している」──ロバート・シラー

著名な作家でユーモアあふれるサミュエル・クレメンズ（ペンネームはマーク・トウェイン）は、1890年代の最も有名なアメリカ人だった（ロン・パワーズ著『マーク・トウェイン──ア・ライフ』［Mark Twain : A Life］[1]）。クレメンズがネバダ州でかかわった鉱業株バブルの話は、投機熱に巻き込まれた最も古くて最もユーモラスな経験談と言ってよいだろう。

クレメンズは南北戦争の初期に南部連合の一員として短期間従軍したあと、駅馬車で兄が書記官を務めるネバダ準州に向かった。そして、当時ネバダで金と銀の採掘が最も盛んだったバージニアシティで、記者として働き始めた。採掘隊が次々と荒野に向かう様子を羨望の目で眺めるうちに、彼自身が「銀のとりこ」になっていった（マーク・トウェイン著『マーク・トウェインコレクション』［彩流社］[2]）。

それから間もなく、クレメンズは２人の友人と銀の鉱脈を探しに山に入った。クレメンズによると、３人はすぐに「ワイルドウエスト」と呼ばれる豊かな銀脈を発見し、所有権を主張した。所有権を得た晩

は、とてつもない富を手に入れたと思うと、興奮して眠れなかった。「だれも眠ろうなどとは思わなかった。ヒグビーと私は夜中に床についたが、横にはなっても目はさえて、夢のような計画が頭を駆け巡っていた[3]」

クレメンズは銀脈発見後の興奮と困惑についても書いている。彼と２人のパートナーは、せっかく銀脈の所有権を得たものの、銀脈の採掘を始めることができなかった。ネバダの法律では、10日以内に採掘を始めなければ権利を剥奪されることになっていたため、彼らは所有権を失い、一獲千金の夢ははかなく消えてしまった。

しかし、早耳の彼は新しいチャンスのうわさを聞きつけた。富鉱を見つけた人のなかに、ニューヨークで株を売って採掘費用を調達した人がいるというのだ。1863年、彼は記者として働きながら、数種類の銀鉱山株を買った。そして、確実に利食うため、彼はこれらの価値が10万ドルに達するか、ネバダ準州が州に昇格するかしたら（そうなると長期的な価値が下がると考えた）、すぐに銀関連の株を売ろうと決めた。

1863年、クレメンズはかなりの含み益をあてにして記者を辞めた。そして、サンフランシスコに移って贅沢な暮らしを始めた。彼は、新聞で銀鉱山の株価を見ては金持ちの気分にひたっていた。「私は最高のホテルで暮らし、高価な服を見せびらかし、オペラに出かけ……ずっと蝶になりたかった私の夢が、ついにかなったのだ[4]」

そうしているうちに、ネバダが正式に州になった。しかし、クレメンズは計画に反して株を保有し続けた。そして、あるとき銀鉱山株のギャンブル熱が前触れもなく冷めた。クレメンズは、気付けば実質的に破産していた。

　おめでたい大バカ者の私は、湯水のように浪費し、自分に不幸など降りかからないと思っていた。しかし、借金を返したら手元には50ドルくらいしか残っていなかった[5]。

クレメンズは仕方なくまた記者に戻ったが、暮らしは苦しかった。彼は、19世紀末に執筆や講演で大成功を収めたあとも、賢い投資は苦手だった。そのため、晩年になっても複数の借金があり、家族のために無理して働かざるを得なかった。

クレメンズは、ネバダが州になれば銀鉱山株を売るという計画を立てていたにもかかわらず、含み益が急増すると無敵の気分になってしまった。そして、株の売却計画を逸脱すると、マーケットに注意を払わなくなり、それが実質な破産につながったのである。

もちろん、銀鉱山株の興奮に踊らされたのはクレメンズだけではない。それから何十年かあとの1900年代初めに発行された投資雑誌のワールズ・ワーク誌には、鉱業株に関する助言を求める投資家の手紙が多く寄せられた。それに対する同誌の回答は明快だった。

> 鉱山株への投資には感情が入りすぎるきらいがある。トレードの元になっているのは、熱意、利益への欲、だまされやすさなのである。知的なビジネスマンの冷静な常識はまったく生かされていない。[6]

マーケットの熱が冷めたときの投機バブルの輪郭は、鉱山株でもバイオテク株でも中国のハイテク株でも住宅関連株でも、世紀を超えて驚くほど似ている。

バブルの簡単な歴史

「タクシー運転手がお勧めの株を教えてくれた。靴磨きの少年がその日の金融ニュースをそらんじている。会社の前を徘徊して

いる物乞いの老人が、今では私にチップをくれる。私やみんなが恵んだお金をマーケットに投じたのだろう。うちの料理人も株式口座を持っていて、株価を頻繁に見ている」――バーナード・バルークが語った1929年の株価大暴落前の様子

上の言葉はフォーチュン誌に掲載されたメア・スタットマンの記事から引用した。この記事のなかで、スタットマンはアメリカの株式市場がバブルに入っていたのではないかと懸念していた[7]。これはいつの記事だろうか。1996年4月である。同じ年の12月5日には、やはりバブルの兆しに気づいていたFRB（連邦準備制度理事会）のグリーンスパン議長が、「根拠なき熱狂」を指摘した悪名高いスピーチを行った。

バブルの歴史は、投機バブルとして最も古い記録が残っている1637年のオランダのチューリップバブル[8]から始まり（チャールズ・マッケイ著**『狂気とバブル』**［パンローリング］）、1926～1929のアメリカの株価バブルからは世界経済に影響を及ぼすようになり、今日に至っている。読者の多くは1996～2000年のインターネットバブルや、2004～2006年の住宅バブル、2006年と2015年の中国株バブル、2009～2011年の金投資バブル、2013年のバイオテクバブルなどを経験していると思う。国を超えたトレードが行われるようになると、バブルはより頻繁に膨らむようになる。実際、これは現代のグローバルマーケットとは切り離すことができない特徴なのかもしれない。

ミリアム・ウェブスター辞書は、バブルを「経済活動が急速に成長している状態で、たいていは突然の破綻で終わる」と定義している。また、ファーレックス金融辞典は、投機バブルを「証券価格、特に株価が実際の価値よりもはるかに高くなる状況[9]」と定義している。ちなみに、バブルがピークに達すると、人が感じるリスクは低くなるが、実際のリスクは高くなる。

バブルはマーケットで個人が集団的に誤った判断を行使するという

複雑な出来事である。経済史を研究しているチャールズ・キンドルバーガーは共著書の『熱狂、恐慌、崩壊』（日本経済新聞出版社）のなかで、投機熱は異変（例えば、利益率が上がる）から始まり、それが投機的な関心を刺激すると書いている。そして、次に株価の上昇がポジティブに評価され、経験不足の投資家がそのマーケットに参入し、高揚感あふれるクライマックスに至るというのである[10]。

バブルでの投資が難しいことはみんな知っている。もしバブルの定義が「市場価格がファンダメンタルズ的な評価額を大幅に上回っていること」ならば、その存在を示す現実的な証拠は暴落のあとで振り返ってみるまで分からない。価格上昇を正確に予想したり、それに対応してファンダメンタルズの評価を上げたりすることはできるかもしれないが、最高点がどこかを知るのは難しい。そして、残念ながら投資家に後知恵という贅沢はない。

バブルの間には莫大な富が創造され、破壊される。そこで、次の３つの質問が多くの投資家にとって役に立つかもしれない。

1．バブルがいつどこで起こるのかをどのようにして知るか。
2．バブルが起こっていることをどのようにして知るか。
3．バブルが崩壊するときをどのようにして知るか。

これらの質問については、本章と次の第18章で詳しく述べる。１つ目の質問に答えるためには、バブルが起こる前提条件を検証していく。２つ目の質問には、ファンダメンタルズや投資家心理やメディアの関心やプライスアクションなどを分析していく。３つ目の質問はバブルのピークと差し迫った崩壊について詳しく見ていく。ちなみに、３つ目の質問は前の２つよりもはるかに難しいが、明確な計画を持たなかった多くの投資家は（サミュエル・クレメンズもそのひとり）、上昇の波と急落の波の両方に乗ることになった。バブルを理解するためには、ロバート・シラーの知恵が参考になる。

根拠なき熱狂

「根拠なき熱狂は、投機バブルの心理的な基盤である。私は投機バブルを、価格上昇のニュースが投資家の熱意に拍車をかけた状況と定義している。この熱意は、値上がりを正当化するような理由付けとともに、人から人へと心理的に感染していく。みんながその投資の本当の価値については疑念を持ちつつも、周りが儲けていることへの羨望やギャンブルの興奮などに引かれて、さまざまなタイプの投資家が次々と呼び込まれていく」――ロバート・シラー

2013年にノーベル経済学賞を受賞する以前のロバート・シラーは、大反響を呼んだ著書の『根拠なき熱狂』（ダイヤモンド社）に書かれた投機バブルの研究で知られていた。彼は、この本の初版と第２版で2000年のアメリカのハイテクバブルと2007年の住宅バブルのピークを正しく予測した。そして、2015年の第３版では投機バブルのいくつかの前提条件と特徴をまとめている[11]。シラーは、バブルが世界中の株式市場でますます起こりやすくなっているため、それを早急に理解する必要があると言っている。

この本は、過去のバブルをたどりながら、バブルが形成される過程や資産価格の評価に関するシラーの考えが述べられている。シラーによれば、バブルを助長する要素のなかには、価格の上昇（これは当然）、メディアの関心（話の拡散と抵抗し難いミーム）、心理的要素（考え・感情・社会の圧力）、増幅するメカニズム（正のフィードバックループ）などがある。メディアが抵抗しがたいエピソードを拡散し、価格の上昇がその楽観的なトーンをさらにあと押しすると、投資家は期待

値を上方修正し、新たな（たいていはだまされやすい）人たちがバブルを起こしている市場に参入してくるのである[12]。

また、「メディアという読者を集める必要のある存在がバブルへの注目と参入をあと押ししている」とシラーは言う。メディアが価格の動きを正当化するような内容を伝えると、「価格の動きがより重視され、さらなる関心を集めることになる」。もしその内容が人の目を引いたり刺激的だったりすると（例えば、「新時代の到来」）、メディアは世間の楽観をよりかき立ててマーケットに向かわせる。これがメディアと投資家たちの正のフィードバックループを生み出す。「メディアが過去から将来への価格変化のフィードバックを強化することもある」。そして、このフィードバックの過程が注意のカスケード（多くの人が同じ状況で同じ要素に基づいてよく似た判断を下すこと）を生み出す[13]。

ニュースなどのメディアと同様に、マーケットのカリスマが現状に合う客観的な事実や数字を挙げて世間の気分を増幅させることもある。例えば、ハリー・デント・ジュニアは1999年10月に書いた『2000年資本主義社会の未来』（PHP研究所）のなかで、「ダウ平均は2008年までに最低でも２万1500ドルに上がり、場合によっては３万5000ドルもあり得る」と明言している（実際には2015年の時点で史上最高値の１万8000ドル近辺にとどまっている）。デントは、金融市場が循環的なピークに近づいていた2006年には『バブル再来』（ダイヤモンド社）、株式市場が底を打つ２カ月前の2009年１月には『最悪期まであと２年！　次なる大恐慌』（ダイヤモンド社）を発表している。これらの本は、世間の気分を反映していたこともあり、発売当時大きな注目を集めた。このような本やメディアの記事は、単純にみんなの気分を反映しているだけでも、正のフィードバックとなって価格を押し上げていくことがある。

シラーは、ほとんどの人が適切な株価水準を判断するときに、心理的なアンカー（考え）に頼ると書いている。彼は、数量的なアンカー

（数的な水準）とモラル的なアンカー（最良の投資先と考えるところ）を区別している。ただ、マーケットの適正価値に関する考えは、論理的な思考過程に感情的な材料が入り込むことによって大幅に上方修正されることがある。

ジョージ・ソロスは、バブルには２つの構成要素があると書いている。いずれ広まる潜在的なトレンドと、そのトレンドに関する誤認である。「バブルと破綻の過程は、トレンドと誤解が相互に補強し合うことで発動する[14]」。誤解は感情的な要素の正のフィードバックループによってあと押しされる。シラーも「価格が上昇し続けると、その上昇自体が熱狂のレベルをあと押しすることになる[15]」と書いている。

シラーやソロスの考えは検証することができる。次の項では、バブルの根底にあるセンチメントのパターンを探っていくことにする。まずは、集団的に価格を押し上げていく個人の心理の役割について見ていこう。

バブルの実験

「トレーダーがマーケットにおける資産価値を知っていても、バブルは確実に起こる。バブルは、だれかがファンダメンタルズ的な価値ではなく、価格トレンドやモメンタムに基づいて買ったときに起こる可能性がある。もしモメンタムで買っても流動性が高ければ、バブルは長く続く」――スティーブン・イェシュタードとバーノン・L・スミス[16]

ノーベル経済学賞を受賞したバーノン・スミスは、実験室でバブルを起こす実験モデルを開発し、これは非常によく引用されている[17]。スミスたちの実験は、15期間にわたり、期末ごとに0.24ドルの配当（期待値）が得られるという架空の資産を使って行われた。この資産は、期間ごとに、マーケットでトレードすることができ、期末ごとに資産の保有者には配当が支払われる。配当は、0ドル、0.08ドル、0.28ドル、0.60ドルのいずれかが同じ確率で支払われるが、資産自体の価値は、15期間を終えるとゼロになる。

投資家は合理的な行動をとるという伝統的な経済理論に基づけば、この資産は最初は3.60ドルくらい（0.24ドルの15倍）でトレードされ、期間ごとに24セントずつ下げていくはずだった。しかし、実験を行ってみると、価格は最初はファンダメンタルズ的な価値を大きく下回っていたが、後半には大きく上回った。資産の平均価格が最も高くなったのは9～11期ごろで、13～15期には暴落した。これと似た実験は、世界中の実験室で何百回も繰り返し行われ、同様の結果が得られている。

この実験では、モデルにさまざまな操作（例えば、空売り、信用買い、インサイダートレード[18]などを導入するなど）を加えても、バブルは起こった[19]。また、配当や資産価格を明確にしても、バブルはなくならなかった。さらには、参加者をビジネスを学ぶ学生にしても、企業の管理職やプロのトレーダーに変えても、結果は同じだった。

参加者が変わっても価格バブルが起こったことから、バブルを決定づける要素は共通の心理的要素だと考えられる（ただし、まだ数量化はできていない）。歴史的に、バブルの説明には感情的な用語（例えば、マニアや根拠なき熱狂など）が使われてきた。また、バブル崩壊の過程を説明するときは、恐怖やパニックなどといった言葉が使われていた。

それだけでなく、バブルの形成過程に感情的な要素があることは、信頼できる研究によって裏付けられている。ある研究では、実験市場のトレーダーの感情を誘発すると、参加者のポジティブな興奮がより大きな価格バブルを生み出す[20]ことが分かった。別の研究では、投資家のポジティブな顔の表情とバブルの大きさに相関性がある[21]ことや、投資家の恐怖がバブルにおいて早めの売りを誘発する[22]ことも確認されている。投資家の自制心の有無は、実験市場におけるバブルの形成の重要な心理的要素のひとつかもしれない[23]が、そのことと自制心を失う特定の理由（社会的な圧力・感情・注目のしすぎ・メディアの影響）との関連はまだ分かっていない。

バブルの段階

「マーケットが新しい時代を明示していると仮定する前に、マーケットを動かしている本当の決定要因について考えるべきだろう……本当の要因の多くは私たちの心のなかにある」——ロバート・シラー

バブルの多くはファンダメンタルズ的なきっかけによって起こる。このきっかけは技術の飛躍的な進歩かもしれないし、金融や財政への刺激かもしれないし、何らかの欠乏（例えば、商品）、もしくは価格変化のみのことかもしれない。バブルの特徴は、価格上昇とそれが加速することである。バブルには必ずそれにかかわる逸話があり、その多くは短期間で大きな富が得られるとほのめかしている。実際に、それを実現した人たちの話も聞こえてくる。投資家心理は、投資家がマーケットをどう感じているかで、バブルの段階ごとに変化していく。また、メディアのトーンは、支持したり批判したりすることで、バブルやその拡大に貢献している。バブルが膨らむと、多くの素人が投機目的で参入してくる。これらの要素は現在のトレンドを増幅する正のフィードバックループとして働くかもしれない。バブルの条件は、**表17.1**に細かく説明してある。

ファンダメンタルズ的なきっかけとして典型的なのが新技術である。実際、1690年代には消防車や盗難警報機という新技術が、1720年代にはマシンガンと永久機関もどきの仕組みが投資バブルをもたらした（エ

表17.1　投機バブルをあおる条件

条件	特徴
ファンダメンタルズ的なきっかけ	技術の飛躍的な進歩、政府の新しい方針、欠乏、マクロ経済の衝撃（例えば金利政策）、信用枠の有無、供給の変化（欠乏など）
逸話	どれくらいの規模で、鮮明で、感動的か。それで大金を得た人の魅力的なエピソードがあるか
投資家心理	価格が上昇を続け、それを逸話が正当化しているように見えると、楽観主義が高まって確信に変わっていく（「今回は違う」）
メディア	メディアはファンダメンタルズ的なきっかけについて報道する。報道の展開が投資家の心をとらえ、切迫感をあおる
参加者	素人が市場に参入する。新しい参加者は、資産評価や自制心に関する知識が乏しい
増幅	ニュースとソーシャルメディアが投資に関するうわさとテクニックと助言を拡散する。トレードコストが安くなり、レバレッジも使いやすくなる

ドワード・チャンセラー著『**バブルの歴史**』［パンローリングより2018年に発売予定］[24]）。

新技術は、価値の評価が難しいため、評価過程で感情が入り込む余地がかなりある。極端な例を挙げると、加齢を止めることができると主張する赤字のバイオテック企業はどう評価したらよいのだろうか。伝統的な基準を用いれば、「投資すべきではない」が（利益がない）、感情的な基準ならば「やってみろ」となる。バブルは商品や通貨や住宅でも起こる。このような株以外のバブルでは、欠乏や過剰な流動性などもファンダメンタルズ的なきっかけとなり得る。

図17.1は、インターネットという技術の飛躍的進歩（なだらかな線）によってファンダメンタルズが改善したことによる上昇トレンド

図17.1　1996～2002年のナスダックのバブルの構造

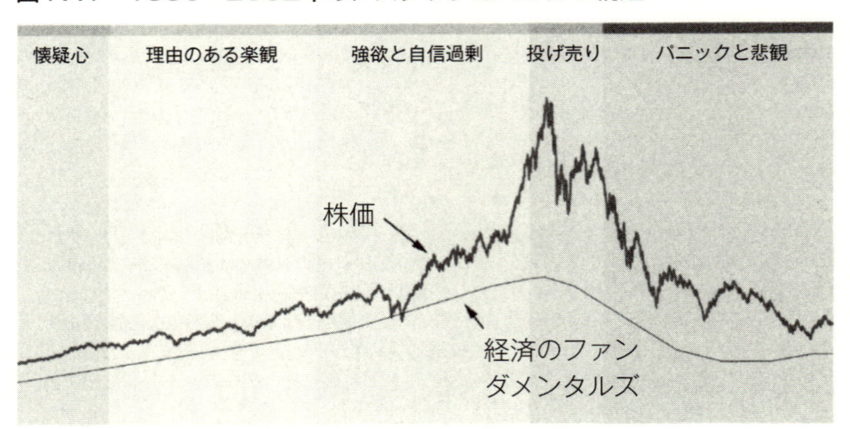

を示している。この間、人の心理は少しずつ楽観から欲望に変わり、価格は上昇していった（ぎざぎざの線）。

図17.1が示すとおり、バブルにはファンダメンタルズ的なトレンド（起因要素）と、価格トレンドと、バブルの各段階を大まかに表す心理がある。ステージ０は、ファンダメンタルズの上昇トレンドの始まりで、懐疑心が広がっている。このような懐疑心は、バーノン・スミスのバブルの実験でも見られ、初期段階では参加者が配当付きの資産を過小評価していた。投資家がファンダメンタルズとみんなの行動を分析して、裏付けがとれるとステージ１に入り、理由のある楽観が広がる。ステージ２になると、価格の上昇とともに欲と自信過剰が高まるとともに、大きな利益を得た人のことがメディアで紹介されるようになる。このステージでは、資産の評価額が妥当な期待利益をはるかに超える。そしてステージ３になると、否定的な情報が多くなる。そうなると、投げ売りや、論争が一気に起こり、価格のボラティリティが高まる。ステージ４に入ると、投資家心理はパニックと悲観に変わり、

価格は暴落する。

懐疑的なステージ0では、技術系のメディアが新しいトレンドを支持するものの、一般的なメディアではほとんど報道されない。このファンダメンタルズの転換期の特徴は、成長が遅く、かなり不透明感がある。投資家は新情報のあいまいさを恐れ、トレンドがさらに確認できないかぎり投資をしても後悔に終わるのではないかと懸念する。彼らは、「今投資する必要はない。もう少し様子を見よう」などと考えている。生物学的には、脳のなかで損失回避系が活性化している。この時期の投資は、株のパフォーマンスにとっては重要なことだが、ほとんどの投資家はその機会を逃している。しかし、懐疑心は少しずつ理由のある楽観に変わっていく。

バブルがステージ1（理由のある楽観）に入ると、ファンダメンタルズの改善と共に価格の上昇トレンドが加速する。投資家心理は、デューデリジェンスによって技術の進化が大きな潜在利益につながることが分かったため、合理的楽観の状態にある。彼らは「これはすごいことになるぞ」などと考えている。生物学的に見ても、リスクを正しく評価しており、ファンダメンタルズが改善しているというニュースが技術系のメディアだけでなく、一般的なメディアでも報道されるようになったことを喜んでいる。利益が増えていくと、メディアが初期段階で投資して大きな利益を上げた人たちのケースを伝え始め、ステージ2への弾みがつく。

ステージ2（欲と自信過剰）に入ると、価格は妥当な期待利益をはるかに超えて高騰する。投資家心理は、チャンスを逃すまいと価格を追いかけている状態だ。尊大になる人たちもいて、「今回は違う」という主張が繰り返される。みんながリスク管理はほとんどしないで、さまざまな失敗を犯す。生物学的には、ドーパミンが脳の報酬系に流れ込み、次のチャンスをつかむことしか考えられない状態で、高リスクのポジションを抱え込んでいく。利益が積み上がると、テストストロンが急増して、より大きなリスクをとるようになる。このような状況では、より厳密にリスクを査定すべきなのだが、それができない。

バブルは、マーケットに流入する新たな資金がなくなり、価格トレンドが衰え、メディアの報道が批判的になり、フィードバックループが反転すると終わる。値下がりを伝えるニュースばかりが報道され、下落が加速する。バブルのピークから終わりまでのステージ３とステージ４については、次の第18章で説明する。

バブルのチェックリスト

「バブルが形成されつつあるのを見て、私は急いで買い、火に油を注いだ……これは理不尽なことではない」——ジョージ・ソロス[25]

バブルがどのように始まり、伝わるのかを理解することは重要だが、投資家にはそれでも十分ではない。投資家は参入しても安全かどうかを理解するために、価格がバブルのサイクルのどこに位置するのかを知っておく必要があるからだ。そのうえ、それが理解できれば、より良いタイミングで手仕舞う（または、逆のポジションを建てる）こともできる。活発なバブルのステージを診断するツールとして、**表17.2**の診断ツールが役に立つと思う。ステージ１の理由のある楽観、ステージ２の欲と自信過剰、ステージ３の投げ売り、ステージ４のパニックと悲観について、それぞれ考えてみてほしい。

表17.2のそれぞれの項目にはバブルの段階に応じて３つの状況を示してある。例えば、１つ目の「ファンダメンタルズとの関連」の「加速する」「予想外の障害にぶつかる」「反転する」という状況は、バブルが最初の段階で膨らみ始め、次に反転が迫り、最後に崩壊するという段階と連動している。

表17.2　バブルのステージ別チェックリスト

バブルのステージ／質問	ステージ1――理由のある楽観	ステージ2――強欲と自信過剰	ステージ3――投げ売りと不協和	ステージ4――パニックと悲観
1．ファンダメンタルズとの関連	ある	加速する	予想外の障害にぶつかる	反転する
2．価格	安定的に上昇	加速度的に上昇（放物線上）	行き詰まる・日中の大きな価格スイング	1カ月の最安値を付ける
3．説得力のある逸話	ほとんどない・あってもかなり専門的	納得できそう	減る・最初の楽観とは矛盾する	良くない話が増える
4．投資家心理	合理的な楽観	興奮状態・「これが世界を変える」	混乱・矛盾する証拠を否定する	懸念と恐怖とパニック
5．メディアのトーン	専門的／特殊なメディアでは楽観的	熱意・一般メディアが一獲千金のケースを紹介する	一般メディアは熱心に報道・専門的なメディアは関心を失う	一般メディアは最初は反転を予想するが、そのあと外部要因に責任転嫁する
6．素人の参加	ない	増える	急増	横ばい
7．増幅するもの	ない	増える	かなり組織的	下落方向にある

バブルにおいては、最初の5つの条件がそろい、相互に増幅していくことが重要である。ただ、同じステージの状況がすべてそろうことはほとんどなく、項目によってステージ1とステージ2の状況だったり、ステージ2とステージ3だったりすることが多い。また、この表を使うときは、個人的な印象を当てはめないように注意してほしい。バイアスを減らすためには、個人的な気持ちではなく、マーケットの声を聞いてほしいのだ。マーケットに、「今はどのステージにあるのか教

えてほしい」という姿勢で考えると、直観的に答えが浮かんでくるだろう。

ただ、ニッチ分野のバブルについては、**表17.2**とは少し違うかもしれない。例えば、2008年に起こったロジウム（レアアースの一種）のバブルでは、１オンス当たりの価格が2006年末の500ドルから2008年７月には9500ドルに跳ね上がり、2009年１月には、さらに急激に1000ドルまで下げた。しかし、このバブルについてはほとんどの投資家が知らないし、多くの一般人が参入することもなかった（実際、これは本当の投機バブルではなく、大口トレーダーによる買い占めだったのかもしれない）。次の第18章では、バブルとそのピークのタイミングを知るための数量的な研究について紹介する。

まとめ

- バブルは、投資家心理が資産価格の動きに与える影響の直接的な証拠と言える。
- バブルは頻繁に起こっているが、その価格パターンはまったく体系的ではない。
- バブルは、技術の飛躍的な進歩や大きなビジネスチャンスを生み出す画期的な方針から生まれる。
- このような突破口に関するニュースと、そこから生まれた利益に関する情報が拡散すると、素人が参入して株価を高騰させる。
- マスメディアの正のフィードバックループが価格上昇をあおり、レバレッジが投資家の利益を倍増させる。
- そのうちに心理的なコンセンサスのトーンが懐疑的に変わり、価格が暴落する。マーケットに広まっていたレバレッジがそれに追い打ちをかける。
- ほかのオプション性のある投資と同様に、バブルも早めに参入してピークで手仕舞った人には大きな富をもたらす。

●章の最後に載せたチェックリストは、自分が投機バブルにかかわっているのかどうかを知る助けになる。

第18章　バブルのピークを知る

Timing Bubble Tops

「感覚と現実の間には、双方向の再帰的なつながりがあり、最初は自己強化し、いずれ自己破壊に至る高騰と暴落の過程、つまりバブルを生む」 ――ジョージ・ソロス[1]

アイザック・ニュートン卿は、史上最も影響力のあった科学者である。彼は古典物理学（「ニュートン力学」）の基礎を築き、地球上の物体の動きも宇宙の惑星の動きも同じ数学的な法則で表すことができるということを初めて示したことでも知られている。また、光と音に関する研究は、何世紀にもわたってこの分野の基盤となっている。しかし、残念ながらニュートンの科学的な洞察力が、彼の投資判断を改善するには至らなかった。それどころか、彼は当時、最大の株式バブルで資産のほとんどを失ったのである。

1700年代初めのイギリス貴族の多くがそうだったように、ニュートンも1720年に南海会社の株を保有していた。この会社の設立には２つの目的――①スペイン領アメリカとイギリスが独占的な貿易をすること、②イギリスの年金国債を長期債券に変換すること――があった。南海会社は、最初はイギリス政府の優遇の下で、合法かつ独占的に利益を上げていた。しかも、この会社は事業拡大の名目で、イギリスの株式市場で繰り返し資金調達を行っていた。しかし、これに便乗しようとする競合会社が次々と登場し、南海会社の独占権は危うくなった。

南海会社に続いてさまざまな投機をもくろむ株式会社（ジョイント・ストック・カンパニー）が設立され、株を発行して資金調達が行われた。世間では株トレードの熱意が高まり、株価のバブルが起こった。これらの会社のなかには詐欺的なものもあったため、1720年6月にイギリス議会でいわゆる「バブル法」が可決され、王室が許可していない会社による一般向けの株の発行を禁止した。しかし、「バブル法」が制定されたあとも、株の売買は続いた。なかには、事業内容が「素晴らしい利益を上げる事業を行うが、それが何かはだれも知らない」などというものまであった（チャールズ・マッケイ著**『狂気とバブル』**［パンローリング］[2)]）。

1720年の夏、ニュートンは株式市場の暴落を予言して、保有していた南海会社の株を売り、7000ポンドの利益を得た。ところが、株価はそのあとも上昇を続けた。ニュートンはほかの人たちがこの株でさらなる利益を上げるのをただ眺めるしかなかった。経済史家のチャールズ・キンドルバーガーは、「人の幸福と判断を狂わす最大の理由は、友人が金持ちになることだ[3]」と書いている（『熱狂、恐慌、崩壊』［日本経済新聞出版社］）。耐えきれなくなったニュートンは、再びマーケットに飛び込んだ（**図18.1**）。そして、株価が急落し始めても投資を続けた。間もなくパニックが始まり、バブルは崩壊した。

1720年8月の株式市場の暴落による混乱が落ち着いた時点で、ニュートンの損失は2万ポンド以上に上っていた。このことから、「天体の動きなら計算できるが、群衆の狂気は計算できない」という有名な言葉が生まれた。ニュートンは、追加の利益を取り逃すことを恐れるあまり、高騰する株を買ってしまった。そして、パニック時の慣性によって、資産のほとんどを失うことになった。

ニュートンが痛みとともに学んだように、投機的な熱狂にかかわっ

図18.1　南海バブルにおけるアイザック・ニュートン卿の投資

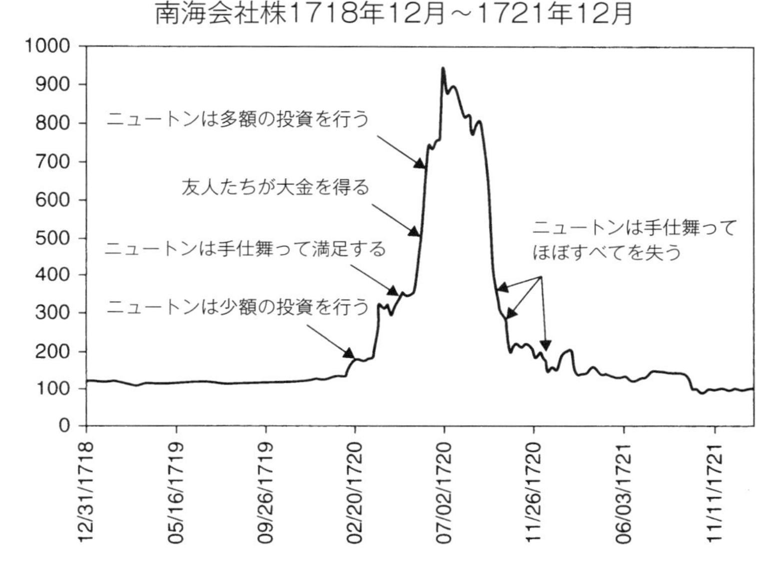

出所＝マーク・ファーバー、「グルーム・ブーム・ドゥーム・レポート」

た投資家にとって、投機バブルのピークを見極めるスキルは必須である。これには２つの方法がある。ひとつは市場価格とファンダメンタルズのピークの仕組みを理解することで、もうひとつは下落が差し迫った時点での心理的な合図を理解することである。バブルは人間の本質に根差しており、ほとんどの投資家がそれに引きずられる。本章で紹介する戦略は、厳しいリスク管理ができる人だけが検討すべきだろう。

バブルはどのようにして膨らむのか

「音楽が止まると、流動性がおかしなことになる。しかし、音楽が鳴っている間は踊り続けるしかない。そして、私たちは今も

まだ踊っている」――チャック・プリンス・シティグループCEO（当時の最高経営責任者）へのインタビュー（フィナンシャル・タイムズ紙、2007年７月10日）

経済史家のチャールズ・キンドルバーガーは、共著書の『熱狂、恐慌、崩壊』のなかで、投機的な熱狂が高揚感に達すると、その熱は似た資産にも飛び火することが多いと記している。新しい会社が高揚感の恩恵を得て値上がりすると、投資家はその利益にレバレッジをかけ、信用過多になり、詐欺が急増する。しかし、経済が悪化し始めると、それは危機の前兆なのである[4]。前章の**図17.1**でバブルの段階を紹介した。ピークは、ステージ３の投げ売りとステージ４のパニックによって形成されるのである。

バブルがピークに達すると、投資家は不安と不協和感を持つプロ用のメディアや専門メディアがファンダメンタルズのトレンドについて懐疑的になり、欠陥が明かされる。しかし、多くの投資家は、認知的不協和によってその疑念を信じなかったり無視したりする。彼らは、手仕舞えば将来の利益を逃すのではないかと恐れているのだ。しかし、自分の投資とそれまでの儲けが頭を離れず、眠れなかったり落ち着かなかったりする日々が続く。そして、価格が下がり始めても彼らは動く気になれず、「どうせまたすぐに上がる」などと思う。生物学的には、ストレスホルモンのコルチゾールの分泌が増えてリスク性向が下がった状態だ。すると体も頭も固まって、分析まひの状態に陥る。この脳が固まっているときこそ売らなければならないのだが、それができる人はあまりいない。信用取引による熱狂ならば、そのうちに追証の請求が始まり、おびえた投資家はパニック売りに走る。

バブルの最終的な心理ステージはパニックと悲観で、価格の下落モメンタムが生まれる。すると、価格が小さく反転しただけで、ストレスと失望によってパニック売りが炸裂し、それがさらなる下落につながる。それでも投資家は含み損を抱え続ける。必死な思いでさらなる下げを見つめ、「これはナンピン買いだ」などと言い訳しながら追証を支払うのだ。これは生物学的にはコルチゾールの分泌が慢性的に高い状態で、値下がりのストレスから細部にばかり目が行き、衝動的な行動に走りやすくなっている。そして、ときどき分泌されるノルエピネフリン（ノルアドレナリン）によって、パニックは加速する。このような状況における最善の戦略は、バブルの下落相場で空売りすることである。また、長期的な底値買いのバリュー投資家は、パニックが終わり、ボラティリティが落ち着いたところで買っていく。

投資家のなかには、バブルのセイレーンの歌声（みんなを岩に激突させる投機的な熱狂）を素早く警告してくれる神経的な早期警報システムを持っている人もいる。また、カリフォルニア工科大学（カルテック）の実験バブルに関する新しい研究によって、バブルのピークで手仕舞うスキルに関する神経のメカニズムも特定されている。

脳の警告

実験バブルの環境で、カルテックの研究者たちは投資家の脳の前島皮質（損失回避系の一部）の活動を調べ、一流投資家がバブルの危険性に早めに気づくことを発見した[5]。それまでの研究で、脳の前島は嫌な臭いや電気ショックや金銭的な損失によって活性化することが分かっていた。別の研究では、前島の活動が実は将来の行動に影響を及ぼしていることや、前島の活性化から投資リスクを避けるタイミングを予測できることも分かった[6]。マーケットが熱狂しているときには、前島の活動がバブルのピークでの売りを予測できるのである。神経経済学者のアレック・スミスはこのことについて、「最大の利益を上げた人たちの前島皮質のシグナルが価格のピークが迫る前に出ていたことと、彼らに売りの傾向が強いことには関連があり、それは神経の早期警報シグナルによるものではないかと考えている[7]」と言っている。自分の神経の早期警報システムに耳を傾け、それに従った投資家は、実験バブルにおいてバブル崩壊前に手仕舞い、多額の資金を確保していたのである。

実験バブルにおいて損失を予測した脳の領域はほかにもあった。カルテックの実験バブルで最低のパフォーマンスに終わった被験者は、脳の側坐核（脳の報酬中枢の一部）が活性化しているシグナルを出しているときに買っていたのである。ちなみに、側坐核はさまざまな欲によって活性化する。例えば、儲かると期待したとき、違法薬物を渇望するとき、欲しい贅沢品を見たとき（女性）、復讐できそうなとき（男性）などである。報酬系は、バブルがまさにピークを迎えているときに、最低の成績に終わった被験者に「買え、買え、買え」と強いていた。彼らはトレンドにさらに乗りたいという衝動に抵抗できなかったのである。

一流投資家の多くが損失を嫌う。彼らはマーケットが逆行すると、すぐに手仕舞うが、調べは続ける。彼らは下方リスクを想像し、管理することに集中することで、マーケットの浮き沈みを生き延びてきた。

ピークエンドの法則

「ミスターマーケットが提示するバカバカしいほど高い価格で売ったり、安い価格で買ったりできるときはそれでよい。しかし、それ以外のときは自分の資産価値を正しく見積もっておくべきだ」――ベンジャミン・グレアム著『賢明なる投資家』（パンローリング）

ベンジャミン・グレアムの言葉は妥当だと思うが、ニュートンのケースに見られるように、ミスターマーケットが感情的に提示してくる評価に惑わされないようにするのはとても難しい。投資家が価値を査定するときには、実は情動回路が深くかかわっている。ダニエル・カーネマンは、評価と感情の状態の関係を調べるために、数種類の行動実験を行った。そのひとつが、冷水に手を浸すという苦痛を与える実験[8]で、被験者は次の２つを行ったあとで、より痛みを感じたほうを答えた。

１．片手を14℃の冷水に60秒間つけたあと、15℃の冷水に30秒間つける。
２．片手を14℃の冷水に60秒間つける。

どちらもかなり冷たくて辛い実験で、被験者が楽しめることではない。しかし、被験者は時間が長い分、全体的な苦痛が大きいにもかかわらず、１のほうがマシだったと答えた。理由は、14℃の冷水に60秒間耐えたあとで、わずかに高い温度の水につけたからだった。これによって、カーネマンは人の記憶（痛みも喜びも）は、ピーク時と最後（エンド）のバランスで決まるというピークエンドの法則を発見した。

カーネマンたちは、このことを良い経験についても調べた。良い気分になるテレビコマーシャルのなかでも、ピークとエンディングの印象が強いもののほうが高い評価を得た[9]のである。別の研究では、多くの人が素晴らしい人生が突然終わるほうが、穏やかな人生が長く続くよりも良いと答えた（ジェームス・ディーン効果[10]）。

ジェームス・ディーン効果は、パーティーは早く抜けたほうが、全体の幸福度が上がる（より楽しい思い出が残る）という共通の認識に根付いている。これを金融市場に応用すれば、勝ちトレードは早く手仕舞いたいということになる。

テレビドラマの「となりのサインフェルド」に出てくる主人公の友人のジョージ・コスタンザは、夢は大きいがついてない人物だ。あるとき、コスタンザは最高の場面（素晴らしいジョークやアイデアを言ったあと）でパーティーを抜けると、そのあとのみんなの評価が上がっていることを発見する[11]。

最高のときに退出するタイミングは難しい。勢いに乗っているとき、ほとんどの人はそれを続けたいと思う。コスタンザも調子に乗って続けざまにジョークを飛ばすが、たいていはまったく受けなくてみんなむしろ顔をしかめる。焦った彼は雰囲気を変えようと、さらにダメなジョークを次々と繰り出すことになる。コスタンザはみんなの評価を得ようとして、それまでの評価さえも台無しにしてしまうのである。投資家も、後悔することを恐れて欲張った行動をとってしまうことがよくある。良いチャンスを逃したくないばかりに、好機が過ぎてもとどまってしまうのである。

研究者たちは、大脳皮質の監視技術を使って、トレーダーの脳の動きを監視すればマーケットがバブルに入っていることを突き止めることができるのではないかと考えている。つまり、トレーダーの多くがトレード判断を下すときに論理的思考をつかさどる前頭前野よりも辺縁系を優先的に使っていることを装着型の近赤外脳機能計測法（fNIRS）によって探知し、警告シグナルをマーケットの規制当局に知らせることができるというのだ[12]。しかし、特注のバブル探知ヘルメットが登場するまでは、メディアを使ったセンチメントデータがある程度妥当な代用になるだろう。

バブリオメーター

「市場は、あなたや私の資金が枯渇するまでの期間よりも長く不合理な状態を続けることができる」――ジョン・メイナード・ケインズ[13]

ケインズが示唆しているように、価格はいつまでも上昇を続ける可能性があり、バブルの存在を理解しているだけでは十分とは言えない。バブルの進行中に空売りをするのは、明確な自制心がないかぎり危険な賭けなのである。

ジョージ・ソロスは、バブルで大儲けした。しかし、彼がバブルのタイミングをいつも当てていたわけではない。1999年、ソロスのクオンタム・ファンドは37％下落した。理由のひとつは、この年の初めにITバブルに飛び込んだことだった。しかし、ピークのタイミングを当てるのは至難の業で、2000年になるとこれらの株は暴落した。もしかすると、これがファンドの解散と再編を早めたとも言われている[14]。バブルの上昇と崩壊のタイミングを当てようとする投資家は、相当なリスクをとることになるため、適切なツールが必要だ。

バブルの心理を詳しく調べるために、マーケットサイクでは専用のセンチメント指数を開発した。テキスト解析から明らかになったセンチメント（例えば、怒りと喜び）と、価格予測をパズルのように組み合わせて、より複雑なセンチメント指数を構築したのである。2009年に、マーケットサイクのチームは、アメリカの株式市場で起こった7つの投機バブル（2000年のIT株、2000年のバイオテク株、2005年の住宅株、2006年の中国株のADR［米国預託証券］、2007年の銅関連株、2008年の石油株、2008年の穀物株）のピーク時に、ソーシャルメディア上で交わされていた投機的な会話の特徴を調査した。そして、ピーク時に使われていた言葉と、バブルが始まる何カ月か前に使われていた言葉の違いを探した。

バブルのピーク時には、投機的な言葉（例えば、ポジティブな気持ち）と、価格上昇への期待と、バブルがピークを付けるまでの短期的なリターンなどといった言葉が使われていた。バブルが始まる前のソーシャルメディアでは、分析やファンダメンタルズに注目するといった内容が多く、たいていは悲観的な見方だった。そこで、バブルのピークで支配的だった投機的な姿勢と、バブルが起こる前に見られた冷静な分析の相違点を数値化して、「バブリオメーター」という指標を開発した。バブリオメーターは、のちにマーケットリスク（marketRisk）指数と名称を変更した。このマーケットリスク指数は、値が高いときはその資産に関して投機的な会話が多く、低いときは理性的な会話が多いことを示している。

マーケットリスク指標は、１年間で見ると資産価格と逆相関になっている。世界のメディアを使って調べた国別のマーケットリスク指数を見ると、次の12カ月間の株のリターン（それまでのGDP［国内総生産］の変化率と、株式市場のリターンと、その国の開発指標で調整後）と逆相関になっている（$p < 0.05$）。マーケットリスク指数は、12カ月間の通貨の価値とも逆相関になっている（$p < 0.001$）。このような逆相関は、TRMI（トムソン・ロイター・マーケットサイク指数）バージョン1.1、TRMIデータセットを使い1998～2012年にかけて検証を行った[15]。

マーケットリスク指数の移動平均は、価格トレンドだけでなく、それと同じくらい大事な転換点もうまくとらえているように見える。**図18.2**は、1998～2002年にかけたナスダック総合指数のマーケットリスク指数の移動平均を示している。ちなみに、マーケットリスク指数は、1998年初めごろから高かった。1996年12月にFRB（連邦準備制度理事会）のグリーンスパン議長の「根拠なき熱狂」という有名な発言は、1998年よりもずっと早い時点でバブルが懸念されていたことを示している。移動平均は、2000年４月にナスダック指数が暴落する直前に、危険区域に突入した。そして、ナスダックの投機的な熱狂が衰えると、移動平均の短期線が長期線を概ね下回るようになり、価格は下落した。

投資家の資産評価の仕方も、バブルの前と途中では違う。投資家は、1997～2000年のITバブルのときは、「クリック数」や「サイト閲覧者数」を評価の根拠としていた。しかし、不景気の底ではキャッシュフ

図18.2　ナスダック総合指数とTRMIのマーケットリスク指数の30日と200日のMACD（1998年10月～2002年7月）

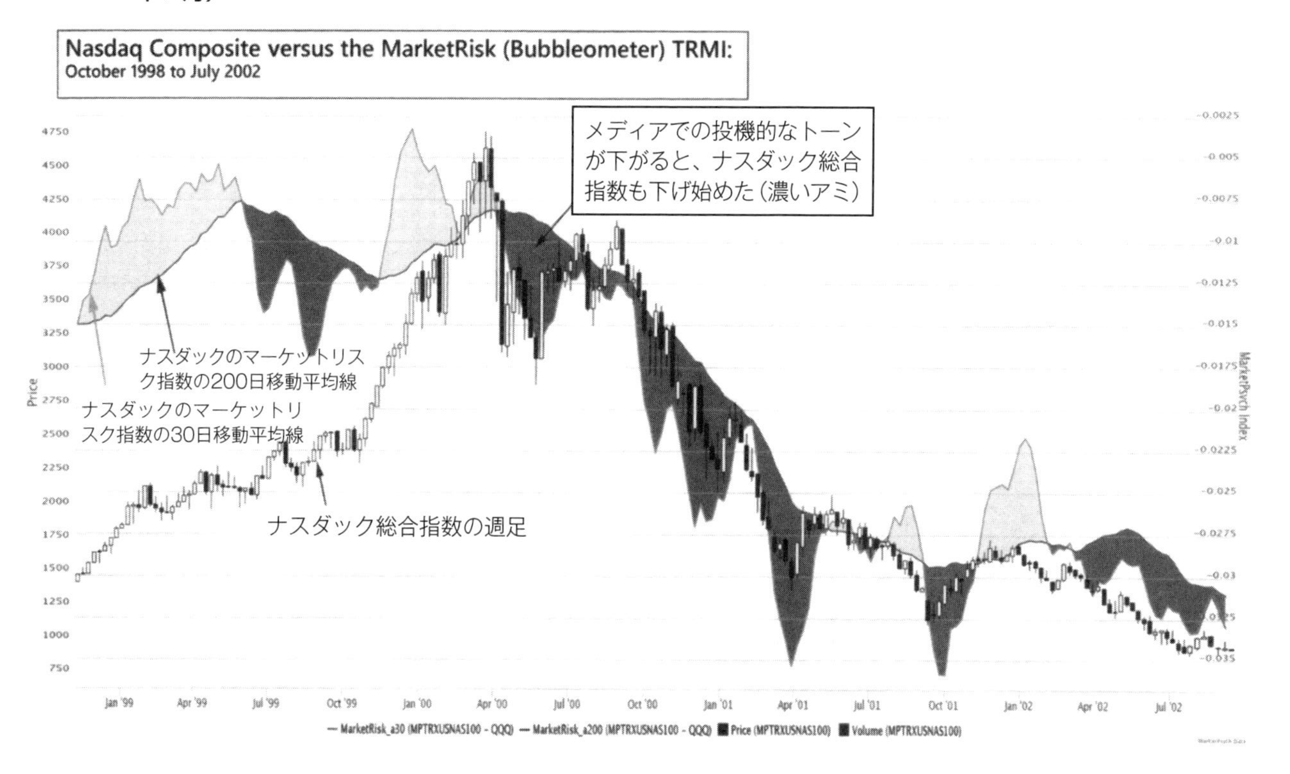

図18.3　上海総合指数とTRMIのマーケットリスク指数の30日と90日のMACD（2014年11月～2015年12月）

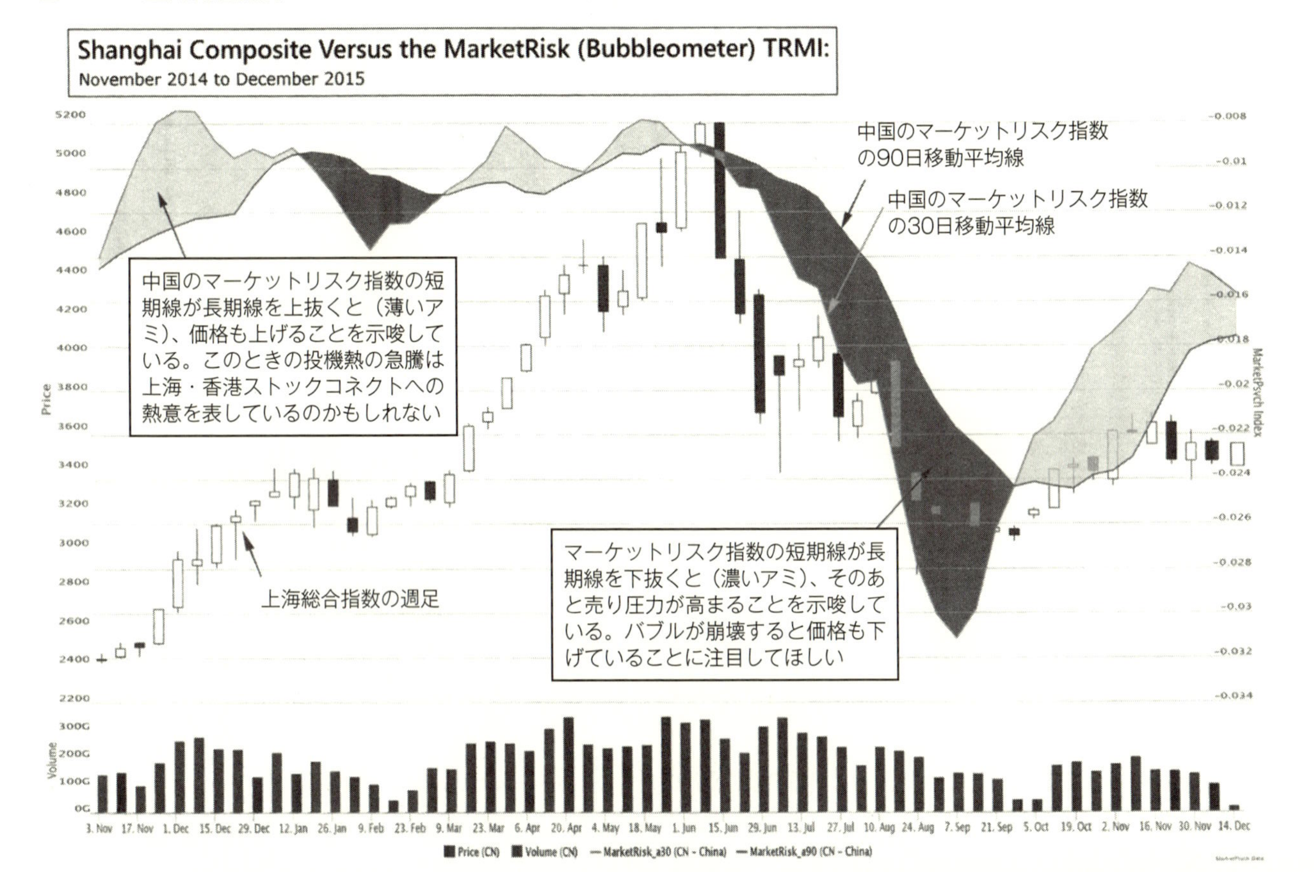

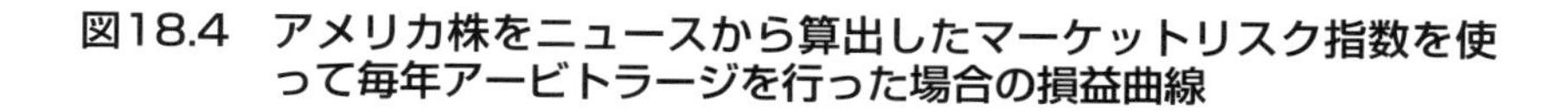

図18.4　アメリカ株をニュースから算出したマーケットリスク指数を使って毎年アービトラージを行った場合の損益曲線

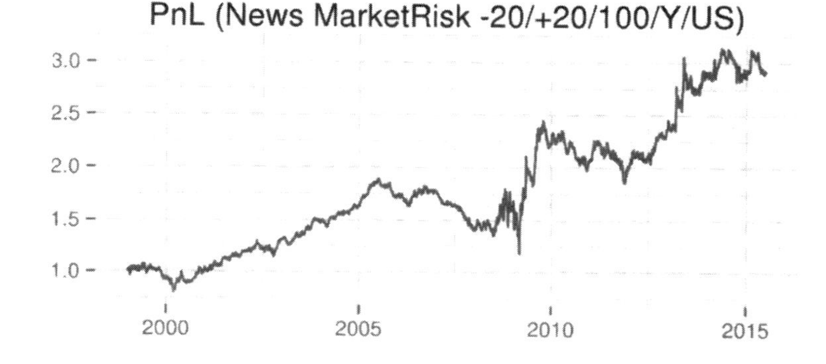

ローを重視する。そこで、マーケットリスク指数は、その両方を取り込むようになっている。

中国のTRMIマーケットリスク指数のMACDも、これと似たような予測力を持っている（**図18.3**）。これを見ると、このMACDが2014～2015年の中国株のミニバブルのときに上海総合指数を先行していることが分かる。

バブルはそう頻繁には起こらないし、トレード数もさほど多くないため、ナスダックと上海総合指数のケースは統計的有意とは言えない。しかし、特定の国の将来の株価との相関性があることは、マーケットリスク指数が予測に使える可能性を示唆している。

株投機のアービトラージ

クロスセクション分析を使うと、投機的なトーン（マーケットリスク指数）で株をランク付けしてアービトラージができる。ここでは、アメリカのすべての株を過去12カ月のマーケットリスク指数の平均でランク分けする。まず、バズ（ネットやSNSで人気化した言葉）で上位100銘柄を選び、そのうちマーケットリスク指数で上位20銘柄（最も投機的）を空売りし、下位20銘柄（最も分析的）を買うのである。**図18.4**は、これを毎年行った場合の損益曲線（エクイティカーブ）を示している。

実は、このアービトラージをソーシャルメディアで行っても、さほど素晴らしい結果にはならなかった。もしかすると、投資系のソーシャルメディアのコメンテーターは投機バブルをあおったほうが利益になる可能性があるため、ニュースメディアよりも恣意的にバブルの存在について語っているのかもしれない。その一方で、ニュース由来のマーケットリスク指数のほうは、株価が投機的に上がりすぎていることを示す価値あるシグナルになるように見える。同じことは、ほかの国の株についても言える。

世界的な平均回帰

「株を買うときは、それが優れた資産を持っていたり、利回りが高かったり、大きな安全域があったりするからだが、実はこれは平均回帰への賭けである。私たちは、現在の不人気がいずれ改善し、現在の業界の問題はいずれ解決し、戦争はいずれ終わって平常に戻ることを当てにしている。……価格に歪みがあるときに、国の株価のほうがその国のセクターごとの株価よりも大きく歪んでいれば、平均回帰が起こる可能性は高い。また、素晴らしい資産クラスのほうが、個別の国よりも平均回帰が起こる可能性が高い」 ―― ジェレミー・グランサム（2010年４月）[16]

ジェレミー・グランサムは、資産価格は平均回帰が起こることが多く、それは大きな資産クラスのほうがより顕著だと書いている。この

図18.5　年次でマーケットリスク指数を使って世界の株価指数のアービトラージを行った場合の損益曲線（ニュースメディアのマーケットリスク指数が最も高い５カ国を空売りし、最も低い５カ国を買っている）

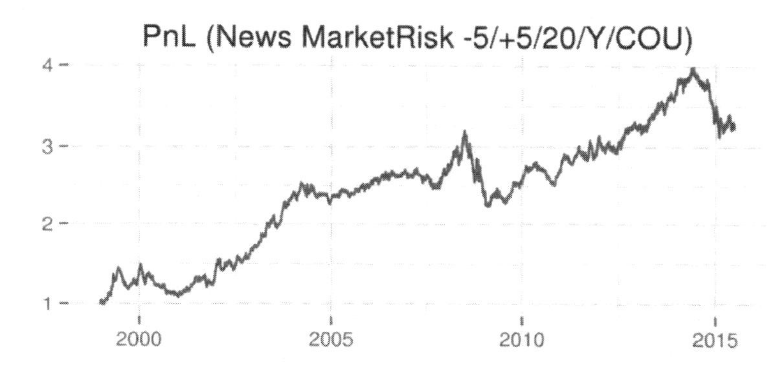

ような平均回帰戦略からは素晴らしい投資リターンが得られるものの、ボラティリティも高い。次は、各国の株価指数の投機的なリスクをアービトラージを行った場合の損益曲線を見ていこう。

この損益曲線は、ニュースのバズが最も多く、トレード可能な株価指数がある20カ国を選んでさらに改良を加えた。ただ、ニュースはあってもトレード可能な株価指数がない国（リビア、アフガニスタン、イラクなど）は除外している。この20カ国を過去12カ月のTRMIマーケットリスク指数でランク付けした。そして、上位５カ国の代表的な株価指数を空売りし、下位５カ国の指数を買い、すべてのポジションを12カ月保有した。損益曲線は、各国の代表的な株価指数の上位５銘柄と下位５銘柄の平均リターンを組み合わせて示している。このモデルは毎月同じ作業を行って、ポートフォリオの価値の12分の１を入れ替えていくため、各ポジションを最低12カ月は保有している。

図18.5は、世界のマーケットリスクに関するクロスセクションモデルの年ごとの結果を示したもので、1999～2014年のリターンは５倍に

なった。この損益曲線からは、このモデルが絶対リターンを追求し、完全ではないが、ある程度世界の出来事に左右されないものであることが分かる。

最も投機的な国の主要な株価指数を空売りし、最も悲観的におじけづいている国の株価指数を買うアービトラージは、過去においては利益率が高かった。また、株式以外の資産バブル（例えば、商品バブル）についても、チャートに投機の明らかな兆候が認められた。

話は少しそれるが、商品市場の投機については需要の過不足が価格の高騰につながり、それがバブルを引き起こすこともある。現物の価格が上がると、その商品の生産者は探査や生産を強化するが、増産分が市場に出回るまでには時間がかかる。その一方で、メディアが商品価格の上昇を伝えると、一般投資家の興奮をかきたて、投機バブルをあと押しするかもしれない。このパターンは、コーヒーや綿花や天然ガスを含む過去の商品投機バブルで見られた。

あぶく銭を残す

「トレンドフォロワーが参入するころには、流れが変わって損失を被ることになる」――ジョージ・ソロス著『ジョージ・ソロス』（テレコムスタッフ）

ルーニー・チューンズのアニメキャラクターのワイリー・コヨーテの心理は、バブルのステージ３を表している。このステージ（投げ売り）では、価格のコンセンサス予想が逆転し、そのあと価格が崩壊する。コヨーテ氏が崖とは知らずに走っていて、ふと下を見ると地面がないことに気づき、固まるシーンを思い出してほしい。一度下を見てしまうと、それ以上空中にとどまっていることはできずに、落下していく。資産価格も、価格がファンダメンタルズと比較して高すぎるとみんなが気づくと、一気に崩壊する。

ほとんどの投資家は、バブルのピークでは、認知的不協和のせいで疑念が広がり始めても投資を続ける（それが第２章で述べた価格の過小反応につながる）。バブルのピークのタイミングを計るためには、まずチェックリストやそのほかの基準を使って投機バブルが存在することを確認し、次に自分の感情とバブルの関与を制御し、最後にピークのタイミングを知るためにマーケットのセンチメントトーンを追跡する必要がある。この３ステップの過程は、口で言うほどたやすくない。

哲学者の聖アウグスティヌスは、著書の『告白』のなかで、自らの強い性欲について長々と書いている。彼は、キリスト教の修道士として、禁欲的な信仰生活を送る修道誓願を立てたにもかかわらず、欲望の制御に大いに苦悩していた。どうにもならない肉体的な欲望とモラルの板挟みで苦しみ、救いを求めたのだ。「神よ、私に貞潔さと堅固さをお与えください。ですが、今すぐにではなく[17]」。バブルのなかの投資家の多くは、聖アウグスティヌスと同様に、最後のスリル（利益）を得ようとして、ピークで長く保有しすぎる。しかし、価格の反転はたいてい素早く予想外に起こり、手仕舞いは高くつくことになる。

なかには早めに退出する（勝ちトレードを早めに手仕舞う）人もいるが、それ以外の人たちは（期待や基準点が高い人）、利益の扱いがぞんざいになる。利益に過剰なリスクをとることはハウスマネー効果（聖アウグスティヌスの問題）と呼ばれており、将来の見通しが明るいと、自己満足によってリスク管理に失敗することになる。

マーケットが史上最高値で揺らぎ始めたら、考えを改めて、①これまでの価格の原動力、②リスク管理戦略――について、見直すべきである。投資家には、早く逃げ出すと、そのあとの利益を逃して後悔することを恐れて手仕舞えない人もいれば、ピークだと期待して手仕舞い、含み益を十分とれない人もいる。バブルの期間に投資をするならば、必ず自分の時間枠と戦略と価格の原動力と自分の性格の弱点を補う方法を念頭に置いて投資を行ってほしい。

まとめ

- 多くの投資家が南海バブルで財産を失ったアイザック・ニュートン卿のような行動をとってしまう。感情やバイアスによって、必要なときに売ることができないことはよくある。
- バブルのピークのタイミングを当てるのは危険なゲームだが、適切なツールを持ち、リスク管理の規律を守れる人ならば、大きな利益を上げることができるかもしれない。
- バブルで利益を上げることができるトレーダーは、みんなよりも早いタイミングで脳が活性化して売りたくなる。彼らの前島が活性化することは、彼らの脳がバブル崩壊のリスクに気づいていることを示している。
- ピークエンドの法則は、投資家が非常にポジティブな感情のときにバブルに引きつけられ、そのあとなかなか売らない理由を説明している。
- マーケットリスク指数（バブリオメーター）のMACDは、メディアの投機的なトーンがナスダックのバブル（1998～2002年）や上海総合指数のバブル（2014～2015年）のピークを計るタイミングツールになり得ることを示している。
- 商品バブルには、たいていファンダメンタルズ的な前兆となる出来事がある。そして、そのようなきっかけが解決すると、バブルは崩壊するリスクがある。しかし、ファンダメンタルズ的なきっかけがなくなっても、メディア由来のマーケットリスク指数（投機の目印となる）とセンチメントの上昇が止まらないのは、価格の正のフィードバックループのせいかもしれない。
- バブルのときにトレードする投資家は、リスク管理を改善するためにチェックリストを使うとよい。

第19章　商品市場のセンチメント分析

Commodity Sentiment Analysis

「男　あんたはいつか金持ちになるような口ぶりだが、それなら こんな落ちぶれたところで何をしてるのさ。

ハワード　全力で金（ゴールド）を探しているのさ。でも死ぬまで金持ちでいられた奴はまだいない。大金を手に入れても、もっと欲しくなって、結局しくじるからだ。俺もきっとそうなる……」　――映画『黄金』（1948年）[1]

上のシーンは、1948年の映画『黄金』の１コマで、メキシコで金を探す３人のアメリカ人に、投機が及ぼす心理状態が分析されている。メキシコで一獲千金を夢見ていたのはこの３人だけではなかった。コルテスやコロナドなど、この地を征服したスペイン人も、一族の資産と自らの命を賭けて金を探した。コロナドはシボラという伝説の黄金都市を探して北に向かい、現在のカンザス州の平原まで遠征した。アステカ帝国を征服したことで知られるエルナン・コルテスは、モクテスマ２世の使者に「私と私の仲間を苦しめている心臓病は黄金でのみ治癒できる[2]」と伝えた。これはコルテスの比喩だったが、その言葉どおりに伝わることを意図していたのかもしれない。金には、それを追い求める人に計り知れないほどのリスクをとらせ、なかには心や体を壊してしまう場合もあるほど魅力がある。

もう少し『黄金』を見ていこう。

> **ハワード**　金自体は宝飾品にするか金歯にするくらいしか使い道がない。どちらにしても悪魔的なものさ。最初は２万5000ドルも稼げば満足すると思って、神頼みをする。良い心がけだ。……しかし、本当に金が見つかると、それでは終われなくなる。みじめな死に方をする恐れがあっても、あと１万ドルが欲しくなるんだ。そして、あと２万5000、そのあとは５万、10万という具合だ。ルーレットと同じさ。あと１回がやめられなくなる。[3]

金投資家の投機的な心理は、世界的な金融危機のあとのジョージ・ソロスにも見られた。彼は、2009年末までに６億6300万ドル相当の金のETF（上場投資信託）と金鉱株を買い集めていた。このときは、金融危機の前に住宅債券の「世紀の空売り」で大儲けしたジョン・ポールソンなどの有名投資家も金を買っていた。ソロスは2010年１月に、金が「究極のバブル」を迎えつつあると書いており、バブル崩壊の前に金のポジションを手仕舞った。彼の会社がSEC（証券取引委員会）に提出した書類を見ると、彼は１オンス当たり1225ドル以下で買って、１年超保有したあと1300ドル以上で売却したと思われる[4]。

この金バブルのピークから２年後の2013年春、いくつかの出来事が重なって金は過大評価されているというコンセンサスに至った。最初に、ゴールドマン・サックスが金の強気の予想を覆した[5]。すると、キプロスの中央銀行が金準備の14トンを市場で売却するといううわさが広まった。ノーベル経済学賞受賞者のポール・クルーグマンは、ニューヨーク・タイムズ紙の論説（2013年４月11日付「金への欲望」）で、金の持続不可能な投資が行われている証拠をまとめた[6]。このなかでクルーグマンは、アメリカ人の３分の１が金は最高の長期投資だと答え

図19.1　金のベア相場の始まり――2012年11月～2013年７月の金価格と金のセンチメントの90日と200日のMACD

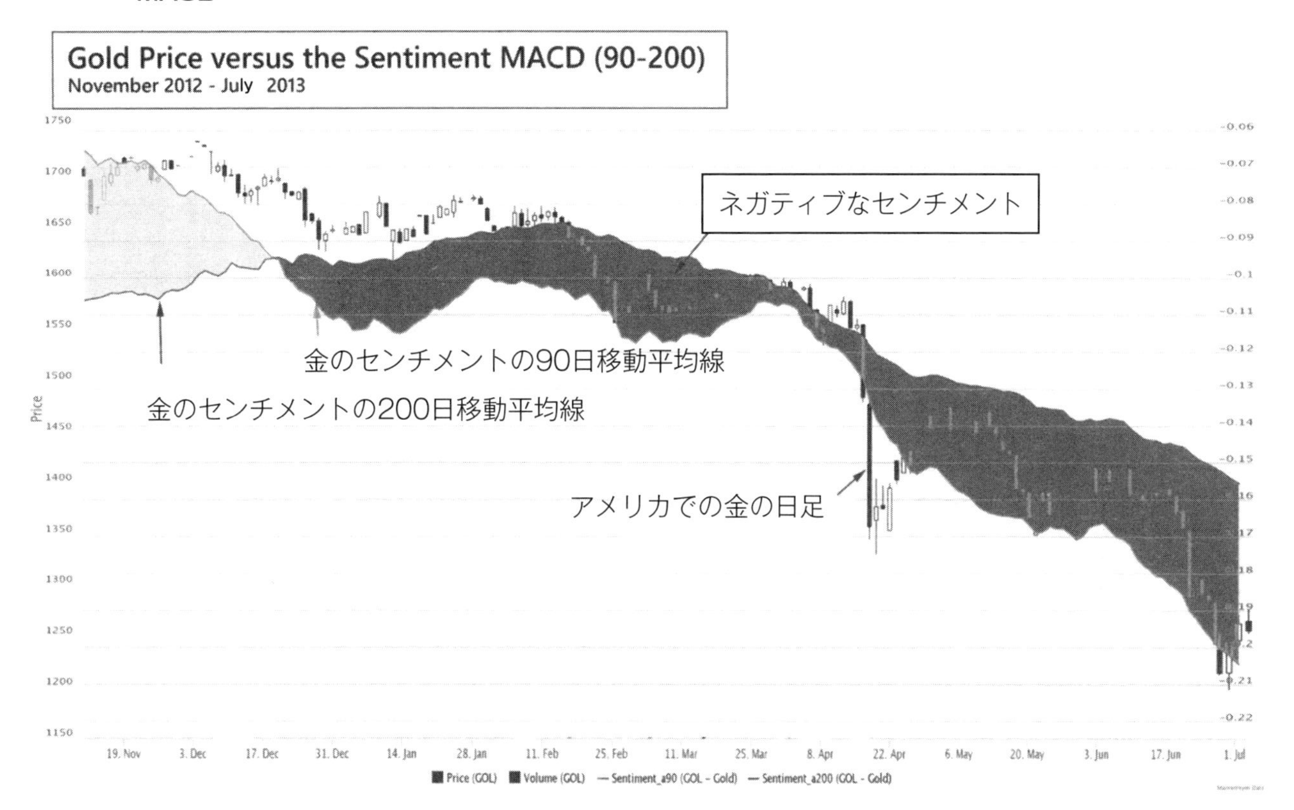

た2011年のギャラップ調査を引用した。ウォール街のカリスマのひとりであるバリー・リソルツがネットのインタビューで金を貯めこんでいる連中のカルトと聞きまごう言い草をこき下ろした[7]。金に対するコンセンサスは急に弱気になり、続いて価格も下落した（**図19.1**）。

センチメントが価格に先行することは多いが、これは必ずしも完璧な関係ではない。金価格は複数の要素によって動く。例えば、宝石を買う人の気まぐれや供給量や法定通貨の信頼度などさまざまな要素がある。また、通貨として売買されることも多い貴金属は、通貨と同じように人々の感覚によって価格がかき立てられることもある。

アレクサンダー・ファフーラによるTRMI（トムソン・ロイター・マーケットサイク指数）バージョン1.1を使った研究によれば、1998～2012年にかけて、毎月の金価格の予測に最も役立ったのは、前月と比較した米ドルの信頼度だった。米ドルの信頼度が高いと、翌月の金の価格は平均的に下げ、米ドルの信頼度が低いと、翌月の金価格は上がったのである。

商品は特殊な資産で、投資家と生産者と消費者と投機家がゼロサムゲームを競っている。彼らの競合する利害がセンチメントに影響し、例えば買い手を喜ばせる出来事は売り手を苦しめる。また、商品の場合は、時間枠の違いもセンチメントに影響を及ぼす。牛の牧場主が干ばつを心配しても、自分の家畜を順調に育てることができれば、いずれ値上がりの恩恵を得られる。その一方で、消費者は一時的に牛肉の価格が下がれば喜ぶが、供給が激減して不足すれば、長期的に見て高値になるので文句を言いだす。このような競合する見方があるため、TRMIセンチメント指数は商品の価格トレンドの予測にはあまり役に立たず、むしろファンダメンタルズ（supplyVsDemand）と価格の方向性（priceDirection）に関する情報の流れのほうが説明力が高い。また、金価格はセンチメントのみでは簡単に予測できないが、本章で見ていくように、「黒い金」（石油）のほうは情報と人の心理を反映して

図19.2　原油から作ったギリシャ火と呼ばれる武器を使う様子を描いた絵画

出所＝スペイン国立図書館の『スキュリツェス年代記』の写本より。スラブ人トマスの反乱で使われたギリシャ火。左側の船の上の文字は「ローマの船隊が敵の船隊を炎上させる様子」と書かれている

安定的な価格パターンを示している。

石油価格は何によって動くか

「ホルムズ海峡は、2011年には1日約1700万バレルの石油が通過した世界で最も重要な石油輸送の重要ポイントで……これらは海上輸送される原油の約35％、あるいは世界で取引される原油の約20％を占めている」　――　米エネルギー情報局[8]

石油は、エネルギー源として普及する前の時代には武器として使われていた。**図19.2**は、ギリシャの古書から引用したもので、海戦時代に石油などで作った火薬（ギリシャ火）を使う様子を描いている。

経済戦争は、戦略的な能力を示すには効果的な武器かもしれないし、

石油はこのような戦いにおいて重要な兵器のひとつと言える。原油に関する情報の流れを調べていると、恐怖や矛盾や暴力などが石油価格に影響を及ぼす脅威になっている。2003年のアメリカのイラク侵攻や、2011年春のリビア内戦や、2012年のイランの核開発問題に端を発するイランとイスラエルとの緊張状態や、2014年の過激派勢力ISによるモスル奪取などを含むさまざまな事件が起こるたびに、石油生産地域の紛争が石油価格を上昇させてきた。

中東で紛争が起こると、石油の生産が止まる恐れが高まる。このような恐れは精油会社や航空会社や化学会社や石油価格に敏感な消費者などのパニック的な価格ヘッジ（買い）を引き起こす。彼らはみんな確率無視（可能性の低いことに圧倒される）という認知バイアスに基づいて行動している。このような恐れは完全に事実無根というわけではない。現に、石油トレーダーは、それまでに国際政治情勢が価格上昇につながった経験を持っている（例えば、1973年のアラブの石油輸出禁止）。

恐怖は過剰反応の尺度であり、リスクが実際よりも高く見られていることを示している。恐怖が大きいときは、投資家が鮮明な悪い出来事に対して過剰反応しているということで、その恐怖が弱まり始めたら、価格は危機前の水準を回復する可能性が高い。

西側諸国とイランとの緊張も、2010～2013年の石油価格に繰り返し影響を及ぼしてきた。例えば、2011年12月27日にイランのラヒミ第一副大統領が語った説得力のある言葉もそのひとつだ。「もし西側がイランの原油輸出につながる制裁を科せば、ホルムズ海峡を石油は一滴も通過できなくなるだろう」。世界の原油の20％がこの海峡を通って輸出されていることを考えれば、ラヒミは石油消費国に対して効果的に経済的な脅威を与えたことになる。一方、アメリカとイスラエルもイランの核開発をやめさせるために軍事的な脅威を与えたことで、TRMIの原油に関連する恐怖指数と暴力指数の値は高くなった（**図19.3**）。

図19.3　イランの核開発を強硬強制的にやめさせようとする脅威と逆にイランがホルムズ海峡を閉鎖する脅威が原油にかかわる恐怖指数と暴力指数と石油価格を高騰させた（2011年12月～2012年7月）

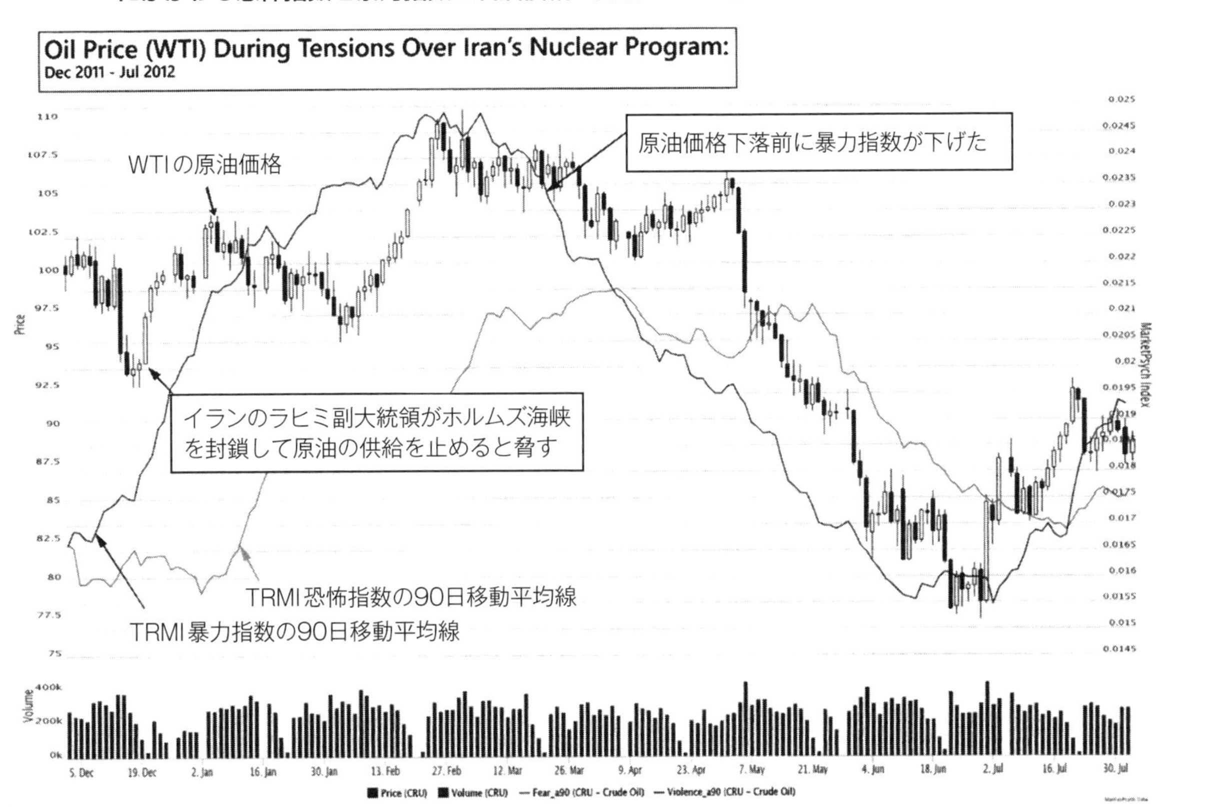

暴力指数と恐怖指数が価格とともに上昇したあと、価格よりも先に下落したことから、指数の上昇が石油市場において統計的に有意かどうか（とそれがトレードチャンスにつながるかどうか）を調べる研究が行われた。

恐怖指数や暴力指数を使った石油価格のボラティリティの予測力

「国際的なエネルギー市場は、信頼できる輸送方法があるかどうかにかかっている。交通の難所が封鎖されたら、たとえ一時的であっても全体のエネルギーコストは大幅に上昇する」――米エネルギー情報局（2012年８月22日）[9]

アレクサンダー・ファフーラは、過去15年間における石油価格の上昇前の時期に、紛争や暴力や恐怖に関してメディアがどのような言及をしてきたかを知るために、一連の単純なデータマイニングの研究を行った。TRMIの紛争指数は、石油市場やファンダメンタルズや価格やほかのトピックを取り巻く論争と不一致が高い水準になったときに反応するもので、TRMI暴力指数は、軍事的な脅威と石油市場にかかわる行動を表している。そして、恐怖指数は石油価格に関する「心配」「懸念」などといったさまざまな不安の尺度になる。

彼は、1998～2012年のデータを使い、TRMIを独立変数、WTI（ウエスト・テキサス・インターメディエイト）先物の最も出来高の多い限月（アクティブマンス）の価格変化を従属変数として、原油にかかわるメディアの恐怖や紛争や暴力の極端な水準と変化を相関ルールを使って調べた。

これらの指数とかかわる月ごとのリターンのパターンは興味深い。まず、紛争や戦争の可能性に関するニュースが報道されると、そのあと

表19.1　石油関連の暴力・紛争・恐怖・生産量に関するメディアの報道があるある週に突出して多くなった翌月の石油価格のリターン

TRMI	シグナルの回数	翌月の平均リターン
暴力	91	2.2%
紛争	94	3.2%
恐怖	19	3.2%
紛争の激化と生産量減少	28	8.2%

石油価格が突出高（スパイク）になる。トレーダーにとって重要なのは、突出高にはモメンタムがあるということで、石油価格は次の月も高い水準を保つ。例えば、原油のTRMI暴力指数が１週間突出高を見せると（今回の観察期間には91回起こった）、その翌月の石油価格は2.2%上昇した。紛争指数が１週間突出高を見せた場合も似たような影響が見られた（94回で翌月は3.2%上昇）。このような「突出高」の頻度は、１年の約13%（約６週間）で起こっていた。ただ、恐怖指数の場合も似たようなモメンタムの効果は見られたが、それは極端な上昇のときだけだった。恐怖指数については、１週間の突出高の分布のなかで、上位90%以上に相当する大幅な上昇に限ると、それは合計で19回あり、そのとき翌月のリターンは3.2%上昇した。**表19.1**に月ごとの結果をまとめてある。

２つの変数を合わせて検証すると（例えば、紛争指数が上がり、生産量指数が下がった場合）、翌月のリターンは平均8.2%になった（15年間で28回起こり、方向的な精度は82%だった）。これはある程度の頻度があり、理にもかなっているため、重要な結果と言える。減産に関する紛争と懸念は、どちらも単独で起こるよりも合わさったほうが価格はより上昇した。また、石油価格の新しい情報に対する反応が鈍いように見えることも重要だ。つまり、石油トレーダーはこのようなシグナルに基づいて余裕をもってポジションを仕掛けることができる。

ただ、データマイニングに抵抗がある人にとっては、この分析はかなり不満が残るだろう。これは厳密なバックテストを行った研究ではなく、むしろTRMIの最初のバージョンのデータが過去15年分（1998～2012年）あったため、ここから役立つ洞察が得られるかどうかを見るためのものだ。幸い、このモデルができたあとの３年間は、石油価格の予測に価値を発揮している。これまで述べたことをまとめると、TRMIの紛争や暴力や恐怖などの指数が上昇すると、翌月の石油の平均価格も上がる。これは、もしかすると石油トレーダーがメディアの報道にはあまり反応せず、この地域の緊張が高まっても急いでポジションを調整していないからかもしれない。あるいは、トレード頻度が低い人は、脅威にかかわる情報に過剰反応するため、恐怖が広がるにつれてゆっくりと価格が上がっていくのかもしれない。もしこのようなパターンが本当に過剰反応を示しているならば、リスクにかかわるセンチメントが高い水準になったあとは価格が下落すると考えるべきだろう。

熱気が高いままのとき

これまで、恐怖や暴力や紛争に関するメディアの報道が急増すると、そのあと石油価格が上がり、このようなセンチメントの絶対水準が高止まりすれば、その後、価格は下落してきた。1998～2012年について月別で見ると、月別の原油に関する恐怖指数が過去の値の上位10％に達したとき、翌月の原油価格は例外なく下げた（平均5.4％）また、紛争指数については過去の値の上位20％に達すると（37回）、翌月の石油価格は平均3.2％下落した（**表19.2**）。

表19.2の最も複雑な発見は、危機の深刻さが下がっても、紛争指数

表19.2　TRMIの恐怖指数や紛争指数が過去の上限に近づいたときの翌月の石油価格の平均リターン

TRMI	回数	翌月の石油価格のリターン
恐怖（上位10％）	19	－5.4％
恐怖（上位20％）	37	－1.8％
紛争（上位20％）	37	－3.2％
紛争の高い緊張継続と緊張状態の緩和	19	－5.5％

の値が高いままならば、石油を空売りして儲けるチャンスがあるということである。

このようなパターンが分かったあとで、これを実際にテストするチャンスが数回あった。例えば、2014年６月に過激派組織ISがモスルを制圧したときは、恐怖指数が上昇し、石油価格が突出高を示した。しかし、そのあとは2014年末までさらなる生産中止の恐怖が高まることはなく、石油価格は60％下落した。別の例を挙げると、シリア政府が民間人に化学兵器を使ったことに対して、欧米はアサド大統領への空爆を警告した。このとき、イランがアサド支持を表明したため、2013年８月の石油会社はピリピリしていた。同年８月30日のニューヨーク・タイムズ紙は、「イランとシリアの国防大臣が、もしアサド大統領に危険が及べば、金曜日にイスラエルを攻撃すると脅した[10]」と報じた。結局、欧米はアサドに空爆を行わず、翌月の原油価格は予測どおり下げた。この結果は原油のみに基づくものだが、似たような商品のグループ（貴金属、穀物、畜産など）についても相関ルールを使って調べたところ、同様の結果が出た。

本章では、極端な情報が短期間に原油価格を上昇させる具体的な例を見てきた。長期的に、商品市場全体を見ると、クロスセクションモデルからいくつかの役立つ発見があった。もしかすると、商品によって影響を及ぼす要素が違うことが、異なる商品のアービトラージを難しくしているのかもしれない。

商品市場の心理

映画『黄金』では、ハンフリー・ボガード演じるダブスと２人の仲間が、メキシコの港町タンピコの安宿から金を探しにシエラマドレに出発する。彼らは金鉱を見つけ、数週間密かに採掘していたが、ダブスは次第に仲間が自分を殺して彼の持ち分を奪おうとしているのではないかと疑い始める。金持ちになるという興奮が不安と疑心暗鬼に変わったのだ。彼は脅されたと思って過剰反応し、現実とはかけ離れたことを考えるようになっていった。

仲間の意図に疑念を深めていったダブスは、仲間の１人がキャンプを離れている隙にもう１人を殺そうとして失敗する。それから間もなく山賊が現れ、ダブスを殺して仲間の砂金を奪っていく。皮肉なことに、山賊たちは砂金が何か知らなかった。山賊たちは馬で駆け去るときに砂金を価値がないものとして捨て、砂金は風に散っていった。ダブスほど金に取りつかれていなかった２人の仲間は生き延び、無一文にはなったが、貴重な人生経験を積んだ。

金やそのほかの商品には、人の心理に訴えかける何かがある。金や石油やそのほかの商品は形があり、歴史的にも深い意味のあるものだ。そして、これらの商品は、それぞれが私たちの基本的なニーズに応えてくれる。証券や通貨や美（宝石）は貴金属、生命の元となる栄養は農産物、現代生活を維持するための熱や光はエネルギー関連の商品がもたらしてくれるのである。心理的にどのような意味があったとしても、商品に関するニュースは重要なパターンを繰り返し誘発し、このなかには本章で紹介した過剰反応や過小反応も含まれている。

まとめ

- 商品はそれぞれに心理的な意味があるからかもしれないが、商品価格は情報の流れに対する反応が商品ごとに違う。
- 相関ルールを使って調べると、恐怖や暴力や紛争に頻繁に言及するニュースに対しては石油価格の週足は過小反応を示す。
- 過去の原油価格を見ると、恐怖や暴力や紛争の指数の絶対値が高い月は、その翌月には価格が下落していた。
- 商品をセンチメントに基づいたトレンドフォローモデルを使ってトレードすると、うまくいった。
- クロスセクション分析を使った研究では、有効な予測力は認められなかった。

第20章　通貨の特徴

Currency Characteristics

「社会の基盤を覆すのに、通貨を堕落させることほど巧妙で確かな方法はない。そうすれば、その過程で経済の法則の隠れた力がすべて社会を崩壊させる方向に働き、そのことを正しく理解できている人は100万人に１人もいない」――ジョン・メイナード・ケインズ著『ケインズ全集第２巻　平和の経済的帰結』（東洋経済新報社）[1]

世界の為替市場では、毎日５兆ドル以上がトレードされており、通貨は世界で最も活発にトレードされている資産クラスである。通貨市場の参加者のなかには、中央銀行や多国籍企業や投資会社や銀行や個人の投機家が含まれている。彼らはそれぞれ協調したり、競合したりしながら目的を持ってトレードしている。例えば、政府は自国の輸出産業を活性化したり（自国通貨を安くする）、時には他国を弱体化させたりするために（例えば、イランのリアルは2013年に国際社会の制裁を受けて価値が50％下落した）行動する。個人投資家や機関投資家は、より高い利回りを求めて他国の債券を買うこともある。投機家は、マクロ経済にかかわる発表に基づいて、トレードしているかもしれない。それぞれの影響が競合し、認知上の価値と現実的な価値の両方を見極めるのが難しいなかで、例えばドルの真の平衡値はどうしたら分かるのだろうか。本章では、メディアのセンチメントと感覚が通貨の価格を動かす体系的かつ予測可能なパターンを詳しく見ていく。

不透明感の価値

「不透明感は災害などよりもはるかに市場の気力を奪い、市場を弱体化させる」——アレクサンダー・ハミルトン（J・S・ゴードン著『ザ・スカーレット・ウーマン・オブ・ウォール・ストリート』［The Scarlet Woman of Wall Street］）[2]

アレクサンダー・ハミルトンは、アメリカ合衆国建国の父のひとりで、1789～1795年には初代財務長官を務めた。彼は、強力な中央銀行が経済への信頼を支え、「人々にその国の金融制度に対する信頼を与えて通貨を安定させる……[3]」と書いている。彼は、財務大臣として国の財政を支えるため、政府に債券発行を働きかけた。この債券発行の目的は、国の経済に対する信頼を高めることだった。ハミルトンは、独立戦争後は政府による中央管理で財政的に安定すれば、不透明感が減って経済活動が活発になると考えていた。

強い統治力が市場の価値を安定させるというハミルトンの考えは、金融政策の不透明感が通貨のリスクプレミアムを高めるという研究結果[4]からも確認されている。通貨の価値は、その国の政策に不透明感がある間は低いが、不透明感がなくなれば上がる。また、そのときの通貨価値のディスカウント幅は、その国の経済力が弱いと大きくなる。不透明感が債券価格に与える影響に関する別の研究によれば、予想されるインフレについて不透明感が高まると、債券のリスクプレミアムも上がる（債券価格が下がる）ことが分かった[5]。さらに言えば、トレーダーが突然、同じ時期に「安全資産への逃避」（パニックの婉曲表現）

行動を始めると、通貨の価格が動くことが多いという研究もある[6]。このような、期待価格のコンセンサスの変化や不透明感に基づく通貨価格のパターンは、通貨に関するメディアのセンチメントデータを使ってモデル化できるかもしれない。

これまでの章では、さまざまな資産について、感覚が現実から離れたときに起こる価格の歪みを見つけて入れ替えていくクロスセクションモデルを見てきた。ハミルトンの推測を検証するために、C・J・リューはTRMI（トムソン・ロイター・マーケットサイク指数）不確実性指数（uncertainty TRMI）のクロスセクション分析を用いて32の通貨の不透明感の影響を調べた。不透明感指数は、メディアの通貨に関する言及を数値化したもので、このなかには「疑い」「混乱」「透明感がない」などといった概念が含まれている。

リューはまず、不透明感について週ごとのクロスセクション分析を行った。彼のモデルは前週のニュースに登場した上位８通貨を選び、週の最初の取引日の始値で不確実性指数が最も高かった２カ国の通貨を買い、最も低かった（不透明感が低かった）２カ国の通貨を売った場合をシミュレーションした。売買価格は、先読みバイアスを避けるため、月曜日の始値と金曜日の終値を使った。ランキングは毎週行い、ポジションは毎週月曜日に再構築した。このようにして、買いと売りのポジションを毎週入れ替えていくと、結果は**図20.1**のようになった。

１週間単位で見ると、通貨にかかわる不透明感は1998～2015年７月にかけてアービトラージのチャンスをもたらしていた。１年間で、国レベルの不透明感（通貨自体ではなく国全体の不透明感）のアービトラージも、興味深い結果が出た。１週間単位のアービトラージと同様に、メディアで不透明さについての報道が多かった国のほうが、次の12カ月の通貨のリターンが高く、不透明感が低い国は通貨のリターンも低かったのだ（結果は**図20.2**）。具体的には、過去12カ月間でニュースが多かった８カ国のなかから、不透明感が最も高い２カ国の通貨

図20.1　通貨の不透明感を使ってアービトラージを行った損益曲線（前週のニュースから不透明感にかかわる言及が多かった上位８通貨を選び、上位２通貨を買い、下位２通貨を空売りして１週間保有した結果）

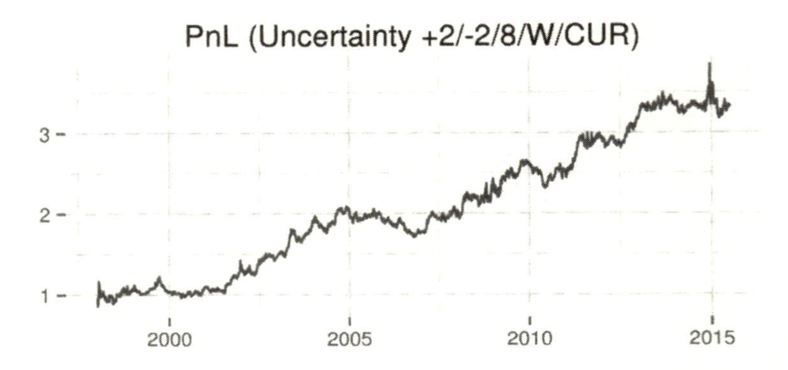

図20.2　国の不透明感を使ってアービトラージを行った損益曲線（過去12カ月にニュースで不透明感にかかわる言及が多かった上位８カ国を選び、上位２カ国の通貨を買い、下位２カ国の通貨を空売りした結果）

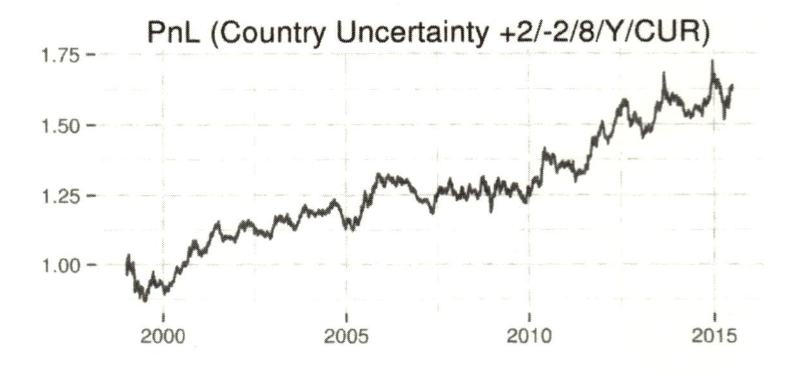

を買い、最も低い２カ国の通貨を売って12カ月間保有し、月末ごとにポートフォリオの12分の１を入れ替えていった。

TRMI不確実性指数の価値は逆張り的に見える。メディアがある通貨の不透明さを報じると（価格の方向性・金利・政策などについて）、投資家は過剰反応して高いリスクプレミアムを求める。このような不透明さは金利間の利回りを歪め、キャリートレード戦略の利益率を押し上げる。全般的に、保有期間にかかわらず、不透明感のある通貨のほうが、透明感が高い通貨よりもパフォーマンスが高くなっているようだ。

情報の流れ

FRB（連邦準備制度理事会）が予想外に金利を引き上げると、米ドルの価値は急激に上がる。また、金融政策が予想と違えば、予想が調整されるのと合わせて通貨価格も調整されていく。

ちなみに、不透明感は将来の透明性のなさを表しているが、方向性は示していない。つまり、不透明感には感情値がない。もしニュースの記事に「投資家は円がどちらの方向に向かうのか確信がない」という文が含まれていれば、これは不透明感を伝えている。しかし、もし記者が「アナリストは、円が来週急騰すると予測している」と書けば、ここには通貨の方向性に関するポジティブな期待が含まれている。

TRMIの指数のひとつである価格予測指数（priceForecast TRMI）は、通貨価格の将来の方向性に関するメディアの期待を数値化している。この価格予測指数は、一定期間における価格の方向性に関する予測の値を、関連する言及の総量で割った値である。

前の項と同じ週次のクロスセクション分析を使い、メディアでの言及が多い上位10通貨を使って価格予測指数のアービトラージを行った。このモデルでは、価格予測指数が高かった通貨を買い、最も低かった通貨を売った。そして、ポートフォリオを毎週入れ替えていくと、損益曲線（エクイティカーブ）は**図20.3**のようになった。

ニュースによる通貨価値の平均的な予測力（極端な10%）は、翌週に実証された。不透明感は投資家の過剰反応をあと押しし、価格予測

図20.3　価格予測指数の上位10通貨を使ってアービトラージを行った損益曲線（前週のニュースから価格予測が上位10カ国の通貨を選び、上位１通貨を買い、下位１通貨を売って１週間保有した結果）

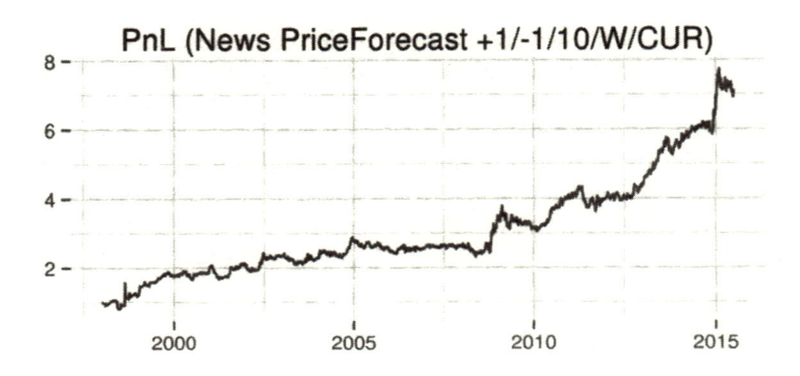

図20.4　国の信頼指数を使ってアービトラージを行った損益曲線（過去12カ月にメディアの言及が多かった８カ国のうち、上位２カ国の通貨を買い、下位２カ国の通貨を空売りして１年間保有した結果）

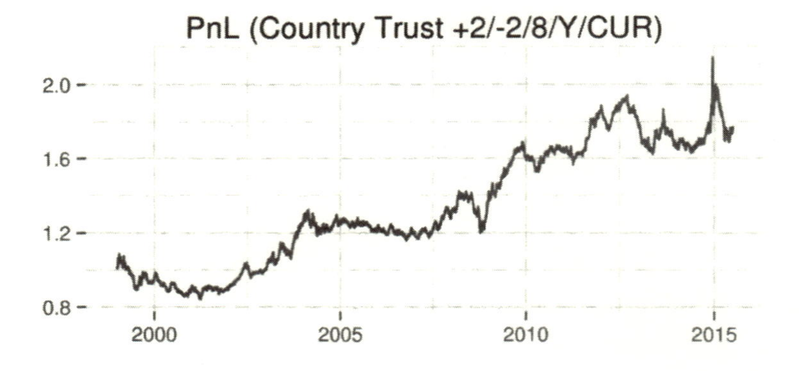

指数は投資家の過小反応をとらえているように見える。さまざまな週次の指数が、このアービトラージ戦略が高い利益を上げたことを示しており、月次や年次でも似たような結果が得られた。ちなみに、アービトラージの対象は、より極端なほうが（例えば、上下２つずつの分

位よりも上下１つずつの分位)、リターンも損益曲線のボラティリティも高くなった。

国レベルの不透明感の年間の値だけでなく、国に対するTRMI信頼指数（Trust TRMI）を使うと、通貨価値のアービトラージができる。1999年以降、毎年最も信頼されている２カ国の通貨を買い、最も信頼されていない２カ国の通貨を売ると、損益曲線は**図20.4**のようになった。アレクサンダー・ハミルトンが、これから発行する国債の価値を少しでも高くするために、自信（信頼）回復を試みたことは有効だったのである。国の信頼度が高ければ、その国の通貨の次の12カ月のパフォーマンスも高くなることが予測できたのである。

国の信頼度が高いということは、その国の通貨のリスクプレミアムが非常に低いということで、不透明感が高いということはその逆を意味しているが、損益曲線はどちらにもアービトラージのチャンスがあることを示している。国レベルの信頼度と不透明感は、通貨価値の予測においては相関関係がないようである。

過去の通貨に関するセンチメントのデータを総合的に分析した結果、通貨に投資するときは信頼度の低い国を避けるだけでなく、信頼度とは逆相関のいくつかのセンチメント指数も考慮すべきことが分かった。投資家は、例えば暴力指数や政府の不安定度や社会の混乱度などの値が高い国の通貨は避け、低い国の通貨を選ぶべきなのである。ちなみに、不確実性指数は国に関係なくリスクプレミアムのアービトラージに使える唯一のセンチメント指数だった。

クロスセクションのアービトラージは、センチメントの極端な値やマクロ経済指数などのチャンスを見つけることにつながり、これは方向性の単純な指標として役立つ。ただ、劣ったクロスセクションモデルでタイミングを見極めることは残念ながらできない。一方、センチメントデータのMACDは、主要通貨のトレンドと反転のタイミングをつかむための簡潔な解決方法になるかもしれない。

MACDを使って通貨のタイミングを計る

先のクロスセクションモデルの結果を見ると、通貨価値は国レベルの不透明感や信頼といったセンチメントと、メディアに埋め込まれた期待に左右されるのかもしれない。このようなセンチメントは、通貨の価値を過剰反応（不透明感）や過小反応（信頼や価格予測）[7]によって動かしている可能性がある。ちなみに、多くのトレーダーがすでに、過小反応は価格のモメンタム、過剰反応はキャリートレードのアービトラージ戦略で利用している。通貨市場での価格モメンタムのトレードは、驚くほど高い超過リターンが得られることが分かっており、ある研究では平均年率が4.4％に上り、これは標準偏差が7.3％、シャープレシオは0.60だった[8]。なかには年率が10％に達したという研究[9]もある。また、為替市場においてモメンタム戦略は現在だけでなく、1920年代にも超過リターンを記録していた[10]。ただ、価格トレンドには持続性と遅行性がある。もし情報の流れがプライスアクションの先行指標になるならば、通貨関連のニュースは、賭ける方向を変えるための役立つシグナルになるかもしれない。

通貨価格のMACDを使った通貨の売買シグナルで、価格モメンタムが分かるという研究もある[11]。また、別の研究では、顧客の行動（注文の流れ）に適応させたシステムで将来の価格の方向性を予測した研究もある[12]。ただ、移動平均は遅行指標なので、極端な出来事が起こると、その影響でテールリスクが高くなりやすいことも分かっている[13]。

何千もの矛盾する意見が飛び交うなかでも、平均的な意見が見えてくるが、そのコンセンサスは時と共に変わっていく。短期的なセンチメントの移動平均線が長期的な移動平均線と交差すると、トレンドが変わることを示しているのかもしれない。**図20.5**をはじめとする本書に掲載したMACDのチャートは、２本の移動平均線の間が薄いアミならば短期線が長期線よりも上にあるときで（価格に上昇圧力がかかっていることが多い)、濃いアミは短期線が長期線よりも下にあるときを示している。

2012年に、私たちは日本円の価格予測指数のMACDが、ドル／円のトレンドのタイミングを予測するのに使えることを視覚的に発見した。このことを発見して以来、MACDは円の主要なトレンドを、上昇と下降の両方で正しく予測している。この関係性をさらに解明するため、同僚のひとりがデータマイニングを使って、1998年以降の円の方向性を知るために最適なTRMIのMACDを探し当てた。彼は、これを時期に関係なく確実に機能させるために（そして長期間に２～３程度の大きなトレンドしか見つからないということがないように)、10分割の交差検証を行った。彼の分析によると、もし過去のデータを使って、一定のポジションでドル／円のトレード（円の価格予測指数の90日移動平均線が200日移動平均線を上抜いたら買い、90日移動平均線が200日移動平均線を下抜いたら売る）を行うとすると、平均リターンは6.7％、シャープレシオは0.6になった。理論的には１ドルの投資が、シミュレーション期間（1998年10月～2015年７月31日）の終わりには3.14ドルになっていたのである。この戦略の最近の推移を**図20.5**に示してある。

図20.5のMACDは、驚くほど堅実な結果を示している。私たちは、この相関性を理解するために、数人の為替トレーダーの意見を聞いた。ある円トレーダーは、トレーダーのなかでも円市場は群れたり、ニュースにつられたりする人が多いと教えてくれた。別のトレーダーは、日本銀行が経済記者に価格予測を漏らしていると言っていた。理由は、日銀が円を望む方向に動かすためのリスクを投資家にも分担させるためらしい。もし日銀自体が市場で円を売買すると、フロントラニングや投機の対象になりやすくなる恐れがあるということだった。

そもそも、資産価格の動きを投機対象にするのは危険なことだ。幸い、価格予測指数は透明性が高い構造になっており、1998年以降の円の価値を予測するのに、特に、安倍晋三首相の任期中は興味深い役割

図20.5　日本円の価格予測指数の90日と200日のMACD（週足。2012年7月～2015年6月）

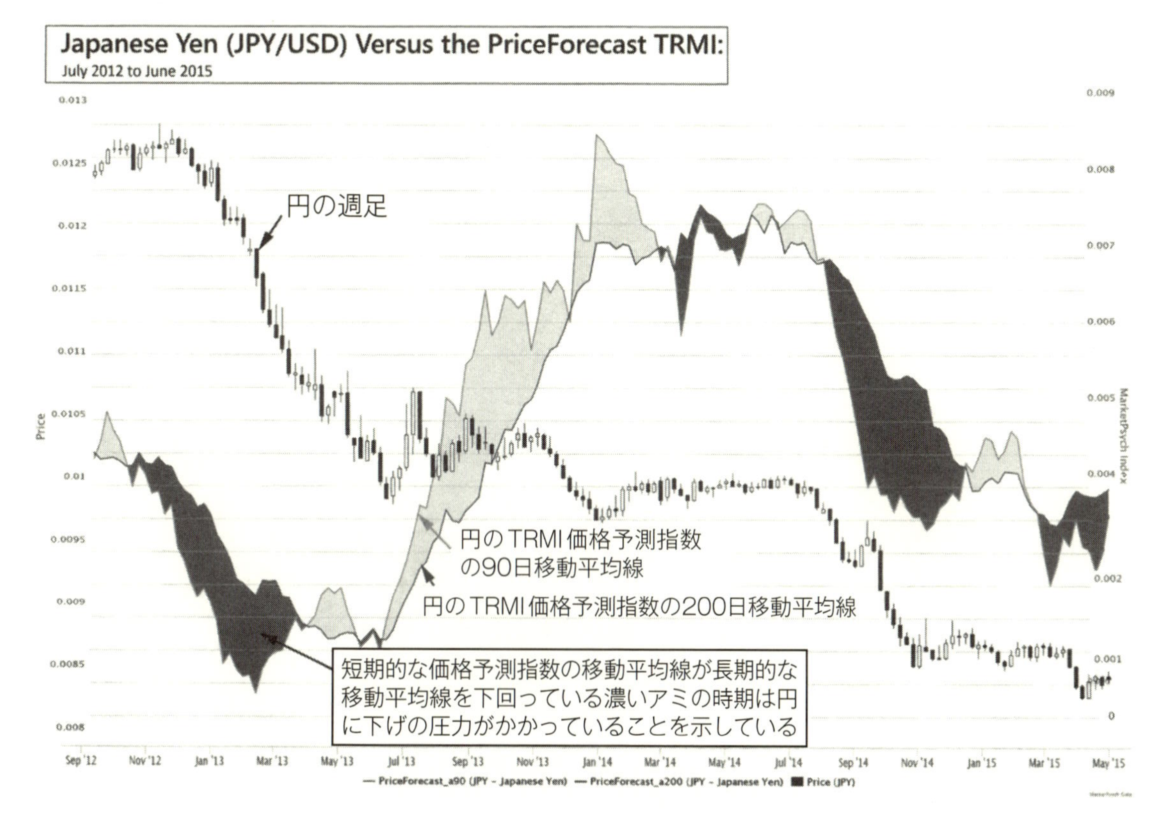

を担っている。センチメントのデータをトレードに応用する場合、人の裁量による調整はTRMIの価値を高めるかもしれない。しかし、新しい総理大臣や日銀総裁が金融政策を変更すれば、価格予測指数の価値は過去のことになってしまう可能性もある。

通貨のセンチメントをトレードに利用する

「ユーロの存続のために、ECB（欧州中央銀行）は権限の及ぶ範囲であらゆる措置を取る用意がある。とことんやるつもりだ」

――マリオ・ドラギECB総裁（2012年７月26日）

2000年にユーロが発足して以降、将来に対する不透明感が出現するのを待つのが通貨投資のタイミングを見るための最適な戦略となった。2012年には、ドラギECB総裁がユーロを守ると断言したことで不透明感が払拭され、ユーロは急騰した。センチメントのコンサルティングと調査を行うアマレオスは、顧客向けのリポートのなかで、「結局、『あらゆる措置』という言葉がユーロ圏の危機の転換点になった……」と書いている。ドラギはこの言葉で、ヨーロッパの中央銀行の自信を回復させ、不透明感を減らし、何カ月にも及んだ上昇相場を生み出したのである。

アレクサンダー・ハミルトンは、ドラギよりも前に、感覚と期待が為替レートを動かす自己達成的な予言を生み出すと考えていた。ハミルトンの考えは、TRMIの不透明感指数で週次と年次の両方について裏付けが取れている。ハミルトンの推測を裏付ける研究はほかにもある。例えば、金融政策の不透明さが増すと、通貨のリスクプレミアムも上がることが確認されている。不透明感はリスク回避と過剰反応を誘発する。つまり、このような不透明感は通貨価格の動きを利用するチャンスを生み出し、もしかするとキャリートレードにも利用できるかもしれない。

クロスセクションモデルで魅力的な損益曲線を示す週次のTRMIのひとつが、価格予測指数（priceForecast、期待値を数値化したもの）である。この価格予測指数のモメンタムは、週次で投資家の過小反応を反映しているのかもしれない。また、それよりも長い年次のTRMI（例えば、国レベルの信頼感）には、翌年の通貨価格について予測力があるように見える。もしかすると、それが通貨の不安定さが醸成されることに対する投資家の過小評価の証拠なのかもしれない。

私たちは、センチメントデータのMACDを使うと、価格を予測する先行指標ができるかもしれないと考えた。しかし、単純なTRMIの移動平均線の交差モデルの実行可能性と安定性を調べていくと、通貨によって使えるTRMIの指数が違うことが分かった。つまり、包括的な通貨価格の予測に使える特定の移動平均線はなかったのだ。日本円とTRMI価格予測指数にも、トレーダーが注目している日本固有の情報が何かあるのかもしれない。ちなみに、幅広く見られている情報が激しく上下すると、通貨価格もそれに追随することになる。

図20.5の過去の円のMACDは興味深いが、これは17年間という短い期間のデータを基に開発されており、ここで使われたルールがほかの通貨に適用できるとは必ずしも言えない。データマイニングによるモデルは、過去のデータに過剰適合になりやすいという欠点がある。幸い、今回データマイニングを行ったMACDは、アウトオブサンプルデータでもフォワードテストの環境でも機能した。さらに言えば、TRMIの通貨指数を使って構築したクロスセクションモデルは安定感があり、汎用化も可能に見える。

クロスセクションのアービトラージを前提に通貨の予測モデルを開発するときは、TRMIの不透明指数や価格予測指数などを単独で使うよりも組み合わせて使うほうが高いリターンを得られるのかもしれない。C・J・リューが行ったシミュレーションでは、複数のTRMI指数を組み合わせた予測モデルのほうが、より高く安定的な（ボラティリティが低い）損益曲線になった。このような複合的なモデルは、2013年以降のフォワードテストでも高いパフォーマンスを維持している。もしかすると、それぞれの通貨や国と関係が深いメディアには、通貨価格の予測において、ほかの情報とは独立した（直交した）価値がある多様な性質の情報が含まれているのかもしれない。

まとめ

- アレクサンダー・ハミルトンは、通貨の価値が不透明感によって非合理的に下がり、信頼によって上がることを発見した。
- 金融政策の不透明感は、通貨のリスクプレミアムを高める（過剰に割引かれる）という研究結果がある。
- TRMI不透明感指数は、週次または年次のクロスセクションモデルを用いると、過去の通貨の価値について高い予測力を示した。これは、投資家が不透明感に対して過剰反応するからかもしれない。
- 週次のTRMI指数（例えば、価格予測指数や経済成長指数）を、通貨の予測に使うと、魅力的な損益曲線が生まれた。
- 年次のTRMI指数（例えば、国レベルの信頼感や暴力）は、社会的な変化や金融的な変化に対する長期間の過小反応が予測力につながっているのかもしれない。
- MACDは、日本円の価格予測に見られたように、影響力のある情報の流れが反転のタイミングを見る助けになるかもしれない。
- 異なるTRMI指数を組み合わせることで、モデルのリターンを大幅に上げることができる。

第21章　経済指標

Economic Indicators

「経済は、本質的にすべて群衆心理によって動いている」──バーナード・バルーク

本章では、ミクロ経済（企業収益）とマクロ経済（国レベルの経済活動）の両方の観点から、センチメントの経済的な予測力について考えていく。ニュースに基づいて経済活動を測ると、収益や決算発表の電話会議に対する株価の反応や経済成長率を既存の基準よりも早く予測することができる。センチメントとマクロ経済活動の関係について書く前に、本章では、決算発表の電話会議などファンダメンタルズとセンチメントについて交わされる会話などが、どのように株価の動きにつながるのかを考えてみたい。

上場企業は、株主に対して四半期ごとに決算発表の電話会議を行うことが、法的に義務付けられている。電話会議は、その会社の財務内容や企業幹部について分析したり考えたりするチャンスでもある。経営陣にたくさんの厳しい質問が飛ぶことも多く、それに対するCEO（最高経営責任者）の対応からもさまざまなことが分かるからである。

2009年に、マーケットサイクのCTO（最高技術責任者）だったユーリ・シャッツは、トムソン・ロイターのストリートイベント（StreetEvents、企業イベントにかかわる情報を提供しているサービス）に掲載されていた12万回分の電話会議の記録についてテキスト解析を行った。彼は、2002～2009年の記録を項目や電話会議のトピックやトーンについて詳細に分析し、将来の株価に関連する内容を探した。

この分析によって、時価総額が10億ドル以上の会社のなかで、決算に関して悪いニュースが大幅に増えた会社の上位２％は、電話会議の翌朝から５営業日でS&P500と比べて株価が0.5％マイナスだったことが分かった。逆に、決算に関して良いニュースの場合は、S&P500と比べて平均0.6％プラスになることが分かった。決算に関するニュースのトーンの変化が将来の株価の動きと直接的に関連していたということは、投資家がファンダメンタルズの劣化と会社の見通しの向上の両方に過小反応していたことになる。

電話会議の記録にあるファンダメンタルズ的な情報にかかわるセンチメントは、価格の動きと直接的に関連していた（ファンダメンタルズが良好ならば、価格は上がった）。その一方で、恐怖の表現は、ネガティブなトーンでありながら、やはり価格は上がっていた。実際、高い水準の恐怖も、恐怖の大幅な拡大も（過去３四半期の平均と比べて）、翌５営業日の株価は、S&P500と比べて平均0.7％と0.5％上昇したのである。これは、投資家が決算発表の電話会議で聞いた恐怖の表現に過剰反応したのではないかと思う。

面白いことに、将来の株価の動きを予想する最高の指標のなかには、社交度にかかわるものもあった。丁寧な言葉（「ありがとう」「失礼します」など）や称賛の言葉（「素晴らしい数字だ」「よくやった」など）の割合が多いほど、翌週の株価は上昇していたのだ。もしかすると、良い分析に対する楽観が、同じ電話会議を聞いていたほかの投資家に影響を及ぼしたか、分析が言外に将来の収益予想の修正を「物語って」いたのかもしれない。

収益予想

決算発表の電話会議の記録には、企業側の発表だけでなく、投資家やアナリストとの対話も含まれている。ただ、法務や広報のガードをかいくぐって企業の発表を正確に見極めるのは、ウォール街のアナリストにとって簡単ではない。それでも、企業の収益予想を当てることができれば、株のアナリストにとって重要な付加価値になる。この予想が資産配分や株価に影響を与えるだけでなく、より優れた予想ができれば一部のトレーダーにとってはアルファ値の重要な源泉となるからだ。収益予想モデルは、ソーシャルプラットホームやメディアのデータを使えば、大幅に改善できるのかもしれない。

エスティマイズは、アナリストの予想をオンラインで共有できるプラットホームを提供している会社で、ユーザーは予想を提供する代わりに、ほかのアナリストの考えを知ることができる。エスティマイズのシステムには、ほとんどの会社に関する膨大な数の四半期予想が入力されている。このデータを、収益予想を研究している学者が調べたところ、平均予想値の精度はウォール街のI/B/E/S（コンセンサス予想）を58～64％も上回っていた[1]。収益予想は、社会的な集合知のほうがプロよりも正しい。

アナリスト予想の精度を高める助けになるのは、エスティマイズだけではない。商品名のオンライン検索の頻度からも、売上量やその会社の収益を予想できる。ダ・ジと、ジョーイ・エンゲルバーグと、ペンジー・ガオは、決算発表前後のグーグルの検索数（グーグル・トレンド・データ）と製品名と株価リターンについて調べた。すると、製品のグーグル検索の頻度が増えるほど、決算発表のサプライズが大きくなることに気づいた[2]。

クラウドを使った収益予想の高い精度と、グーグルトレンドの検索数の予測力を受けて、私たちは次にソーシャルメディアとニュースから収益予想が明確に書かれたサンプルを集めた。幸い、TRMI（トムソン・ロイター・マーケットサイク指数）には収益予想（earningsForecast）という株用の指数がある。TRMI収益予想指数は、企業の収益が将来上がるか下がるかを断言した表現をすべて集めている。こうして個人の言葉を集めると、企業収益の見通しを時系列で示すことができる（**付録A**の「例文」参照）。

TRMI収益予想指数の予測力を調べるため、C・J・リューはこの指数とアメリカの株をさまざまな時間枠でクロスセクション分析にかけた。まず、日次でアービトラージを行った場合の損益曲線（エクイティカーブ）は**図6.7**（第6章）のようになった。また、週次のクロスセクション分析では、この指数のモメンタム的な価値が示された。大事なのはここからで、月次のクロスセクション分析には価値のある発見がなく、年次だとむしろ逆効果になった。年単位になると、投資家はニュースの収益予想に過剰反応するようである。

エリヤ・デパルマは、バズ（ネットやSNSで人気化した言葉）の量に関係なく、TRMI収益予想指数は実行可能なトレードシグナルになることを発見した。彼は2012年1月〜2015年8月にかけて、S&P500銘柄に関するニュースからすべての収益予想のシグナルを調べた。この間に、シグナルは4300回あり、シグナルから3週間の間に価格の変化が見られた。彼は、このなかからソーシャルメディアのバズが少なかった1000回についてさらに調べたところ、シグナルから15営業日までのリターンがはるかに高くなっていたと書いている。ニュースでポジティブな収益予想が報道されても、ソーシャルメディアのバズが少なかった株（サンプル数は約500）は、15営業日で市場平均を1.2％上回った。また、ネガティブな収益予想のシグナル（サンプル数は約500）のほうも、市場平均を0.80％上回った。これらの結果は、ソーシャルメディアには書かれていない収益予想の変化が、15日間で株価の動きにつながっていることを示している。この結果が、リューの週次のクロスセクションのリターンを上回っているのは、バズが少ない分、多くの人が気づいていなかったチャンスだからなのだろう。

ウォール街のアナリストは、収益予想を改善するためにさまざまなツールを使っている。グーグルの製品検索の頻度と複数のアナリストの収益予想（エスティマイズのデータ）も、収益予想を改善するツールになるが、テキスト解析によってニュースから収益予想を抜き出すと、それ自体が優れたトレード戦略になる。次の項では、国の経済活動の予測も、グーグルの検索数やメディア分析を使って同様に改善できるかどうかを見ていく。

経済活動を予測する

経済活動の正確かつタイムリーな基準は、経済予測に不可欠である。当局は、この基準を使って金融政策を決め、企業はより賢く資源を配分するために経済成長率を使い、トレーダーや投資家は経済成長率を資産配分の指針としている。そのため、彼らはみんな経済活動の基準となる最も正確でタイムリーな値を見つけるためにかなりのエネルギーを注いでいる。

現在、世界的な経済活動はさまざまな技術を使って測定されている。最もよく使われている基準のなかには、マークイット・グループのPMI（購買担当者景気指数）、ISM（ISM製造業景況指数）、各国の政府が発表する四半期のGDP（国民総生産）などがある。

残念ながら、経済活動を測るためのデータには、かなり不確実なものが多い。経済成長率の多くは、遅れて発表されるだけでなく、そのあと修正されることもよくある。そのうえ、経済データを集める過程自体にも、バイアスがかかっている。また、PMIやISMは毎月のアンケートに基づいて毎月発表され、GDPは四半期ごとに発表されている。

そもそも、このような指数の構造は脆弱だ。まず、PMIやISMのような紙のアンケートや電話インタビューは、集計や配布に時間がかかる。次に、PMIやISMのためのアンケートは、もともとデータの発表頻度が低いところに、自己報告バイアスやサンプルサイズの小ささによるノイズが入りやすい。3つ目に、ノイズによって、将来発表されるデータの数字がかなり修正されることも珍しくない。4つ目に、この指標の対象になっていない国がかなりある。最後に、ほとんどの経済指標が、株式市場や債券市場や通貨市場の未来の動きとはほとんど相関性がないため、予測ツールとしての利便性は下がる。ただ、欠陥はあっても、PMIやISMのように毎月発表される経済指標は、世界中のトレーダーやエコノミストや中央銀行が注目しており、主要な資産配分や金融政策の決定に影響を与えている。

優れた経済指標を見つけるために、経済活動を示す値としてリアルタイムのデータを使うナウキャスティング[3 4]と呼ばれる手法が研究されている。データソースは多様で、例えば、クレジットカードの使用データ[5]や小売店の駐車場の衛星画像[6]や宇宙から見た夜間光[7]や信用格差[8]やインターネットの検索データ[9 10]やニュース[11]の（理論的な）セマンティクス解析なども検討されている。より優れた経済指標を探すときに、グーグル検索やメディアデータは、既存の指標よりもかなり優位性がある。

経済を動かす圧力を数値化する

グーグルトレンドは、特定の言葉をグーグルで検索した数を記録したデータで、アメリカではグーグル検索が全体の70％以上を占めている[12]。グーグルでチーフエコノミストを務めるハル・バリアンは、このデータを使って経済分野の研究をいくつも行っている。グーグルの検索データは、さまざまな経済活動に対する関心をリアルタイムで教えてくれる可能性があり、チェとバリアンはこの検索データが、住宅や自動車や旅行などの販売予想に活用できるという証拠を示した[13]。しかし、ほかのソーシャルメディアのデータ（例えば、フェイスブック）は、予測にはあまり使えないかもしれない。少なくとも、フェイスブックが提供している国民総幸福量という指数については、ある研究で幸福度の日々の変化と将来の経済活動との相関性はないということが分かっている[14]。

アレクサンダー・ファフーラは、国にかかわるさまざまなTRMIに世界の経済活動に関する予測力があるかどうかを調べた。TRMI国指数（Country TRMI）は、約130カ国のニュースとソーシャルメディアについてリアルタイムで48のセンチメントとマクロ経済のトピックを時系列で数値化したものである。TRMI国指数のリストとその構成は、**付録A**を参照してほしい。これらの指数は、世界のニュースとソーシャルメディアの内容をテキスト解析して構築した。これらのメディアが特定の場所（例えば、市や地域や区分など）や国の機関（例えば、省庁や中央銀行など）について、経済活動や政治リスクやセンチメントなどについて言及したときは、そのときの言葉を数値化して、関連するTRMI国指数すべてに加えていく。

TRMIの経済成長指数の一例として、2015年第３四半期の状況を**図21.1**に表してある。この図では、濃いアミはメディアで経済成長率が高いと言及されていた国、薄いアミは経済が縮小すると言及されていた国を示している。

経済の先行指標としてのニュースの流れ

メディアの経済に関する言及の潜在価値を調べるため、ファフーラ博士は世界的なPMIの予測モデルを開発した。これは、MPMI（マーケットサイク・マニュファクチャリング指数）という国別の経済モデルで、12カ国についてTRMI国指数を独立変数、マークイットのPMI

図21.1　2015年第3四半期の各国のTRMI経済成長指数（濃いアミはメディアで経済成長率が高いと言及された国、薄いアミは経済が縮小すると言及された国）

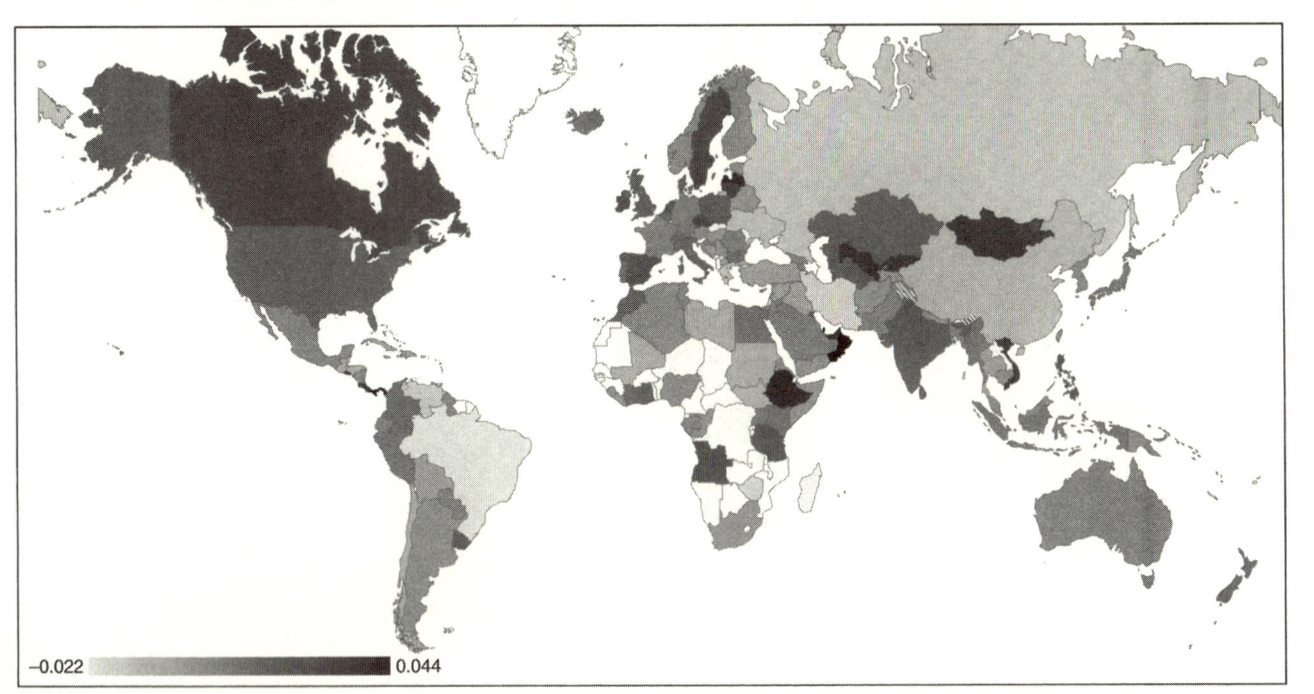

指数を従属変数として構築されている。この研究によれば、MPMIは12カ国のPMIの変化と高い相関性があり、予測力が認められた。

PMIのように、これまで広く使われてきた経済指標とは違い、MPMIの指数は将来のPMIを予測することを重視している。ただ、当然ながらマークイットのPMIとTRMI経済成長指数には高い相関性がある。それは、この指数をならした200日移動平均線がPMIのグラフと非常に似た曲線になることからも分かる（**図21.2**）。このように比較すると、メディア由来の経済成長指数やそのほかのTRMI指数は、経済活動を若干遅れて反映しているということなのかもしれない。

マークイットのPMIとTRMIの各指数の関係は、国によって違う。長期間の相関性が見られる国もあれば、経済や政治の状況によって時期的に相関性がなくなる国もあるのだ。ただ、長期間で見れば、TRMIのどの指数も、それぞれの国の経済活動を反映している。例えば、アメリカのTRMIは、アメリカの月別のPMIと経済成長（economicGrowth）、楽観（optimism）、金利（interestRates）、そして、驚くことに政治腐敗（governmentCorruption）について相関性がある。また、アメリカのPMIは、失業率（unemployment）、経済変動（economicVolatility）、憂鬱（gloom）、債務不履行（debtDefault）などの短期的な平均値とは逆相関だった。金融制度の不安定度（financialSystemInstability）やストレス（stress）などについては、TRMIの長期平均が月別のPMIと逆相関だった。**付録B**には、MPMIを開発するために行ったさまざまな試みや、データ変換、統計手法の選択などについて詳しく書いてある。その結果が次の項だが、技術的な情報を知りたい人は、ぜひ付録Bも読んでほしい。

MPMIの結果

MPMIのシミュレーションには、適応学習モデルが使われた。しか

図21.2　アメリカのPMI（上）とTRMIの経済成長指数（ニュースとソーシャルメディア由来）の200日単純移動平均線

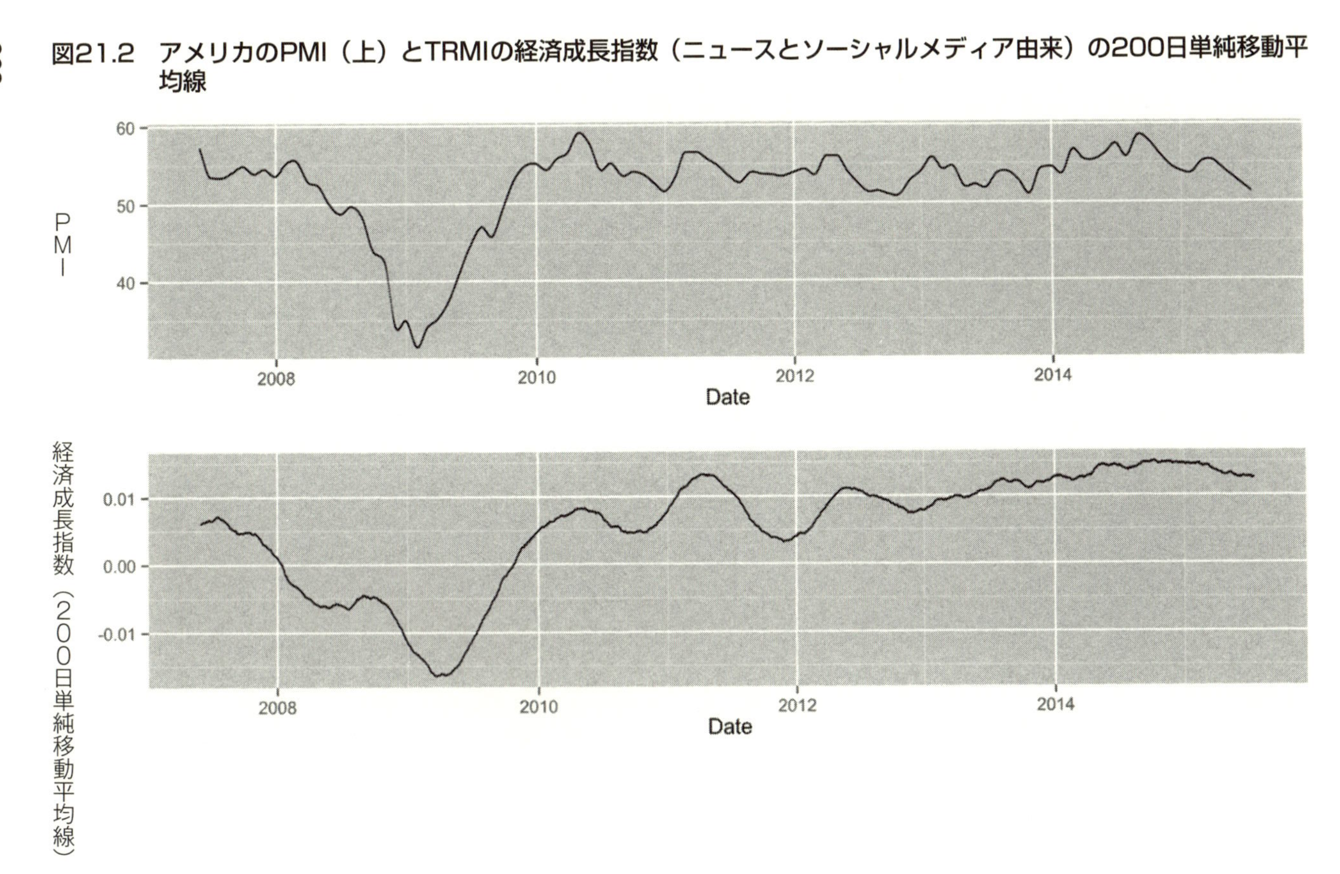

し、本当の意味でアウトオブサンプルデータでの検証を行うため、私たちは５カ月間にわたって適応学習を停止して、フォワードテストの結果を実際のPMIと比較した。具体的に言えば、12カ国について毎月の絶対予想値と方向の精度を、PMIの絶対値と毎月の変化率に対してそれぞれ比較していった。これがうまくいけば、MPMIを使ってPMIの変化を予測するという実践的な応用ができることになる。ここでは、毎月第３週に発表されるPMIの速報値と、その前日のMPMIの値を比較した。さらに、月末のMPMIの値と、毎月のPMI（速報値の１～３日後）も比較した。**図21.3**は、アメリカの日々のMPMIとPMIを併記したもので、濃いアミの５カ月間はアウトオブサンプルデータに適用している。**図21.4**には、この部分を拡大して示している。

図21.4を見ると、MPMIはPMIの重要な転換点をとらえているようである。PMIの速報値は、プレリミナリーの値で、毎月第３週に発表される。前月のPMIから今月第３週のPMIの速報値までの期間のMPMIの全体的な方向性の精度は、12カ国すべてにおいて69％だった。ただ、このモデルは実際には常に精度を更新しているため、１カ月間同じ値を示すわけではない。ここで紹介した結果は、フィードバックなしに５カ月間運用したものだが、予測の質は全体的に安定していた。

ライブのナウキャスティング

MPMIモデルを実践的に使うため、私たちはこれを意思決定支援システムに組み込んだ。このシステムは、閲覧者が現在の経済活動状況を素早く把握できるように、対話型の地図やチャートを含むダッシュボードを備えている。**図21.5**は、MPMIダッシュボードの一画面で、**図21.6**は過去のデータを示している。

図21.3　PMIとMPMIの比較——全期間、濃い色の部分はアウトオブサンプルデータ

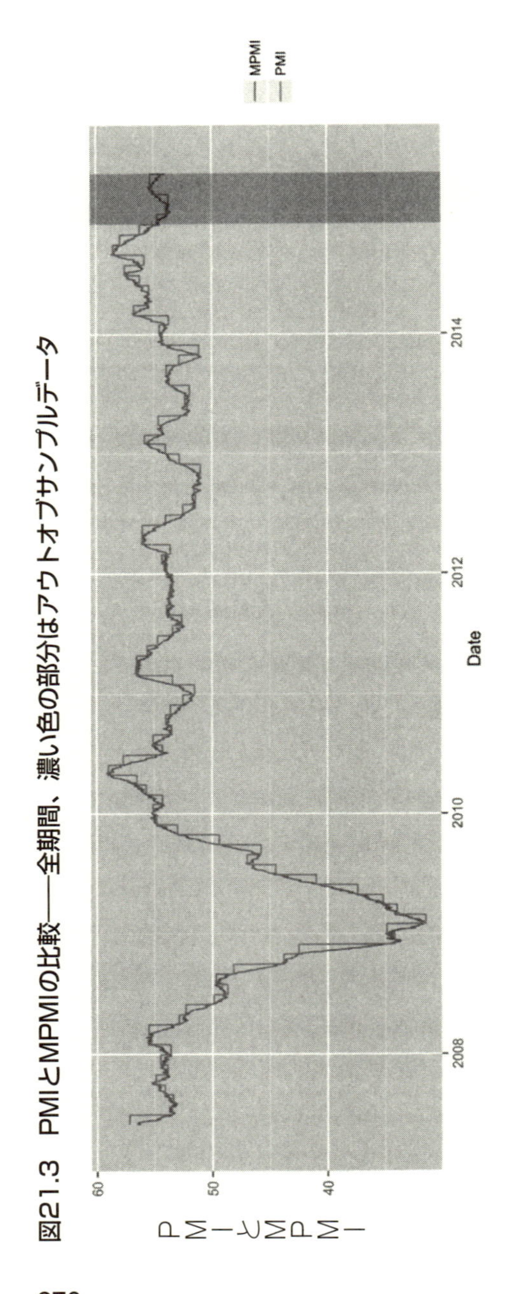

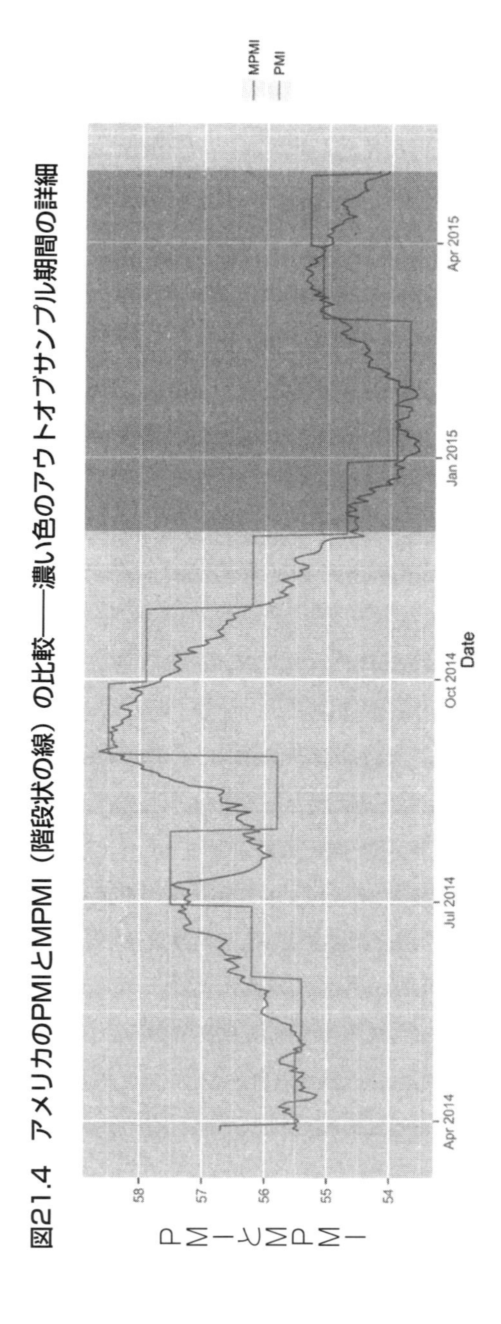

図21.4　アメリカのPMIとMPMI（階段状の線）の比較——濃い色のアウトオブサンプル期間の詳細

図21.5　MPMI意思決定支援システムのダッシュボードとして導入（今日の国別の状況）

上位12カ国の製造業予測（毎日更新）

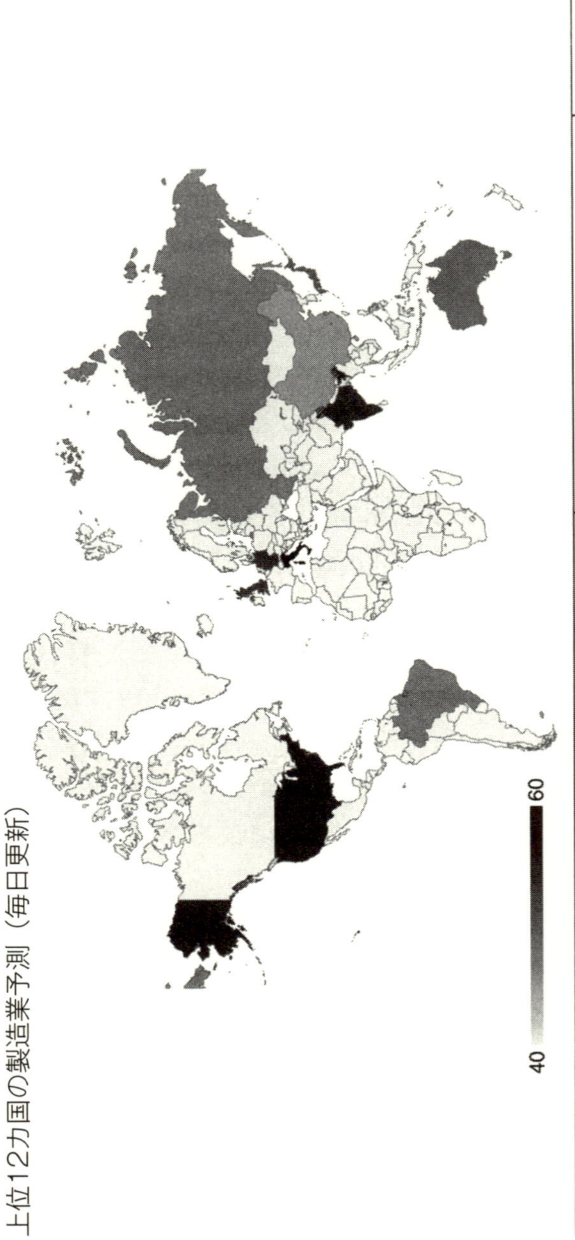

MPMI	今日のMPMI（2016/1/19)、>50は拡大、<50は縮小	前月末以降の変化（2015/12/31）		ツールボックス
アメリカ	54.21	⬇	−0.13	［現在］［過去］
ユーロ地域	49.98	⬇	−0.34	［現在］［過去］

図21.6　MPMIの国別（アメリカ）の過去のデータ

毎日更新されるアメリカの製造業予測（すべての国）

MPMI	今日のMPMI（2015/12/10）、>50は拡大、<50は縮小	前月末以降の変化（2015/11/30）		ツールボックス
アメリカ	54.40		0.00	［現在］［過去］

過去の値（月末）

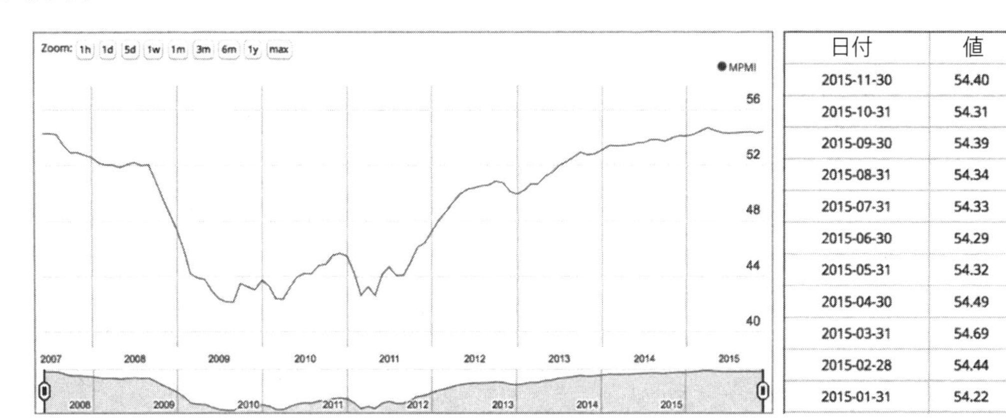

日付	値
2015-11-30	54.40
2015-10-31	54.31
2015-09-30	54.39
2015-08-31	54.34
2015-07-31	54.33
2015-06-30	54.29
2015-05-31	54.32
2015-04-30	54.49
2015-03-31	54.69
2015-02-28	54.44
2015-01-31	54.22

マーケットサイクはニュースとソーシャルメディアの記事からリアルタイムに製造業とセンチメントのデータを抽出して、12カ国の経済予測値を毎日更新するモデルを開発した

新しい経済指標

MPMIモデルは、日々の状況と、経済の「アニマルスピリット」をかき立てる見えない力（テキスト通信に含まれる特定のセンチメントや、トピックや見通し）を幅広くカバーすることで、既存の経済指標を補っている。MPMIモデルは、訓練期間とアウトオブサンプル期間の両方で、安定したパフォーマンスを示している。今後、このような経済モデルの精度と更新頻度がより上がれば、国レベルの経済活動を素早く知りたい当局や通貨トレーダーや証券会社にとって役に立つかもしれない。

MPMIモデルには、いくつかの気をつけなければならない欠陥がある。そのひとつが、安定性を高めるために行っているスムージングの作業で、それによって突然起こった重要な出来事の影響が抑えられてしまう可能性がある。また、MPMIモデルは、直近のPMIの値を使った毎月の再調整を行えば、さらに改善するかもしれない。ほかにも、TRMIの入力データの定期的な入れ替えをすれば、パフォーマンスはさらに向上するかもしれない。このような、モデルの再構築によって、メディアのトーンの変化をより速く取り込むことができるようになるからだ。そのほかにも、MPMIは経済活動の循環的な要素である季節性もまだ考慮していない。さらに言えば、TRMIは英語のコンテンツのみに基づいて構築されており、英語圏以外の言語のデータも取り込むことができるようになれば、さらに改善するだろう。

一方、MPMIモデルの良い点は、毎日、もしくはそれよりも頻繁に更新され、しっかりとした過去データがあり、130カ国以上をカバーしていることである。MPMIに使われているTRMIの情報を検証すれば、経済活動の予測的な説明ができるかもしれない。また、モデルの変数をグラフにすると、経済の動きを牽引したり、反映したりするメディアの特定のトレンドやセンチメントやトピックが分かるかもしれない。

ちなみに、MPMIモデルは、政治機関や金融機関の影響を過度に受けることはないが、ニュースやソーシャルメディアの情報の流れには左右される。

経済活動に影響を及ぼし、もしかすると予測もできるメディアのコンテンツの役割については、少なくとも4つの説明ができる。まず、ニュースのなかの経済に関連する情報は（例えば、冬の天候不良による工場閉鎖）、購買担当者がPMIやISMのアンケートに答えるよりも速くTRMIに取り込まれる可能性が高い。2つ目に、金融ニュースやソーシャルメディアで経済予測を語る人は、ISMやPMIのアンケートに答えている購買担当者よりも幅広い経済知識を持っているかもしれない。3つ目に、ニュースによって広がっていくセンチメントは、個人の経済活動に影響を及ぼすかもしれないという興味深い可能性も考えられる。例えば、広く伝えられたテロのニュースで、悲しんだり怖がったりした人は、リスク回避に備えて消費財の支出が減るかもしれない。このように、メディアが誘発した警戒心が、経済活動を若干抑えることになる。そして最後に、「群衆の知恵」の影響、つまり何百万もの経済的なコメントのほうが、限られた人数（400人強の購買担当者）の考えよりも、現在の経済状況のより正確な姿を複合的に描き出しているのかもしれない。

グーグルトレンドや、ソーシャルメディアのプラットホームのように、MPMIモデルも企業活動を動かすファンダメンタルズをモデル化することで、人間の行動の新しい理解方法を（もしかすると予測方法も）、取り入れている。エスティマイズやグーグルトレンドやTRMIが提供したデータを調べた研究からは、社会やメディアから得たデータを使ってファンダメンタルズ（企業収益・経済活動・株価などを含む）の予測モデルを改善できることが分かっている。

まとめ

- 電話会議の記録の詳細な特徴から、決算発表のあとの株価の過剰反応や過小反応を予測できる。
- 「群衆の知恵」に基づいた収益予想のツール（例えば、エスティマイズ）には、Ｉ/B/E/Sよりも優れた予想力がある。
- TRMI収益予想指数は、日々の株価の動きを15日先まで予測する能力がある。その間に決算発表があるかどうかは関係ない。年次では、平均回帰の効果は明らか。
- 夜間光からクレジットカードの使用データまで、幅広いデータソースが、直近の経済活動を推測するナウキャスティングの助けになる。
- 経済のファンダメンタルズの予測モデルは、社会由来のデータ（例えば、グーグルの検索数）を使うことで改善する。
- MPMI（マーケットサイク・マニュファクチャリング指数）は、経済活動が早いタイミングで分かる基準。従来のアンケートに基づく経済指標よりも、優れた予測力があると考えられる。

第22章　センチメントのレジーム

Sentiment Regime

「ダーウィンの種の起源によれば、生き残るのは最も賢い種でも、最強の種でもなく、環境の変化に最も適応できた種である」――
レオン・C・メギンソン[1]

2014年に、デミス・ハサビスがかつてはやったアタリのビデオゲーム（ポン、ブレイクアウト、エンデューロなど）を自己学習して、教示なしにプレーできるようになるソフトウェアを発表した。このソフトウェアに与えられたのは、コントローラーとディスプレーとスコア情報およびできるだけ高いスコアを取るようにとの指示のみだった[2]が、ビデオゲームをまったく理解していない状態から15分で人間の熟練プレーヤーを打ち負かすまでになった。グーグルのラリー・ペイジCEO（最高経営責任者）は、ハサビスが経営するディープマインド社の技術を「久々に見た最高に興奮するもの」と呼び、１カ月後にグーグルはこの会社を買収した[3]。

ハサビスは若くしてビデオゲーム会社を設立し、成功を収めた。その後、彼はコンピューターサイエンスの学位を修得した。しかし、彼は若くして成功したにもかかわらず、人間の知能についてもっと理解したいと思い、2005年にユニバーシティ・カレッジ・ロンドンの認知神経学科の博士課程に入学した。彼が2007年に発表した論文は、科学誌「サイエンス」の「ブレイクスルー・オブ・ザ・イヤー」に選ばれた。彼は、脳の一部でそれまで過去のみとかかわっていると考えられていた海馬が、将来の計画を立てるときに重要な役割を果たしていることを証明したのだ[4]。

ハサビスが開発したアタリのゲームを学習するソフトウェアは、ジェフリー・ヒントンの理論的研究に基づいていた。トロント大学でコンピューターサイエンスを教えていたヒントン教授は、2006年に人工的なニューラルネットのニューロン層それぞれを効率的に学習させる方法を開発した。ヒントンのアルゴリズムでは、最初のニューロン層がプリミティブな特徴（例えば、画像の外枠やスピーチの音の最小単位）を学習する。これは、たまたまほかよりも多くあるピクセルの組み合わせや、多く発せられた音波を見つけることである。この層がこのような特徴を正確に認識し、その情報を次の層に伝えると、次の層も自己学習によってより複雑な特徴（例えば、画像の角やスピーチを組み合わせた音など）を認識できるようになる。このようにして、学習を繰り返していくと、いずれ印刷された文章や、対象物を安定的に認識できるようになる[5]。

ハサビスが考案したたくさんの革新的な技術のひとつが、ヒントンの研究にフィードバックループを加えたことだった。彼が設立したディープマインド社のアタリのゲームを学習するソフトウェアは、過去の経験を何回も反芻して、次の最適な動きを正確に予測していく。ハサビスによれば、この機能は人が眠っている間にその日の出来事を反芻することから、思いついたという。「眠りにつくと、海馬はその日の記憶を再生して大脳皮質に送る」が、その間に最適かつ実践的なパターンを抽出して学習しているのだという[6]。

ディープマインドのブレイクスルーは詳細を正確に学習できるだけでなく、そのコンテクスト（背景、文脈）も学ぶことができるアルゴリズムにある。そのうえ、このアルゴリズムは現在と過去の複雑な関係を繰り返し見直して、将来の予測精度を改善できるヒントを探していく。このようなアルゴリズムは、歴史上の偉大な投資家が学ぶスタイルとよく似ている。ネイサン・フォン・ロスチャイルド男爵は、現在起きていることの背景を理解することが重要だと分かっていた。1815年に、彼はワーテルローの戦いの結果を戦々恐々としながら待っていたイギリスのコンソル（国債）トレーダーたちが、簡単にパニックに陥ることをよく分かっていた。

金融市場では、コンテクストが重要だ。学術研究によると、コンテクストの違いは市場レジーム（支配的な状況、最も簡単な例はブルかベアか）によって起きる。最近では、一般的な投資戦略のパフォーマンスが市場レジームによって変わるのは、それぞれの状況におけるトレーダーの精神状態が違うからかもしれないという研究もある（例えば、ブル相場での楽観とベア相場での悲観）。本章では、市場レジームの現象と、それをあと押しするさまざまなセンチメントについて見ていく。

レジーム依存

本書では、これまでセンチメントに基づいた戦略のなかで、1998～2015年の期間にある程度安定的に機能してきたものを紹介してきた。この17年間に、アメリカの株式市場では２回のベア相場と２回のブル相場があった。このような上下動のなかで、センチメントを使った戦略が安定的なパフォーマンスを上げているのは驚くべきことである。実際、最近の学術文献によると、マーケットでよく見られるアノマリーでパフォーマンスが上がる戦略は特定の市場レジームの場合のみだという。

ファイナンスを教えているディエゴ・ガルシア教授は、テキスト解析を使って1905～1958年にニューヨーク・タイムズ紙に掲載された2つの投資コラムのセンチメントを数値化した。彼は、1日でネガティブなセンチメントが1標準偏差上がると、翌日のダウ平均が0.11％下がることを発見したが、そうなるのは不景気のときだけだった[7]。経済が拡大しているときには、予測ははずれたのである。つまり、この発見は、不景気に依存していた。

統計学者のなかには、レジームに依存したパフォーマンスは、データマイニングのバイアスがかかっていると考える人もいる。最善の結果になるようデータをねじ曲げているというのだ。しかし、レジームはそもそも、投資家の認知と意思決定が固有かつシステマティックな違いによって特徴づけられるのである。例えば、投資家がおびえさせられるような情報を得たときの反応は、恐ろしい環境にいるときと緩やかに上昇している環境にいるときでは違うのである。

レジームによって異なるパフォーマンスを示す2つの資産価格のパターン（モメンタムの効果とバリューの効果）については、第11章と第12章を参照してほしい。それ以外のいくつかのアノマリー（決算発表後の価格動向のアノマリー、会計発生高アノマリー、株のリスクプレミアムなど）についても、レジームに依存していることが確認されている。本章では、このようなアノマリーに関する研究や、メディアのセンチメントの役割について、トムソン・ロイターのエリヤ・デパルマの多大な協力を得て見ていく。

戦略の変更

「幸せな家庭はどこもよく似ているが、不幸な家庭にはそれぞれがすべて違う不幸の形がある」――レフ・トルストイ著『アンナ・カレーニナ』

トルストイが書いているように、幸福と不幸にはシステマティックな違いがある。市場が全体的に悲観的な時期に悪い決算発表あると、株価の下落幅は同じニュースが楽観的な時期に発表された場合よりも大きくなるという研究もある。不幸な投資家は、悪いニュースを幸せな投資家よりも厳しく受け止めるからだ。逆に、ポジティブなセンチメントのなかで良い決算発表があれば、より大きな価格上昇につながるという研究もある[8]。幸せな投資家は、良いニュースにより興奮するからだ。悲観的な時期の投資家は、悪いニュースには過剰反応し、良いニュースには過少反応するようである。逆に、楽観的な時期は良いニュースを大いに喜び、悪いニュースは大事なことでも受け入れないことがある。ある研究では、アービトラージが難しい株（小型株、無配当株、ボラティリティが高い、ディストレスト株など）が、どれもこの現象をより強く示すことが分かっている[9]。別の研究では、中国株を使って似たような関係性が確認されている[10]。大事なことは、ニュースに基づいた価格の反応がいつも同じではないということである。大きな利益チャンスにつながるニュース速報のあとの価格の変わり方が、レジームによって違うことについては、本章後半で見ていく。通常、背景に依存した反応はレジーム依存と呼ばれている。

ある戦略のパフォーマンスがレジームによって変わるという現象は、ポートフォリオマネジャーによって引き起こされる流動性の変化が原因なのかもしれない。UCLA（カリフォルニア大学ロサンゼルス校）のアバンディール・サブラマニアム教授らの分析によれば、公表されたマーケット戦略の利益率は、流動性の変化によって３～５年のサイクルで上げ下げするという。この流動性に基づいたアルファのサイクルの特徴は、流動性が低い３～５年は高いパフォーマンスが上がるが、周知のとおりそのあとの３～５年は流動性が高くなり、パフォーマンスは下がる。パフォーマンスが高いファンドに投資家が殺到すると、それが流動性を高め、可能なアルファが過飽和状態になり、その過程でアービトラージが起こる。しかし、そのあとリターンが下がると、資本を引き揚げる人が増え、その戦略はだんだん使われなくなる。そうなると、この戦略の本質的なアルファが上がる。その時点で、まだこの戦略を続けていた人たちは高いパフォーマンスが上がるようになり、それを見て新たな資本が入ってくる。このような価格パターンから生み出される超過リターンは、ほとんど無視されている時には存在するが、資本が集まってくると枯渇し、マイナスになることすらある[11]。

マーケットで何が機能するかを投資家が学んでいくと、彼らはレジーム特有の考えを持ち始める。例えば、2007～2009年の世界的な金融危機の前は、多くの投資家が「押し目買い」の価値を信じていた。もし株式市場が15％下落したところでみんなが株を買えば、株価はたいてい反転した。しかし、世界的な金融危機のさなかには、アメリカの株式市場がピーク時から15％下げたあともさらに下げ、結局、55％下落したところで底を打った。押し目買いの有効性についてはいつも疑わしく思われてきたが、ここまで下落することもあるということを想像できた投資家は、それが実際に起こるまではほぼいなかった。

別の研究によれば、投資家はだんだんと周囲の環境（レジーム）に適応していき、現在のトレンドが永遠に続くことを正当化するような考えを構築していく。しかし、レジームが変わると、投資家はまず驚き、信じていないかのように過小反応するが、そのあとは新しい流れに便乗しようと過剰反応する[12]。２つの価格パターンがこのような仮説を裏付けている。市場価格は、最近の予想外の決算発表には過小反応する[13]が、極端なパフォーマンスが続くと過剰反応する[14]のである。投資家は最初はなかなかパターンを学習しないが、いずれ学習しすぎになるとそのトレンドが無限に続くことを期待するようになるのだ。MBA（経営学修士）課程の学生に、ランダムウォークを予測させた実験では、反転をたくさん見せた被験者は反転を予測し、最近、反転がない状況を見せた被験者はトレンドが続くと予測した。また、経験が浅い投資家は現在のトレンドが続くと考え、経験豊富な人はトレンドが永遠には続くことはないと考えていた[15]。さらに言えば、最近のデータを重視する投資家は、最近の結果から将来を予測する方法を学んでいた。

レジームによるアノマリー

レジームには２つの客観的なサインがある。プライスアクションと投資家の全体的なセンチメントである。トムソン・ロイターのエリヤ・デパルマは、複数のマーケットのアノマリーの予測可能なリターンについて、センチメントレジームが与える影響をまとめた[16]。彼は、2009年にリブナットやペトロビッツが行った学術研究（マーケットのセンチメントがアーニングサプライズの方向と逆の場合は、発表後の株価がかなり大きく動くことを突き止めた[17]）をさらに発展させた。デパルマの言葉を借りれば、「一般的に、投資家のセンチメントが高い（低い）時期は、良い（悪い）ニュースが期待されるが、もし期待とは逆の決算発表ならば、サプライズによって投資家の過小反応は誇張される」。投資家の根底の気分がポジティブならば、悪いサプライズで株価が下げる期間は、良いサプライズで上げる期間よりも長引く。トルストイのまねをすれば、幸せな投資家は良いニュースにすぐ反応するが、悪いニュースにはゆっくりとしか反応しないといったところだろうか。もしかすると、最初は想定外のニュースを信じられず、過小反応になるのかもしれない。逆に、不幸な投資家は、悪いニュースにすぐ反応するが、良いニュースを消化するのは時間がかかるため、価格が動くまでに時間がかかるのかもしれない。

金融界では伝統的に、リスクが高い株はリターンも高いという考えがある。しかし、リスクをベータ値（株価のボラティリティ）で測定すると、この関係性がすべてのレジームに当てはまるわけではない。デ

図22.1　均等過重のポートフォリオでマーケットのベータ値を使って月次で５分の１を入れ替えた場合の異常なリターン。高ベータ株はネガティブセンチメントの月のあとはパフォーマンスが高いが、ポジティブセンチメントの月のあとはパフォーマンスが低い（S&P1500、2003年１月〜2014年９月）

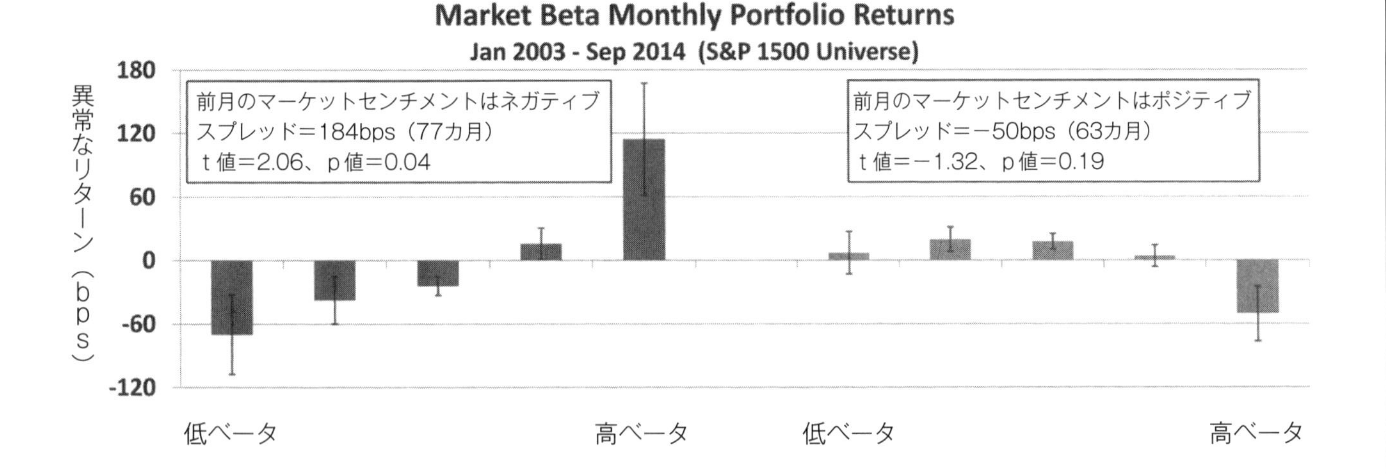

出所＝データストリーム、TRNA

出所＝E・デパルマ（トムソン・ロイター・エレクトロン白書「センチメントと投資家の行動」[2014年]）

パルマは、ベータ値が高い株（マーケットよりもボラティリティが高い）がベータ値が低い株のパフォーマンスを上回ったのは、悪いニュースのセンチメントが何カ月も続いたときだけだったことを確認した。そして、この関係は逆の場合（ベータ値が高い株のパフォーマンスが低い）にも認められた。**図22.1**は、ベータ値が低い株と高い株のパフォーマンスを、ポジティブとネガティブのレジームで比較した結果である。

図22.1の左側を見ると、センチメントがネガティブの月は、低ベータ株（最も左の縦線）の翌月のパフォーマンスがかなり低くなった。そして、センチメントがポジティブの環境では、逆の効果も認められた。また、最も右の高ベータ株を見ると、センチメントがポジティブの月のあとのパフォーマンスは低くなっていた。

センチメントがネガティブの月は、投資家は株のリスクを実際よりも大きく感じるため、高リスクの株は下がる。しかし、この下落は過剰反応である可能性が高いため、翌月になると株価は反転する。また、センチメントがポジティブの月の翌月は、投資家がリスクを実際よりも低く感じるため、上昇方向に過剰反応し、リスクを低く見積もって高リスクの株を買いすぎることになる。

もうひとつ、よく知られた市場価格のアノマリーは、決算発表後の変化（ポスト・アーニング・アナウンスメント・ドリフト、PEAD）である。PEADはアーニングサプライズのあと、株価がそのサプライズと同じ方向に動き続けることを指す。例えば、ポジティブなアーニングサプライズのあとには、ほとんどの株が急騰するが、それから何日かたっても価格は上がり続け、上昇モメンタムが続く。

デパルマは、それまでのセンチメント環境によってPEADアノマリーのパフォーマンスが違うことを発見した。彼は、全体的なセンチメントがネガティブだった月の翌月は、ポジティブなアーニングサプライズのあとのPEADがかなり大きくなることを確認した。これは逆も

図22.2　異なるセンチメントの状況における決算発表後の株価の変化（太線はPEAD戦略の標準的な結果。センチメントの状況で区別すると、PEAD戦略の全体的なリターンを向上できる。S&P1500、2003年1月～2014年9月）

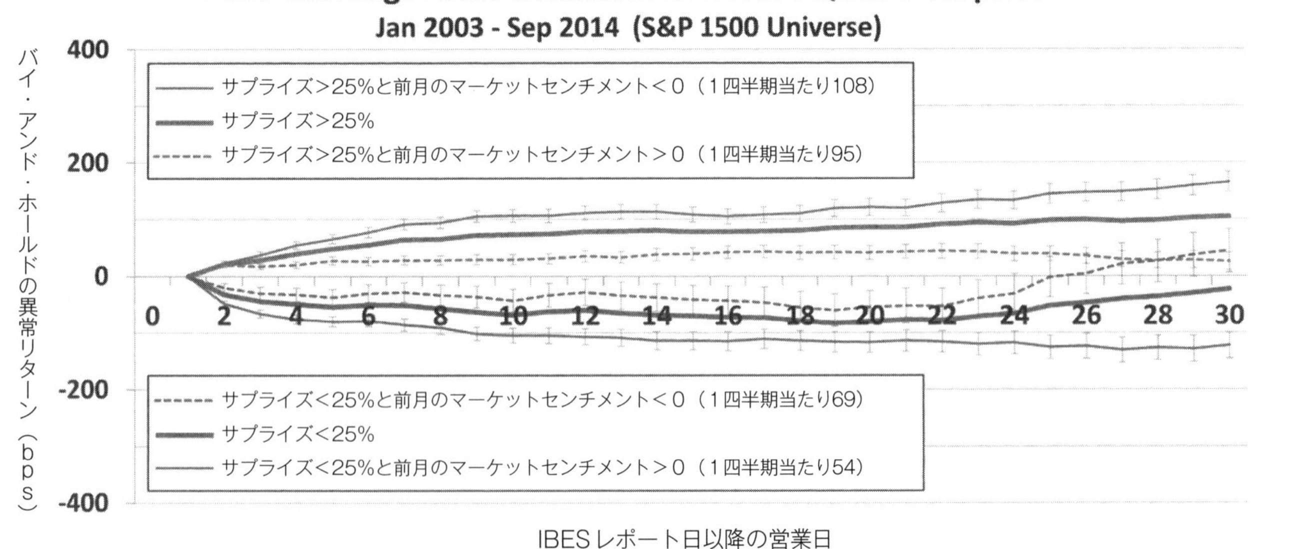

出所＝データストリーム、IBEs，TRNA

同じで、センチメントがポジティブな月の翌月は、ネガティブなアーニングサプライズで株価が大きく下落した（**図22.2**）。

マーケットの最高の戦略をうまく機能させるため、デパルマは現在の支配的なセンチメントによって最適な戦略を選ぶという大胆な手法を提案した。このモデルは、現在のセンチメント状況で期待されるパフォーマンスに基づいて、投資資本をさまざまな戦略に配分していくのである。このような機能的な戦略を使うと、最も洗練されたバージョンの2003年から2004年半ばまでのリターンは、S&P500を年率７％以上上回った。

感情と事実

感情は、センチメントの一部と考えることもできる。投資家が感情的になると、分析的とは言えない行動をとるようになる。私たちは、TRMI（トムソン・ロイター・マーケットサイク指数）のバージョン2.0を構築しているときに、メディアの全体的な感情レベルに基づいた「感情対事実」（emotionVsFact）という指数を加えることにした。この指数は、資産ごとのコメントのなかの感情的なトーン（恐怖や怒りや喜びなど）と純粋な事実（ファンダメンタルズや会計や収益など）の比率を算出したものである。マーケットがパニックに陥っているときは、メディアから感情や意見が多く発信されるため、この指数は高くなると考えられる。一方、ブル相場のときにアーニングサプライズが少なければ、ニュースは劇的な話よりも事実に基づいた内容が多くなり、この指数は低くなると考えられる。

Ｃ・Ｊ・リューは得意のクロスセクション分析を使ってこの指数を調べた。彼は、前週にメディアのバズ（ネットやSNSで人気化した言葉）が最も多かったアメリカ企業100社を感情対事実指数の１週間の平均値でランク付けした。そして、この指数が高い上位20社（感情的な

図22.3　バズが多いアメリカ企業100社をTRMI感情と事実指数でランク付けして、上位20社と下位20社を週次でアービトラージを行った結果

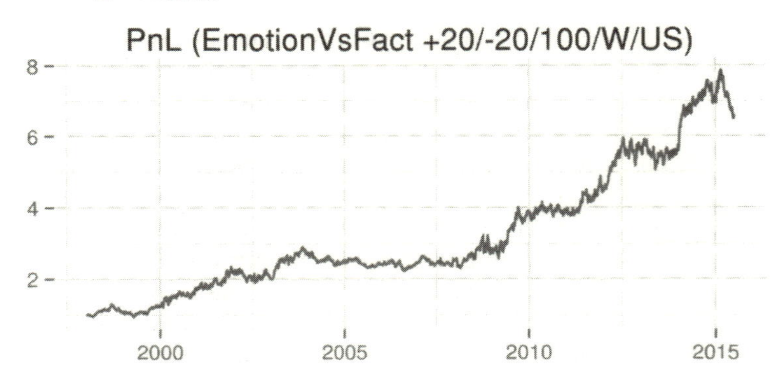

内容が多い）を買い、下位20社（事実が多い）を空売りするというポートフォリオを1998～2015年についてシミュレーションした結果が、**図22.3**である。

図22.3を見ると、最も感情的な報道が多い株20社を買い、最も事実が多い20社を売ると、ボラティリティが低い絶対リターンの損益曲線（エクイティカーブ）になっている。ここで大事なことは、この損益曲線がレジームにあまり影響されていないということである。

TRMIセンチメント指数を使ったクロスセクションのアービトラージ自体は、1998～2015年のほとんどの資産についての予測力は認められなかったが、唯一例外かもしれないのが、週次のソーシャルメディアのセンチメントだった（**図8.1**）。この指数が幅広く応用できるかどうかはまだ明言できないが、両極性のセンチメント指数の不規則な結果にもかかわらず、感情対事実指数のアービトラージは複数の時間枠（月や年など）と資産クラス（株や通貨など）を通じてプラスのリターンを記録した。

TRMIの感情指数（恐怖、怒り、喜び、憂鬱）のなかで、感情対事実指数のパフォーマンスの安定性や大きさに影響を及ぼしているものはない。ただ、ネガティブな感情が支配的な時期（例えば、ベア相場のさなか）に、投資家やメディアは下落する株について比較的多くのネガティブな感情を発信することが、もしかすると投資家の過剰反応のシグナルになっているのかもしれない。また、ブル相場のときはメディアでファンダメンタルズを熟考したコメントが増えるが、現状に満足している投資家は、ポジティブな内容でも複雑なファンダメンタルズ関連のニュースには過小反応する可能性が高い。もしかすると、感情対事実指数は、資産価格の独自の原動力（詳しくは調査中）を感知することで、感覚の変化をとらえ、センチメントレジームを自己修正しているのかもしれない。

継続性を求めて

「人間の心は新しい考えによって広がっていき、元の大きさに戻ることはけっしてない」――オリバー・ウェンデル・ホームズ・シニア

ディープマインドの画期的な学習アルゴリズムは、投資家がマーケットのパターンを理解するとき、詳細を調べる前に、大局（前後関係）を見る必要があるということを示唆している。そして、その大局がレジームである。マーケットのレジーム（ブルかベアか横ばいか）は、マーケット参加者の情報処理の仕方や出来事に対する反応やリスクにつける価格を変えてしまう。エリヤ・デパルマは、いくつかの重要なアノマリーについて、前月のメディアのセンチメントを含めたレジームの転換をうまくとらえることができるモデルの有効性を示した。ジョージ・ソロスの再帰性理論が示唆しているように、メディアはそのコンテンツによって投資家の感覚を変化させているのかもしれない。さ

らに言えば、メディアは情報の流れの変化も反映している。このように、メディアが相互に影響し合って正のフィードバックループを生み出すと、マーケットのレジームは持続する傾向がある。積極的なプロの投資家は、自分の戦略をレジームに適応させて、どのようなマーケット環境でも利益が上がるようにするとよいだろう。

まとめ

●ディープラーニングは最初に問題の全体像を認識したあとで、細かく学習していく統計的なテクニックである。
●ブル相場やベア相場という言葉はセンチメントのレジームを表している。
●センチメントレジームの特徴にはブルやベアの情報の流れだけでなく、投資家の異なる見方も含まれている。
●学者は、センチメントがもたらす流動性の変化が伝統的に見られる価格アノマリーを生み出し、3～5年のアルファ値の周期をもたらしているのではないかと考えている。
●新しい情報に対する価格の反応は、レジームによって変わる。悪いニュースはベア相場のときのほうが価格への影響が大きく、良いニュースはブル相場のときのほうが価格への影響が大きいという研究もある。
●トムソン・ロイターのエリヤ・デパルマの研究によれば、レジーム特有のアノマリー（例えば、低ベータ値のアノマリーや決算発表後の動き）の利益率は前月のニュースのセンチメントのトーンから予測できる。
●デパルマは、下げ相場で良いニュースが報道されたあとや上げ相場で悪いニュースが報道されたあとは、かなりの過小反応になることも発見した（決算発表後の動きのアノマリー）。この過小反応は、新しい情報がそれまでの考えや期待と矛盾したために起こった認知的不協和によるものかもしれない。

- TRMI感情対事実指数は、株式市場や通貨市場でレジームをとらえることができるように見える。また、この指数はさまざまな時間枠で、株や通貨の感情のアービトラージのチャンスを提供してくれる。

第5部

心を管理する

Managing the Mind

第23章 心の健康

Mental Hygiene

「自分が何者か分かっていなければ、株式市場に高い授業料を払うことになる」――アダム・スミス（ジョージ・グッドマン）

2005年に、プレーチェス・ドット・コムが新しいタイプのチェスの試合を開催した。この競技会は、参加者がパートナーの助けを借りることができるようになっており、パートナーはほかのプレーヤーでもコンピューターでも可能だった。賞金は高額で、注目すべきプレーヤーが多く参加した。このなかには、チェスがプレーできるコンピューターの開発に携わっていたグランドマスターも数組含まれていた。

通常、トーナメントではチェスソフトの助けを借りてプレーする人間のグループが優勢である。１人の人間が性能の高くないノートパソコンの助けを借りるだけでも、コンピューターで最強のチェスソフトを負かすことができるのである。史上最強のチェスプレーヤーと言われているガルリ・カスパロフも、「人間の戦略的指針とコンピューターの戦術の鋭さを組み合わせれば無敵だ[1]」と書いている。

ところが、この大会では、序盤はグランドマスターとコンピューターのチームがリードしていたが、衝撃的な結果が待っていた。優勝したのは、３つのコンピューターを同時に使ったアマチュアプレーヤーのチームだったのである。彼らは、コンピューターを使って特定の動きを論理的に深く追求することで、グランドマスターと高い計算力を持つコンピューターのチームが持つ優れた戦略的知識に打ち勝ったのである。ガスパロフによれば、「『弱い人間＋機械＋優れた処理』が強力なコンピューターを上回っただけでなく、『強い人間＋機械＋劣る処理』をも上回るという驚くべき結果となった[2]」。

多くのトレーダーも、すでに人間＋機械のチームでプレーしている。より良い判断を下すための、チャートソフトとニュースフィードとスクリーナーなどである。しかし、トレーダーは詳細なマーケット情報を見れば混乱するリスクもある。非常に細かい知識を活用するためには、全体の関係性を理解していなければならないからである。ここで重要なのは、詳細と全体像の正しいバランスを見つけ、マクロからマイクロに切り替えるタイミングを理解することだが、これは人間のトレーダーには難しい場合もある。カスパロフはチェスの試合を総括して次のように言っている。

> 人間同士のチェスでは、コンピューターによる良い動きを体系的に深く深く突き詰めていくこと――「読む」手の数――よりも、数手先までを正しく見極めることのほうがはるかに重要で、それは人の一般的な意思決定においても同じである[3]。

トレーダーが成功するために、深い専門知識を持つ必要はない。むしろ、金融市場においてはおそらくその逆だろう。ウォーレン・バフェットも言っているように、「成功した人と大成功した人の違いは、後者がほとんどのことに『ノー』と言っていることです」。実際、成功した投資家は情報の流れのなかから核心部分を見極めている。

もうひとつ、プレーチェス・ドット・コムの試合結果で注目すべきことは、人間のアマチュアとコンピューターアシスタントのチームが初めて参加したトーナメントで勝ったことである。アマチュアの心理は専門家のそれとはかなり違う。アマチュアは考えが柔軟で、固定観念がないのである。

本章では、重要だが見逃しやすい情報に対する過小反応を減らすために、柔軟性と寛容性を育てるテクニックについて書いていく。後半では、投資家を過剰反応させる最大の原因であるストレスを減らす練習も紹介していく。

超予測力の特徴

「今後はコンピューターによる予測と主観的判断を組み合わせていく必要がある。その両方について真剣に考えるべきときが来た」――フィリップ・E・テトロックとダン・ガードナー著『超予測力』（早川書房）

金融市場のような複雑な環境では、入力、処理、そして出力が相互に作用するいくつものフィードバックループがある。投資家がこのようなまったく異質な情報をどのように処理するかが、人間が将来をどのように予測するかの核心と言えるだろう。ただ、ほとんどのプロがマーケットや経済の予測にはかなり苦戦している。アラン・グリーンスパンでさえ、かつて「私たちでも大して予測などできないが、できるふりはする。でも本当はできない」と言ったことはよく知られている[4]。

心理学が専門のフィリップ・テトロック教授が、専門家の予測能力を調べた研究がある。テトロックによれば、情報機関（予測の精度が文字どおり死活問題になる分野）が長年、推定確率を厳密な基準がない言葉で表現してきたという。例えば、1951年にソビエトがユーゴスラビアに侵攻する確率について、情報機関がソビエトの攻撃は「深刻な可能性がある」と書面で報告している。報告書の作成者たちは、この予測に自信を見せていた。しかし、それから何カ月かあとに確率を数字で説明するよう個別に問われると、答えは20〜80％に及んだ。言葉は解釈によって変わるのである。テトロックが挙げた別の言葉による確率予想の失敗例は、CIA（米中央情報局）がケネディ大統領に、アメリカによるピッグス湾侵攻は「有望」だと報告したケースだ。のちに、この報告書を書いた人物は、「有望」とは３対１の確率で失敗を意味していたと語ったのである[5]。

サダム・フセインが100％の確率で大量破壊兵器を保有していると結論付けた大失態のあと、アメリカの情報機関はやっと証拠に基づいて標準化された予測を行う措置をとった。その過程で、彼らはテトロックの研究に資金を投じた。その研究成果をいくつか紹介しておこう。

テトロックは、専門家の予測力はランダムに近いが、彼が超予測者と呼ぶひとにぎりの人たちは、安定的に高い予測力を示すことを発見した。彼らは普通の人たちで、多くは引退者や単純作業をしている人たちだった。彼らの多くがテトロックの研究に気晴らしとして参加していた。しかし、この普通の人たちが、特別な情報を入手できる政府の情報機関のアナリストや特定分野の専門家よりも正しく予測したのである。テトロックは、超予測者が持つ４つの認知的特徴を見つけた。要約すると次のようになる。

●確率で考える
●向上心がある
●数字に強い
●知性が高い（平均約80パーセンタイル）

また、テトロックは彼らの予測の仕方から、彼らの次のような強みを見つけた。

●問題をフェルミ推定を使って、最も基本的な推定に分割する
●頻繁に更新する
●間違いを、謙虚に、いとわず、場合によっては積極的に認める
●間違いから積極的かつ偏見なく学ぶ

超予測者は、予測からエゴ（自分の正しさを証明しようとする感情移入）を排除している。正当な証拠があれば、後悔したり反省したりすることなくすぐに考えを変えるのだ。このような見通しの変更は、新しい考えに対する謙虚さと寛容さがなければできない。BBCニュースでは、超予測者について次のように伝えている。

> しかし、彼らはみんなもうひとつの特徴である寛容さも持っている。日々の生活で、寛容さはリベラルな政治姿勢と間違えられるかもしれないが、心理学では不確実性にどれだけうまく対応できるかを表している。寛容な人たちは、問題をあらゆる面から見る傾向があり、それによって新たな証拠があれば先入観を克服できる。テトロックは、「考えを素早く頻繁に変える必要がある」と言っている。[6]

面白いことに、超予測者は、自分の過去の行動や感情的な反応も見直している。彼らは、新しい情報を受けて基準を調整するために、自分の過剰反応や過小反応を調べ、そこからも学んでいるのだ。

ニューヨーク・タイムズ紙の書評によれば、『超予測力』の教えは、予測ビジネスにおけるいくつかの指示に要約できる。①個人的な偏見や思い込みを減らすよう注意する、②確率で考え、確実なことなどないということを認識する、③データと論理に基づいて予測する、④問題を細かく分解して分かっていることと分かっていないことを区別し、

前提条件を精査する、⑤成果と精度を記録して過去の予測を評価する――などといったことである[7]。

テトロックは、超予測者が優位な点（確率で考えることなど）のなかには、幸福度の低さと関連するものもあると指摘している。運命を信じるほうが、事実を冷静に評価するよりも幸せになれるのである。

適応力

「プロ（のトレーダー）は、熱意や思い込みを排除して物事を入念に観察し、多くの場合は正しいことに行き当たるが、必ずではない」――ジョセフ・デ・ラ・ベガ著『コンフュジオン・ドウ・コンフュジオン（Confusion de Confusiones、混乱のなかの混乱）』[8]

第11章で紹介したリチャード・デニスのタートルズの実験は、トレードのルールや原則は教えることができても、マーケット自体が変わってしまうということを示した。ずっと同じルールを使っていては、たいてい機能しなくなるのである。最近の学術研究によれば、最高のパフォーマンスを上げている投資家は、得意分野以外のチャンスを利用するために、戦略に変化を取り入れている。また、マーケットに適合することのメリットを示す証拠も多く確認されている[9]。変化に適合することは簡単ではない。第11章でも見たように、学びや適合の遅さが、市場価格の過小反応の原因ではないだろうか。

私たちが2004年から行っている調査では、２万8000人以上がマーケットサイクの金融テスト（オンラインの無料テスト）を受けている。なかでも受験者が多いのが投資性格テスト（Investment Personality Test）である。このテストでは、性格特性論の５つの因子（ビッグファイブ）――①外向性か内向性か、②協調的か利己主義か、③神経症傾向か情緒安定性的か、④開放的か伝統的か、⑤根気強いか衝動的か

――を測定している。ビッグファイブの特性は、投資の成功と高い相関性があるわけではないが（むしろそのなかの補足的な特性のほうに興味深いものがある）、サンプル数が多いことから、投資の成功と新しい経験に対する開放的な犠牲の間に統計的に有意な相関性が見られた。開放的な特性には、柔軟な考え方や適合性という心理的な特性が含まれている。

開放的な特性は遺伝的な要素で、一卵性の双子は、たとえ異なる家族に異なる環境で育てられたとしても、開放的な特性のスコアが近くなる。トレーダーは適応力を上げるテクニックを学ぶことはできるが、それだけでは必要十分なだけの選択肢を手に入れることは難しい。そのため、違和感があっても、不要だと思っても、新しい見方を学んで活用するために外部の基準を強制的に取り入れることが精神習慣として不可欠なのである。開放的な特性は、期待値が高いチャンスを見つける助けになってくれるのだ。

開放的（オープンネス）と適応的は、伝説の投資家の特徴で、その１人であるソロスはオープン・ソサエティー財団を設立している。ジョン・テンプルトン卿も、驚くほど開放的な人物だった。彼は、まだ新興市場でのバリュー投資をみんなが避けていた時代に、早いうちから取り入れていた。クオンタム・ファンドでソロスのかつてのパートナーだったジム・ロジャーズは、『冒険投資家ジム・ロジャーズ　世界バイク紀行』『冒険投資家ジム・ロジャーズ世界大発見』（共に日本経済新聞社）の著者で、バイクと自動車それぞれによる世界最長旅行の記録保持者でもある。ソロスやテンプルトンやロジャーズが偉大な投資家なのは、彼らが決まったルールでトレードしているからではなく、彼らがマーケットの出来事や方針や経済に適応しているからなのである。次に紹介するソロスの言葉にあるように、開放的だということは、新しいことを試すことだけでなく、自らを、欠点も含めてすべてを公平に省みたうえで、向上していくことでもある。

知らないことの力

「みんなは間違うと恥ずかしいと思う。しかし、私にとって間違いに気づくことは誇らしいことだ。人間の理解など不完全なものだということに気づけば、恥ずべきは間違ったことではなく、それを正さないことなのである」――ジョージ・ソロス著『ジョージ・ソロス』（テレコムスタッフ）

トレーダーは感情的に過剰反応するのではなく、ジョージ・ソロスのように、失敗から学び、適応すればよい。ただ、そのためには過去の損失に対して客観的な捜査官のような目で対処する必要がある。医学の分野では、医療過誤や医療事故があると、関係者全員が間違いを客観的に検証し、もしほかの方法があったならば、どうすればよかったのかを理解するための、疾病や死亡に関する報告書がある。このとき、批判は役に立たない。非難の姿勢で学ぶことはできないのだ。

適応力にはさまざまなタイプがある。世界最大のヘッジファンドのブリッジウオーター・アソシエーツを設立したレイ・ダリオは、超越瞑想（自己認識と適応力を高めるためのテクニック）を実践している。そして、社員には210の原則[10]を理解するよう求めている（ダリオの考えをまとめたリストで、読んだ人のなかで年月とともに育ち、変化していくとされている）。ブリッジウオーターの投資スタイルは、経済活動と長期的に見れば支配的な市場価格の根底にある単純でファンダメンタルズ的なルールに基づいている。このような核となるルールは、当局の方針や金融制度が変われば、それに合わせて進化していく。単純さと明快さが、感情的に惑わされず、より寛容になる経験を積めるよう促進しているのである。

レイ・ダリオは、かつてインスティチューショナル・インベスター誌のインタビューで、独自の分析スタイルの進化について語っている[11]。

このとき彼は、1982年のエピソードについて語った。当時、彼はアメリカが不況に向かっていると考えており、FRB（連邦準備制度理事会）のボルカー議長が打ち出す金融引き締め策の結果を見越してアメリカ経済の悪化に賭けると公開の場（議会証言を含む）で語っていた。しかし、彼は完全に間違っていた。

> このエピソードは、どれほど自分が正しいと自信があるときでも、それが間違っているかもしれないと恐れることの重要性を教えてくれた。それからは、自分と反対の考えを持っている人のなかで最も賢い人を探して、彼らの推論を理解するようにしている。そして、彼らがそう考える理由を完全に把握してから、その考えを否定するか受け入れるかを決めることにしている。

ダリオによれば、自分とは反対の見方を理解できる人は、「ほかの人の考えを遮断するのではなく冷静に受け止め、相手が自分と同じ結論に至らなかった理由を明確に述べることができる。彼らは、異なる意見の根拠を注意深く客観的に聞くことができる」という。

投資を分析するときに、心を無意識のバイアスから解放するには、すべての点について、寛容かつ批判的にそのメリットを理解するとよい。それをしたうえでのみ、より鋭い見方ができるようになる。しかし、不完全な根拠に直面するとストレスがたまるため、柔軟な考え方をする必要があり、そのために重要なのがストレス管理である。ちなみに、ストレスホルモンは、それ自体が考えを硬直化してしまう。

次のヒントは、高いパフォーマンスにつながる意思決定をするための直接的な条件とも言えることだが、実行するのは難しい。もし硬直してしまったり、柔軟に考えられなかったり、無関心になってしまったりしたときは、これらのヒントを使って創造的な精神状態に自分を引き戻してほしい。

1. **楽しむ**　例えば、ジョークを言う。陽気でいることは、柔軟で、創造的な状態でいるためのカギとなり、それが枠にとらわれない思考を促してくれる。
2. **難しい判断で行き詰まったら、それまでにほとんど交流したことがない人（例えば、美術学校の卒業生や外交官など）の視点で考えてみる**　ほかの人のさまざまな視点で、興味を持ってみる練習をするのである。また、ジレンマを逆にしたり、回転させたり、引き伸ばしてみたりしてもよい。
3. **自然のなかを散歩する**　緑のなかや自然の複雑な環境に身を置くと創造性が上がるという研究もある。
4. **よく寝る**　睡眠、特にレム睡眠は創造的な過程を助ける。アルコールのとり過ぎはレム睡眠を損なうので避ける。

寛容で適応力のある投資家には、「どうすれば常に向上し続けることができるか」という姿勢が見られる。そして、彼らは意思決定を向上させるために、ストレスを減らす努力をしている。ストレスは、脅威を自覚したときに感じることが多い。そして、もしそれが制御不能だと感じると、ストレスは意思決定においても過剰反応を引き起こす。

ストレス管理がリスク管理になる

「絶対に資金を失いたくないと思っている私は、地球上で最も保守的なトレーダーだと思う」――ポール・チューダー・ジョーンズ

損失を恐れるという性格は役に立つ。しかし、もしその恐怖を体系的に利用することができなければ（つまり、単純に危険に見えるだけのリスクではなく、実際に危険なリスクに対処できなければ)、恐怖に適合することはできない。投資家はどのようにすれば合理的な恐怖と非合理的な恐怖のバランスをとることができるのだろうか。また、恐怖に襲われたときには、どう対処するのが最適なのだろうか。この項ではそれを考えていく。

いつも恐れてばかりいると、ストレスが生まれ、柔軟に考えられなくなる。ストレスは感覚にバイアスをかけ、例えば些細なことを大惨事のようにとらえたり（最悪の場合、確率が実際よりも大きいと信じる)、白黒をつけたがったり（妥協を許さない)、過度に一般化したり（個々の事例を全体に当てはめる）することにつながる。恐怖のようなマーケットセンチメントには、それが直面したことすべてに伝染するという重要な特徴がある。

世界の一流投資家の多くは、損失をことのほか嫌う。実際、損失の不快さは、体の痛みとして現れることも多い。ただ、痛みはストレスではあるが、ストレスに弱い投資家は心理面から慢性的なストレス状態に陥りやすく、なかには老化が早まる人もいる（「トレーダーは犬年齢で年をとる」などと言われている)。一流投資家は、ストレスを管理する戦略を学び、損失を限定するために手を尽くし、適応できないストレスが意思決定に入り込まないようにしている。また、彼らは投資という仕事の一部である損失（正しい手順を踏んだのに間違った場合）と、不注意や間違いによる損失を区別している。最大のストレスを感じるのは、劣る意思決定やリスク管理の失敗で、本来は避けることができたはずの損失を被ったときである。

ポール・チューダー・ジョーンズは、史上最高のトレーダーのひとりとして広く知られている。ジャック・シュワッガーの『**マーケットの魔術師**』（パンローリング）のなかで、ジョーンズは、プロになってすぐに被った大きな損失が彼の人生とトレードの仕方を大きく変えたことについて語っている。「今では、１日をできるだけ幸せでリラックスした状態にしておくようにしています。もしポジションが逆行したら、すぐに手仕舞います。もし順行していたら、持ち続けます」。ジョーンズは、トレードする日の心理状態を最適にしておくために、感情に支障を来すことを減らしている。そのひとつの方法が、損失の痛みにつながるポジションを早めに損切りすることだという。

ジョーンズは、トレーダーが長期的に成功するためには、勝つための手法よりも、どのように損失に対処するかのほうが大事だと話している。ウォーレン・バフェットも、「ルール１はけっしてお金を失わないこと、ルール２はルール１をけっして忘れないこと」と書いている。お金を失わないための最善の方法は、事前に潜在損失を見極めて、準備を整えておくことなのである。

ストレスの痛みは、投資で何かがうまくいっていないことを示すシグナルとしても使える。もしストレスが長く続き、痛みが悪化すれば、慢性的なストレス状態になってしまうかもしれない。慢性的なストレスは恒常性維持機構（ホメオスタシス）を劣化させ、ホルモンのバランスを崩し、過剰な警戒心にさいなまれて過剰反応に陥りやすくなる。

恐怖に向き合う

無意識の感情が判断に及ぼす影響を管理するためには、自分の心に規律を持って臨むとよい。混沌としたなかでしっかりと自分を保つためには、精神的な強さが必要となるが、その強さは練習で鍛えることができる。レイ・ダリオ、ポール・チューダー・ジョーンズ、ビル・グロスなどといった投資界の偉人は、何らかの瞑想を実践している。瞑想はストレスを減らし、精神的な柔軟性を高め、洞察力を上げてくれるという研究もある。また、瞑想はストレスを避けたりストレスに対処したりするための重要な方法のひとつで、速攻でストレスをなくし、長期的な理解を得ることができる。この方法の基本的な流れの頭文字を並べると、「GROUND」になる。

ステップ1　ストレスを管理する

1．今を基盤（Ground）として集中する。この瞬間と、今感じた気持ちや呼吸や周りの状況をしっかりと意識する。
2．状況を認識（Recognize）する。以前に、このような状態になったことはあるだろうか。
3．自分の考えを観察（Observe）する。自分の考えと感覚はどのように影響し合っているか。
4．周期を理解（Understand）する。あることについて考えたときに、それによってあなたの気持ちは変わるか。似たような状況で同じようなことがよく起こるか。

ステップ2　実行

5．頭（Noodle）を使う。状況やパターンやそれまでで最高の結果を分析する。
6．行動する（Do）。過去の経験から最高の方法を探し、全体像を理解したら、ポジティブに行動する。

ストレスは、投資家を欺いて、間違ったタイミングで売ったり買ったりさせることがよくある。そして、それが本書で紹介しているさまざまな価格パターンを生み出している。本書の重要な目的のひとつは、投資家にこのようなパターンを教えて、それにだまされないようにすることである。ストレスは、投資家やトレーダーにとって避けることができない。ストレスをどのように管理し、やりすごすかがマーケットでの成功を左右するのである。

ストレスを逆手に取る

「リスク管理の本質は、ある程度結果を制御できる範囲を最大にし、結果についてまったく制御がきかず、結果と原因の因果関係が分からない領域を最小化することである」——ピーター・L・バーンスタイン著『リスク　神々への反逆』（日本経済新聞社）[12]

Ｊ・Ｋ・ローリングは、ベストセラーになったハリー・ポッター・シリーズの著者で、大金持ちである。ローリングは、成功するまで人生も仕事もうまくいかず、政府から生活保護を受けて比較的に貧しい地域に住んでいた。彼女は失敗について次のように書いている。

> 私ほどの失敗をすることはないかもしれないが、人生で多少の失敗は避けることができない。何かに失敗しないで生きていくことなど不可能だが、そうならないためにひたすら気をつけて生活していては生きているとは言えないし、それでは最初から失敗していることになる。

失敗を恐れていると、メリットよりもはるかに大きなストレスが生まれる。ただ、高リスクの判断には付き物の失敗の恐れというストレスをメリットに変えることもできる。最近では、人は、ストレスが大きいときのほうが制御力や反応が高まるという研究もある。スタンフォード大学のケリー・マクゴニガル教授は、意思決定の心理について研究している。教授は、ウォール・ストリート・ジャーナル紙に寄稿した記事のなかで、ストレスの強い状況は、見通しを変え、パフォーマンスを向上させるという２つのリフレーミングを起こすことができるとしている。

マクゴニガルは、ある実験で140人にスピーチを依頼した。大勢の人の前で話すことは、多くの人にとってストレスがかかる出来事である。この実験では、一つの群にはスピーチ前にリラックスして落ち着いてもらうため、自分に向かって「私は落ち着いている」と言ってもらい、もう一つの群には、不安は抑えて自分に向かって「私はわくわくしている」と言ってもらった。そのあと、スピーチの質を評価すると、わくわくしていると言った人たちのほうが、落ち着こうとした人たちよりも説得力や自信があり、能力も高いように見えた。不安な人は、「わくわくする」と表現することで自分の心配をエネルギーに変え、プレッシャーの下でも良いパフォーマンスができたのである。

別のストレスとパフォーマンスの関係を調べた研究では、中堅の教師と医師を対象に、ストレスを認識していることが仕事における幸福度に影響を及ぼすかどうかを１年にわたって追跡調査した。被験者の教師や医師は、調査の始めに、不安は役に立つ（エネルギーややる気をもたらす）感情か、それとも害になる感情かという質問に答えた。１年後に結果を見ると、不安が役に立つと答えた人のほうが、そうでない人よりもいら立ったり、疲弊したりすることが少なかった。

トレーダーは、ストレスの受け方を制御できる。ストレスの最善の処理方法は、最小限にすることではなく、受け入れることなのである。マクゴニガルによれば、ストレスを受け入れると、自信がつき、パフォーマンスも向上するという。特に、マーケットのストレスが強いときは、ストレスが士気を下げているのではなく、上げていると見ることがカギとなる。緊張と興奮は紙一重で、トレーダーはストレスをポジティブな活性力としてとらえたときに最高のパフォーマンスを上げることができるのである。

まとめ

●トレーダーは、新しい情報に対する無意識の反応を理解することで、意思決定を改善できる。

●性格の特性のひとつである開放的な特性は、優れた予測力や投資パフォーマンスと相関性がある。

●損失や逃したチャンスに関心を持ち、誠実に向き合うことは、パフォーマンスのカギとなる特性である適応性を高める。

●恐怖は脅威にかかわる情報に対する人間の自然な反応だが、恐怖が長引くとストレス状態になる。

●投資家は、ストレスによって脅威に過剰反応しやすくなる。

●投資家によって、ストレスの感情を機能不全にするものと解釈する人もいれば、ポジティブなエネルギーの源泉と解釈する人もいる。ストレスの感情を意図的にポジティブに変えることができれば、動機とパフォーマンスを改善できる。

●マーケットでの損失は普通のことで、回復の可能性はいつでもあるということを理解すると、ストレスを減らすことができる。

あとがき

私が12歳のとき、マーケットへのいら立ちが今の仕事につながるとは思ってもみなかった。幸い、このような感覚は、人を混乱させるか、そうでなければ最適な解決策を探す原動力になる。マーケットの動きを簡単に説明できるようになるのは大分先のことかもしれないが、かなりの進展を見せている人もいる。

スタンフォード大学のブライアン・ナットソンなどのグループは、金融リスクのとり方について、情報の流れと人口統計学的要素と心理的な特性と考えと投資行動などのギャップを埋める統一的な理解を目指して研究を続けている。本書は、この研究のほんの一端である情報分析について書いてきた。

多くの一流投資家は、繰り返し起こる価格パターンを生み出す投資家の集団心理の重要性について書いている。本書は、感情とそれに伴う心理状態（例えば、注意力・不透明感・切迫感）がソーシャルメディアやニュース報道に反映されているということを明らかにしてきた。ここまで説明してきたとおり、このような感情が集団的に異常に高い（あるいは、低い）レベルで起こると、それが価格動向の先行指標として使えるかもしれないのである。

投資家は、ほかの人たち（「マーケット」を構成する人たち）の感じ方が実際のファンダメンタルズから乖離しているときに、チャンスを見つけることができる。マーケットでは、感覚が現実を圧倒し、集団的な恐怖や怒りや不信感や不透明感などによって、価格が大きく動くときがある。このような投資家の過剰反応のあとは、たいてい平均回帰が起こる。逆に、情報が複雑すぎたり、退屈すぎたり、投資家の先入観が一致しなかったりすると、投資家の過少反応がトレンドを生む。そう考えると、本書が行ってきたのは、マーケットのさまざまな側面において言えることだが、人間の心を探求する旅なのである。

本書で発見したことのなかには、古くはギリシャ神話や、1699年のデ・ラ・ベガ、1755年の本間宗久、1789のハミルトン、1815年のロスチャイルドなどの裏付けがあるものもあった。しかし、これらの関係性が時の試練に耐えるかどうかは時間がたってみなければ分からない。ただ、ここで紹介したパターンを生み出しているのも、それを読み解こうとしているのも同じ人間だとしたら、さまざまなレベルの理解が必要とされる難解なものであっても、このようなパターンは今後もずっと継続する可能性が高い。

本書が伝えるメッセージは、基本的にポジティブだ。情報が人間の行動に与える効果を理解すれば、私たちはそれを管理し、利用することができる。私たちと共に探求の旅をして、人生と投資が目に見える形で改善することを願っている。

楽しい投資を。

リチャード・L・ピーターソン博士

付録A　トムソン・ロイター・マーケットサイク指標を理解する

マーケットサイクでは、2004年以降、ビジネスや投資に関するさまざまなテキストから必要な概念を細かく抽出する独自の手法を磨いてきた。マーケットサイクの辞書は、トレーダーや投資家やエコノミストが関心を持ちそうな英語の単語とフレーズを単純なものから複雑なものまで専門家が広範囲に収集したものである。この辞書を使って、マーケットサイクの自然言語処理ソフトは専用の文法用テンプレートで、金融ニュースやソーシャルメディアや決算発表の電話会議の記録や企業幹部へのインタビューなどからその意味を抽出してきた。

情報源のタイプでカスタマイズする

ソーシャルメディアとニュースでは、情報伝達のスタイルが大きく違う。ソーシャルメディアは、ニュースと比べてあざけり、皮肉、まとまっていない考え、句読点の間違いや入れすぎ、スペルミス、標準的ではない文法、無神経さ、下品な言葉などがかなり含まれている。そのうえ、ソーシャルメディアでは、普通の単語が口語的な意味で多く使われている。例えば、トレードの成功について「あのトレードが爆弾だった」などと書かれていても、戦争とは何の関係もないが、昔の言語分析ソフトでは見分けられなかったかもしれない。

新語は社会に定期的に入ってくる（例えば、誉め言葉の「やられた」）。マーケットサイクのテキスト解析辞書と文法技術は２～３年ごとに更新している（現在はバージョン2.2）。ただし、新しい固有名詞や会社（例えば、国名の「南スーダン」、会社名の「チャイナ・ライフ」）については、毎月更新している。

また、新しい情報源も必要に応じてデータフィードに追加している。例えば、2009年からはツイッターが加わった。メディアやその視聴者は、年月とともに変わっていく。なかでも注目すべきは、ヤフー！ファイナンスの掲示板で、一般投資家がツイッターやシーキング・アルファなど別のソーシャルメディアに移ったことで、書き込みが80％も減ってしまったのである。しかし、今の状況もいずれ大きく変わるだろう。ソーシャル・インターネット・データの17年間の歴史のなかで、伝達方法が本質的に変わってきたことから、マーケットサイクの分析では、テキストのトピックとソースオーディエンス（類似の視聴者）の普遍的なテーマを探し、特定のドメインを集中的に調べることにしている。例えば、ビジネスと投資と政治に関する記事のみをテキスト解析にかけるのである。ただ、時には芸能記事を含めることもある。例えば、２つの映画会社が合併交渉中でも、企業活動と関連がなければ除外されてしまうからである。

ソーシャルメディアとニュースメディアの大きな違いは、視点の伝え方にある。ソーシャルメディアでは、編集的なチェックがかからないことが多く、情熱的な書き手が意見や感情をそのまま表現していることが多い。一方、ジャーナリストはテーマについて、複数の視点を提供するよう訓練されている。彼らは、自分自身の感情を吐露するのではなく、報道対象の感情状態を伝えるのが仕事だと考えているからだ。その結果、ソーシャルメディアから得た情報は、ニュースの情報よりもコントリアンの立場からの意見が少なく、主観的な見方を感情的に表現しているものが多くなる。

感情の直接的な表現もニュースとソーシャルメディアでは大きく違っている。ソーシャルメディアでは、自然発生的に出てきた顔文字や略語（「 >:-(」や「 LOL 」など）が使われることもあれば、地域や業界や国によって違いもある。さらに言えば、ソーシャルメディアではニュースと比べると、意図を解釈するうえで、言葉のコンテキストがはるかに重要になる。

ニュースとソーシャルメディアのこのような違いを受けて、情報源のタイプ別にテキスト解析モデルを使うようになったことで、センチメントスコアの精度は上がった。現在、マーケットサイクでは、ニュースやソーシャルメディアの掲示板やツイッターやSEC（証券取引委員会）提出書類や決算発表の電話会議の記録などをそれぞれ専用のモデルを使って解析している。

字句解析

センチメント分析にはさまざまな手法がある。最も一般的な技術が字句解析で、これは過去のセンチメントや株のリターンに関する学術研究でも多く使われている[1]。字句解析は、文章のなかの明確な単語やフレーズを見つけて、適切な内容を構成し、ハードコードした概念体系に沿って点数化していく方法である。最も単純な例が「バッグ・オブ・ワーズ」というテクニックで、これは文法や後処理を考慮せずに、単語の数のみを数えていく。

ただ、純粋な字句解析にはいくつかの限界があることも分かっている。なかでも、これらの手法の多くが1次元のセンチメントしか抽出できないことは、TRMI（トムソン・ロイター・マーケットサイク指数）作成において最大の問題となっている。ただ、ハーバード・ゼネラル・インクワイヤーのように、字句解析によってさまざまなセンチメントの次元でスコアを集計すると、特定のセンチメントを表す単語が現代のビジネス英語の用いられ方と一致しないということもよくある。

多次元に対応していない辞書のもうひとつの弱点は、分野をまたがる語句のあいまいさである。例えば、金融用語の「投資家」や「資本家」は、いくつかのオープンソースのセンチメント辞書ではネガティブセンチメントの言葉に分類されている。マーケットサイクは、語句のあいまいさをビジネス専用に細かくカスタマイズすることとキュレーションによって克服した。

そうなると、この方法の最も大きな弱点は、文法の構造を考慮していないことかもしれない。この弱点に対処するため、マーケットサイクのエンジニアは、異なる情報源（ソーシャルメディア、決算発表の電話会議の記録、金融ニュース、当局への提出書類など）の特性に合わせた複雑な文法の枠組みを組み込んだ。こうしてできたのがカスタマイズした辞書と、あいまいさを極力減らし、最適な文法構造を備えたマーケットサイクのテキスト解析である。ただ、本書ではページ数に限りがあるため、TRMIの自然言語の文法的なニュアンスの処理についての説明はしていない。

会社名の認識と関連するフィルタリング

IBMという会社は、メディアで「IBM」「ビッグブルー」「インターナショナル・ビジネス・マシン」などと呼ばれている。また、外国の地名など、アクセント記号をつけないで表記されることもある（例えばDüsseldorf）。IBMやデュッセルドルフのように、複数の書き方やスペルがある名称や別称について、マーケットサイクでは6万件以上のデータを擁するリストを作成している。このリストは、毎月人間の目で見直し、新しい会社や変更（買収や合併など）などの情報を更新している。

名称のあいまいさを改善するため、マーケットサイクでは、教師付機会学習を使ってあいまいな言葉を関連するものとしないものに判別している。例えば、金と銀は通常、商品や宝飾品の材料として語られることが多いが、どちらも2年ごとにオリンピックのメダルとしての話題が多くなる。このような言葉の誤認を防ぐため、無関連フィルターを使ってオリンピック関連の「金メダル」や「銀を獲得」などといった言葉を排除している。別の例は韓国ウォン（won）で、これは通貨なのか韓国人選手が勝利した（won）のか分かりにくい。そこで、無関連フィルターとケース感度を使って集計処理と単語を見極める精度を高めている。

マーケットサイクのソフトウェアは、関係のない言葉を無関連フィルターで除外するだけでなく、一部の言葉については関連フィルターを使って同一のものかどうかも確認している。例えば、ツイッターで「インスタントオーツ（オートミール）を楽しんでいる」というつぶやきは、マーケットサイクでは商品トレードのオーツ（オート麦）に関連する言葉としてはカウントしない。商品のオート麦として認識されるのは、「価格」「先物」などといった言葉と関連が深い場合のみなのである。

言語分析の流れ

これまで紹介してきたさまざまなテキスト処理を合わせると、変数（Var）は4000以上に上り、これらを必要に応じて当てはめていく。変数のいくつかをアルファベット順に紹介しよう。

AccountingBad（不正会計）
AccountingGood（公正会計）
Ambiguity（あいまい）
Anger（怒り）

各変数は、時制で検索対象の言葉かどうかを確認する。

AccountingBad_n	現在時制の会計に関する悪いニュース
AccountingGood_p	過去時制の会計に関する良いニュース

Ambiguity_c	条件付きのあいまいさ
Anger_f	予想される出来事に対する怒り

文章への応用例

これまで紹介してきた原則を使って、マーケットサイクのソフトウェアが次の文を分析する様子を細かく見ていこう。

「アナリストは、マテルの次の四半期の収益がかなり高くなると期待している」

言語分析ソフトは、次のような手順で処理していく。

1. ティッカーシンボルのMATを「マテル」と関連付ける。
2. 「収益」という言葉がこの辞書の企業収益（Earnings）と同じだと認識する。
3. 「期待」は将来を示す言葉だと認識し、文章全体を未来時制に指定する。
4. 「高くなる」は上昇を示す言葉（Up-Word）として認識する。
5. 「かなり」という言葉が入っているため、「高くなる」のスコアを２倍にする。
6. 「高くなる」（Up-Word）と「収益」（Earnings）が近いため、関連付ける。

分析アルゴリズムは、次のように報告する。

日付	時間	ティッカー	変数	スコア
20110804	15:00.123	MAT	EarningsUp_ f	2

この例では、EarningsUp_ f の素点が2になった。

指標を作る

TRMI自体は2種類の情報源（ニュースとソーシャルメディア）から情報を得ており、データフィード自体はソーシャルメディアとニュースメディアと、両方を組み合わせた3つがある。TRMIは、毎分更新されている。1日に200万以上の記事が処理され、発信されてから数分でTRMIに反映されているのだ。次の項では、TRMIの構造を、加工前のコンテンツから、変数や公開しているTRMIまで、さらに詳しく紹介していく。

情報源のテキスト

TRMIは、質の高いニュースや、世界中のインターネットニュース、広範囲の信頼できるソーシャルメディアなどといった比類ない情報源を網羅している。TRMIのソーシャルメディアフィードは、マーケットサイクとモアオーバー社のソーシャルメディアコンテンツを取り込んでいる。モアオーバー・テクノロジーズの総合的なソーシャルメディアフィードは、1万以上のソーシャルメディアサイトから情報を取り込んでおり、TRMIは2009年からこのデータフィードを受けている。マーケットサイクのソーシャルメディアコンテンツは、1998年以降、公開されているソーシャルメディアのサイトからダウンロードしている。

TRMIニュース指数は、トムソン・ロイター・ニュース・フィード・ディレクトと、トムソン・ロイターのライブのコンテンツと、2つのニュースアーカイブ（1998～2002年はロイターのみで、2003年以降はロイターと厳選した第三者の情報）のコンテンツを使って算出している。それに加えて、2005年からは4万以上のインターネットニュースサイトを網羅しているモアオーバー・テクノロジーズの総合ニュースフィードも取り込んでいる。また、マーケットサイクのクローラーでも、数百に上る金融ニュースサイトのデータを収集している。マーケットサイクが独自に収集しているテキストデータのなかには、ニューヨーク・タイムズ紙やウォール・ストリート・ジャーナル紙、フィナンシャル・タイムズ紙などのサイトや、シーキング・アルファなどプロの投資家に広く読まれている数十種類のサイトが含まれている。

図A.1は、TRMIの情報源の推移を時系列で示している。つまり、TRMIは1998年以降のデータを扱っている。今のところ、マーケットサイクのセンチメント指数に使われている情報源はすべてが英語のテキストである。

指数の構成

TRMIの各指数は、さまざまな変数（Var）を組み合わせて算出されている。まず、すべての資産について、すべてのTRMIに使われている変数の過去24時間の絶対値を計算する。次に、すべての資産の絶対値を算出する。この合計が「バズ（ネットやSNSで人気化した言葉）」で、各資産のTRMIと合わせて発表される。具体的に言うと、VをTRMIのすべての資産クラスのすべての変数、aをひとつの資産、C(a)をaのすべての構成銘柄（例えば、マテルはマーケットサイクでナスダック100指数を示すMPQQQの構成銘柄）とすると、aのバズ（Buzz）を次のように定義できる。

$$Buzz(a) = \sum_{c \in C(a),\ v \in V} |Var_{c,v}|$$

図A.1　TRMIのソーシャルメディアとニュースメディアで分析しているテキストコンテンツの推移

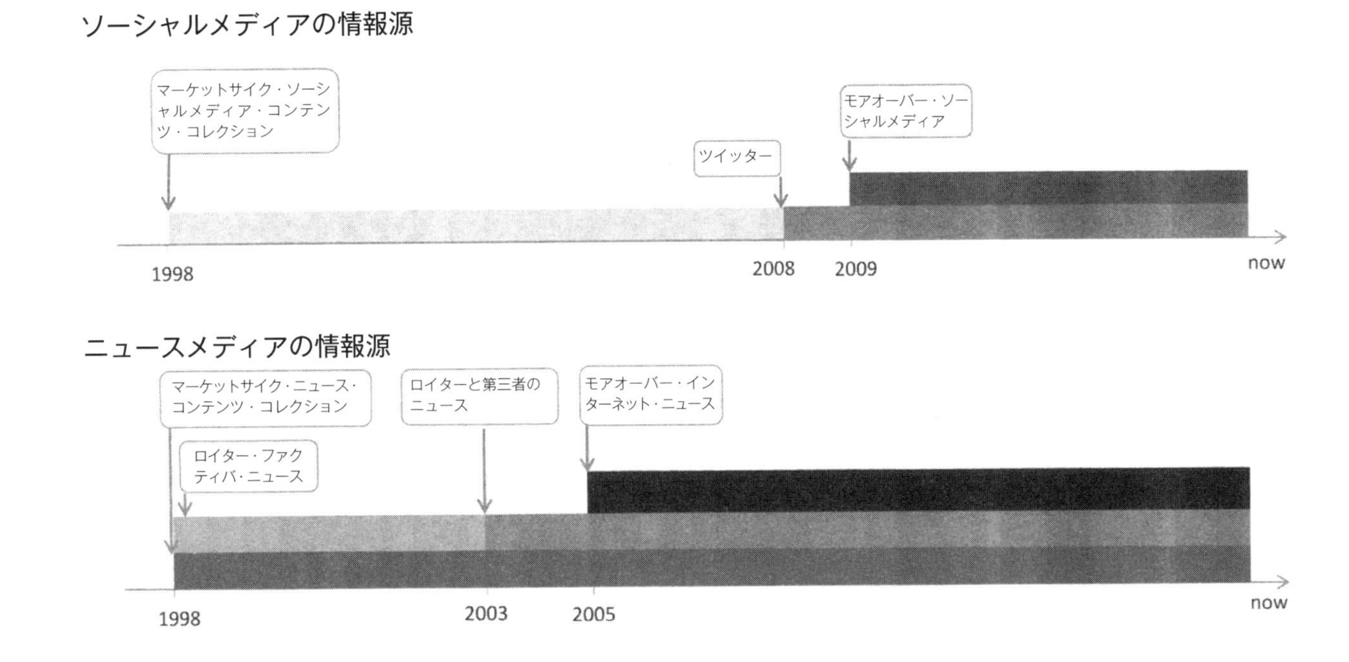

次に、各TRMIを、すべての関連するVarとBuzzの比率として算出する。V(t)は、tという特定のTRMIに関係するすべてのVarのセットと定義する。次に、IをVar　$v \in V(t)$がTRMIに加算する場合は1、減算する場合は−1と定義する。

$$I(t,v) = \begin{cases} +1 & \text{加算} \\ -1 & \text{減算} \end{cases}$$

資産aのTRMItは、次のように算出できる。

$$TRMI_t(a) = \frac{\Sigma_{c \in C(A),\ v \in V(t)}(I(t,v) \times PsychVar_v(c))}{Buzz(Asset)}$$

ちなみに、個別株において、その資産が複数の指数やセクターにかかわっているときは、個々の数字が複数のアセットクラスに寄与するということに留意してほしい。例えば、マテルは消費財セクターとナスダック100指数の構成銘柄なので、マテルのVarスコアは両方のTRMI指数に算入されている。

同様に、ひとつの変数が複数のTRMIに参入されることもある。例えば、「文章への応用例」の項で出てきたEarningsUp_ fという変数（Var）は、収益予想（earningsForecast）だけでなく、センチメント（sentiment）、楽観（optimism）、ファンダメンタルズの強さ（fundamentalStrength）などの指数にも組み込まれている。

資産クラス

トムソン・ロイター・マーケットサイク指数は、5つの資産クラスのトレード可能な資産をカバーしている。詳しくは**図A.2**を見てほし

図A.2　トムソン・ロイター・マーケットサイク指数が扱っている資産クラス別の項目

12 農産物

牛
ココア
コーヒー
トウモロコシ
綿花
豚
オレンジジュース
パーム油
米
大豆
砂糖
小麦

22 素材とエネルギー

アルミニウム
バイオ燃料
石炭
銅
原油
エタノール
ガソリン
金
灯油
鉄
ジェット燃料
液化天然ガス
ナフタ
天然ガス
ニッケル
北海原油
パラジウム
プラチナ
レアアース
銀
鋼鉄
ウラニウム

132 国

アフガニスタン
アルジェリア
アンゴラ
アルゼンチン
アルメニア
オーストラリア
オーストリア
バーレン
バングラデシュ
ベラルーシ
…
…
UAE
イギリス
アメリカ
ウルグアイ
ウズベキスタン
ベネズエラ
ベトナム
イエメン
ジンバブエ

8,000+ 世界の株

世界17カ国の株価指数
・ラッセル2000
・中国の株価指数
・ハンセン指数
・日経225
・ストレーツ・タイムズ指数……

10のセクター
・テクノロジー
・エネルギー
・テレコミュニケーション

25の業種

世界の株式市場・取引所
・中国
・韓国
・インド
・日本
・香港……

32 通貨

オーストラリアドル
ブラジルリアル
カナダドル
中国人民元
デンマーククローネ
エジプトポンド
ユーロ
香港ドル
インドルピー
イスラエルシェケル
日本円
メキシコペソ
ニュージーランドドル
ノルウェークローネ
ロシアルーブル
シンガポールドル
南アフリカランド
韓国ウォン
スイスフラン
台湾ドル
トルコリラ
米ドル
イギリスポンド

い。

TRMIの定義

トムソン・ロイター・マーケットサイク指数には、いくつかの異なるセンチメントがあり、そのうちの14は５つの資産クラスに共通している。一方、マクロ経済やトピックに関する指数は資産クラスによって変わる。個別の資産や指数については、オンラインのトムソン・ロイター・マーケットサイク指数ユーザーガイド（https://customers.reuters.com/a/support/paz/Default.aspx?pId=2381）を参照してほしい[2]。

個別株と株価指数のTRMI指数

個別株と株価指数の資産クラスには、31のTRMI指数がある。各指数には、小数点以下に６桁の数字がある。マイナスの数値には－がついている。各指数の内容を次にまとめてある。

指数	内容（ニュースとソーシャルメディアで言及された内容のスコア）	範囲
sentiment（センチメント）	ポジティブセンチメントとネガティブセンチメントの差	－１～１
optimism（楽観）	楽観と悲観の差	－１～１
fear（恐怖）	恐怖と不安	０～１
joy（喜び）	幸福感と好意	０～１
trust（信頼）	信頼感と堕落の意味を含む言葉の差	－１～１
violence（暴力）	暴力と戦争	０～１

指数	内容（ニュースとソーシャルメディアで言及された内容のスコア）	範囲
conflict（紛争）	不一致や決裂と一致や和解の差	－1～1
gloom（憂鬱）	憂鬱と将来の暗い見通し	0～1
stress（ストレス）	苦悩と危険	0～1
timeUrgency（タイムリーと緊急）	緊急事態やタイムリーなことと遅延や延期の差	－1～1
uncertainty（不確実性）	不確実性と混乱	0～1
emotionVsFact（感情対事実）	すべての感情的なセンチメントとすべての事実や時事問題の差	－1～1
longShort（ロングショート）	買いと空売りや売りの差	－1～1
longShortForecast（ロングショート予想）	買い予想と空売りや売り予想の差	－1～1
priceDirection（価格の方向）	価格の上昇と下落の差	－1～1
priceForecast（価格予測）	資産価格の上昇予想と下落予想の差	－1～1
volatility（ボラティリティ）	市場価格や景気のボラティリティ	0～1
loveHate（愛憎）	愛と憎しみの差	－1～1
anger（怒り）	怒りと嫌悪感	0～1
debtDefault（デフォルト）	債務不履行や破産	0～1
innovation（イノベーション）	革新性/創造性	0～1
marketRisk（マーケットリスク）	ポジティブな感情や期待とネガティブな感情や期待の差。ソーシャルメディアから見つかった投機バブルの特徴も含む。この値が高いときはバブルのリスクも高い（別名「バブリオメーター)	－1～1

指数	内容（ニュースとソーシャルメディアで言及された内容のスコア）	範囲
analystRating（アナリストの格付け）	格上げと格下げの差	－1～1
dividends（配当）	増配と減配の差	0～1
earningsForecast（収益予想）	収益が上がる予想と下がる予想の差	－1～1
fundamentalStrength（ファンダメンタルズの強さ）	会計上のファンダメンタルズが良いと悪いの差	－1～1
layoffs（レイオフ）	社員の削減や一時解雇	0～1
litigation（訴訟）	訴訟や法的活動	0～1
managementChange（経営陣の交代）	経営陣の交代と経営陣の安定の差	－1～1
managementTrust（経営陣への信頼）	経営陣に対する信頼と非倫理的な行動の差	－1～1
mergers（合併）	合併や買収	0～1

TRMI通貨指数

通貨の資産クラスには21の指数がある。

指数	内容（ニュースとソーシャルメディアで言及された内容のスコア）	範囲
sentiment（センチメント）	ポジティブセンチメントとネガティブセンチメントの差	－1～1
optimism（楽観）	楽観と悲観の差	－1～1
fear（恐怖）	恐怖と不安	0～1

指数	内容（ニュースとソーシャルメディアで言及された内容のスコア）	範囲
joy（喜び）	幸福感と好意	0～1
trust（信頼）	信頼感と堕落の意味を含む言葉の差	－1～1
violence（暴力）	暴力と戦争	0～1
conflict（紛争）	不一致や決裂と一致や和解の差	－1～1
gloom（憂鬱）	憂鬱と将来の暗い見通し	0～1
stress（ストレス）	苦悩と危険	0～1
timeUrgency（タイムリーと緊急）	緊急事態やタイムリーなことと遅延や延期の差	－1～1
uncertainty（不確実性）	不確実性と混乱	0～1
emotionVsFact（感情対事実）	すべての感情的なセンチメントとすべての事実や時事問題の差	－1～1
longShort（ロングショート）	買いと空売りや売りの差	－1～1
longShortForecast（ロングショート予想）	買い予想と空売りや売り予想の差	－1～1
priceDirection（価格の方向）	価格の上昇と下落の差	－1～1
priceForecast（価格予測）	資産価格の上昇予想と下落予想の差	－1～1
volatility（ボラティリティ）	市場価格や景気のボラティリティ	0～1
loveHate（愛憎）	愛と憎しみの差	－1～1
carryTrade（キャリートレード）	キャリートレード	0～1
currencyPegInstability（固定相場制の不安定度）	固定相場制の不安定度と安定度の差	－1～1

指数	内容（ニュースとソーシャルメディアで言及された内容のスコア）	範囲
priceMomentum（価格モメンタム）	その通貨の価格トレンドの強さと弱さの差	−1〜1

TRMI農産物指数

商品市場の農産物の資産クラスには27の指数がある。

指数	内容（ニュースとソーシャルメディアで言及された内容の24時間の移動平均）	範囲
sentiment（センチメント）	ポジティブセンチメントとネガティブセンチメントの差	−1〜1
optimism（楽観）	楽観と悲観の差	−1〜1
fear（恐怖）	恐怖と不安	0〜1
joy（喜び）	幸福感と好意	0〜1
trust（信頼）	信頼感と堕落の意味を含む言葉の差	−1〜1
violence（暴力）	暴力と戦争	0〜1
conflict（紛争）	不一致や決裂と一致や和解の差	−1〜1
gloom（憂鬱）	憂鬱と将来の暗い見通し	0〜1
stress（ストレス）	苦悩と危険	0〜1
timeUrgency（タイムリーと緊急）	緊急事態やタイムリーなことと遅延や延期の差	−1〜1
uncertainty（不確実性）	不確実性と混乱	0〜1
emotionVsFact（感情対事実）	すべての感情的なセンチメントとすべての事実や時事問題の差	−1〜1

指数	内容（ニュースとソーシャルメディアで言及された内容の24時間の移動平均）	範囲
longShort（ロングショート）	買いと空売りや売りの差	－1～1
longShortForecast（ロングショート予想）	買い予想と空売りや売り予想の差	－1～1
priceDirection（価格の方向）	価格の上昇と下落の差	－1～1
priceForecast（価格予測）	資産価格の上昇予想と下落予想の差	－1～1
volatility（ボラティリティ）	市場価格や景気のボラティリティ	0～1
consumptionVolume（消費量）	消費増加につながる要素と消費減少につながる要素の差	－1～1
productionVolume（生産量）	増産につながる要素と減産につながる要素の差	－1～1
regulatoryIssues（規制問題）	規制問題	0～1
supplyVsDemand（需給）	余剰供給で需要不足と供給不足と高需要の差	－1～1
supplyVsDemandForecast（需給予想）	供給過多の予想と需要過多の予想の差	－1～1
acreageCultivated（耕地面積）	耕地面積の増加と減少の差	－1～1
agDisease（農作物の病気）	農作物の病気	0～1
subsidies（助成金）	商品価格に影響する助成金	0～1
subsidiesSentiment（助成金に関するセンチメント）	助成金の増加と削減の差	－1～1
weatherDamage（天候被害）	天候による農作物の被害	0～1

TRMIエネルギーと素材の指数

商品市場のエネルギーと素材の資産クラスには24の指数がある。

指数	内容（ニュースとソーシャルメディアで言及された内容の24時間の移動平均）	範囲
sentiment（センチメント）	ポジティブセンチメントとネガティブセンチメントの差	－1～1
optimism（楽観）	楽観と悲観の差	－1～1
fear（恐怖）	恐怖と不安	0～1
joy（喜び）	幸福感と好意	0～1
trust（信頼）	信頼感と堕落の意味を含む言葉の差	－1～1
violence（暴力）	暴力と戦争	0～1
conflict（紛争）	不一致や決裂と一致や和解の差	－1～1
gloom（憂鬱）	憂鬱と将来の暗い見通し	0～1
stress（ストレス）	苦悩と危険	0～1
timeUrgency（タイムリーと緊急）	緊急事態やタイムリーなことと遅延や延期の差	－1～1
uncertainty（不確実性）	不確実性と混乱	0～1
emotionVsFact（感情対事実）	すべての感情的なセンチメントとすべての事実や時事問題の差	－1～1
longShort（ロングショート）	買いと空売りや売りの差	－1～1
longShortForecast（ロングショート予想）	買い予想と空売りや売り予想の差	－1～1
priceDirection（価格の方向）	価格の上昇と下落の差	－1～1

指数	内容（ニュースとソーシャルメディアで言及された内容の24時間の移動平均）	範囲
priceForecast（価格予測）	資産価格の上昇予想と下落予想の差	－1～1
volatility（ボラティリティ）	市場価格や景気のボラティリティ	0～1
consumptionVolume（消費量）	消費増加につながる要素と消費減少につながる要素の差	－1～1
productionVolume（生産量）	増産につながる要素と減産につながる要素の差	－1～1
regulatoryIssues（規制問題）	規制問題	0～1
supplyVsDemand（需給）	余剰供給で需要不足と供給不足と高需要の差	－1～1
supplyVsDemandForecast（需給予想）	供給過多の予想と需要過多の予想の差	－1～1
newExploration（新規探査）	新規の事業や探査	0～1
safetyAccident（事故）	安全性にかかわる事故	0～1

TRMI国指数

国の資産クラスには48の指数がある。

指数	内容（ニュースとソーシャルメディアで言及された内容の24時間の移動平均）	範囲
sentiment（センチメント）	ポジティブセンチメントとネガティブセンチメントの差	－1～1

指数	内容（ニュースとソーシャルメディアで言及された内容の24時間の移動平均）	範囲
optimism（楽観）	楽観と悲観の差	－1～1
fear（恐怖）	恐怖と不安	0～1
joy（喜び）	幸福感と好意	0～1
trust（信頼）	信頼感と堕落の意味を含む言葉の差	－1～1
violence（暴力）	暴力と戦争	0～1
conflict（紛争）	不一致や決裂と一致や和解の差	－1～1
gloom（憂鬱）	憂鬱と将来の暗い見通し	0～1
stress（ストレス）	苦悩と危険	0～1
timeUrgency（タイムリーと緊急）	緊急事態やタイムリーなことと遅延や延期の差	－1～1
uncertainty（不確実性）	不確実性と混乱	0～1
emotionVsFact（感情対事実）	すべての感情的なセンチメントとすべての事実や時事問題の差	－1～1
loveHate（愛憎）	愛と憎しみの差	－1～1
anger（怒り）	怒りと嫌悪感	0～1
debtDefault（デフォルト）	債務不履行や破産	0～1
innovation（イノベーション）	革新性/創造性	0～1
marketRisk（マーケットリスク）	ポジティブな感情や期待とネガティブな感情や期待の差。ソーシャルメディアから見つかった投機バブルの特徴も含む。この値が高いときはバブルのリスクも高い（別名「バブリオメーター」）	－1～1
budgetDeficit（財政赤字）	財政赤字と財政黒字の差	－1～1

指数	内容（ニュースとソーシャルメディアで言及された内容の24時間の移動平均）	範囲
businessExpansion（景気拡大）	景気拡大と景気縮小の差	−1〜1
centralBank（中央銀行）	その国の中央銀行	0〜1
commercialRealEstate-Sentiment（商業不動産）	商業不動産に対するポジティブな言及とネガティブな言及の差	−1〜1
consumerSentiment（消費者のセンチメント）	消費者のポジティブセンチメントとネガティブセンチメントの差	−1〜1
creditEasyVsTight（信用状態）	信用状態が緩いと厳しいの差	−1〜1
economicGrowth（経済成長）	経済活動が増加か減少かの差	−1〜1
economicUncertainty（経済の不透明性）	景気の不透明性と透明性の差	−1〜1
economicVolatility（経済変動）	経済の変動と安定の差	−1〜1
financialSystemInstability（金融制度の不安定度）	金融制度の不安定度と安定度の差	−1〜1
fiscalPolicyLooseVsTight（財政政策）	財政政策が緩和か引き締めかの差	−1〜1
governmentAnger（政府への怒り）	役人や政府機関に対する怒りや嫌悪感	0〜1
governmentCorruption（政治腐敗）	政府の不正や汚職と信頼の差	−1〜1
governmentInstability（政府の不安定度）	政府の不安定度と安定度の差	−1〜1
inflation（インフレ）	消費者物価が上昇か下落かの差	−1〜1
inflationForecast（インフレ予想）	消費者物価が上昇と予想されているか下落と予想されているかの差	−1〜1

指数	内容（ニュースとソーシャルメディアで言及された内容の24時間の移動平均）	範囲
interestRates（金利）	金利上昇か下落かの差	－1～1
interestRatesForecast（金利予想）	金利上昇と予想か下落と予想かの差	－1～1
investmentFlows（投資の流れ）	投資資金が流入か流出かの差	－1～1
monetaryPolicyLooseVsTight（金利政策）	金利政策が緩和か引き締めかの差	－1～1
naturalDisasters（自然災害）	自然災害	0～1
regimeChange（レジームの変化）	レジームの変化	0～1
residentialRealEstateGrowth（住宅）	住宅市場が拡大か縮小かの差	－1～1
residentialRealEstateSales（住宅販売）	住宅販売個数が増加か減少かの差	－1～1
residentalRealEstateSentiment（住宅センチメント）	住宅市場についてポジティブかネガティブかの差	－1～1
residentialRealEstateValues（住宅価格）	住宅価格が上昇か下落かの差	－1～1
sanctions（制裁）	制裁や通商禁止を行っているか受けているか	0～1
socialInequality（社会的不平等）	社会的不平等	0～1
socialUnrest（社会不安）	社会不安で政治的変化が求められている	0～1
tradeBalance（貿易収支）	輸出と輸入の差	－1～1
Unemployment（失業率）	失業率が上昇か下落かの差	－1～1

視覚的な評価

TRMIのデータが意図した結果を示しているかどうかを検証する簡単なテクニックとして、実際の出来事を視覚化するとよい。例えば、社会不安は心理的な影響が大きい出来事で、全体主義に対抗したアラブの春やそのほかの革命以降、ニュースを騒がせている。**図A.3**は、TRMI社会不安指数（socialUnrest）を可視化したもので（社会不安が高いところは色が濃くなっている）、これを見るとTRMIが概ね正確に世界の出来事をとらえていることが分かる。ただ、TRMIバージョン2.2ではサハラ以南のアフリカの国の多くが含まれていないため、この図では薄いアミになっている。

図A.3　2014年のTRMI社会不安指数の平均値を国別に表した図

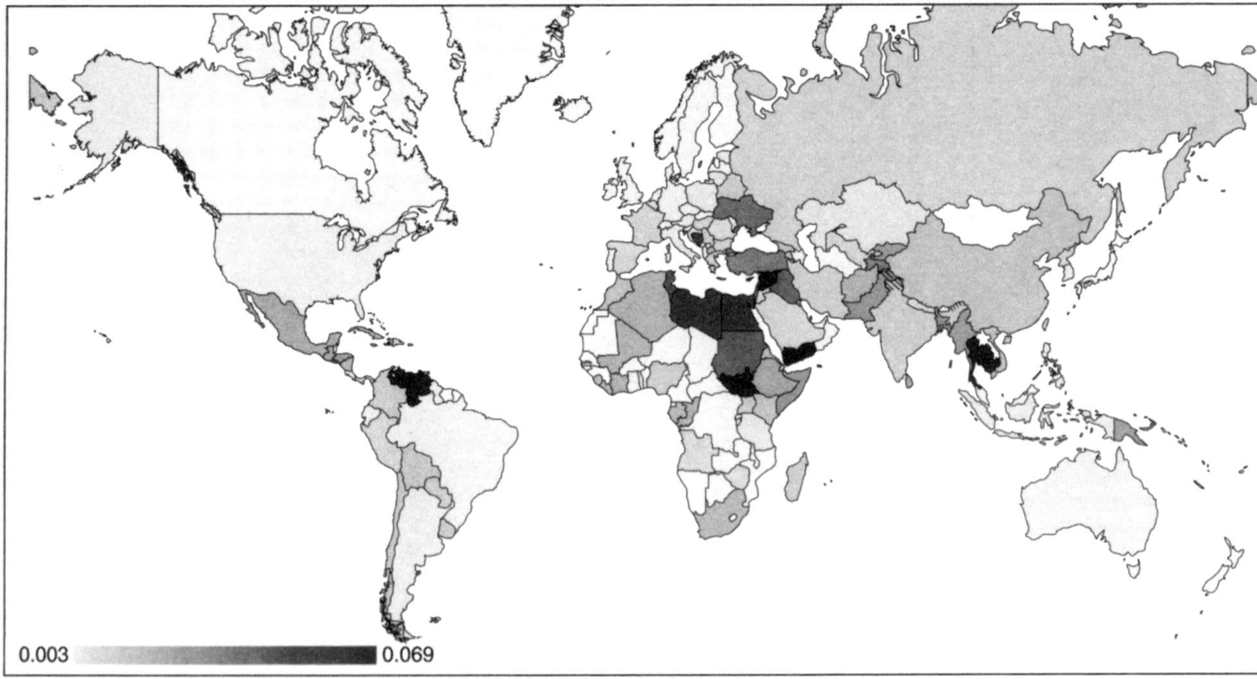

0.003 0.069

付録B　経済活動をモデル化する手法

経済活動を調べ、モデル化するために、私たちは国レベルの48のTRMI（トムソン・ロイター・マーケットサイク指数）を経済指標として使えるかどうか検証した。TRMIのデータの詳細は付録Aに掲載してあり、このなかに国別のTRMIの情報も載せてある。この付録Bでは、既存の指標と、いくつかの統計手法について書いていく。

プロの経済ニュースとソーシャルメディア

ソーシャルメディアとニュースメディアのTRMIデータは、質が違う。分析している情報源も内容も違うからだ。ソーシャルメディアの情報源は、金融関連のツイートやコメントやブログや掲示板などで、意見と手元にコンピューターがあれば、だれでも自由に書き込めるため、構造化されておらず、場当たり的なものが多い。一方、ニュースメディアはプロの情報に基づいているうえ、第三者の編集を経て公開されている。もしニュース記者が中傷的な文章を書けば、懲戒処分を受けることになる。しかし、ソーシャルメディアでは、書き手が中傷的なことを書くと、読者が増えることもある。そのため、TRMIでもニュースからの情報とソーシャルメディアからの情報の信頼度には大きな差をつけている。

私たちにとっては、プロが発する事実に基づいたセンチメントのデータのほうが、ソーシャルメディアのデータよりも優れているし、外部の操作もされにくい。しかし、国の宣伝がニュースとソーシャルメディアの両方をゆがめてしまうこともある。例えば、2014年にTRMIのロシアのマーケットリスク指数（marketRisk）が、ニュースとソーシャルメディアで大きく乖離した（**図B.1**）。このようなときは、最適

図B.1　ロシアの株価指数とTRMIマーケットリスク指数（ロシアのニュース由来とソーシャルメディア由来）の乖離。このときはニュースのほうがリスクが高いことを投資家に正確に警告（2013年11月～2015年4月）

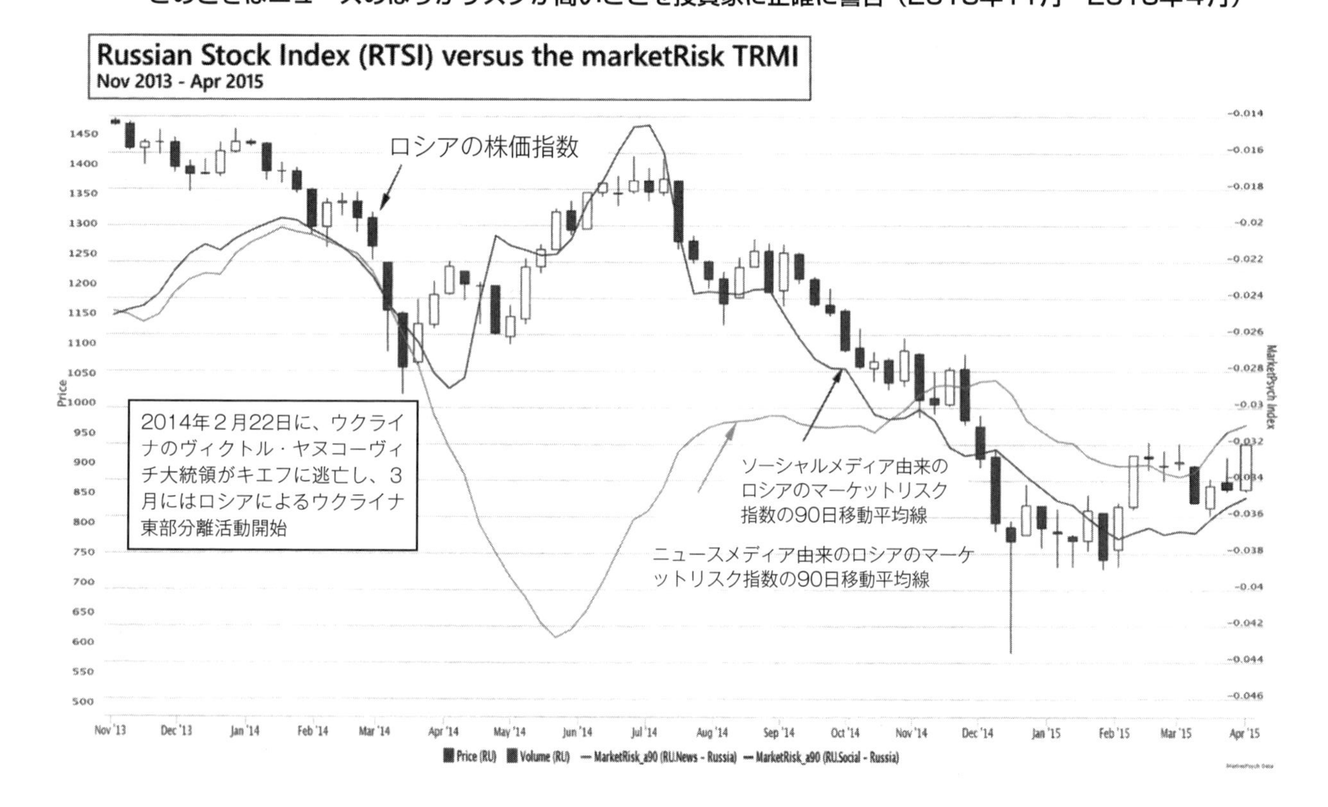

化のテクニックを使うことにしている。

図B.1でニュースのほうがソーシャルメディアよりも正確だったのは、英語のメディアに体系的に「荒らし」が行われていたからかもしれない。例えば、ロシア政府はロシアの市場や政策を促進するために、ソーシャルメディアによる宣伝を支援していたと報じられている[12]。ソーシャルメディアのトーンは、「荒らし」によって悪影響を受けるだけでなく、そもそも国レベルのソーシャルメディアとプロのニュースフィードにはさまざまな違いがある。国の報道機関よりもソーシャルメディアのほうが頻繁に話題になるトピックもあれば、地域にもよるが、ソーシャルメディアには頻出するのにニュースにはまったく出てこない表現もある（例えば、ののしりや顔文字など）。幸い、データのニュアンスを感知してばらつきを調整するアルゴリズムがある。また、第21章で紹介した経済活動モデルのように、ニュースとソーシャルメディアからのデータを使うなかで、その差がメリットにつながる場合もある。

ひとつのTRMIの分析

図B.2のコレログラムは、アメリカのTRMIとPMI（購買担当者景気指数）の強い相関性を示している。

検証方法

MPMI（マーケットサイク・マニュファクチャリング指数）モデルのデータ分析は、すべての国について同じ手順で行っている。予測力のある学習モデルを作るという目的で、従属変数にはマークイットの製造業PMIを選んでいる。モデルは先進国で経済規模の大きい12カ国について作り、各モデルの学習と検査には、できるだけ長いデータレ

図B.2　アメリカのさまざまなTRMIと月ごとのPMIを比較したコレログラム

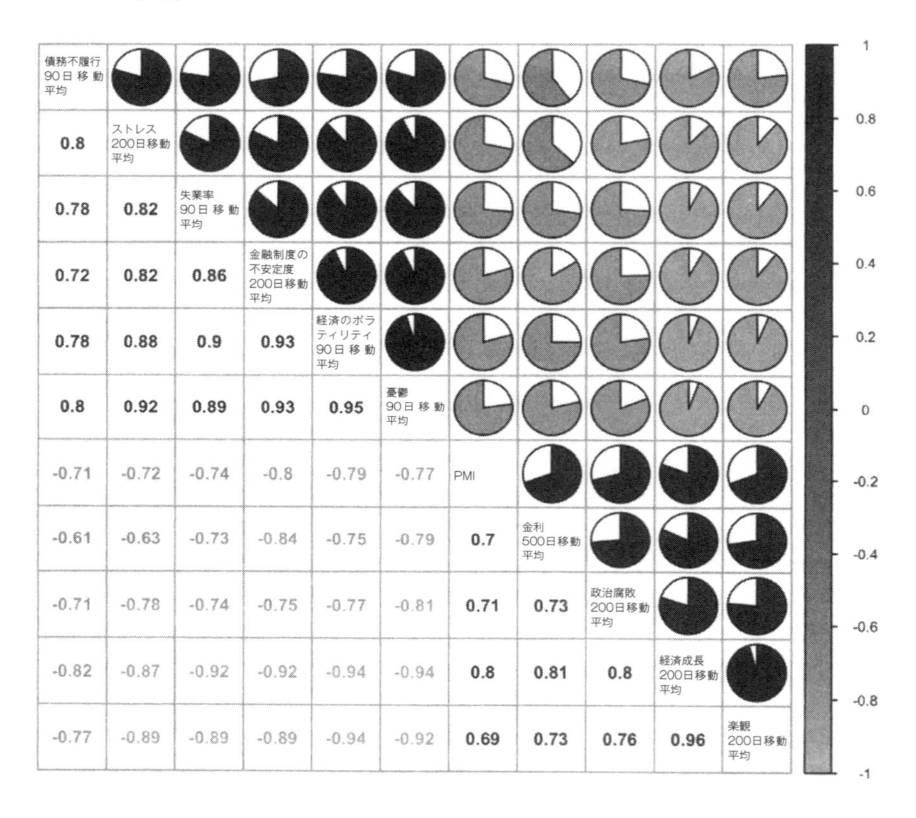

ンジを用いた。

MPMIの日次のモデルが理想的に思えた私たちは、月次の従属変数を使って日次のモデルを作るために（補間した日々のPMIデータと日々のTRMIデータを結合させる）、PMIのデータポイントのスプライン補間を行った。補間にもさまざまな手法を試したが、最初の結果に基づいて私たちは単調エルミートスプライン（F・N・フリッチェとR・E・カールソンの手法）[3]を選択した。

日次のPMIについては、各国のデータシリーズがあったため、各国のTRMIの移動平均を計算してデータ化した。過去の経験から、このようにデータをスムージングしたほうがデータの変動が抑えられ、指数の突然の変化の影響を排除できることが分かっていたからだ。移動平均をとってみると、失業率や国債についての話題が短期的に急騰しても、全体の平均への影響は抑えられていた。このような適合度の検証に基づいて、アレクサンダー・ファフーラは経済活動に直接的な影響を及ぼすという意味で短期的な影響力が大きい指数を選び出した。

選択したモデルとアルゴリズムの調整

最初は、どの統計モデルをTRMIに応用すれば、PMIをモデル化して優れた結果を得られるのかが分からなかった。そこで、最も適合するものを求めて、4つの統計テクニックを試した——①一般化線形モデル（GLM[4]、詳しくはA・J・ドブソン著『一般化線形モデル入門』［共立出版］参照）、②サポートベクターマシン（SVM[5]）、③ラッソ回帰（LASSO[6]）、④ステップワイズ法による線形回帰（REGSEQ[7]、詳しくはA・ミラー著『サブセット・セレクション・イン・リグレッション』［Subset Selection in Regression］参照）。さまざまなアルゴリズムを試し、最高の結果を記録していったのである。これらのテクニックは非常に正確で、予測の誤差率も安定していた。

モデル学習は、クーンとジョンソンが2013年に紹介したローリングフォーキャストのテクニックを使って行われた[8]。各モデルについて、最初はデータセットのウィンドウ幅の10％がインサンプルの学習期間として選ばれる。この過程を10回繰り返し、各ウインドウについて30個の観測値を得る。次に、それらの平均的な予測力に基づいて、最終的なモデル化の技術を選ぶ。この方法では学習用のウィンドウ幅は固定されておらず、30回観察するごとに変えることができる。

このアルゴリズムは、TRMIの移動平均を使ってスライディングウィンドウでモデル化している。変数は、モデルが最適なTRMIを選ぶのに合わせて、時間の経過とともに変わっていくこともある。また、このように適合させていくことで、モデル自体も時間とともに変えていくことができる。例えば、あまり適合していないTRMIは重要度が低いため、モデルにはあまり影響を及ぼさず、いずれ削除される。MPMIモデルは、適合アルゴリズムによって、特徴が合うものを自動的に選択するようになっている。このとき、選択された内容は、**図B.2**に近いものだった。過剰適合のリスクは高いが、最初のMPMIモデルが開発された2012年以降、技術の進歩がこの問題を解決してくれているように思える。このような広範囲に及ぶ検証の結果、TRMIデータを使ってPMIの動きをモデル化するための最適なテクニックとして、非常に順応性がある最終型モデルが選ばれた。

結果の表

アウトオブサンプル期間について調べたすべての国の最終的な結果を**表B.1**にまとめてある。このときの、予測と実際のMPIの差は平均0.68で、前月と今月のデータからPMIの方向性を予測するモデルの全体的な精度は、12カ国すべてについて69%だった。この結果を見ると、このモデルは実際のPMIをきちんとなぞることができていないため、このままでは使えない。しかし、それはこのモデルの精度が、今後さらに上がる可能性があるということでもある。ちなみに、今回のケースはフィードバックなしに3カ月運用し、そのあとモデルを2015年7月まで更新した。そのときの結果が**図21.4**で、全体として予測の質は安定している。

表B.1　MPMIとマークイットのPMI――月末のMPMIの値と月初に発表されるPMIの値と比較したアウトオブサンプルの結果

日付	PMI	MPMI	国
2014/12/31	53.9	53.94482	アメリカ
2015/01/15	53.7	54.98985	アメリカ
2015/02/28	55.1	55.18179	アメリカ
2014/12/31	50.6	50.70074	ユーロ圏
2015/01/15	51.0	50.52083	ユーロ圏
2015/02/28	51.0	50.51830	ユーロ圏
2014/12/31	50.2	50.17626	ブラジル
2015/01/15	50.7	50.49850	ブラジル
2015/02/28	49.6	50.38711	ブラジル
2014/12/31	46.9	46.89270	オーストラリア
2015/01/15	49.0	46.73971	オーストラリア
2015/02/28	45.4	46.02761	オーストラリア
2014/12/31	49.6	50.08564	中国
2015/01/15	49.7	50.11660	中国
2015/02/28	50.7	50.20819	中国
2014/12/31	54.5	54.42573	インド
2015/01/15	52.9	53.77388	インド
2015/02/28	51.2	53.52643	インド
2014/12/31	52.7	52.81274	イギリス
2015/01/15	53.1	54.05255	イギリス
2015/02/28	54.1	54.79723	イギリス
2014/12/31	48.9	48.92096	ロシア
2015/01/15	47.6	49.68465	ロシア
2015/02/28	49.7	49.90198	ロシア
2014/12/31	52.0	51.96607	日本
2015/01/15	52.2	52.27547	日本
2015/02/28	51.6	52.12585	日本
2014/12/31	48.4	48.58531	イタリア
2015/01/15	49.9	48.84462	イタリア
2015/02/28	51.9	48.94019	イタリア
2014/12/31	51.2	50.46392	ドイツ
2015/01/15	50.9	50.82493	ドイツ
2015/02/28	51.1	50.71927	ドイツ
2014/12/31	47.5	47.88387	フランス
2015/01/15	49.2	46.80170	フランス
2015/02/28	47.6	48.21623	フランス

用語集

EPR　「１株当たり利益」参照。

IPO　「新規株式公開」参照。

MACD　「移動平均収束拡散法」参照。

PER　「株価収益率」「１株当たり利益」参照。

TRMI　「トムソン・ロイター・マーケットサイク指数」を参照。また、定義は付録Ａを参照。

Ｖ字底（V-bottom）　資産価格が急落してから急回復するアルファベットのＶに似たパターン。

アーニングサプライズ（earnings surprise）　企業の決算発表で、実際の収益と予想していた収益（コンセンサス予想など）の差（ポジティブでもネガティブでも）が大きいこと。

アービトラージ（arbitrage）　予測される価格動向の差を利用するために、マーケットや基準が違う株や通貨や商品で、売りと買いを同時に行うこと。アービトラージは全体的なマーケットリスクを減らしつつ、２つの資産群の価格差を利用できる。

アノマリー［マーケットの］（anomaly [market]）　市場価格のパターンのひとつ。投資戦略によってマーケットのアノマリーを利用するとアルファ（パッシブなベンチマークを超えるリターン）を得られる。

アルファ（alpha） 投資ポートフォリオや投資戦略で、パッシブなベンチマークの指標を超えるリターン。マーケットを超えるリターンという意味でも使われる。

アルファキャプチャー（alpha capture） もともとは、研究者やアナリストが電子書式で提出したトレードアイデアを集計するシステム。集まったアイデアからトレードシグナルを見つけることができる。2001年にマーシャル・ウェイスが初めて使った。

意思決定（decision making） 複数の選択肢のなかから、行動指針を選ぶ認知過程。

移動平均収束拡散法（moving average crossover） 本書でMACDと呼んでいるテクニカルツール。2本の単純移動平均線を使った単純なツールで、その相対的な位置によって買いか売りのシグナルを出す。本書では、MACDは常に買いか売りのポジションを示していると想定している。

売り・売り持ち（short） 価格下落によって利益を得るために資産を保有しておくこと。空売り（short selling）は、株を借りるかプットオプションを買うか、先物を売るかして行う。

うわさ（rumor） 不確かな出所の未確認情報で、たいていは口コミで広まる。

オプション（option） 買い手が、将来の特定の日（行使日）以前に特定の内容を行使する権利を得る契約。ライター（売り手）は、特定の契約を履行する義務がある。買い手には権利があり、売り手には義務があるため、買い手は何らかの価値を得たことになる。

オプションプレミアム（option premium） 買い手が現資産価値に上乗せして売り手に支払う金額。

カーネマン、ダニエル（Kahneman, Daniel） 1934年、イスラエルのテルアビブ生まれ。経済学と認知科学を融合させて、人間の非合理的に見えるリスク管理を説明する行動ファイナンスの主要な先駆者で理論家。

回帰［価格の］（reversion [price]） 「平均回帰」参照。

買い・買い持ち（long） 価格上昇によって利益を得るために資産を保有しておくこと。

買い・ロング（going long） 価格の上昇によって利益を得るために、資産やコールオプションや先物を買うこと。

覚醒（arousal） 心理的に活性化する状態で、汗・震え・過錯覚・瞳孔拡張・興奮などの身体的なサインが現れることも多い。

株価収益率、PER（price-to-earnings [P/E]） 「１株当たり利益」参照。

株式市場（stock market） 証券を、物理的な証券取引所や電子取引のプラットホームや店頭で組織的にトレードする場所を意味する一般用語。証券取引所は株式市場のひとつの形で、株や債券が売買される物理的な場所。例えば、NYSE（ニューヨーク証券取引所）、ナスダック、かつてのアメリカン証券取引所などがある。

株主資本（equity） 株。

株のプレミアムパズル（equity premium puzzle） 過去１世紀の株のリターンが、国債のリターンよりも約５％高い現象。エコノミストは、投資家がよりリスクが高い株のほうに高いリスクプレミアムを要求することで、アービトラージのリターン差が縮まるとしている。

株のリスクプレミアム（equity risk premium） 株の認知上のリスクが高まったことで割引率が大きくなったり、その株が債券のパフォーマンスを上回ったりすると期待できる額。

空売り・ショート（going short） 価格の下落によって利益を得るために、所有していない資産を売ること。

感覚（feelings） 感情を見極める助けとなる意識的な経験。もし怖いと感じたら、それは恐怖の感情だと分かる。すべての感覚が感情ではないが、すべて意識的で感情的な経験は感覚である。

感情（affect） 気持ちや情動、特に顔の表情やボディランゲージに現れるものを指す。感情は、心理的な体験全体を含む場合もある。姿勢、選好、感覚、気分などはすべて感情の過程。

感情（emotion） 心理学用語または日常会話で人の精神状態を表す言葉で、その人の内面的（肉体）または外面的（社会）な感覚に基づいたり関係したりしていることが多い。幸せ、悲しみ、怒り、高揚感、いら立ち、喜びなど。

感情値［感情の］（valence [emotional]） 感情の二極化した概念で、感覚はポジティブからネガティブの範囲にある。

感情のアービトラージ（emotional arbitrage） ２つの資産群に対する感覚やとらえ方が大きく乖離している場合に、その価格差を利用して利益を上げるための投資戦略。

帰属バイアス（attribution bias） 結果を別の原因に帰すると考える傾向。

期待値（expected value） 確率的には（特に、ギャンブルでは）、可能な結果の確率をすべて合計して、報酬（価値）を掛けた値。つまり、これは同じ勝率の賭けを何回も繰り返した場合、１回の賭けで勝つと「期待」できる平均額。

希望（hope） 何らかの欲望がいずれ満たされるだろうという感覚。

キャリートレード（carry trade） 低金利の通貨を空売りし、それよりも高い金利の通貨を買う戦略。金利差が利益を生む。この戦略の弱点は、高利回りの通貨のほうが低利回りの通貨よりも下落すると損失が出ること。

急騰（rally） 資産価格が急激に上がること。

恐怖（fear） 危険を予期したり知ったりしたことで起こる不快感で、

たいていは強い感情。

グラマー株（glamour stock]） 投資家の間で評価が高く、人気がある株。多くは大きく成長する可能性があると期待されているため、PERが高めだが、期待される成長が価格にすでに織り込まれているため、価値は低い。

グレアム、ベンジャミン（Graham, Benjamin） 1894～1976年 イギリス生まれのアメリカ人経済学者で、プロの投資家。バリュー投資の父と呼ばれている。

クレメンズ、サミュエル（Clemens, Samuel） ペンネームは「マーク・トウェイン」。アメリカの作家で、ユーモアあふれる人物。

群衆（herding） 多くの投資家が自分の知識と関係なく、みんなと同じ選択をすること。

ケインズ、ジョン・メイナード（Keynes, John Maynard） 1883～1946年。イギリスの経済学者。彼の刺激的な財政政策の価値に関するアイデアが、現代のマクロ経済の理論と実践と政府の経済政策を根本的に変えた。

ゲーム理論（game theory） 参加者の選択した行動結果がほかの参加者の行動に強く依存しているという競争状況における戦略分析。参加者を、レベル０、レベル１、レベル２……と分類して分析を行う。

興奮（excitement） 気分が浮き立つこと。活発で陽気な喜び。

傲慢（**hubris**）　成功を目指す試みにおいて、リスクに対して準備や注意を怠ること。失敗に終わることが多い。

強欲（**greed**）　日々の生活や安全を長期間維持するために必要な分以上の物質的な富を手に入れたり、所有したりしたがる過度の欲望。

ゴール（**goal**）　努力の対象。目的。

コントラリアン（**contrarian**）　ほとんどの投資家とは逆の投資機会を探し、特定の投資価格に歪みが生じた時点で、買ったり売ったりするチャンスを探す投資家。コントラリアン投資は、支配的なセンチメントに対抗して行われる。

先物取引（**futures contract**）　商品や株を、将来の特定の日に事前に定めた価格で買う権利を所有者に与えるデリバティブ。

磁気共鳴機能画像法、f MRI（**functional magnetic resonance imaging [fMRI]**）　脳の活動の変化を、短い間隔（２秒）で小さな領域（２立方ミリメートル）に分けて測定する方法。脳の活動の変化は、領域ごとの代謝、組織の酸素使用量、血流（血中酸素濃度に依存する信号、BOLD）などから分かる。

自信（**confidence**）　自分の能力を確信し、疑念がないこと。

証券（**security**）　株、デリバティブ、商品などの分配権または契約。

衝動制御（**impulse-control**）　衝動や急な心変わりや欲望を抑制できる能力。

情報（information）　知識や諜報を伝達したり受け取ったりすること（「ミリアム・ウェブスター辞典」より）。

シラー、ロバート（Siller, Robert）　1946年３月29日生まれのアメリカ人。2013年のノーベル経済学賞受賞者兼学者で、ベストセラーとなった『根拠なき熱狂』（ダイヤモンド社）の著者。現在はエール大学の経済学の教授。投資会社のマクロマーケッツLLCの共同設立者兼チーフエコノミストでもある。

新規株式公開、IPO（initial public offering [IPO]）　非公開企業が初めて一般向けに株を売り出すこと。

神経経済学（neuroeconomics）　経済的な意思決定について脳の観点から検証する研究分野。

信念（belief）　論理的に正しいと信じている考え。

信頼（trust）　他人の誠実性や確実性を信じること。

ストレス（stress）　精神的または感情的な緊張や不安の状態。

絶対リターン（absolute return）　投資ポートフォリオの損益の基準で、マーケットの価格の動きとは関係なくリターンを上げようとすること。伝統的な資産マネジャーはベンチマーク（例えば、S&P500などの指数）を超えることを目指していたが、絶対リターンを掲げるマネジャーはマーケットがどのような状況でもプラスのリターンを目指す。

センチメント（sentiment）　感覚や感情や姿勢、または見通し。

前島（anterior insula）　脳の損失回避系の領域で、肉体的な痛みや金銭的な損失、そのほかの不愉快な感覚によって活性化する。投資の実験では、被験者のこの領域が活性化すると、リスクを回避することが予測できる。

前頭前皮質（prefrontal cortex）　脳の最近進化した領域で、認知機能・意思決定・満足を遅らせる・関心をそらす・辺縁系の衝動を抑制する（たいていは禁止する）などにおいて中心的な役割を担っている。

前頭皮質（frontal cortex）　脳のなかで、論理的思考や計画や抽象的な考えやそのほかの複雑な認知機能と運動機能にかかわる部分。

側坐核、NAcc（nucleus accumbens [NACC]）　側脳室の前部を延長した尾の部分の底を形成する神経核。報酬を期待したり、報酬を求めたりするときに活性化され、それによってポジティブ効果が生まれる。

ソロス、ジョージ（Soros, George）　アメリカの著名なヘッジファンドマネジャーで慈善家。1930年８月12日、ハンガリーのブダペスト生まれ。ハンガリー名はショロシュ・ジェルジ。現在は、ソロス・ファンド・マネジメント会長やオープン・ソサエティー財団理事などの職にあり、外交問題評議会の元会員でもある。慈善活動に多額の資金を割いているが、2015年の推定資産は230億ドルで、これはトレードとファンドの運用で獲得したもの。

損失回避（loss aversion）　プロスペクト理論で、人が利益を得るよりも損失を避けるほうを選ぶ傾向が強いこと。損失の痛みは利益の喜びの２倍に感じるという研究もある。損失回避は、エイモス・トベルスキーとダニエル・カーネマン（2002年にノーベル経済学賞受賞）によって初めて理論化された。

損失回避系（loss-avoidance system） 脳の基本的な動機で、害や潜在的な危険を避けようとする傾向。ネガティブな感情処理や反応にかかわるいくつかの皮質下の構造からなり、このなかには偏桃体・海馬・視床下部なども含まれる。皮質には、島や前帯状回などが含まれている。

ダリオ、レイ（Dalio, Ray） 世界的な民間ヘッジファンドで、現在、最大の運用資産額を誇る投資会社のブリッジウォーター・アソシエーツを設立したアメリカ人。2012年にはタイム誌の世界で最も影響力のある100人にも選ばれた。2014年10月の資産額は150億ドル。

強気（bullish） 資産価格に対する楽観的な姿勢で、将来価格は上昇すると考えるのが特徴。

テクニカル分析（technical analysis） 別名チャーティング。金融データを、数量的・視覚的に解釈して予測を立てること。

投機（speculation） 将来価格が上昇することを期待して資産に投資すること。投機は、長期利益や配当やそのほかの価値を高める収益源を考慮せず、キャピタルゲインを期待する投資。

投資（investment） お金を増やすためにお金を使うこと。たいていは証券や資産を買うなどして、収入を得たり資本を増やしたりする。

投資家（investor） 会社や資産の一部を所有する人。多くは、その会社の事業利益や資産価値がいずれ上がることを期待している。

ドーパミン（dopamine） 中枢神経系を正常に機能させるために欠かせないモノアミン神経伝達物質。５つの神経細胞伝達路で多く見つかる。報酬系のドーパミンは中脳辺縁系にある。

トムソン・ロイター・マーケットサイク指数、TRMI（Thomson Reuters MarketPsych Indices [TRMI]） 資産に関するメディアの言及から算出したセンチメントやマクロ経済の要素を表す時系列の指数。ニュースやソーシャルメディアの記事を、リアルタイムの自動テキスト解析を使って算出している。

トレーダー（trader） 短期的な利益を求めて個人口座で売買する人。または、ブローカーやディーラーや金融機関の社員で、会社や顧客のために証券を売買する専門職。

トレンド（trend） 資産価格がある程度の期間、同じ方向に動くこと。

ナウキャスティング（nowcasting） リアルタイムのデータの情報源を使って、現在起こっている現象（例えば、経済活動）を計測すること。

ニューロファイナンス（neurofinance） 神経科学を投資活動に応用する研究。

パニック（panic） 突然、一群の人たちの思考を支配する恐怖。圧倒的な恐怖と不安の感覚。

バフェット、ウォーレン（Buffett, Warren） 1930年８月30日生まれ。裕福なアメリカ人投資家で、ビジネスマン。2015年の時点で、世界の長者番付第３位、資産額は720億ドルを超える。

バブル（bubble）　経済バブルは、資産の投機が価格を上昇させ、それがさらなる投機を生むという正のフィードバック効果のなかで起こる。価格が持続できない水準に到達すると、そのあと突然急落する（バブル崩壊）。

バリュー株（value [stocks]）　株価が原資産や潜在利益よりも安い株。さまざまな基準があるが、よく使われているのは、①PBR（株価純資産倍率）、②EPR（１株当たり利益）、③PCFR（株価キャッシュフロー倍率）。

判断（judgment）　決定や結論に達するための知覚過程。

比較器（comparator）　期待した結果と実際の結果を比較する脳の回路。感覚は、比較の結果生じ、目的に期待よりも速く達すると高揚感、遅くなれば失望感を覚える。

美人投票［ケインズの］（beauty contest [Keynesian]）　ケインズの美人投票は、ジョン・メイナード・ケインズが、株式市場で投資家が戦略的にほかの人たちの意図をどう考えるべきかを説明するために用いた概念。ケインズはこれを新聞に載った100枚の写真を見て最も魅力的な顔の女性を６人選び、最も人気がある顔を選んだ人が優勝するという架空の美人投票に例えた。この投票で勝つためには、参加者は自分の好みだけではなく、みんながだれを選ぶ可能性が高いかも考える必要がある。

１株当たり利益、EPR（earnings-to-price [E/P] ratio）　収益と株価

を比較した比率。この比率が高ければ、本質的価値が高いバリュー株と言える。逆数のPER（株価収益率）として使われることが多い。

不安（anxiety） 心配や懸念や恐怖などの心理状態。ネガティブな出来事を予期して、困惑したり不快になったりしている状態。

ファンダメンタルズ分析（fundamental analysis） 企業統計（経営効率・収益・資産価値・負債を含む）を使って将来の株のリターンを予測すること。

不確実性（uncertainty） 不安や疑いがある状態。結果や確率や事前の情報が分からない状況。

ブル相場（bull market） 株価が複数年にわたって上昇すること。

ベア相場（bear market） 株価が複数年にわたって下落すること。

平均回帰（mean-reversion） 資産価格が長期的な平均価格に近づく傾向があるという仮定。価格が平均から大きく離れると、そのあとは平均に回帰する（反転する）ことが多い。

ベータ（beta） 金融のベータは、株式市場全体と比較した株価のボラティリティ。高ベータ株の株価はその日のマーケットよりも大きく動く。

辺縁系（limbic system） 脳の奥深くに、進化の初期からある部分で、感情の回路と構造にかかわっている。主に、報酬系（側坐核）と損失回避系（偏桃体）、ホルモン制御（視床下部）、記憶中枢（海馬）などから成る。

報酬系（reward system） 欲望や動機を指示する神経回路。ドーパミンの神経核から側坐核（NAcc）を通って腹側被蓋領域から中脳辺縁系ドーパミン経路で内側前頭前皮質（MPFC）に伸びている。

暴落［マーケットの］（crash [market]） 突然、経済や資産価格が大幅に下落すること。投機バブルのピークのあとによく起こる。

簿価（book value） 帳簿に記載されている資産の金額。この数字は、取引所で売却できる金額と必ずしも一致しない。

ボラティリティ（Volatility） ある期間に資産価格が変化する大きさ。価格変動の分布の標準偏差。

モメンタム［投資］（momentum [investing]） 投資スタイルのひとつで、最近価格が上昇した株は、それ以降も高いパフォーマンスが続くという推測の下で買うこと。学術研究によって、過去６カ月間上昇した株は、次の６～18カ月にマーケットを上回るパフォーマンスを上げる可能性が高いというモメンタム効果が認められている。

予期（anticipation） 予知・直観・虫の知らせなど。分かっている結果になると理解して期待している状態。

予測（predict） 観察や経験や科学的な理由に基づいて予言すること。

弱気（bearish） 資産価格に対する悲観的な姿勢で、将来価格は下落すると考えるのが特徴。

楽観（optimism） 将来プラスの出来事が起こるという感覚や期待。TRMI楽観指数（Optimism TRMI）の定義は、将来形のすべてのポジティブな表現とすべてのネガティブな表現の差を、すべての関連する言及（バズ［ネットやSNSで人気化した言葉］）で割った値。関連する言及とは、特定の資産や関連する場所にかかわるすべての表現。一定期間におけるこの値をTRMI楽観指数としている。

リスク［実際の］（risk [actual]） 資産価格への脅威の大きさを示す数学的な可能性。通常は過去のデータのパターンに基づいて算出される。例えば、ハリケーンの実際のリスクは、過去の天候や海面温度やそれ以外のデータに基づいた数学モデルで算出している。

リスク［感覚的な］（risk [perceived]） 資産価格の下落について、実際に起こり得ると考える大きさ。感覚と考えは感情に影響される。また、恐怖は感覚的なリスクのひとつで、大きな恐怖は高い感じ方のリスクと直接的に相関している。

リスクプレミアム（risk premium） 対象の資産が、「安全」資産のパフォーマンスを上回ると期待される金額。投資家は、感覚的なリスクが高くなると、その分と引き換えにより高いリターン（プレミアム）を求めようとする。

レジーム［マーケットの］（regime [market]） マーケットが横ばいやブル相場やベア相場などといった具合に段階的に動くことが多いなかで、ひとつの段階が期待よりも長く続いたときの状態。レジームが変わると、資産価格の動きや価格パターンや投資家の行動は大きく変わる。

著者について

ピーターソン博士は、投資家の脳神経画像からセンチメントに基づくマーケットモデルを開発するために、心とマーケットの接点を探す研究を続けてきた。博士はマーケットサイク社のCEO（最高経営責任者）として、TRMI（トムソン・ロイター・マーケットサイク指数）の創造的な原動力となっている。TRMIは、株（8000銘柄）、国（130カ国）、通貨（30種類）、商品（35種類）について、ソーシャルメディアやニュースから取り込んだ感情やマクロ経済の情報を配信するサービスである。ピーターソン博士は、ゲームス・アンド・エコノミック・ビヘイビア誌やジャーナル・オブ・ニューロサイエンス誌などの学術誌や、教科書などに寄稿しているほか、ジャーナル・オブ・ビヘビオラル・ファイナンス誌では共同編集者も務めている。著作の『脳とトレード』（パンローリング）は6カ国で翻訳され、『マーケットサイク』（MarketPsych）と合わせてキプリンガー誌のベスト金融本に選ばれている。ピーターソン博士は、テキサス大学で理学士（電子工学、優等）と文学士と医学博士の学位を修得。AP通信に「ウォール街最高の精神科医」と称された博士はその後、スタンフォード大学大学院で神経経済学の博士研究を行い、精神科医の資格も修得した。カリフォルニア州に家族と在住。

注釈 ―― 参考書籍・文献・論文・リンク先

序文

1. Richard L. Peterson, *Inside the Investor's Brain: The Power of Mind over Money* (Hoboken, NJ: John Wiley & Sons, 2007).
2. Robert Armstrong and Jacob Ward, "Money Minded: How to Psychoanalyze The Stock Market," *Popular Science* (February 19, 2008). Posted online at: http://www.popsci.com/scitech/article/2008-02/money-minded-how-psychoanalyze-stock-market.
3. "The Interview—Richard Peterson, MarketPsy Capital: Understanding the Workings of the Brain Unlocks a Trove of Novel Investment Strategies," *HedgeWeek* (June 30, 2009). Downloaded May 20, 2105, from http://www.hedgeweek.com/2009/06/30/interview-richard-peterson-marketpsy-capital-understanding-workings-brain-unlocks-trove-n.
4. Rachael King, "Trading on a World of Sentiment," *BloombergBusiness* (March 01, 2011). Downloaded from: http://www.businessweek.com/stories/2011-03-01/trading-on-a-world-of-sentimentbusinessweek-business-news-stock-market-and-financial-advice.

第1章

1. Wilbur Ross describing reinsurance investments after Hurricane Katrina in Liam Pleven, "Where Others Flee Storms, Ross Rushes In," *Wall Street Journal* (Jan. 20, 2007).
2. Mark Rubinstein, "Rational Markets: Yes or No? The Affirmative Case," *Financial Analysts Journal* 57 (3) (May/June 2001), 15–29.
3. Joseph De La Vega, 1688. *Confusion De Confusiones*. Paragraph 81, translated and excerpted in Teresa Corzo, Margarita Prat, and Esther Vaquero, "Behavioral Finance in Joseph de la Vega's Confusion de Confusiones," *Journal of Behavioral Finance* 15 (4) (2014), 341–350.
4. David Hume, *An Enquiry Concerning Human Understanding* (London: Oxford University Press, 1748).
5. John M. Keynes, *The General Theory of Employment, Interest, and Money* (London: MacMillan, 1936), p. 156.
6. Peter L. Bernstein, *Against the Gods: The Remarkable Story of Risk* (New York: John Wiley & Sons, 1996).
7. De La Vega, p. 341–350.
8. Rosemarie Nagel, "Unraveling in Guessing Games: An Experimental Study," *American Economic Review* 85 (5), (1995), pp 1313–1326.
9. A. Bosch-Domenech, J. G. Montalvo, R. Nagel, and A. Satorra, "One, Two, (Three), Infinity ... : Newspaper and Lab Beauty-Contest Experiments," *American Economic Review* 92 (5), (December 2002), pp. 1687–1701.

10. Muriel Niederle, "A Variety of 'Beauty Contest' Games." Adapted from slides originally prepared by Rosemarie Nagel at UPF-ICREA 2009. Retrieved May 20, 2015, from http://web.stanford.edu/~niederle/GuessingGames.pdf.
11. http://www.timgroup.com/.
12. Bruguier, A. J., Quartz, S. R., & Bossaerts, P., "Exploring the Nature of 'Trader Intuition.'" *The Journal of Finance*, 65(5) 2010, 1703–1723.
13. Online Etymology Dictionary, "emotion," http://www.etymonline.com/index.php?term=emotion.
14. V. Prabhakaran, B. Rypma, and J. D. Gabrieli, "Neural Substrates of Mathematical Reasoning: A Functional Magnetic Resonance Imaging Study of Neocortical Activation During Performance of the Necessary Arithmetic Operations Test," *Neuropsychology* 15 (1) (January 2001), 115–127.
15. R. J. Davidson, D. C. Jackson, and N. H. Kalin, "Emotion, Plasticity, Context, and Regulation: Perspectives from Affective Neuroscience," *Psychological Bulletin* 126 (2000), p. 890.
16. H. Spencer, *Principles of Psychology* (New York: Appleton Press, 1880).
17. Alan Hampton, Peter Bossaerts, and John O'Doherty, "Neural Correlates of Mentalizing-Related Computations During Strategic Interactions in Humans," *Proceedings of the National Academy of Sciences of the United States of America*, Ed. by Edward E. Smith, Columbia University, New York, and approved February 20, 2008 (received for review November 22, 2007).

第2章

1. John M. Keynes, *The General Theory of Employment, Interest and Money* (London: Macmillan, 1936), pp. 161–162.
2. David Chambers, Elroy Dimson, and Justin Foo, "Keynes the Stock Market Investor: A Quantitative Analysis," forthcoming, *Journal of Financial and Quantitative Analysis* (JFQA) (2013).
3. J. Engelberg and C. Parsons. 2011."The Causal Impact of Media in Financial Markets," *Journal of Finance*. 66(1), 67–97. Available at SSRN: http://ssrn.com/abstract=1462416 or http://dx.doi.org/10.2139/ssrn.1462416.
4. J. Engelberg, C. Sasseville, and J. Williams, "Market Madness? The Case of Mad Money." Available at *SSRN* (2010): http://ssrn.com/abstract=870498 or http://dx.doi.org/10.2139/ssrn.870498.
5. J. S. Lerner and D. Keltner, "Beyond Valence: Toward a Model of Emotion-Specific Influences on Judgment and Choice," *Cognition and Emotion* 14 (2000), 473–493.
6. G. Loewenstein and J. S. Lerner, "The Role of Affect in Decision Making." In R. Davidson, H. Goldsmith, and K. Scherer (eds.), *Handbook of Affective Science* (Oxford: Oxford University Press, 2003), 619–642.
7. 同上., p. 636.
8. P. Tetlock, "Giving Content to Investor Sentiment: The Role of Media in the Stock Market," *The Journal of Finance* 62(3) (2007).

9. J. T. Trujillo, B. Knutson, M. P. Paulus, and P. Winkielman, *Taking Gambles at Face Value: Effects of Emotional Expressions on Risky Decisions*. Manuscript under review.
10. Alexander Genevsky and Brian Knutson, "Neural Affective Mechanisms Predict Market-Level Microlending," *Psychological Science* (2015).
11. Malmendier, U. and Nagel, S., 2011, "Depression Babies: Do Macroeconomic Experiences Affect Risk-Taking?" *Quarterly Journal of Economics* 126(1), 373–416.
12. Kuhnen, C. M., "Asymmetric Learning from Financial Information," *Journal of Finance*, 70 (5) 2015, 2029–2062.
13. S. Asur and B. Huberman, "Predicting the Future with SocialMedia," *Web Intelligence and Intelligent Agent Technology* 1 (2010), 492–499.
14. Mao, H., Counts, S., and Bollen, J. (2015). Quantifying the effects of online bullishness on international financial markets. In ECB Workshop on Using Big Data for Forecasting and Statistics, Frankfurt, Germany.
15. J. A. Russell, "A Circumplex Model of Affect," *Journal of Personality and Social Psychology* 39(6), (1980), 1161–1178.
16. R. M. Yerkes and J. D. Dodson, "The Relation of Strength of Stimulus to Rapidity of Habit-Formation," *Journal of Comparative Neurology and Psychology* 18 (1908), 459–482.
17. D. M. Diamond, A. M. Campbell, C. R. Park, J. Halonen, and P. R. Zoladz, "The Temporal Dynamics Model of Emotional Memory Processing: A Synthesis on the Neurobiological Basis of Stress-Induced Amnesia, Flashbulb and Traumatic Memories, and the Yerkes-Dodson Law," *Neural Plasticity* (2007).
18. L. Schwabe and O. T. Wolf, "Stress Prompts Habit Behavior in Humans," *The Journal of Neuroscience* 3 (29), (2009), 7191–7198.
19. D. Hirschleifer and A. Subrahmanyam, "Investor Psychology and Security Under- and Overreactions." *Journal of Finance* 53(6), (1999), 1839–1885.
20. P. Winkielman, B. Knutson, M. Paulus, and J. Trujillo, "Affective Influence on Judgments and Decisions: Moving Towards Core Mechanism," *Review of General Psychology* 11(2), (2007), 179–192.
21. P. Winkielman, K. C. Berridge, and J. L. Wilbarger. "Unconscious Affective Reactions to Masked Happy versus Angry Faces Influence Consumption Behavior and Judgments of Value," *Personality and Social Psychology Bulletin* 31(1), (2005), 121–135.
22. J. S. Lerner, D. A. Small, and G. Loewenstein, "Heart Strings and Purse Strings: Carry-over Effects of Emotions on Economic Transactions," *Psychological Science* 15 (2004), 337–341.
23. J. S. Lerner and D. Keltner, "Fear, Anger, and Risk," *Journal of Personality and Social Psychology* 81 (2001), 146–159.
24. Lerner, Small, and Loewenstein, 337–341.
25. Lerner and Keltner, pp. 146–159.
26. Hirschleifer and Subrahmanyam, pp. 1839–1885.
27. Lerner, Small, and Loewenstein, 337–341.

第3章

1. "UPDATE 3—Greek Parliament Backs Tough Austerity Bill," Reuters. May 6, 2010, 19:00 PM GMT.
2. SEC, "Preliminary Findings Regarding the Market Events of May 6, 2010." Report of the Staffs of the CFTC and SEC to the Joint Advisory Committee on Emerging Regulatory Issues. May 18, 2010. Downloaded May 20, 2015, from: https://www.sec.gov/sec-cftc-prelimreport.pdf.
3. SEC, "Findings Regarding the Market Events of May 6, 2010." Report of the Staffs of the CFTC and SEC to the joint advisory committee on emerging regulatory issues. Downloaded May 20, 2015, from: https://www.sec.gov/news/studies/2010/marketevents-report.pdf.
4. 同上.
5. 同上.
6. Mark Buchanan, "Flash-Crash Story Looks More Like a Fairy Tale," Bloomberg, May 7, 2012. http://www.bloomberg.com/news/articles/2012-05-07/flash-crash-story-looks-more-like-a-fairy-tale.
7. Matt Levine, "Guy Trading at Home Caused the Flash Crash," Bloomberg, April 21, 2015. Downloaded from http://www.bloombergview.com/articles/2015-04-21/guy-trading-at-home-caused-the-flash-crash.
8. U.S. District Court of Northern Illinois, *U.S. Commodity Futures Commission vs. Nav Sarao Futures Limited PLC and Navinder Singh Sarao,* April 17, 2015, http://www.cftc.gov/ucm/groups/public/@lrenforcementactions/documents/legalpleading/enfsaraocomplaint041715.pdf.
9. Sun, L., Najand, M., and Shen, J. (2015). "Stock Return Predictability and Investor Sentiment: A High-Frequency Perspective." Available at SSRN.
10. J. S. Lerner and D. Keltner. "Fear, Anger, and Risk," *Journal of Personality and Social Psychology* 81 (2001), 146–159.
11. Underlying cause of death is defined as "the disease or injury which initiated the train of morbid events leading directly to death, or the circumstances of the accident or violence which produced the fatal injury" in accordance with the rules of the International Classification of Diseases. Retrieved July 20, 2015, from the World Health Organization: http://www.who.int/healthinfo/cod/en/.
12. Daniel Kahneman, *Thinking, Fast and Slow* (New York: Farrar, Straus and Giroux, 2011).
13. Michael Mauboussin, *More Than You Know* (New York: Columbia University Press, 2006).
14. 同上.
15. Andrew Wen-Chuan, Lo, ed. *Market Efficiency: Stock Market Behaviour in Theory and Practice*, Vol. 3 (Cheltenham, UK: Edward Elgar Publishing, 1997).
16. Barberis, N., Shleifer, A., and Vishny, R. (1998). A Model of Investor Sentiment. *Journal of Financial Economics*, 49(3), 307–343.
17. Kuhnen, C. M. (2014). "Asymmetric learning from financial information." Journal of Finance, 70 (5): 2029–2062, October 2015.
18. Hersh Shefrin, *Beyond Greed and Fear: Understanding Behavioral Finance and the Psychology of Investing* (Oxford: Oxford University Press, 2000).

19. Baker, M. and J.Wurgler, "Investor Sentiment and the Cross-Section of Stock Returns," *The Journal of Finance* 61(4), (2006), 1645–1680.
20. Tetlock, P. "Giving Content to Investor Sentiment: The Role of Media in the Stock Market." *The Journal of Finance* 62(3), (2007), 1139–1168.
21. Baker and Wurgler, 1645–1680.
22. L. Fang and J. Peress, "Media Coverage and the Cross-section of Stock Returns," *The Journal of Finance* 64(5), (2009), 2023–2052.
23. Yu Yuan, "Market-Wide Attention, Trading, and Stock Returns," *Journal of Financial Economics* 116(3), (2015): 548–564.
24. Diego Garcia, "Sentiment during Recessions," *Journal of Finance* 68(3) (2013), 1267–1300.
25. Dov Fischer, "Investor Underreaction to Earnings Surprises and Overreaction to Product News in the Drug Industry," *Journal of Business and Economic Studies* 18(2) (2012), 82.
26. Darwin Choi and Sam K. Hui, "The Role of Surprise: Understanding Overreaction and Underreaction to Unanticipated Events Using In-Play Soccer Betting Market," *Journal of Economic Behavior & Organization* 107 (2014), 614–629.
27. Tetlock, Paul C. "All the News That's Fit to Reprint: Do Investors React to Stale Information?" *Review of Financial Studies* 24(5) (2011), 1481–1512.
28. Robert J. Shiller. *Irrational Exuberance* (Prineton, NJ: Princeton University Press, 2015)., pp. 121–122.
29. Mihaly Csikszentmihalyi, "Flow, the Secret to Happiness," TED (February 2004), http://www.ted.com/talks/mihaly_csikszentmihalyi_on_flow?language=en.
30. Paul Andreassen, "Judgmental Extrapolation and Market Overreaction: On the Use and Disuse of News," *Journal of Behavioral Decision Making* 3 (1990), 153–174.
31. Nicky J. Ferguson, "Investor Information Processing and Trading Volume," *Asia-Pacific Journal of Financial Studies* 44(2) (2015): 322–351.
32. Michal Dzielinski, "Abnormal News Volume and Underreaction to Soft Information." In Eds. Gautam Mitra and Xiang Yu, *Handbook of Sentiment Analysis in Finance*. In Press.
33. Zhi Da, Joseph Engelberg, and Pengjie Gao, "In Search of Attention," *The Journal of Finance* 66(5) (2011), 1461–1499.
34. Fang Xianming Yu Jiang and Zhijun Qian, "The Effects of Individual Investors' Attention on Stock Returns: Evidence from the ChiNext Market," *Emerging Markets Finance and Trade* 50(3), (2014), pp. 158–168.
35. Roger G. Ibbotson and Thomas M. Idzorek, "Dimensions of Popularity," *Journal of Portfolio Management* 40(5) (2014), 68–74.
36. Martin Greenberger, "Designing Organizations for an Information-Rich World," *Computers, Communication, and the Public Interest* (Baltimore, MD: The Johns Hopkins Press, 1971), 40–41.
37. M. Cooper, H. Gulen, and P. R. Rau, "Changing Names with Style: Mutual Find Name Changes and Their Effects on Fund Flows." *Journal of Finance* 60(6) (December 2005), 2825–2858.

38. Alex Head, Gary Smith, and Julia Wilson, "Would a Stock by Any Other Ticker Smell as Sweet?" *Quarterly Review of Economics and Finance* 49(2) (2009), 551–561.
39. J. Valentino, "Does Stock by Any Other Name Smell as Sweet?" *Wall Street Journal* (September 28, 2006), p. C1.
40. A. A. Alter and D. M. Oppenheimer, "Predicting Short-Term Stock Fluctuations by Using Processing Fluency," *Proceedings of the National Academy of Sciences* 103: 9369–9372 (published online before print June 5 2006, 10.1073/pnas.0601071103).
41. 同上.
42. Jeffrey A. Busse and T. Clifton Green, "Market Efficiency in Real Time," *Journal of Financial Economics* 65(3), (2002), 415–437.
43. Joseph Engelberg, Caroline Sasseville, and Jared Williams, "Market Madness? The Case of Mad Money," *Management Science* 58(2) (2012), 351–364.
44. Asher Curtis, Vernon J. Richardson, and Roy Schmardebeck, "Investor Attention and the Pricing of Earnings News," available at SSRN 2467243 (2014).
45. Barbara A. Bliss and Biljana Nikolic, "The Value of Crowdsourcing: Evidence from Earnings Forecasts," available at SSRN 2579402 (2015).
46. Brad M. Barber and Terrence Odean, "All that Glitters: The Effect of Attention and News on the Buying Behaviour of Individual and Institutional Investors," *Review of Financial Studies* 21(2), (2008), 785–818.
47. David, Hirshleifer, James N. Myers, Linda A. Myers, and Siew Hong Teoh, *Do Individual Investors Drive Post-Earnings Announcement Drift?* (Columbus: Ohio State University, 2002).
48. Yu Yuan, "Market-Wide Attention, Trading, and Stock Returns," *Journal of Financial Economics* 116(3), (2015), 548–564.
49. Brad M. Barber and Terrence Odean, "All that Glitters: The Effect of Attention and News on the Buying Behaviour of Individual and Institutional Investors," *Review of Financial Studies* 21(2), (2008), 785–818.

第4章

1. Lewis Jones, "The News from Waterloo: The Race to Tell Britain of Wellington's Victory by Brian Cathcart, review," *The Daily Telegraph* (29 April 2015).
2. Victor Gray and Melanie Aspey, "Rothschild, Nathan Mayer (1777–1836)," *Oxford Dictionary of National Biography* (Oxford: Oxford University Press, September 2004); online edition, May 2006. Retrieved 21 May 2007.
3. Frederic Morton, *The Rothschilds: A Family Portrait* (London: Secker & Warburg, 1962), pp. 53–54.
4. John Reeves, *The Rothschilds, Financial Rulers of the Nations* (1887), p. 167.
5. Niall Ferguson, *The Ascent of Money: A Financial History of the World* (London 2008), p. 78.
6. Jerry A. Dicolo and Geoffrey Rogow, "Gas Market Stung by Rapid Traders," *Wall Street Journal* (Oct. 16, 2012). Retrieved May 5, 2015, from: http://www.wsj.com/articles/SB10000872396390444657804578053153939092668.

7. Richard Evans, "How to Invest Like ... George Soros," *The Telegraph* (April 8, 2014). Downloaded from: http://www.telegraph.co.uk/finance/personalfinance/investing/10749558/How-to-invest-like-...-George-Soros.html.
8. Evans.
9. A. Edmans, D. Garcia, and O. Norli, "Sports Sentiment and Stock Returns," *Journal of Finance* 62 (2007),1967–1998.
10. M. Persinger and B. F. Levesque, "Geophysical Variables and Behavior: Xii: The Weather Matrix Accommodates Large Portions of Variance of Measured Daily Mood," *Perceptual and Motor Skills* 57 (1983), pp. 868–870.
11. D. Hirshleifer and T. Shumway, "Good Day Sunshine: Stock Returns and the Weather," *Journal of Finance* 58 (3), (June 2003), pp. 1009–1032.
12. P. Limpaphayom, P. Locke, and P. Sarajoti, "Gone with the Wind: Chicago Weather and Futures Trading." 2005 FMA Annual Meeting conference paper. www.fma.org/Chicago/Papers/gloom doom weather futures trading.pdf.
13. M. Kamstra, L. Kramer, and M. Levi, "Winter Blues: A SAD Stock Market Cycle," *American Economic Review* 93(1), (March 2003), pp. 324–343.
14. A. Krivelyova and C. Robotti, "Playing the Field: Geomagnetic Storms and the Stock Market." 2003 Working paper, Federal Reserve Bank of Atlanta.
15. Kamstra, M. J., Kramer, L. A., and Levi, M. D. (2002). "Losing Sleep at the Market: The Daylight Saving Anomaly: Reply." *American Economic Review*, 1257–1263.
16. K. Z. Yuan, L. Zheng, and Q. Zhu, "Are Investors Moonstruck? Lunar Phases and Stock Returns," September 5, 2001. http://ssrn.com/abstract=283156 or http://dx.doi.org/10.2139/ssrn.283156.
17. Question A4. Surveys of Consumers, Questionnaire. The University of Michigan Survey Research Center Institute for Social Research. Retrieved November 12, 2015 from: https://data.sca.isr.umich.edu/fetchdoc.php?docid=24776.
18. Baker, Malcolm, and Jeffrey Wurgler. "Investor Sentiment and the Cross-Section of Stock Returns." *The Journal of Finance* 61, no. 4 (2006), 1645–1680.
19. Hersh Shefrin, "Investors' Judgments, Asset Pricing Factors and Sentiment," *European Financial Management* 21(2) (March 2015), pp. 205–227. Available at SSRN: http://ssrn.com/abstract=2577046 or http://dx.doi.org/10.1111/eufm.12059.
20. Yul W. Lee and Zhiyi Song, "When Do Value Stocks Outperform Growth Stocks?" *Investor Sentiment and Equity Style Rotation Strategies* (January 2003). EFMA 2003 Helinski Meetings. Available at SSRN: http://ssrn.com/abstract=410185 or http://dx.doi.org/10.2139/ssrn.410185.
21. Durand, Robert B., Dominic Lim, and J. Kenton Zumwalt, "Fear and the Fama-French Factors," *Financial Management* 40(2), (2011), pp. 409–426.
22. Devraj Basu and Oomen, C. A. Roel, and Alexander Stremme. "How to Time the Commodity Market," *Journal of Derivatives & Hedge Funds* 16(1), (June 1, 2006), pp. 1–8. Available at SSRN: http://ssrn.com/abstract=910907 or http://dx.doi.org/10.2139/ssrn.910907.
23. Patrick Houlihan and Germán G. Creamer. "Can Social Media and the Options Market Predict the Stock Market Behavior?" In *Proceedings of the 21st International Conference on Computing in Economics and Finance*, Taipei,

June 2015. Available at SSRN: http://ssrn.com/abstract=2611210 or http://dx.doi.org/10.2139/ssrn.2611210.

24. R. Clarke and M. Statman. "Bullish or Bearish?" *Financial Analysts Journal* (May/June. 1998).
25. K. Fisher and M. Statman. "Investor Sentiment and Stock Returns." *Financial Analysts Journal* (March/April2000).
26. 同上.
27. Fisher and Statman, pp. 10–21.
28. M. Lemon and E. Portniaguina, "Consume Confidence and Asset Prices: Some Empirical Evidence," *Review of Financial Studies* 19 (2006), pp. 1499–1529.
29. X. Gao, J. Yu, and Y. Yuan, 2010. "Investor Sentiment and Idiosyncratic Volatility Puzzle." Unpublished Working Paper, University of Hong Kong.
30. Robert F. Stambaugh, Yu Jianfeng, and Yu Yuan, "The Short of It: Investor Sentiment and Anomalies," *Journal of Financial Economics* 104(2), (2012), pp. 288–302.
31. M. Baker and J. Wurgler, "Comovement and Predictability Relationships Between Bonds and the Cross-section of Stocks," *Review of Asset Pricing Studies*, 2(1), (2012), pp. 57–87.
32. M. Deppe, W. Schwindt, J. Kramer, et al. "Evidence for a Neural Correlate of a Framing Effect: Bias-Specific Activity in the Ventromedial Prefrontal Cortex during Credibility Judgments," *Brain Research Bulletin* 67(5), (November 15, 2005): 413–421 (Epub July 25, 2005).
33. John Kay, "Enduring Lessons from the Legend of Rothschild's Carrier Pigeon," May 28, 2013, 5:58 p.m. Retrieved May 5, 2015, from http://www.ft.com/cms/s/0/255b75e0-c77d-11e2-be27-00144feab7de.html#ixzz3S9QOSemU.
34. Loughran, T., and McDonald, B. (2011). "When Is a Iiability Not a Liability? Textual Analysis, Dictionaries, and 10-Ks." *The Journal of Finance*, 66(1), 35–65.

第5章

1. W. Bonner, "Goldman Sachs Fund Loses 30% Percent, Wall Street Math Fails to Predict Future," *The Daily Reckoning* (August 16, 2007). www.dailyreckoning.com.au/wall-street-math/2007/08/16/.
2. K. Dowd, J. Cotter, C. Humphrey, and M. Woods, "How Unlucky Is 25-sigma?" (Nottingham, UK: Nottingham University Business School, March 24, 2008). www.ucd.ie/bankingfinance/docs/wp/WP-08-04.pdf.
3. Buttonwood. "What's Wrong with Finance," *The Economist* (May 1, 2015). Downloaded August 10, 2015 from: http://www.economist.com/blogs/buttonwood/2015/05/finance-and-economics.
4. 同上.
5. "Demystifying Big Data." IBM. Downloaded August 10, 2015, from: http://www-01.ibm.com/software/data/demystifying-big-data/.
6. C. R. Harvey and Y. Liu, "Evaluating Trading Strategies" (August 25, 2014). 2014b. Available at SSRN: http://ssrn.com/abstract=2474755 or http://dx.doi.org/10.2139/ssrn.2474755.

7. J. P. Ioannidis, "Why Most Published Research Findings Are False," *PLoS Medicine* 2, e124 (2005), pp. 694–701.
8. M. López de Prado, "What to Look for in a Backtest," Working paper, Lawrence Berkeley National Laboratory, 2013, http://papers.ssrn.com/sol3/papers.cfm?abstract_id=2308682.
9. Harvey and Liu, "Evaluating Trading Strategies."
10. C. R. Harvey and Y. Liu, "Backtesting," Working paper, Duke University, 2014a. Available at http://papers.ssrn.com/sol3/papers.cfm?abstract_id=2345489.
11. David H. Bailey, Jonathan M. Borwein, Marcos Lopez de Prado, and Qiji Jim Zhu, "The Probability of Backtest Overfitting," *Journal of Computational Finance* (Risk Journals), (February 27, 2015). Available at SSRN: http://ssrn.com/abstract=2326253.
12. Harvey and Liu, "Backtesting."
13. Michael W. Covel, *Trading the Trend (Collection)* (FT Press, 2012), pp. 272.
14. Attributed to von Neumann by Enrico Fermi, as quoted by Freeman Dyson in "A Meeting with Enrico Fermi" in *Nature* 427 (22 January 2004), p. 297.
15. Justine Underhill, "Nassim Taleb: World Is Not More Peaceful," Yahoo Finance (May 19, 2015). http://finance.yahoo.com/news/nassim-taleb-on-the-black-swans-of-war-194841536.html.
16. Buttonwood. "What's Wrong with Finance," *Economist* (May 1, 2015). http://www.economist.com/blogs/buttonwood/2015/05/finance-and-economics.
17. Yongchang Feng, Rong Chen, and G. W. Basset, "Quantile Momentum," *Statistics and Its Interface* 1 (2008), pp. 243–254. Retrieved May 20, 2015, from: http://stat.rutgers.edu/home/rongchen/publications/08SII_Q_MoM.pdf.
18. http://cran.r-project.org/web/packages/arules/vignettes/arules.pdf.
19. Mebane T. Faber, "A Quantitative Approach to Tactical Asset Allocation," *Journal of Wealth Management* (Spring 2007). Available at SSRN: http://ssrn.com/abstract=962461.

第6章

1. "Munehisa Homma—Father of Japanese Candlesticks." December 12, 2013. http://www.mutiara-damansara.com/news/homma-munehisa-father-of-japanese-candlesticks.
2. Nial Fuller, "The 'Most Successful' Price Action Trader in History: Munehisa Homma." Downloaded from: www.learntotradethemarket.com/forex-articles/most-successful-price-action-trader-in-history-munehisa-homma#sthash.DFORwuoy.dpuf.
3. "Munehisa Homma—Father of Japanese Candlesticks."
4. A. W. Lo and J. Hasanhodzic, *The Evolution of Technical Analysis: Financial Prediction from Babylonian Tablets to Bloomberg Terminals,* Vol. 139. (Hoboken, NJ: John Wiley & Sons, 2011), p. 11.
5. 同上., p. 46.
6. Jennifer Ablan, "Snipers, Sniffers, Guerillas: The Algo-Trading War," Reuters (May 31, 2007). Downloaded May 20, 2015 from: http://www

.reuters.com/article/2007/05/31/businesspro-usa-algorithm-strategies-dc-idUSN3040797620070531.
7. "REFILE—Thomson Reuters suspends early distribution of consumer data" (July 8, 2013). Retrieved on May 7, 2015, from http://www.reuters.com/article/2013/07/08/thomsonreuters-consumerdata-idUSL1N0FE04S20130708.
8. Seth Stevenson, "The Wolf of Wall Tweet," Slate.com (April 20, 2015). Downloaded from: http://www.slate.com/articles/business/moneybox/2015/04/bot_makes_2_4_million_reading_twitter_meet_the_guy_it_cost_a_fortune.html.
9. Saqib Iqbal Ahmed, "Tweet on Altera-Intel Talks Came After Options Trades," Reuters (April 6, 2015). Downloaded from: http://www.reuters.com/article/2015/04/06/us-altera-options-idUSKBN0MX1BJ20150406.
10. Stevenson.
11. 同上.
12. Shira Ovide, "False AP Twitter Message Sparks Stock-Market Selloff," *Wall Street Journal* (April 23, 2013).
13. Casey Dougal, Joseph Engelberg, Diego Garcia, and Christopher A. Parsons, "Journalists and the Stock Market," *Review of Financial Studies* (2012), p. hhr133.
14. Events Restricted to First News Alert per RIC per Day.
15. Jean Eaglesham, "U.S. Probes Rating-Cut Trades: Regulators Subpoena Hedge Funds, Others Over Actions Ahead of S&P Downgrade," *Wall Street Journal* (September 20, 2011).
16. Alexander Michaelides, Andreas Milidonis, George P. Nishiotis, and Panayiotis Papakyriakou, "The Adverse Effects of Systematic Leakage Ahead of Official Sovereign Debt Rating Announcements," *Journal of Financial Economics* 116(3) (2015), pp. 526–547.
17. Sun, L., Najand, M., & Shen, J. (2015). "Stock Return Predictability and Investor Sentiment: A High-Frequency Perspective." Available at SSRN.
18. "Facebook's 'Gross National Happiness Index' Measures How Happy We Are," HuffPost (March 18, 2010).
19. Yigitcan Karabulut, "Can Facebook Predict Stock Market Activity?" Received via personal communication with author, May 20, 2105.
20. Werner Antweiler and Murray Z. Frank, "Is All That Talk Just Noise? The Information Content of Internet Stock Message Boards," *Journal of Finance* 59(3) (2004), pp. 1259–1294.
21. E. Gilbert and K. Karahalios, "Widespread Worry and the Stock Market." *4th International AAAI Conference on Weblogs and Social Media (ICWSM)*, 2010.
22. Zhi Da, Joseph Engelberg, and Pengjie Gao, "The Sum of All FEARS Investor Sentiment and Asset Prices," *Review of Financial Studies* 28(1) (2015), pp. 1–32.
23. X. Zhang, H. Fuehres, and P. Gloor, "Predicting Stock Market Indicators Through Twitter: I Hope It Is Not as Bad as I Fear," *Procedia—Social and Behavioral Sciences* 26 (2011), pp. 55–62.
24. J. Bollen, H. Mao, and X. Zeng. "Twitter Mood Predicts the Stock Market," *Journal of Computational Science*, 2 (1) (2011), pp. 1–8.

25. J. Forbergskog and C. Blom, "Twitter and Stock Returns" (2013). Retrieved from http://brage.bibsys.no/xmlui/handle/11250/94935.
26. 同上.
27. H. Sul, A. Dennis, and L. Yuan, "Trading on Twitter: The Financial Information Content of Emotion in Social Media," *System Sciences* (2014), pp. 806–815.
28. Xueming Luo, Jie Zhang, and Wenjing Duan, "Social Media and Firm Equity Value," *Information Systems Research* 24(1) (2013), pp. 146–163.
29. Yang Yu, Wenjing Duan, and Qing Cao, "The Impact of Social and Conventional Media on Firm Equity Value: A Sentiment Analysis Approach," *Decision Support Systems* 55(4) (2013), pp. 919–926.

第7章

1. David Kesmodel and John Wilke, "Whole Foods Is Hot, Wild Oats a Dud—So Said 'Rahodeb,'" *Wall Street Journal* (July 12, 2007). Downloaded May 20, 2015, from http://www.wsj.com/articles/SB118418782959963745.
2. 同上.
3. 同上.
4. 同上.
5. Retrieved May 20, 2015, from: http://online.wsj.com/public/resources/documents/mackey-ftc-07112007.pdf.
6. Jack D. Schwager, *Market Wizards: Interviews with Top Traders* (Hoboken, NJ: John Wiley & Sons, 2012).
7. Mark S. Seasholes and Guojun Wu, "Predictable Behavior, Profits, and Attention," *Journal of Empirical Finance* 14(5) (2007), pp. 590–610.
8. Y. Amihud and H. Mendelson, "Trading Mechanisms and Stock Returns: Empirical Investigation," *Journal of Finance* 42(3)(1987), pp. 533–553.
9. A. Atkins and E. Dyl, "Price Reversals, Bid–Ask Spreads, and Market Efficiency," *Journal of Financial and Quantitative Analysis* 25 (1990), pp. 535–547.
10. T. J. George and C. Y. Hwang, "Transitory Price Changes and Price-Limit Rules: Evidence from the Tokyo Stock Exchange," *Journal of Financial and Quantitative Analysis* 30 (1995), pp. 313–327.
11. Seasholes and Guojun, pp. 590–610.

第8章

1. David Blaine, "The Future of Magic," The World in 2015, an *Economist* Magazine Supplement (November 18, 2014).
2. http://www.ted.com/talks/david_blaine_how_i_held_my_breath_for_17_min?language=en.
3. Gustav Kuhn, "Cognitive Illusions," *New Horizons in the Neuroscience of Consciousness* 79 (2010), p. 139.
4. Anthony S. Barnhart and Stephen D. Goldinger, "Blinded by Magic: Eye-Movements Reveal the Misdirection of Attention," *Frontiers in Psychology* 5 (2014).

5. http://www.livescience.com/1138-study-reveals-magic-works.html.
6. Blaine.
7. An explanation of that trick is on Wikipedia: http://en.wikipedia.org/wiki/Sawing_a_woman_in_half.
8. Teller, "Teller Reveals His Secrets," *Smithsonian Magazine* (2012), http://www.smithsonianmag.com/arts-culture/teller-reveals-his-secrets-100744801/?all&no-ist
9. Joseph De La Vega, *Confusion De Confusiones*, 1688. (Paragraph 69, translated and excerpted from: Corzo, Teresa, Margarita Prat, and Esther Vaquero, "Behavioral Finance in Joseph de la Vega's Confusion de Confusiones," *Journal of Behavioral Finance* 15(4), (2014), pp. 341–350.
10. B. Lehmann, "Fads, Martingales, and Market Efficiency," *Quarterly Journal of Economics* 1(55), (February 1990), pp. 1–28.
11. 同上.
12. 同上.
13. J. Bradford De Long, Andrei Shleifer, Lawrence H. Summers, and Robert J. Waldmann, "Noise Trader Risk in Financial Markets," *Journal of Political Economy* (1990), pp. 703–738.
14. P. C. Tetlock, "Giving Content to Investor Sentiment: The Role of Media in the Stock Market," *Journal of Finance* 62(3), (2007), pp. 1139–1168.
15. P. C. Tetlock, "All the News That's Fit to Reprint: Do Investors React to Stale Information?" *Review of Financial Studies* 24(5), (2011), pp. 1481–1512.
16. C. J. Lee and E. B. Andrade, "Fear, Excitement, and Financial Risk-Taking," *Cognition and Emotion* 29(1), (2015), pp. 178–187.
17. Adriana Breaban and Charles N. Noussair, "Emotional State and Market Behavior" (June 10, 2013). CentER Discussion Paper Series No. 2013-031. Available at SSRN: http://ssrn.com/abstract=2276905 or http://dx.doi.org/10.2139/ssrn.2276905.
18. Andrade, E. B., Odean, T., and Lin, S. (2015). Bubbling with Excitement: An Experiment, *Review of Finance*, rfv016.
19. D. Hirschleifer and A. Subrahmanyam, "Investor Psychology and Security Under- and Overreactions," *Journal of Finance* 53(6), (1999), pp. 1839–1885.
20. Blaine.
21. Barnhart and Goldinger.
22. Blaine.

第9章

1. Warren Buffett, "Buy American. I Am," *New York Times* (October 16, 2008).
2. Yuval Rottenstreich and Christopher K. Hsee, "Money, Kisses, and Electric Shocks: On the Affective Psychology of Risk," *Psychological Science* 12(3) (2001), pp. 185–190.
3. Cass R. Sunstein and Richard Zeckhauser, Chapter 14: "Dreadful Possibilities, Neglected Probabilities." From *The Irrational Economist: Making Decisions in a Dangerous World*, Michel-Kerjan Erwan and Paul Slovic (eds.) (New York:

Public Affairs Press, 2010), pp. 116–123.
4. Rottenstreich and Hsee, pp. 185–190.
5. 同上.
6. 同上.
7. Sunstein and Zeckhauser.
8. Tom Huddleston Jr., "Big Sell-off on Wall Street as Fears of Global Crises Weigh," *Fortune* (October 1, 2014). Downloaded May 20, 2015, from: http://fortune.com/2014/10/01/dow-jones-down-market-sell-off-october/.
9. Leisure and Entertainment ETF. https://www.marketpsych.com/c-v2/chart?feedty=CMPNY_GRP&ticker0=MPTRXPEJ+&startdate=04%2F20%2F2009&enddate=05%2F08%2F2009&topic=fear&price=candlestick&a=1.
10. Camelia M. Kuhnen and Joan Y. Chiao, "Genetic Determinants of Financial Risk Taking," *PloS One* 4(2) (2009), pp. e4362.
11. Camelia M. Kuhnen, Gregory R. Samanez-Larkin, and Brian Knutson, "Serotonergic Genotypes, Neuroticism, and Financial Choices," *PloS One* 8(1) (2013), pp. e54632.
12. Derek Harmon, "Federal Reserve Speech Structure and Market Uncertainty." Working paper. Obtained vis communication with the author on June 24, 2015.
13. Alexander Michaelides, Andreas Milidonis, George P. Nishiotis, and Panayiotis Papakyriakou, "The Adverse Effects of Systematic Leakage Ahead of Official Sovereign Debt Rating Announcements," *Journal of Financial Economics* 116(3) (2015), pp. 526–547.

第10章

1. "Wolf of Wall Street." (2013). Paramount Pictures.
2. Michael Lewis, "Jonathan Lebed's Extracurricular Activities," *New York Times* (February 25, 2001). Retrieved May 20, 2015, from: http://www.nytimes.com/2001/02/25/magazine/jonathan-lebed-s-extracurricular-activities.html.
3. Michael Moss, "The Extraordinary Science of Addictive Junk Food," *New York Times Magazine* (February 20, 2013).
4. Joseph De La Vega, 1688. *Confusion De Confusiones* (in *Portions Descriptive of the Amsterdam Stock Exchange*, ed. H. Kellenbenz, Boston, 1957, pp. 10 and 12).
5. Pui-Wing Tam, "Apple's Stock May Tumble after New Products Debut," *The Wall Street Journal* (January 3, 2002).
6. R. Peterson, "Buy on the Rumor and Sell on the News," Chapter 30 in *Risk Management* (Amsterdam: Elsevier Publishing, 2005).
7. FOOL'S SCHOOL DAILY Q&A. "Don't Buy on the Rumor." Retrieved May 20, 2015: http://www.fool.com/foolu/askfoolu/1999/askfoolu990901.htm.
8. Pui-Wing Tam, "Apple's Stock May Tumble after New Products Debut," *The Wall Street Journal* (January 3, 2002).
9. Peterson, pp. 218–226.
10. F. Cornelli, D. Goldreich, and A. Ljungqvist, "Investor Sentiment and Pre-IPO Markets," *Journal of Finance* 61 (2006), pp. 1187–1216.

11. Zhi Da, Joseph Engelberg, and Pengjie Gao, "In Search of Attention," *Journal of Finance* 66(5) (2011), pp. 1461–1499.
12. Jim Kyung-Soo Liew and Garrett Zhengyuan Wang, "Twitter Sentiment and IPO Performance: A Cross-Sectional Examination" (February 19, 2015). Available at SSRN: http://ssrn.com/abstract=2567295 or http://dx.doi.org/10.2139/ssrn.2567295.
13. B. Trueman, F. M. H. Wong, and X-J. Zhang, "Anomalous Stock Returns around Internet Firms' Earnings Announcements," *Journal of Accounting and Economics* 34(1) (January 2003), pp. 249–271.
14. Camelia M. Kuhnen and Brian Knutson, "The Neural Basis of Financial Risk Taking," *Neuron* 47(5) (2005), pp. 763–770.
15. Peterson, pp. 218–226.

第11章

1. "Were the Turtles Just Lucky? ... " Au.Tra.Sy blog (March 8, 2010). Downloaded from: http://www.automated-trading-system.com/Turtles-just-lucky/.
2. "Richard Dennis, Bill Eckhardt, and the Turtle Traders." RCM Alternatives (April 9, 2013). Retrieved from: http://www.attaincapital.com/alternative-investment-education/managed-futures-newsletter/investment-trading-education/510.
3. Russ Wermers, "Matter of Style: The Causes and Consequences of Style Drift in Institutional Portfolios." Available at SSRN 2024259 (2012).
4. "Tracking the Managed Futures Industry: Altegris 40 IndexSM," http://www.managedfutures.com/managed_futures_index.aspx.
5. Joseph De La Vega, 1688, *Confusion De Confusiones*. Paragraph 67, translated and excerpted from: Corzo, Teresa, Margarita Prat, and Esther Vaquero, "Behavioral Finance in Joseph de la Vega's Confusion de Confusiones," *Journal of Behavioral Finance* 15(4) (2014), pp. 341–350.
6. Narasimhan Jegadeesh and Sheridan Titman, "Returns to Buying Winners and Selling Losers: Implications for Stock Market Efficiency," *Journal of Finance* 48(1) (1993), pp. 65–91.
7. Roberto C. Gutierrez and Eric K. Kelley, "The Long-Lasting Momentum in Weekly Returns," *Journal of Finance* 63(1) (2008), pp. 415–447.
8. Wesley S. Chan, "Stock Price Reaction to News and No-News: Drift and Reversal after Headlines," *Journal of Financial Economics* 70(2) (2003), pp. 223–260.
9. Nitish Ranjan Sinha, "Underreaction to News in the U.S. Stock Market." Available at SSRN 1572614 (2010).
10. Jungshik Hur and Vivek Singh, "Reexamining Momentum Profits: Underreaction or Overreaction to Firm-Specific Information?" *Review of Quantitative Finance and Accounting* (2014), pp. 1–29.
11. Zhi Da, Joseph Engelberg, and Pengjie Gao, "In Search of Attention," *Journal of Finance* 66(5) (2011), pp. 1461–1499.
12. 同上.
13. Constantinos Antoniou, John A. Doukas, and Avanidhar Subrahmanyam, "Cog-

nitive Dissonance, Sentiment, and Momentum," *Journal of Financial and Quantitative Analysis* 48 (2013), pp 245–275. doi:10.1017/S0022109012000592.
14. 同上.
15. N. Seybert and H. I. Yang, "The Party's Over: The Role of Earnings Guidance in Resolving Sentiment-Driven Overvaluation," *Management Science* 58 (2012), pp. 308–319.
16. Fu Hsiao-Peng and Sheng-Hung Chen. "Investor Sentiment and Revenue Surprises: The Taiwanese Experience" (2013). Downloaded April 9, 2015, from: http://www.efmaefm.org/0EFMAMEETINGS/EFMA%20ANNUAL%20MEETINGS/2013-Reading/papers/EFMA2013_0505_fullpaper.pdf.
17. Clifford S. Asness, Tobias J. Moskowitz, and Lasse Heje Pedersen, "Value and Momentum Everywhere," *Journal of Finance* 68(3) (2013), pp. 929–985.
18. Hui Leong Chin, "3 Pieces of Useful Investing Advice for the Singapore Stock Market," Fool.com (June 25, 2015). https://www.fool.sg/2015/06/25/3-pieces-of-useful-investing-advice-for-the-singapore-stock-market/.
19. L. Festinger, *A Theory of Cognitive Dissonance* (Stanford, CA: Stanford University Press, 1957).
20. Russell Gold, "No End in Sight for Oil Glut: Crude-Price Plunge Is Deepening, Yet Producers Keep Pumping," *Wall Street Journal* (August 20, 2015).

第12章

1. Graham, B., and Zweig, J. (2003). *The Intelligent Investor: The Definitive Book on Value Investing*. New York: HarperBusiness Essentials, p. 42.
2. https://www.brandes.com/us/individuals/corporate-overview/about-brandes.
3. Richard Evans, "How to Invest Like … Benjamin Graham," *The Telegraph* (March 31, 2014). Downloaded from: http://www.telegraph.co.uk/finance/personalfinance/investing/10749558/How-to-invest-like-...-George-Soros.html.
4. Graham, B., and Zweig, J. (2003). *The Intelligent Investor: The Definitive Book on Value Investing*. New York: HarperBusiness Essentials. p. 18.
5. Benjamin Graham and David L. Dodd, *Security Analysis: Principles and Technique* (New York: McGraw-Hill, 1934).
6. "Berkshire Chairman's Letter to Shareholders, 1981." From *Benjamin Graham Lecture Number Four*, from the series titled "Current Problems in Security Analysis."
7. David. Dremen, *Psychology and the Stock Market: Why the Pros Go Wrong and How to Profit*. Warner Books: New York, 1977.
8. Edward Chancellor, *Devil Take the Hindmost: A History of Financial Speculation* (New York: Plume, 2000), pp. 57.
9. Werner F. M. DeBondt and Richard H. Thaler, "Further Evidence on Investor Overreaction and Stock Market Seasonality," *Journal of Finance* 42(3) (1987), pp. 557–581.
10. E. Fama and K. French, "The Cross-Section of Expected Stock Returns," *Journal of Finance* 47(2) (1992), pp. 427–465.

11. E. Dimson, S. Nagel, and G. Quigley, "Capturing the Value Premium in the UK 1955–2001," *Financial Analysts Journal* 59 (2003), pp. 35–45.
12. "Value vs. Glamour: A Global Phenomenon," *The Brandes Institute* (November 2012). Retrieved May 20, 2105, from http://www.brandes.com/docs/default-source/brandes-institute/value-vs-glamour-a-global-phenomenon.pdf.
13. T. E. Carlisle, *Deep Value: Why Activist Investors and Other Contrarians Battle for Control of Losing Corporations* (hardcover, 240 pages, Hoboken, NJ: Wiley Finance, 2014) and T. E. Carlisle and Wesley Gray, *Quantitative Value: A Practitioner's Guide to Automating Intelligent Investment and Eliminating Behavioral Errors* (hardcover, 288 pages, Hoboken, NJ: Wiley Finance, 2012).
14. Tim Loughran and Jay W. Wellman, "New Evidence on the Relation between the Enterprise Multiple and Average Stock Returns," *Journal of Financial and Quantitative Analysis* 46(6) (2012): 1629–1650.
15. http://mba.tuck.dartmouth.edu/pages/faculty/ken.french/Data_Library/det_port_form_ep.html.
16. For reference, over the January 1, 1999, through the June 30, 2015, period, an S&P 500 simulation using the index's constituents available in the Thomson Reuters Tick History database showed a 357 percent return, while the same sample intersected with the constituents available in the TRMI dataset demonstrated a 382 percent return, excluding dividends.
17. San-Lin Chung, Chi-Hsiou Hung, and Chung-Ying Yeh, "When Does Investor Sentiment Predict Stock Returns?" *Journal of Empirical Finance* 19(2) (2012), pp. 217–240.
18. Evans.
19. B. M. Barber and T. Odean, T. "All That Glitters: The Effect of Attention and News on the Buying Behaviour of Individual and Institutional Investors," *Review of Financial Studies* 21(2), (2008), pp. 785–818.
20. Warren Buffett, 2004 Berkshire Hathaway Shareholders Letter.
21. Evans.

第13章

1. Shira Ovide, "Groupon IPO: Growth Rate Is 2,241%," *Wall Street Journal*, June 2, 2011. Retrieved November 20, 2015, from: http://blogs.wsj.com/deals/2011/06/02/groupon-ipo-growth-rate-is-2241/7.
2. Herb Greenberg and Patti Domm, eds., "Greenberg: Worst CEO of 2012," *Market Insider* (CNBC) (December 18, 2012).
3. Michael J. de la Merced, "Remembering the Long, Strange Trip of Groupon's Now-Fired Chief," *The New York Times* (February 28, 2013).
4. J. S. Lerner and D. Keltner, "Fear, Anger, and Risk," *Journal of Personality and Social Psychology* 81 (2001), pp. 146–159.
5. J. S. Lerner, D. A. Small, and G. Loewenstein, "Heart Strings and Purse Strings: Carry-over Effects of Emotions on Economic Transactions," *Psychological Science* 15 (2004), pp. 337–341.
6. R. Fan, J. Zhao, Y. Chen, and K. Xu. 2014, "Anger Is More Influential Than

Joy: Sentiment Correlation in Weibo," *PLoS ONE* 9(10), p. e110184.
7. B. J. Bushman, "Does Venting Anger Feed or Extinguish the Flame? Catharsis, Rumination, Distraction, Anger, and Aggressive Responding," *Personality and Social Psychology Bulletin* 28(6) (June 2002), pp. 724–731.
8. Hajo Adam and Aiwa Shirako, "Not All Anger Is Created Equal: The Impact of the Expresser's Culture on the Social Effects of Anger in Negotiations," *Journal of Applied Psychology* 98(5) (2013), p. 785.
9. Robert J. Shiller. "Animal Spirits Depend on Trust: The Proposed Stimulus Isn't Big Enough to Restore Confidence," *Wall Street Journal* (January 27, 2009). Downloaded from: http://www.wsj.com/articles/SB123302080925418107.
10. Stephen EIisenhammer. "Petrobras Scandal Shakes Up Brazil's Presidential Race," *Reuters* (September 7, 2014). Retrieved May 20, 2015 from: http://www.reuters.com/article/2014/09/07/us-brazil-election-petrobras-idUSKBN0H20PZ20140907.
11. Wyre Davies, "The Real Losers in Brazil's Petrobras Scandal," *BBC* (April 23, 2015). Retrieved May 20, 2015, from: http://www.bbc.com/news/world-latin-america-32428954.
12. Jen Blount, "As Petrobras Scandal Spreads, Economic Toll Mounts for Brazil," *Reuters* (April 20, 2015). Downloaded May 20, 2015, from http://www.reuters.com/article/2015/04/20/us-brazil-petrobras-impact-idUSKBN0NB1QD20150420.
13. Paul. J. Zak and Stephen Knack, "Trust and Growth," *Economic Journal* 111(470) (2001), pp. 295–321.
14. Christian Bjørnskov, "How Does Social Trust Affect Economic Growth?" *Southern Economic Journal* 78(4) (2012), pp. 1346–1368.
15. 同上.
16. Robert J. Shiller, "Animal Spirits Depend on Trust: The Proposed Stimulus Isn't Big Enough to Restore Confidence," *Wall Street Journal* (January 27, 2009). Downloaded from: http://www.wsj.com/articles/SB123302080925418107.
17. "Libor Scandal Explained and What Rate-Rigging Means to You," *USA Today* (July 2012). Retrieved August 3, 2012.
18. Emiliano Ricciardi, Giuseppina Rota, Lorenzo Sani, Claudio Gentili, Anna Gaglianese, Mario Guazzelli, and Pietro Pietrini, "How the Brain Heals Emotional Wounds: The Functional Neuroanatomy of Forgiveness," *Frontiers in Human Neuroscience* 7 (2013).

第14章

1. Elbridge S. Brooks, "The True Story of Christopher Columbus: Called the Great Admiral" (1892). From: http://www.gutenberg.org/files/1488/1488-h/1488-h.htm#link2HCH0005.
2. Jessie Becker, "Netflix Introduces New Plans and Announces Price Changes," July 12, 2011. http://blog.netflix.com/2011/07/netflix-introduces-new-plans-and.html.
3. http://www.merriam-webster.com/dictionary/scapegoat.

4. C. I. Hovland and R. R. Sears, "Minor Studies of Aggression: VI. Correlation of Lynchings with Economic Indices," *Journal of Psychology: Interdisciplinary and Applied* 9 (1940), pp. 301–310.
5. See this Dilbert comic strip for a humorous example: http://dilbert.com/dyn/str_strip/000000000/00000000/0000000/000000/30000/5000/800/35831/35831.strip.gif.
6. Other examples include this poster: http://fridayfunfact.files.wordpress.com/2011/12/scapegoat.jpg.
7. Michael V. Copeland, "Reed Hastings: Leader of the Pack," *Fortune* (November 18, 2010). Downloaded May 20, 2015, from: http://fortune.com/2010/11/18/reed-hastings-leader-of-the-pack/.
8. James C. McElroy, "Leadership & Organization Development Journal Attribution Theory: A leadership Theory for Leaders," *Leadership & Organization Development Journal* 3(4) (1982), p. 413.
9. Ulrike Malmendier and Geoffrey Tate, "Superstar CEOs," *Quarterly Journal of Economics* 124(4) (November 1, 2009), pp. 1593–1638.
10. Joris Lammers, Diederik A. Stapel, and Adam D. Galinsky, "Power Increases Hypocrisy Moralizing in Reasoning, Immorality in Behavior," *Psychological Science* 21(5) (2010), pp. 737–744.
11. 同上.
12. B. J. Calder, "An Attribution Theory of Leadership," in B. M. Staw and G. R. Salancik (eds.), *New Directions in Organizational Behavior* (Chicago: St. Clair Press, 1977), p. 196.
13. "Warren Buffett: His Best Quotes," *The Telegraph* (February 14, 2013). Downloaded July 25, 2015, from: http://www.telegraph.co.uk/finance/newsbysector/banksandfinance/8381363/Warren-Buffett-his-best-quotes.html.
14. Bill Snyder, "Netflix Founder Reed Hastings: Make as Few Decisions as Possible: The CEO of Netflix Discusses What He's Learned While Redefining Movie-Watching," *Insights from Stanford Business* (November 3, 2014). Downloaded July 25, 2015, from: https://www.gsb.stanford.edu/insights/netflix-founder-reed-hastings-make-few-decisions-possible.

第15章

1. Alec Wilkinson, "What Would Jesus Bet? A Math Whiz Hones the Optimal Poker Strategy," *New Yorker Magazine* (March 30, 2009). http://www.newyorker.com/magazine/2009/03/30/what-would-jesus-bet.
2. 同上.
3. 同上.
4. 同上.
5. 同上.
6. Carrie Hojnicki, "The 22 Biggest Poker Players on Wall Street," *BusinessInsider* (July 10, 2012). Retrieved July 20, 2015, from: http://www.businessinsider.com/the-22-biggest-poker-players-on-wall-street-2012-7#carl-icahn-icahn-partners-9.

7. F. H. Knight, *Risk, Uncertainty, and Profit* (Boston: Hart, Schaffner & Marx, Houghton Mifflin Company, 1921).
8. Ming Hsu, Meghana Bhatt, Ralph Adolphs, Daniel Tranel, and Colin F. Camerer, "Neural Systems Responding to Degrees of Uncertainty in Human Decision-Making," *Science* 310(5754) (2005), pp. 1680–1683.
9. Cary Frydman, Colin Camerer, Peter Bossaerts, and Antonio Rangel, "MAOA-L Carriers Are Better at Making Optimal Financial Decisions under Risk," *Proceedings of the Royal Society B*. 278 (1714) (2010), pp. 2053–2059.
10. W. Buffett, "You Pay a Very High Price in the Stock Market for a Cheery Consensus," *Forbes Magazine* (August 6, 1979).
11. S. N. Erbas and M. Abbas, "The Equity Premium Puzzle, Ambiguity Aversion, and Institutional Quality" (October 2007). IMF Working Papers, 1–58. Available at SSRN: http://ssrn.com/abstract=1019684.
12. Alok Kumar, "Hard-to-Value Stocks, Behavioral Biases, and Informed Trading," *Journal of Financial and Quantitative Analysis* 44(6) (2009), pp. 1375–1401.
13. B. Trueman, F. M. H. Wong, and X-J. Zhang, "Anomalous Stock Returns around Internet Firms' Earnings Announcements," *Journal of Accounting and Economics* 34(1) (2003), pp. 249–271(23).
14. E. Bartov, P. S. Mohanram, and C. Seethamraju, "Valuation of Internet Stocks—an IPO Perspective," *Journal of Accounting Research* 40(2) (2002).
15. 同上.
16. M. Baker and J. Wurgler, "Investor Sentiment and the Cross- Section of Stock Returns," *Journal of Finance* 61(4) (2006), pp. 1645–1680.
17. D. G. MacGregor, P. Slovic, D. Dremen, and M. Berry, "Imagery, Affect, and Financial Judgment," *Journal of Psychology and Financial Markets* 1 (2000), pp. 104–110.
18. Jennifer Francis, Ryan LaFond, Per Olsson, and Katherine Schipper, "Accounting Anomalies and Information Uncertainty," in AFA 2004 San Diego Meetings. 2003.
19. Veronesi, Pietro, and Lubos Pastor, "Uncertainty about Government Policy and Stock Prices." In 2011 Meeting Papers, no. 86, Society for Economic Dynamics, 2011.
20. Rode, C., L. Cosmides, W. Hell, and J. Tooby, "When and Why Do People Avoid Unknown Probabilities in Decisions under Uncertainty? Testing Some Predictions from Optimal Foraging Theory," *Cognition* 72(3) (October 26, 1999), pp. 269–304.
21. Lynn Lunsford, "Boeing, in Embarrassing Setback, Says 787 Dreamliner Will Be Delayed," *Wall Street Journal* (Oct. 11, 2007). Retrieved July 20, 2015, from: http://www.wsj.com/articles/SB119203025791454746.

第16章

1. John Huber, "Case Study: The Story of GEICO, Graham, and Buffett," SeekingAlpha (May 14, 2013). Retrieved May 20, 2015, from http://seekingalpha.com/instablog/677842-john-huber/1858211-case-study-the-story-of-geico-graham-and-buffett.

2. Napoleon Hill, *The Laws of Success in 16 Lessons* (Meriden, CT: The Ralston University Press, 1928). http://archive.org/stream/Law_Of_Success_in_16_Lessons/law-of-success-napoleon-hill_djvu.txt.
3. Rafael Nam and Abhishek Vishnoi, "'I'm Jhunjhunwala,' not India's Buffett," Reuters (June 15, 2012). Retrieved May 20, 2105, from http://in.reuters.com/article/2012/06/15/india-jhunjhunwala-buffett-idINDEE85D0JX20120615.
4. 同上.
5. Jacky Wong and Scott Patterson, "Hanergy: Bulk of Stock Collapse Occurred in Less Than a Second," *Wall Street Journal* (May 22, 2015). http://www.wsj.com/articles/hanergy-bulk-of-stock-collapse-occurred-in-less-than-a-second-1432316315.
6. Nassim Nicholas Taleb, *Antifragile: Things That Gain from Disorder* (New York: Random House Incorporated, 2012).
7. Thomas L. Griffiths, Chris Lucas, Joseph Williams, and Michael L. Kalish, "Modeling Human Function Learning with Gaussian Processes," in *Advances in Neural Information Processing Systems,* pp. 553–560 (2009). Retrieved May 20, 2105, from http://cocosci.berkeley.edu/tom/papers/funclearn1.pdf.
8. Anne Collins and Etienne Koechlin, "Reasoning, Learning, and Creativity: Frontal Lobe Function and Human Decision-Making," *PLoS Biol* 10(3) (2012), p. e1001293. Retrieved May 20, 2105, from http://www.plosbiology.org/article/info%3Adoi%2F10.1371%2Fjournal.pbio.1001293.
9. Ching-Hung Lin, Yao-Chu Chiu, and Jong-Tsun Huang, "Gain-Loss Frequency and Final Outcome in the Soochow Gambling Task: A Reassessment," *Behavioral and Brain Functions* 5(1) (2009), p. 45.
10. Ania Aïte, Mathieu Cassotti, Sandrine Rossi, Nicolas Poirel, Amélie Lubin, Olivier Houdé, and Sylvain Moutier, "Is Human Decision Making under Ambiguity Guided by Loss Frequency Regardless of the Costs? A Developmental Study Using the Soochow Gambling Task," *Journal of Experimental Child Psychology* 113(2) (2012), pp. 286–294.
11. Daniel J. Simons and Daniel T. Levin, "Failure to Detect Changes to People During a Real-World Interaction," *Psychonomic Bulletin & Review* 5(4) (1998), pp. 644–649.
12. Zak Stambor, "Right Before Our Eyes: A Psychologist Finds That What We See Often Differs from What We Think We See," *Monitor* 37(9) (October 2006), p. 30. http://www.apa.org/monitor/oct06/eyes.aspx.
13. A. Lynch, "Thought Contagions in Deflating and Inflating Phases of the Bubble," *Journal of Psychology and Financial Markets* 3(2) (2002), pp. 112–117.
14. Aaron Lynch, "Thought Contagion in the Stock Markets: A General Framework and Focus on the Internet Bubble," in *Derivatives Use, Trading and Regulation* 6(4) (2001), pp. 338–362.
15. Nassim Nicholas Taleb, *Antifragile: Things That Gain from Disorder* (New York: Random House Incorporated, 2012).
16. Proinsias O'Mahony, "Buy Bubbles, Big Bet, and Backache—Soros's Secret," *Irish Times* (Aug. 12, 2014). http://www.irishtimes.com/business/personal-finance/buy-bubbles-bet-big-and-backache-soros-s-secrets-1.1893639.

第17章

1. R. Powers, *Mark Twain: A Life* (New York: Free Press, 2005), p. xi.
2. Mark Twain, *Roughing It* (1872), Chapter 26. Free Public Domain Books from the Classic Literature Library. http://mark-twain.classicliterature.co.uk/roughing-it/.
3. 同上.
4. 同上.
5. 同上.
6. M. Statman, "A Century of Investors," *Financial Analysts Journal* 59(3) (May/June 2003). Excerpted from *The World's Work*, 1907a, pp. 8383–8384.
7. John Rothchild. "When the Shoeshine Boys Talked Stocks, It Was a Great Sell Signal in 1929. So What Are the Shoeshine Boys Talking about Now?" *Fortune Magazine*, April 15, 1996. Retrieved December 11, 2015, from: http://archive.fortune.com/magazines/fortune/fortune_archive/1996/04/15/211503/index.htm
8. Charles Mackay, *Extraordinary Popular Delusions and the Madness of Crowds* (Start Publishing LLC, 2012).
9. "Speculative Bubble," *Farlex Financial Dictionary* (2009). Farlex 3 May 2015, http://financial-dictionary.thefreedictionary.com/Speculative+Bubble.
10. Charles P. Kindelberger and Robert Z. Aliber, *Manias, Panics and Crashes: A History of Financial Crisis* (Palgrave Macmillan, 2005).
11. R. J. Shiller, *Irrational Exuberance* (Princeton, NJ: Princeton University Press, 2015).
12. 同上.
13. 同上. From Chapter 6, "The News Media" (pp. 121–122).
14. Richard Evans, "How to Invest Like … George Soros," *The Telegraph* (April 8, 2014). Downloaded from: http://www.telegraph.co.uk/finance/personalfinance/investing/10749558/How-to-invest-like-...-George-Soros.html.
15. R. J. Shiller, *Irrational Exuberance* (Princeton, NJ: Princeton University Press, 2015), p. 97.
16. Steven Gjerstad and Vernon L. Smith, "From Bubble to Depression?" *Wall Street Journal* (April 6, 2009). Retrieved May 20, 2015, from: http://www.wsj.com/articles/SB123897612802791281.
17. Vernon L. Smith, Gerry L. Suchanek, and Arlington W. Williams, "Bubbles, Crashes, and Endogenous Expectations in Experimental Spot Asset Markets," *Econometrica* 56 (5) (1988), pp. 1119–1151.
18. Ronald R. King, Vernon L. Smith, Arlington W. Williams, and Mark V. van Boening, "The Robustness of Bubbles and Crashes in Experimental Stock Markets," in R. H. Day and P. Chen, *Nonlinear Dynamics and Evolutionary Economics* (New York: Oxford University Press, 1993).
19. Smith, Suchanek, and Williams, "Bubbles, Crashes, and Endogenous Expectations in Experimental Spot Asset Markets," *Econometrica* 56 (5) (1988), pp. 1119–1151.
20. Eduardo B. Andrade, Terrance Odean, and Shengle Lin, "Bubbling with Excitement: An Experiment," *Review of Finance* 19(3) (May 2015).
21. Adriana Breaban and Charles Noussair, *Emotional State and Market Behavior*

(Center for Economic Research 2013-031, Tilburg University, 2013).
22. Lee, C. J., and Andrade, E. B. (2015). "Fear, Excitement, and Financial Risk-Taking," *Cognition and Emotion* 29(1), 178–187.
23. Martin Kocher, Konstantin E. Luck, and David Schindler, *Unleashing Animal Spirits—Self-Control and Bubbles in Experimental Asset Markets* (June 11, 2014), http://www.edge-page.net/jamb2014/papers/Kocher%20et%20al%20%20(2014)%20-%20Unleashing%20Animal%20Spirits.pdf.
24. Edward Chancellor, *Devil Take the Hindmost: A History of Financial Speculation* (New York: Plume, 2000), p. 122.
25. Richard Evans, "How to Invest Like ... George Soros," *The Telegraph* (April 8, 2014), http://www.telegraph.co.uk/finance/personalfinance/investing/10749558/How-to-invest-like-...-George-Soros.html.

第18章

1. Proinsias O'Mahony, "Buy Bubbles, Big Bet, and Backache—Soros's Secret," *Irish Times* (Aug. 12, 2014), http://www.irishtimes.com/business/personal-finance/buy-bubbles-bet-big-and-backache-soros-s-secrets-1.1893639.
2. C. MacKay, *Extraordinary Popular Delusions & the Madness of Crowds* (London: Crown Publishing, 1841). www.historyhouse.com/book.asp?isbn=051788433X.
3. Charles P. Kindleberger and Robert Z. Aliber, *Manias, Panics and Crashes: A History of Financial Crises* (Palgrave Macmillan, 2011).
4. 同上.
5. Alec Smith, Terry Lohrenz, Justin King, P. Read Montague, and Colin F. Camerer, "Irrational Exuberance and Neural Crash Warning Signals During Endogenous Experimental Market Bubbles," *Proceedings of the National Academy of Sciences* 111 (29) (2014), pp. 10503–10508.
6. Kuhnen, C. M., and Knutson, B. (2005). "The Neural Basis of Financial Risk Taking," *Neuron* 47(5), pp. 763–770.
7. Alec Smith.
8. Daniel Kahneman, Barbara L. Fredrickson, Charles A. Schreiber, and Donald A. Redelmeier, "When More Pain Is Preferred to Less: Adding a Better End," *Psychological Science* 4(6) (1993), pp. 401–405.
9. Hans Baumgartner, Mita Sujan, and Dan Padgett, "Patterns of Affective Reactions to Advertisements: The Integration of Moment-to-Moment Responses into Overall Judgments," *Journal of Marketing Research* (1997), pp. 219–232.
10. Ed Diener, Derrick Wirtz, and Shigehiro Oishi, "End Effects of Rated Life Quality: The James Dean Effect," *Psychological Science* 12(2) (2001), pp. 124–128.
11. Josh Thomas, "George Goes Out on a High Note," YouTube (Sept. 11, 2012), https://www.youtube.com/watch?v=8YaaZZN9VYs.
12. John L. Haracz and Daniel J. Acland, "Neuroeconomics of Asset-Price Bubbles: Toward the Prediction and Prevention of Major Bubbles" (2015). Online Working Paper.
13. A. Gary Shilling, *Forbes* 151(4) (1993), p. 236.

14. Martin Mitchell "Soros Shuffles Management as Big Funds Struggle," *New York Times* (April 29, 2000). Downloaded May 20, 2015, from: http://www.nytimes.com/2000/04/29/business/worldbusiness/29iht-soros.2.t.html.
15. Using TRMI v1.1.
16. Jeremy Grantham, *GMO Quarterly Letter* (1st Quarter, 2010).
17. Augustine of Hippo, *Confessions*, 8:7.

第19章

1. *The Treasure of the Sierra Madre*, Warner Brothers, 1948. http://www.youtube.com/watch?v=EQyqvFVe4Y4.
2. "The conquest," *The Economist*, Millennium issue (December 23, 1999).
3. *The Treasure of the Sierra Madre*.
4. Richard Evans, "How to invest like ... George Soros," *The Telegraph* (April 8, 2014). Downloaded from: http://www.telegraph.co.uk/finance/personalfinance/investing/10749558/How-to-invest-like-...-George-Soros.html.
5. Joe Wiesenthal, "It's Over: Goldman Calls the End of the Great Gold Bull Market," *Business Insider* (December 5, 2012). Downloaded May 20, 2015, from: http://www.businessinsider.com/goldman-calls-the-end-of-the-gold-bull-market-2012-12.
6. Paul Krugman, "Lust for Gold," *New York Times* (April 11, 2013). Downloaded May 20, 2015, from: http://www.nytimes.com/2013/04/12/opinion/krugman-lust-for-gold.html.
7. Stacy Curtin, "12 (Misguided) Commandments of Gold Bugs: Barry Ritholtz," *Daily Ticker* (April 19, 2013). Downloaded May 20, 2015 from http://finance.yahoo.com/blogs/daily-ticker/12-misguided-commandments-gold-bugs-barry-ritholtz-123507310.html.
8. "Factbox: Strait of Hormuz," Reuters (January 9, 2012). http://www.reuters.com/article/2012/01/09/us-iran-oil-hormuz-facts-idUSTRE8081BX20120109. Downloaded August 30, 2012 from: http://www.eia.gov/countries/regions-topics.cfm?fips=wotc&trk=p3&utm.
9. 同上.
10. Anna Barnard and Alissa J. Rubin, "Experts Fear U.S. Plan to Strike Syria Overlooks Risks," *New York Times* (August 30, 2013).

第20章

1. John Maynard Keynes, *The Economic Consequences of the Peace*, 1919, Chapter VI, pp. 235–236.
2. J. S. Gordon, *The Scarlet Woman of Wall Street* (New York: Weidenfeld and Nicolson, 1988), p. 10. From Lo, 14, p. 62.
3. 同上., p. 62.
4. Philippe Mueller, Paolo Porchia, and Andrea Vedolin, "Policy Announcements in FX Markets." Available at SSRN 2480131 (2014).

5. Ravi Bansal and Ivan Shaliastovich, “A Long-Run Risks Explanation of Predictability Puzzles in Bond and Currency Markets,” *Review of Financial Studies* (2012), pp. hhs108.
6. Brunnermeier, M. K., and Pedersen, L. H. (2009), “Market Liquidity and Funding Liquidity,” *Review of Financial Studies*, 22(6), pp. 2201–2238.
7. Menkhoff, L., Sarno, L., Schmeling, M., and Schrimpf, A. (2012), “Currency Momentum Strategies,” *Journal of Financial Economics*, 106(3), pp. 660–684.
8. Burnside, C., Eichenbaum, M. S., and Rebelo, S. (2011), “Carry Trade and Momentum in Currency Markets” (No. w16942), National Bureau of Economic Research.
9. Menkhoff, L., Sarno, L., Schmeling, M., and Schrimpf, A. (2012), “Currency Momentum Strategies,” *Journal of Financial Economics*, 106(3), pp. 660–684.
10. Accominotti, Olivier and Chambers, David, “Out-of-Sample Evidence on the Returns to Currency Trading (March 2014).” CEPR Discussion Paper No. DP9852. Available at SSRN: http://ssrn.com/abstract=2444873.
11. Schulmeister, S. (2008), “Components of the Profitability of Technical Currency Trading,” *Applied Financial Economics*, 18(11), pp. 917–930.
12. Austin, M. P., Bates, G., Dempster, M. A., Leemans, V., and Williams, S. N. (2004), “Adaptive Systems for Foreign Exchange Trading,” *Quantitative Finance*, 4(4), pp. 37–45.
13. Gyntelberg, J., and Schrimpf, A. (2011), “FX Strategies in Periods of Distress,” *BIS Quarterly Review*, December.

第21章

1. Barbara A. Bliss and Biljana Nikolic, “The Value of Crowdsourcing: Evidence from Earnings Forecasts.” Available at SSRN 2579402 (2015).
2. Zhi Da, Joseph Engelberg, and Pengjie Gao, “In Search of Fundamentals.” In AFA 2012 Chicago Meetings Paper, 2011.
3. Scott, S. L., and Varian, H. (2014), “Bayesian Variable Selection for Nowcasting Economic Time Series.” In Economic Analysis of the Digital Economy. University of Chicago Press.
4. Banbura, M., Giannone, D., Modugno, M., & Reichlin, L., “Now-casting and the Real-Time Data Flow.” Chapter 4 of Elliott, G., and Timmermann, A. (eds.), (2013), *Handbook of Economic Forecasting* SET 2A–2B. Elsevier.
5. Sobolevsky, S., Massaro, E., Bojic, I., Arias, J. M., and Ratti, C. (2015), “Predicting Regional Economic Indices Using Big Data of Individual Bank Card Transactions.” arXiv preprint arXiv:1506.00036.
6. Hope, Bradley, “Startups Mine Market-Moving Data From Fields, Parking Lots—Even Shadows,” November 20, 2014, *Wall Street Journal*.
7. Mellander, C., Stolarick, K., Matheson, Z., and Lobo, J. (2013), “Night-time Light Data: A Good Proxy Measure for Economic Activity.” Royal Institute of Technology, CESIS e Centre of Excellence for Science and Innovation Studies.
8. Faust, J., Gilchrist, S., Wright, J. H., and Zakrajšsek, E. (2013), “Credit Spreads as Predictors of Real-Time Economic Activity: A Bayesian Model-Averaging

Approach," *Review of Economics and Statistics*, 95(5), pp. 1501–1519.
9. Choi, H., and Varian, H. (2012), "Predicting the Present with Google Trends," *Economic Record*, 88(s1), pp. 2–9.
10. Artola, C., and Galan, E. (2012), "Tracking the Future on the Web: Construction of Leading Indicators Using Internet Searches," Banco de Espana Occasional Paper, (1203).
11. Sakaji, H., Sakai, H., and Masuyama, S. (2008), "Automatic Extraction of Basis Expressions that Indicate Economic Trends." In *Advances in Knowledge Discovery and Data Mining* (pp. 977–984), Springer Berlin Heidelberg.
12. "Google Makes the Search Volume Index (SVI) of Search Terms Public via the Product Google Trends" (http://www.google.com/trends).
13. Hyunyoung Choi and Hal Varian, "Predicting the Present with Google Trends," *Economic Record* 88(s1) (2012), pp. 2–9.
14. Yigitcan Karabulut, "Can Facebook Predict Stock Market Activity?" Working Paper. Received via personal communication with author, May 20, 2015.

第22章

1. Leon C. Megginson, "Lessons from Europe for American Business," *Southwestern Social Science Quarterly* 44(1) (1963), pp. 3–13, at p. 4.
2. Antonio Regalado, "Is Google Cornering the Market on Deep Learning?" *MIT Technology Review* (January 29, 2014).
3. http://www.ted.com/talks/larry_page_where_s_google_going_next/transcript?language=en.
4. Tom Simonite, "Google's Intelligence Designer," *MIT Technology Review* (December 2, 2014). Retrieved May 20, 2015, from: http://www.technologyreview.com/news/532876/googles-intelligence-designer/.
5. Robert D. Hof, "10 Breakthrough Technologies 2013: Deep Learning," *MIT Technology Review* (April 23, 2013).
6. Simonite.
7. Diego Garcia, "Sentiment During Recessions," *Journal of Finance* 68(3) (2013), pp. 1267–1300.
8. G. Mujtaba Mian and Srinivasan Sankaraguruswamy, "Investor Sentiment and Stock Market Response to Earnings News," *The Accounting Review* 87(4) (July 2012), pp. 1357–1384.
9. 同上.
10. J. Yumei, "Investor Sentiment and Stock Market Response to Earnings Announcement," *Proceedings of International Conference on Management and Service Science* (2011), pp. 1–5.
11. Ferhat Akbas, Will J. Armstrong, Sorin Sorescu, and Avanidhar Subrahmanyam, "Time Varying Market Efficiency in the Cross-Section of Expected Stock Returns," in AFA 2013 San Diego Meetings Paper (2013), http://subra.x10host.com/amproj6.pdf.
12. N. Barberis, A. Shleifer, and R. Vishny, "A Model of Investor Sentiment," *Journal of Financial Economics* 49 (1998), pp. 307–343.

13. B. L. Bernard and J. K. Thomas, "Evidence that Stock Prices Do Not Fully Reflect the Implications of Current Earnings for Future Earnings," *Journal of Accounting and Economics* 13 (1990), pp. 305–340.
14. W. F. M. De Bondt and R. Thaler, "Further Evidence on Investor Overreaction and Stock Market Seasonality," *Journal of Finance* 42 (1987), pp. 557–581.
15. Robert Bloomfield and Jeffrey Hales, "Predicting the Next Step of a Random Walk: Experimental Evidence of Regime-Shifting Beliefs," *Journal of Financial Economics* 65(3) (2002), pp. 397–414. Downloaded May 20, 2015, from: http://rmgsc.cr.usgs.gov/outgoing/threshold_articles/Bloomfield_Hales2002.pdf.
16. E. Depalma, "Sentiment and Investor Behavior," Thomson Reuters Machine Readable News, White Paper (2014). Retrieved May 10, 2015, via: https://forms.thomsonreuters.com/sentimentandinvestorbehavior/.
17. J. Livnat and C. Petrovits, "Investor Sentiment, Post-Earnings Announcement Drift, and Accruals." Unpublished Working Paper, New York University, 2009.

第23章

1. Garry Kasparov, "The Chess Master and the Computer," *New York Review of Books* (February 11, 2010).
2. 同上.
3. 同上.
4. Steven Perlberg, "'You Just Learned This?!?' — Jon Stewart Struggles to Understand How Former Fed Head Greenspan Missed Wall Street 'Screwiness,'" *Business Insider*, October 22, 2013.
5. Tetlock, P. E., and Gardner, D. (2015), "Superforecasting: The Art and Science of Prediction," Signal Books: Oxford.
6. David Robson, "The Best Way to Predict the Future," BBC (June 12, 2014). Retrieved May 20, 2015, from: http://www.bbc.com/future/story/20140612-the-best-way-to-see-the-future.
7. Leonard Mlodinow, "'Mindware' and 'Superforecasting,'" *New York Times*, Oct. 15, 2015. Downloaded November 19, 2015, from: http://www.nytimes.com/2015/10/18/books/review/mindware-and-superforecasting.html.
8. Josef De La Vega, "1688," *Confusion de Confusiones*: Portions Descriptive of the Amsterdam Stock Exchange. (Translation by H. Kellenbenz, Harvard University, 1957.)
9. Russ Wermers, "Matter of Style: The Causes and Consequences of Style Drift in Institutional Portfolios." Available at SSRN 2024259 (2012). http://papers.ssrn.com/sol3/papers.cfm?abstract_id=2024259.
10. Ray Dalio, "Principles," © 2011. Retrieved July 20, 2015, from: http://www.bwater.com/Uploads/FileManager/Principles/Bridgewater-Associates-Ray-Dalio-Principles.pdf.
11. Ray Dalio, "Bridgewater's Ray Dalio Explains the Power of Not Knowing," *Institutional Investor* (March 6, 2015). http://www.institutionalinvestor.com/blogarticle/3433519/asset-management-hedge-funds-and-alternatives/bridgewaters-ray-dalio-explains-the-power-of-not-knowing.html#.VSFSqvnF9_o.

12. Peter L. Bernstein, *Against the Gods: The Remarkable Story of Risk* (New York: John Wiley & Sons, 1996).
13. Kelly McGonigal, "Use Stress to Your Advantage," *Wall Street Journal* (May 15, 2015). Retrieved May 20, 2015, from: http://www.wsj.com/articles/use-stress-to-your-advantage-1431700708.
14. Alison Wood Brooks, "Get Excited: Reappraising Pre-Performance Anxiety as Excitement," *Journal of Experimental Psychology: General* 143(3) (2014), p. 1144. Retrieved May 20, 2015, from: http://www.apa.org/pubs/journals/releases/xge-a0035325.pdf.
15. McGonigal.

付録A

1. P. Tetlock, "Giving Content to Investor Sentiment: The Role of Media in the Stock Market," *Journal of Finance* 62(3) (2007).
2. Available to Thomson Reuters customers at: https://customers.reuters.com/a/support/paz/Default.aspx?pId=2381.

付録B

1. Daisy Sindelar, "The Kremlin's Troll Army," *The Atlantic* (August 12, 2014). Retrieved July 20, 2105, from: http://www.theatlantic.com/international/archive/2014/08/the-kremlins-troll-army/375932/.
2. Adrian Chen, "The Agency," *New York Times* (June 2, 2015). Retrieved July 20, 2015, from: http://www.nytimes.com/2015/06/07/magazine/the-agency.html?_r=0.
3. F. N. Fritsch and R. E. Carlson, "Monotone Piecewise Cubic Interpolation," *SIAM Journal on Numerical Analysis* 17 (1980), pp. 238–246.
4. A. J. Dobson, *An Introduction to Generalized Linear Models* (London: Chapman and Hall, 1990).

5. J. Platt, "Probabilistic Outputs for Support Vector Machines and Comparison to Regularized Likelihood Methods," in *Advances in Large Margin Classifiers*, A. Smola, P. Bartlett, B. Schoelkopf and D. Schuurmans, eds. (Cambridge, MA: MIT Press, 2000).
6. B. Efron, T. Hastie, I. Johnstone, and R. Tibshirani, "Least Angle Regression," *Ann. Statist* 32(2) (2004), pp. 407–499.
7. A. Miller, *Subset Selection in Regression* (Boca Raton, FL: Chapman and Hall/CRC, 2002).
8. M. Kuhn and K. Johnson, *Applied Predictive Modeling* (New York: Springer, 2013).

■著者紹介

リチャード・L・ピーターソン（Richard L. Peterson）

マーケットサイクのCEO（最高経営責任者）で、行動経済学の専門家で、投資顧問や精神科医や金融コンサルタントでもある。６カ国で翻訳された『脳とトレード』（パンローリング）はロングセラーになっており、『マーケットサイク』（MarketPsych）とともにキプリンガー誌のベスト金融本に選ばれている。また、同氏はAP通信に「ウォール街最高の精神科医」と称され、スタンフォード大学で精神科医の資格も修得した。現在、カリフォルニア州に家族と在住。

■監修者紹介

長尾慎太郎（ながお・しんたろう）

東京大学工学部原子力工学科卒。北陸先端科学技術大学院大学・修士（知識科学）。日米の銀行、投資顧問会社、ヘッジファンドなどを経て、現在は大手運用会社勤務。訳書に『魔術師リンダ・ラリーの短期売買入門』『新マーケットの魔術師』など（いずれもパンローリング、共訳）、監修に『高勝率トレード学のススメ』『ラリー・ウィリアムズの短期売買法【第２版】』『コナーズの短期売買戦略』『続マーケットの魔術師』『続高勝率トレード学のススメ』『ウォール街のモメンタムウォーカー』『グレアム・バフェット流投資のスクリーニングモデル』『勘違いエリートが真のバリュー投資家になるまでの物語』『Rとトレード』『完全なる投資家の頭の中』『３％シグナル投資法』『投資哲学を作り上げる　保守的な投資家ほどよく眠る』『システマティックトレード』『株式投資で普通でない利益を得る』『成長株投資の神』『ブラックスワン回避法』『市場ベースの経営』『金融版 悪魔の辞典』『世界一簡単なアルゴリズムトレードの構築方法』『新装版 私は株で200万ドル儲けた』『リバモアの株式投資術』『ハーバード流ケースメソッドで学ぶバリュー投資』『システムトレード 検証と実践』『バフェットの重要投資案件20 1957-2014』『堕天使バンカー』『ゾーン【最終章】』など、多数。

■訳者紹介

井田京子（いだ・きょうこ）

翻訳者。主な訳書に『トレーダーの心理学』『スペランデオのトレード実践講座』『トレーディングエッジ入門』『千年投資の公理』『ロジカルトレーダー』『チャートで見る株式市場200年の歴史』『フィボナッチブレイクアウト売買法』『ザFX』『相場の黄金ルール』『トレーダーのメンタルエッジ』『破天荒な経営者たち』『バリュー投資アイデアマニュアル』『遅咲きトレーダーのスキャルピング日記』『FX 5分足スキャルピング』『完全なる投資家の頭の中』『勘違いエリートが真のバリュー投資家になるまでの物語』『株式投資で普通でない利益を得る』『バフェットからの手紙【第４版】』『金融版 悪魔の辞典』『バフェットの重要投資案件20 1957-2014』（いずれもパンローリング）など、多数。

2017年10月２日　初版第１刷発行

ウィザードブックシリーズ㉕③

市場心理とトレード
――ビッグデータによるセンチメント分析

著　者　リチャード・L・ピーターソン
監修者　長尾慎太郎
訳　者　井田京子
発行者　後藤康徳
発行所　パンローリング株式会社
〒160-0023　東京都新宿区西新宿7-9-18　6階
TEL 03-5386-7391　FAX 03-5386-7393
http://www.panrolling.com/
E-mail　info@panrolling.com
編　集　エフ・ジー・アイ（Factory of Gnomic Three Monkeys Investment）合資会社
装　丁　パンローリング装丁室
組　版　パンローリング制作室
印刷･製本　株式会社シナノ

ISBN978-4-7759-7222-9
落丁・乱丁本はお取り替えします。

マーク・ダグラス

シカゴのトレーダー育成機関であるトレーディング・ビヘイビアー・ダイナミクス社の社長を務める。商品取引のブローカーでもあったダグラスは、自らの苦いトレード経験と多数のトレーダーの間接的な経験を踏まえて、トレードで成功できない原因とその克服策を提示している。最近では大手商品取引会社やブローカー向けに、本書で分析されたテーマやトレード手法に関するセミナーや勉強会を数多く主催している。

ウィザードブックシリーズ 32

MP3 音声データCD
オーディオブックあり

ゾーン 勝つ相場心理学入門

定価 本体2,800円+税　ISBN:9784939103575

「ゾーン」に達した者が勝つ投資家になる!

恐怖心ゼロ、悩みゼロで、結果は気にせず、淡々と直感的に行動し、反応し、ただその瞬間に「するだけ」の境地…すなわちそれが「ゾーン」である。
「ゾーン」へたどり着く方法とは?
約20年間にわたって、多くのトレーダーたちが自信、規律、そして一貫性を習得するために、必要で、勝つ姿勢を教授し、育成支援してきた著者が究極の相場心理を伝授する!

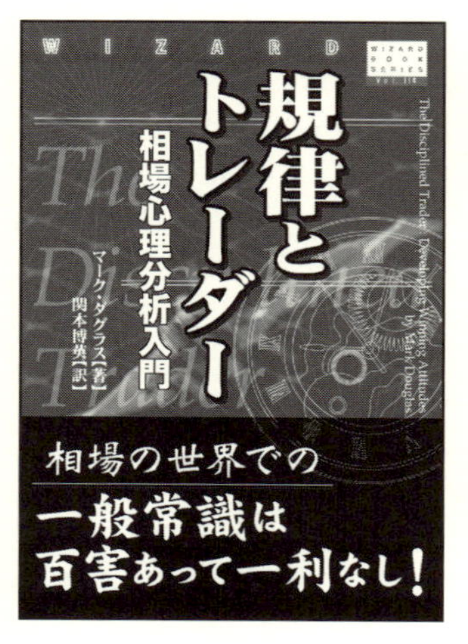

ウィザードブックシリーズ 114

規律とトレーダー
相場心理分析入門

定価 本体2,800円+税　ISBN:9784775970805

トレーディングは心の問題であると悟った投資家・トレーダーたち、必携の書籍!

相場の世界での一般常識は百害あって一利なし!
常識を捨てろ!手法や戦略よりも規律と心を磨け!
本書を読めば、マーケットのあらゆる局面と利益機会に対応できる正しい心構えを学ぶことができる。

マーク・ダグラスの遺言と
トレーダーで成功する秘訣
トレード心理学の大家の集大成！

ゾーン　最終章

四六判 558頁　**マーク・ダグラス，ポーラ・T・ウエッブ**
定価 本体2,800円+税　ISBN 9784775972168

1980年代、トレード心理学は未知の分野であった。創始者の一人であるマーク・ダグラスは当時から、今日ではよく知られているこの分野に多くのトレーダーを導いてきた。

彼が得意なのはトレードの本質を明らかにすることであり、本書でもその本領を遺憾なく発揮している。そのために、値動きや建玉を実用的に定義しているだけではない。市場が実際にどういう働きをしていて、それはなぜなのかについて、一般に信じられている考えの多くを退けてもいる。どれだけの人が、自分の反対側にもトレードをしている生身の人間がいると意識しているだろうか。また、トレードはコンピューター「ゲーム」にすぎないと誤解している人がどれだけいるだろうか。

読者はトレード心理学の大家の一人による本書によって、ようやく理解するだろう。相場を絶えず動かし変動させるものは何なのかを。また、マーケットは世界中でトレードをしているすべての人の純粋なエネルギー —— 彼らがマウスをクリックするたびに発するエネルギーや信念 —— でいかに支えられているかを。本書を読めば、着実に利益を増やしていくために何をすべきか、どういう考え方をすべきかについて、すべての人の迷いを消し去ってくれるだろう。

ウィザードブックシリーズ 184

脳とトレード
「儲かる脳」の作り方と鍛え方

著者　リチャード・L・ピーターソン

定価 本体3,800円+税　ISBN:9784775971512

トレードで利益を上げられるかどうかは「あなたの脳」次第

人間の脳は、さまざまな形で意思決定に密接に関係している。ところが残念なことに、金融マーケットでは、この「密接な関係」が利益を上げることに結びついていない。マーケット・サイコロジー・コンサルティングを創始し、投資家のコーチとして活躍し、心理に基づくトレードシステムを開発した著者は、自身も元トレーダーであり、無意識の誤り（バイアス）がいかにして適切な投資判断を妨げているのかを身をもって理解している。

ウィザードブックシリーズ 195

内なる声を聞け
「汝自身を知れ」から始まる相場心理学

著者　マイケル・マーティン

定価 本体2,800円+税　ISBN:9784775971635

ロングセラー『ゾーン』の姉妹版登場！これは新たなる『ゾーン』だ！

自分自身を理解することこそがトレード上達の第一歩である！
エド・スィコータやマイケル・マーカスといった伝説のトレーダーとの含蓄の言葉に満ちたインタビュー。

稼げる投資家になるための投資の正しい考え方

著者　上総介（かずさのすけ）

定価 本体1,500円+税　ISBN:9784775991237

投資で真に大切なものとは？手法なのか？資金管理なのか？それとも……

「投資をする（続ける）うえで、真に大切なものは何ですか」と聞かれたら、皆さんはどう答えるだろうか？「手法が大事」「いやいや、やはり資金管理がうまくないと勝てない」と考える人もいる。どれが正しいのかは、人それぞれだと思うが、本書ではあえて、この問いに答えを出す。それは「正しい考えのもとで投資をすること」である。